ARCHIVES HISTORIQUES

DU POITOU

II

POITIERS
IMPRIMERIE DE HENRI OUDIN,
RUE DE L'ÉPERON, 4.
1873

SOCIÉTÉ

DES

ARCHIVES HISTORIQUES

DU POITOU.

LISTE GÉNÉRALE

DES MEMBRES

DE LA SOCIÉTÉ DES ARCHIVES HISTORIQUES DU POITOU.

Membres titulaires :

MM.

Audinet, ancien recteur, à Poitiers.
Barthélemy (A. de), membre du Comité des travaux historiques, à Paris.
Beauchet-Filleau, correspondant du ministère de l'Instruction publique, à Chef-Boutonne.
Beaudet (A.), licencié en droit, à Saint-Maixent.
Bonsergent, associé correspondant national de la Société des Antiquaires de France, à Poitiers.
Chamard (Dom), religieux bénédictin, à Ligugé.
Chasteigner (Cte A. de), membre de plusieurs Sociétés savantes, à Ingrandes (Vienne).
Clervaux (Cte de), membre de plusieurs Sociétés savantes, à Saintes.
Delayant, bibliothécaire de la ville, à la Rochelle.
Delisle (L.), membre de l'Institut, à Paris.
Delpit (J.), secrétaire de la Société des Archives historiques de la Gironde, à Izon.
Desaivre, docteur en médecine et maire, à Champdeniers.
Favre (L.), à Niort.
Fillon (Benjamin), à Fontenay-le-Comte.

MM.

Frappier (P.), membre de la Société de Statistique des Deux-Sèvres, à Niort.
Goudon de la Lande, à Montmorillon.
Gouget, archiviste de la Gironde, à Bordeaux.
Ledain, membre de l'Institut des provinces, à Poitiers.
Lièvre, pasteur, président du Consistoire, à Angoulême.
Ménard, ancien proviseur, à Poitiers.
Ménardière (de la), professeur à la Faculté de Droit, à Poitiers.
Orfeuille (Cte R. d'), membre de la Société des Antiquaires de l'Ouest, à Poitiers.
Palustre (Léon), conservateur du Musée, à Tours.
Port (C.), archiviste de Maine-et-Loire, à Angers.
Rédet, ancien archiviste de la Vienne, à Poitiers.
Rencogne (de), archiviste de la Charente, à Angoulême.
Richard (A.), archiviste de la Vienne, à Poitiers.
Richemond (L. de), archiviste de la Charente-Inférieure, à la Rochelle.
Rochebrochard (L. de la), membre de la Société de Statistique des Deux-Sèvres, à Niort.
Tourette (L. de la), docteur en médecine, à Loudun.

Membres honoraires :

MM.

Auber (l'abbé), chanoine de la cathédrale, à Poitiers.
Bardonnet (A.), membre de plusieurs Sociétés savantes, à Niort.
Boutetière (Cte de la), membre de la Société des Antiquaires de l'Ouest, à Chantonnay (Vendée).
Brosse (de la), membre de la Société des Antiquaires de l'Ouest, à Poitiers.
Chéruel, recteur de l'Académie de Poitiers.
Corbière (Mis de la), à Poitiers.
Mgr Cousseau, ancien évêque d'Angoulême, chanoine de St-Denis.
Deschastelliers, curé de Notre-Dame, à Poitiers.
Desmier de Chenon (Mis), à Domezac (Charente).
Dubeugnon, professeur à la Faculté de Droit, à Poitiers.

MM.

Férand, ingénieur en chef du département de la Vienne, à Poitiers.
Guignard, docteur en médecine, à Poitiers.
Janvre de Bernay (Vte), à la Touche-Poupart (Deux-Sèvres).
Lecointre-Dupont père, membre de plusieurs Sociétés savantes, à Poitiers.
Oudin, imprimeur, à Poitiers.
Ressayre, libraire-éditeur, à Poitiers.
Rochejaquelein (Mis de la), député des Deux-Sèvres, à Clisson (Deux-Sèvres).
Rochethulon (Mis de la), député de la Vienne, à Beaudiment (Vienne).
Tranchant, conseiller d'État, à Paris.
Tribert (G.), conseiller général de la Vienne, à Marçay (Vienne).
Tribert (L.), député des Deux-Sèvres, à Champdeniers.

Bureau :

MM.

Rédet, président.
Richard, secrétaire.
Ledain, trésorier.
Bonsergent, membre du Comité.
Bardonnet, id.
Boutetière (de la), id.
Audinet, id.

CHARTES POITEVINES

DE L'ABBAYE

DE SAINT-FLORENT

PRÈS SAUMUR

(DE 833 A 1160 ENVIRON.)

Pour la belle époque des Archives bénédictines, c'est-à-dire antérieurement au treizième siècle, l'ancien diocèse de Poitiers forme l'un des meilleurs chapitres du Cartulaire général de Saint-Florent, puisque, sur un total d'environ huit cent vingt articles, il se compose d'au moins cent soixante. On ne trouvera ici qu'un peu plus des trois cinquièmes du dernier nombre. Il est, en effet, inutile d'ajouter à ce recueil les titres de la Chaise-le-Vicomte, près la Roche-sur-Yon, imprimés depuis plusieurs années et qui seront bientôt livrés au public [1] ; puis il n'y a pas lieu de comprendre, dans une série exclusivement poitevine, des prieurés situés en Anjou [2], sur lesquels l'autorité de leurs puissants et illustres comtes, les Foulques et les Geoffrois, a toujours été plus forte, en fait comme de nom, que le pouvoir spirituel des évêques

---

1. La charte de Guillaume le Grand, comte de Poitou, août 994, qui donne Saint-Michel en l'Herm à Saint-Florent de Saumur, a été imprimée plusieurs fois. V. *Chroniques des églises d'Anjou*, p. 259.
2. La Fosse de Tigné, Meigné, Montilliers, Passavant, Trémentines, Trémont, Triangle et le Vau-de-Lenay. Toutes ces localités sont dans le département de Maine-et-Loire.

de Poitiers. Ainsi toutes nos chartes se rapportent au Haut-Poitou, ne dépassant, au sud, que pour trois paroisses, les limites actuelles du diocèse formé par les départements de la Vienne et des Deux-Sèvres.

De la province où l'antique et vénéré monastère a eu ses trois différents siéges, — le Mont-Glonne sur la Loire (Saint-Florent-le-Vieil), la citadelle de Saumur (Saint-Florent-du-Château), et, à peu de distance, la rive gauche du Thouet (Saint-Florent-le-Jeune ou près Saumur), — nous entrons sur le sol poitevin par le Loudunois.

A son ancienne viguerie, *vicaria Lausdunensis*, se rapportent les documents I à VI, le premier de l'an 866 environ, et les autres de 976 à 1011.

Viennent ensuite, n°s VII-XXII, seize pièces de 1020 à 1156, concernant Loudun, *Lausdunum*, et le prieuré de Notre-Dame de Veniers, *Venezum, Venetium*, dont la paroisse pénétrait au centre de la ville.

Les dix chartes n°s XXIII-XXXII, de 1040 à 1155, sont relatives aux églises voisines du Bouchet, *Bosculum ;* de Morton, *Morton ;* de Sammarçole, *Samarcholia*, et de Veziers, *Sanctus Ciltronius et Sanctus Petrus de Vareza*[1].

Thouars et sa circonscription, *vicecomitatus Toarcensis, pagus Toarcinsis*, ont huit pièces, n°s XXXIII-XL. La plus vieille, un peu antérieure à la destruction de l'abbaye du Mont-Glonne par les Normands, est du mois de décembre 833, et la plus récente de l'année 1107.

Le prieuré de Saint-Clémentin, *Sanctus Clementinus*, près Argenton, en offre vingt-quatre, n°s XLI-LXIV, de 1051 à 1160 environ[2].

Ne nous arrêtant au Pin, *Pinus*, près Cerisay, et à Fenioux, *Finiacus*, près Coulonges, que pour y lire deux chartes, n°s LXV et LXVI, de la seconde moitié du onzième siècle, nous arrivons,

---

1. Pour plusieurs des localités nommées ici, voir *Chroniques des églises d'Anjou*, p. 293 et suiv.

2. Voir n° LXIV. C'est la plus moderne de nos pièces, aucune n'ayant été découverte pour la période comprise entre 1160 et 1201, date à laquelle nous avons cessé de recueillir les chartes de Saint-Florent.

par Melle, au plus riche de nos prieurés, Saint-Nicolas de Coutures d'Argenson.

Pour ses dépendances, *Villa Nova*, *Fossæ* anciennement *Beltronum*, *Culturæ* et *Longus Retis*, nos LXVII-LXXIX, il y a vingt-cinq pièces, de 1040 environ à 1120, presque toutes de grande dimension, surtout la Pancarte de Longré.

Sept-Fonts, *Septem Fontes*, près Aunay, et Saint-Just de cette ville, *Sanctus Justus de Odenaco*, *de Oenaio*, nos LXXX-XCVI, sont les deux dernières églises pour lesquelles le monastère angevin nous donne des documents, au nombre de dix-sept et de 1072 à 1140 environ.

A part celui qui porte le n° XL, dont l'intercalation est justifiée par le précédent, tous proviennent des Archives de Maine-et-Loire. Pour un assez grand nombre, on a pu suivre le texte des chartes originales, souvent aussi remarquables par leurs belles et singulières écritures que par leur conservation. Concurremment avec les copies contemporaines, et de préférence à celles qui sont postérieures, c'est surtout dans les quatre précieux Cartulaires de l'abbaye de Saint-Florent que nous avons puisé. Le Livre Blanc, le Livre d'Argent et le Livre Rouge [1] existent toujours à Angers, mais il n'en est plus ainsi du Livre Noir. Son ancienne reliure ne renferme qu'une copie faite récemment, en Angleterre, à divers intervalles, et résultant du travail de trois personnes, dont l'une, on le reconnaîtra facilement, n'a pas reproduit l'orthographe originale [2].

En note de toutes les pièces sont désignés les manuscrits auxquels est emprunté leur texte. En tête de chacune d'elles est ajoutée une analyse dont les termes sont pris dans la charte elle-même, les sommaires qui se rencontrent étant parfois peu exacts et surtout incomplets. On a imprimé en italiques la restitution probable des parties mutilées ; les mots entre crochets sont des additions fournies par une autre copie ou indispensables pour le sens.

Disséminées dans divers dossiers et dans les quatre Cartulaires indiqués plus haut, les quatre-vingt-seize chartes qui forment ce

---

1. V. *Archives d'Anjou*, vol. I, p. 202 et suivantes.
2. V. *Bibliothèque de l'École des Chartes*, 4e série, vol. I, p. 97, 98, 127-131.

recueil n'ont pas été classées sans peine ni sans hésitations. Après les avoir groupées par localités, on aurait voulu que chacune arrivât à peu près dans son ordre chronologique. On n'y est parvenu qu'imparfaitement, surtout pour Saint-Clémentin, quatre seulement des vingt-quatre pièces qui s'y réfèrent étant datées.

Les deux extraits qui suivent contiennent la liste authentique des églises et prieurés du Poitou auxquels se rapportent ces très-vieilles et très-intéressantes chartes de Saint-Florent, que nous croyons toutes inédites.

Dans sa Bulle-Pancarte datée de Vérone, le 5 des calendes de janvier 1186, le pape Urbain III confirme notamment à l'abbé Mainier et à ses religieux,

IN EPISCOPATU PICTAVENSI :

Ecclesia S. Citronii cum ecclesia S. Petri de Varedia,
— S. Petri de Samarcolia cum pertinentiis suis,
— S. Marie de Venetio cum antiqua possessione et pertinentiis suis,
— S. Clementini cum capellis S. Marie et de Ratonel et S. Audoeni et S. Marie de Premart,
— S. Marie de Pinu,
— S. Johannis de Combrennio[1],

Monasterium S. Nicholai de Casa [vicecomitis] cum ecclesiis S. Joannis et S. Marie de Lemozinaria et S. Florentii et S. Laurentii cum pertinentiis suis,

Ecclesia S. Justi de Oniaco,
— S. Martini [ejusdem ville],
— S. Hillarii de Septem Fontibus,
— S. Nicholai de Culturis cum ecclesia S. Georgii et pertinentiis suis,
— S. Petri de Longo Rete,
— de Cavis[2].

---

1. Nous n'avons trouvé aucune charte sur Combrand.
2. Dans les Bulles-Pancartes d'Innocent II (1142) et d'Eugène III (1146), où la désignation et l'énumération sont moins bonnes qu'ici, on donne à cette église le nom de *Chavis*.

Ce qui suit est tiré du Pouillé dressé, vers 1271, par un sous-prieur de Saint-Florent.

HIC CONTINENTUR NOMINA PRIORATUUM NOSTRORUM ; ET NUMERUM MONACHORUM, SEDULUS SCRIPTOR, MICHAEL HURTAUT EXPRESSIT ET DIOCESES.

IN EPISCOPATU PICTAVENSI :

In prioratu de Chesa Vicecomitis habemus duodecim monachos una cum priore ejusdem loci ; et debet de censa[1] X libras.

In prioratu S. Nicholai de Culturis habemus duos monachos ; et debet de censa, tam abbati quam camerario, XV libras.

In prioratu de Septem Fontibus prope Onay, qui antiquitus fuit in eodem castro, habemus duos monachos ; et debet de censa L solidos. Valet LXXX libras.

In prioratu B. Marie de Pinu habemus tres monachos ; et debet de censa C solidos.

In prioratu S. Clementini prope Argentonium habemus quatuor monachos ; et debet de censa XL solidos et camerario C solidos.

In prioratu S. Marie de Venez habemus tres monachos ; et debet de censa L solidos.

In prioratu S. Citronii de Vareda habemus duos monachos ; et debet de censa L solidos.

In capella de Moreton habemus duos monachos ; et debet de censa L solidos.

Au Chapitre général tenu à Saint-Florent le 2 mai 1519, afin de réunir les 300 livres nécessaires à la réparation du cloître et de l'infirmerie du monastère, les huit prieurs poitevins souscrivirent pour la somme de 46 livres 10 sous, savoir : celui du Pin, pour 4 livres ; de Saint-Citroine, 5 livres ; de Coûtures, 20 livres ; de Morton, 3 livres ; de la Chaise-le-Vicomte, 5 livres ; de Sept-Fonts, 1 livre 10 sous ; de Saint-Clémentin, 5 livres ; de Veniers, 3 livres.

Les quatre derniers prieurs étaient commendataires.

---

1. Tribut annuel payé à l'abbé.

Afin de bien connaitre l'abbaye d'où proviennent nos documents et les localités auxquelles ils se rapportent, on devra recourir aux nombreux dossiers et volumes des Archives de Maine-et-Loire. Elles possèdent notamment le manuscrit original de l'excellente Histoire de Saint-Florent [1], par dom Jean Huynes, bien préférable à la copie, plus belle que correcte, déposée à la Bibliothèque d'Angers. Comme la liste des abbés de ce monastère, contemporains des chartes qui suivent, est souvent la seule ressource pour assigner à beaucoup d'entre elles des dates approximatives, nous la donnons ici, afin d'épargner au lecteur des recherches multipliées.

HÉLIE, premier abbé au château de Saumur,
    élu en 950 ; mort le 12 mars 956.
AMALBERT, — 956 ; — le 11 avril 985.
ROBERT, — 985 ; — en 1011.
ADHEBERT, — 1011 ; — le 8 avril 1013.
GIRAUD, — 1013 ; — en 1022.
FRÉDÉRIC, élu le 26 août 1022 ; mort le 28 septembre 1055.
(Il avait transféré en 1025 le siége de l'abbaye au bord du Thouet.)
SIGON, élu le 30 octobre 1055 ; mort le 12 juin 1070.
GUILLAUME, — 28 juin 1070 ; — 30 mai 1118.
ÉTIENNE Ier, — 20 juin 1118 ; — 7 avril [1128 ?]
MATHIEU, — en 1128 [?] ; élu évêque d'Angers en 1155.
ÉTIENNE II, — en 1156 ; élu la même année évêque de Rennes.
OGER, — en 1156 ; mort 26 jours après son élection.
PHILIPPE, — en 1156 ; — le 12 mai 1160.

---

1. Pour le Poitou, voir principalement aux folios 64, 65, 74, 121, 123, 145, 177, 87, 217 et 306.

CARTÆ PICTAVENSES

MONASTERII

SANCTI FLORENTII SALMURENSIS.

I.

Commutatio inter Hecfridum abbatem S. Florentii et Drogonem de villula Miron cum capella S. Cesarei pro manso dicto Anezon et pratis in insula Catver [1].

Si aliquid de rebus nostris vel locis sanctorum vel sustentationi pauperum conferimus, hoc nobis procul dubio in eterna beatitudine retribui a Domino confidimus. Idcirco ego Drogo et uxor mea Sanctia, considerantes gravitudinem peccatorum nostrorum et reminiscentes pietatis et misericordiæ Domini dicentis : « Date elęmosinam et omnia munda erunt vobis; » et iterum : « Facite vobis amicos de mammona iniquitatis » et cetera, per hanc epistolam, que vocatur precaria, donavimus donatumque in perpetuum esse volumus ecclesie Sancti Hilarii que vocatur Criptas [2], seu ad locum Sancti Florentii, ad quem pertinet ipsa ecclesia, quendam mansum nostrum quem habemus in pago Andegavo in vi-

---

1. *Livre d'Argent*, fol. 29 v°. Avant 866.
2. C'est le lieu où fut transférée l'abbaye après l'incendie du château de Saumur par Foulque Nerra, en 1025.

caria Castri Carnonis, scilicet qui dicitur Anezon [1], super fluvium Toarum, sicut constat cum domibus, edificiis, viridariis, terris cultis et incultis, clausis vinearum, aquis aquarumque discursibus, mobilibus et immobilibus et omnibus quecumque ad eum pertinere videntur; additis quoque pratis que habebamus in insula noncupata Catver : ita ut deinceps sine ulla contradictione dominationi et potestati rectorum monasterii Sancti Florentii et omnis congregationis in ipso monasterio consistentis per omnia subjaceat, sicut eadem ecclesia Sancti Hilarii subjacet cui ista tradidimus.

In recompensatione quoque hujus facti concessit nobis abbas Sancti Florentii, nomine Hecfridus [2], et reliqua congregatio ex ipso monasterio villulam quandam noncupatam Miron, in vicaria Laudunensi, habentem capellam in honorem sancti Cesareii constructam [3], sicut est circoncincta, cum domibus, edificiis, orto, puteo, terra culta et inculta, necnon brausica que de proximo est cunctisque suppositis : tali pacto interposito ut quamdiu adviveremus ambo, videlicet ego vel uxor mea, vel post nos filius noster Odo nomine, libere et quiete teneremus omni anno, solventes censum solidorum sex ad festivitatem sancti Hilarii; et post decessum nostrum, mei scilicet et uxoris et filii, cum om-

---

1. *Aneton*, dans un très-ancien Catalogue des abbés de Saint-Florent. V. *Chroniques des églises d'Anjou*, p. 198.

2. Avec le présent échange, on ne connaît, pour cet abbé, que la donation à lui faite par Charles le Chauve (16 janvier 866) de l'église de Saint-Gondon en Berry, pour y établir ses religieux chassés de Saint-Florent-le-Vieil, Glomna, par les Normans. V. Dom Bouquet, *Recueil des Historiens de France*, vol. VIII, p. 597.

3. Saint-Florent possédait *ecclesia sita in pago Pictavo, in vicaria Ludunensi, que dicitur Miron, cum uno manso ibidem pertinente*, en vertu d'un échange passé avec Gaubert, fidèle du roi Charles le Chauve, et avec l'autorisation de ce prince, consignée dans un diplôme du 15 janvier 849. V. Dom Bouquet, vol. VIII, p. 504.

Cette église est encore portée comme domaine de Saint-Florent dans la Bulle-Pancarte de Jean XVII, du mois d'avril 1004. V. *Chron. des églises d'Anjou*, page 257.

nibus rebus super additis vel melioratis, nullo obsistente, ad jus ecclesiasticum de cujus beneficio acceperamus rediret. De censu vero reddendo, cummuni assensu utriusque partis, decrevimus ut si aliquando negligentes ad solvendo statuto termino fuerimus, conventi de hoc, in duplum reddamus et de ipsis rebus minime expoliemur.

Et si fuerit ullus qui hoc scriptum, quem nos communi animo nostra spontanea voluntate fieri decrevimus, refragare vel calumniare presumpserit, illud quod repetit non vindicet et insuper cui litem intulerit, coactus judicaria potestate, sexcentos solidos multa componat. Et ut precaria ista, uno tenore conscripta, omni tempore firma et stabilis valeat permanere, manu propria subter firmavimus et qui post nos firmaverunt scripto annotavimus.

Signum Drogonis qui hanc precariam fecit ; S. [1] Sanctiane uxoris ejus cui complacuit ; S. Odonis filii eorum ; S. Fraunerii ; S. Ricardi ; S. Bertaldi ; S. Guntarii ; S. Frutini ; S. Grinbaldi ; S. Adalberonis ; S. Geiboni ; S. Aiconi ; S. Armenarii ; S. Rainarrii ; S. Odonis ; S. Adderti ; S. Lausberti ; S. Dutulgi ; S. Fulculdi ; S. Beroldi ; S. Walnerii ; S. Attoni ; S. Alfridi ; S. Arnulfi.

II.

Donum Ermentrudis, viduæ Manegaudi, quatinus alodus dictus Sanctenou, sibi in dotalitium traditus, post mortem suam in S. Florentii deveniat potestate [2].

Qui remunerationem æternæ vitæ habere desiderat, necesse est ut faciat sibi amicos de mammona iniquitatis, dum

---

1. Pour éviter des répétitions, après avoir reproduit le mot *Signum* la première fois qu'il est écrit, on le remplace ensuite par un *S* suivi d'un point.
2. *Livre Noir*, fol. 13. Octobre 976 ou 977.

adhuc vacat et in hoc corpore sumus, qui cum recipiant in æterna tabernacula. Dum ergo tempus habemus, ut apostolus ait, operemur bonum. Quærendi igitur sunt nobis ad præsens adjutores, dum in hac peregrinamur vita, qui in futura advocati existant, illi maxime quos jam cum Deo regnare non dubitamus ; fiatque quod dicitur : non habentes vel amen amplexentur lapides.

Hac itaque ratione ego Ermentrudis, in nomine sanctæ et individuæ Trinitatis, cupiens thesaurizare quod in cœlis inveniam, in hæreditatem quæ michi a seniore meo Manegaudo relicta esse dinoscitur et in dotalitium tradita quamque, per divinam gratiam, hactenus jure hæreditario possideo, sanctum ac beatissimum Christi confessorem Florentium, ut ipse michi pius advocatus et perpetuus intercessor pro peccatis meis ad Dominum fieri dignetur, ipsiusque loci rectores post obitum meum hæredes relinquo : quatinus dum advixero exinde usum fructuarium percipiam, post mortem vero meam in ipsius sancti et fidelium ejus statim deveniat potestate atque perenni dominatione. Hoc est videlicet alodus qui dicitur Sanctenou, qui est in pago Pictavo, in vicaria Lausdunensi, super fluviolum Divæ, cum farinario, terris cultis et incultis, aquis aquarumque decursibus et ex omnibus quæ ibi tenere visa sum medietatem [1], pro anima senioris mei Manegaudi, Sancto Florentio trado atque condono. De hac autem donatione testamentum firmitatis fecimus et tam parentum nostrorum quam etiam nobilium virorum manibus roborari et subterfirmari decrevimus. Si quis autem contra hoc testamentum, quod fieri non credo, aut nos ipsi aut ullus de hæredibus vel cohæredibus nostris seu qualiscumque intromissa persona, aliquid agere vel repetere aut calumniam inferre præsumpserit, sua repetitio nullum obtineat effectum,

---

1. Ce mot explique pourquoi la charte suivante a été dressée en même temps que celle-ci.

sed insuper, cogente judiciaria potestate, auri libras xx et argenti pondera L coactus exsolvat, et hæc cartalis firmitas omni tempore firma et inconvulsa permaneat.

Signum Ermentrudis † quæ hoc testamentum fieri rogavit; S. Willelmi Pictavorum comitis; S. Adraldi vicecomitis; S. Hugonis; S. Ebbonis; S. Fulconis; S. Achardi; S. Adelardi; S. Amelii; S. Ingelberti; S. Aimerici; S. Engelboldi; S. Gerberti abbatis; S. Arnusti abbatis.

Data mense octobri, anno XXIII regnante Hlothario rege. Actum Pictavis civitate, publice.

III.

Donum ejusdem Ermentrudis S. Florentio de medietate supradicti alodi, alia medietate ad Hugonem fratrem suum relicta [1].

Cum omnibus in commune fidelibus karitatis bonum impendere debeamus, maxime domesticis fidei nos ortatur apostolus id ipsum largire. His igitur qui nobis propinquitatis nexibus sociantur providendum est, ut non negemus quod externis a sanguine nostro pro Deo est impendendum. Quapropter ego Hermentrudis, notum volo esse omnibus fidelibus sanctæ Dei ecclesiæ quia alodum meum, mihi a seniore meo Manegaudo in dotalicium concessum, fratri meo Hugoni cum Sancto Florentio partiendum, post mortem meam relinquo, eo tenore ut vel ipsi Sancto Florentio vel cuicumque voluerit pro anima sua relinquat. Est autem ipse alodus situs in pago Pictavo, in vicaria Lausdunensi, in villa quæ dicitur Sanctenous, super Divam fluviolum. Habeat igitur in communi, ut dixi, cum Sancto Florentio, cum terris

---

[1]. Très-bel original, dont l'initiale offre un Chrisme; et *Livre Noir*, fol. 13 v°. Octobre 976 ou 977.

cultis et incultis, pratis, aquis aquarumque discursibus, cum molendino superposito. De hac autem donatione testamentum firmitatis constituo, ut nullus de heredibus vel pro heredibus ipsius senioris mei ac meis propinquis habeat licentiam repetendi vel calumpniandi. Quod qui fecerit libras quatuor auri et argenti pondera quinquaginta, coactus a judice, exsolvat, et sua repetitio nullum optineat effectum, sed auctoritas hujus testamenti omni tempore firma permaneat.
† Signum Ermentrudis qui hoc testamentum fieri rogavit; S. Guilelmi Pictavorum comitis; S. Adraldi vicecomitis; S. Hugonis; S. Ebbonis; S. Achardi.
Data mense octobri, anno XXIII regnante Lothario rege. Actum Pictavis civitate, publice.

IV.

Donum Rohonis, tradentis se ad servicium S. Florentii, de alodis suis Bernegonno, Fons Clusa et Sayniacus; Drocone, fratre ejus, addente alodum Montis Alfredi, si legitimum filium hæredem non habuerit [1].

Qui remunerationem æternorum premiorum a Domino desiderat percipere illud debet adtendere ut, dum potest, faciat sibi amicos de mamona iniquitatis qui eum recipiant in æterna tabernacula. Ad hoc namque Dominus juvenem, cupientem ad vitam intrare, provehere exhortando dignabatur dum suadebat dicens ut, si vellet perfectus esse, venderet omnia sua daretque pauperibus, et veniens sequeretur illum. Hinc alias protestatur, quia non solum de larga datione elemosinarum verum etiam de kalice aquæ frigidæ mercedem est, qui dederit, recepturus. Unde etiam Salomon ait :
« Quodcumque potest manus tua facere instanter operare,

---

[1]. Bel original, et *Livre Noir*, fol. 15 v°. Entre 985 et 1009.

« quia nec tempus nec locus nec ratio est apud inferos,
« quo tu properas. » Dum ergo tempus habemus, ut
ait apostolus, operemur bonum. Querendi igitur sunt
nobis ad presens adjutores, dum in hac peregrinamur vita,
qui in futura advocati existant, illi maxime quos jam cum
Deo regnare non dubitamus; fiatque quod dicitur ut non
habentes vel amen amplexentur lapides.

Hac itaque ratione ego Roho, in nomine sanctæ et individuæ Trinitatis, cupiens tesaurizare quod in cœlis invenitur et relinquere mundo ea quæ sua sunt et voluntatem habendi, monachicum habitum suscipere deliberavi, tradens me domino Deo et Sancto Florentio perpetualiter serviturum, una cum hereditate quæ michi a parentibus meis relicta esse dinoscitur quamque frater meus Droco sponte mecum partitus est: hoc est alodus totus de Bernegonno qui situs est in pago Pictavensi, in vicaria Lauzdunensi, cum terris cultis et incultis, vineis, pratis, aquis aquarumque decursibus, exitibus et redditibus, cum molendino et mancipiis utriusque sexus et quicquid ad ipsum alodum pertinere videtur, quesitum et ad inquirendum; et in alio loco alodum alium in ipso pago et in ipsa vicaria, in loco qui dicitur Fons Clusa; et alium alodum in pago Andegavensi in vicaria Salmurensi, in loco qui dicitur Sayniacus. Quicquid pater meus Roho ibi habere visus est, totum et ad integrum loco Sancti Florentii et monachis ibi Deo servientibus trado. Ipse autem frater meus Droco alodum suum quem vocant Montem Alfredi ipsa die Sancto Florentio tradidit: tali videlicet tenore ut si filium de muliere sua qui post eum viveret non haberet, post mortem ejus Sanctus Florentius et ejus famuli perpetualiter absque ulla contradictione possiderent.

De hac autem donatione quam facere disposui, testamentum firmitatis feci, et tam fratris mei Drochonis quam etiam parentum meorum nobiliumque vivorum manibus roborari et subterfirmari decrevi, ut ipsi servi Dei quibus hæc tradidi in loco jam dicto quiete et libere teneant ac possideant nemine inquietante aut contradicente. Si quis autem contra hoc testamentum, ex parentibus meis aut de heredibus sive coheredibus vel etiam qualiscumque intromissa persona, quod fieri non credo, aliquid agere vel repetere seu calumpniam inferre voluerit, sua repeticio nullum obtineat effectum, sed insuper, cogente judiciaria potestate, auri libras triginta et argenti pondera centum coactus exsolvat et iram Dei omnipotentis incurrat, pro cujus amore hanc meam hereditatem tradere volo ; et hæc cartalis firmitas omni tempore fixa permaneat.

† Signum Roho ; † S. Drochonis fratris ejus, qui hanc cum ipso donationem fecit.

.V.

Venditio Herberti de alodo suo in villa An, pretio x solidorum [1].

Cum incerta sit humanæ mortalitatis conditio et labente seculo cum eo quotidie, volens nolensque, labatur, summopere unicuique providendum est quid de sibi commissis rebus agere debeat. Igitur ego in Dei nomine Herbertus nomine, alodum quoddam, quod ex parte matris meæ habere dinoscor, venundo Sancto Florentio, accipiens ab abbate loci ipsius, nomine Rotberto, simul cum monachis ibidem Deo servientibus, solidos x : ita ut ab hac die in hæreditate propria habeant et quicquid ex illo facere voluerint licentiam

---

1. *Livre Noir*, fol. 15. Vers 1006.
La charte précédente du *Livre Noir*, et trois de celles qui suivent, constatent l'acquisition, par l'abbé Robert, de quatre alleuds dépendant de la Villa An, laquelle est dite, dans les deux premières, située *in pago Turonensi, in vicaria Caynonensi*; et *in pago Turonico, in vicaria Cainonensi*. De ce qu'elle n'est pas nommée dans la Bulle-Pancarte du pape Jean XVII (avril 1004), on peut conclure que l'acquisition de cette *Villa* eut lieu entre cette année et 1011, date de la mort de l'abbé Robert.

habeant, sive tenendi seu venundandi. Est autem ipse alodus in pago Pictavensi, in villa quæ vocatur An, in vicaria Lausdunensi. Si quis autem fuerit, quod fieri non credo, ex filiis seu filiabus vel parentibus meis, qui contra kartalem hanc firmitatem præsumserit, auri libras xxx et argenti pondera centum coactus exsolvat et repetitio ejus nullum effectum obtineat. Et ut hæc manus firma omni tempore inconvulsa permaneat, manu propria roboravi manibusque nobilium virorum roborandam tradidi.

VI.

Donum Bertranni, de sua hæreditate sita in villa Han [1].

Qui remunerationem æternæ vitæ habere desiderat necesse est ut, quamdiu in hoc seculo vivit, de iniquo mamano [2] amicos sibi faciat qui illum in æterna tabernacula, cum defecerit, recipiant. Quapropter ego Bertrannus cupio [3] thesaurizare thesauros in cœlum et adquirere remissionem omnium peccatorum meorum, Deo et Sancto Florentio hereditatem meam trado atque condono, ut ipse Sanctus Florentius advocatus, cum suprema dies advenerit, apud pium judicem michi existere dignetur. Est autem ipsa hæreditas sita in villa quæ dicitur Han, partim in pago Turonico et in vicaria Cainonensi, partimque in pago Pictavo et in vicaria Lausdunensi [4]. Omnia ergo quæ in prefata villa habere visus sum in terris cultis et incultis, pratis, vineis,

---

1. *Livre Noir*, fol. 18 v°. Vers 1011.
2. Sic, pour *mamona*.
3. Sic, pour *cupiens*.
4. Au fol. 18 v° du *Livre Noir* se trouve une charte, datée du château de Saumur, au mois de juin, la xvi° année du roi Lothaire (970), dans laquelle *Villa quæ vocatur Fontaniacus, in fluviolo Clonno*, est dite située *in pago Pictavensi, in vicaria Caynonensi*.

totum et integrum, pro anima mea et anima uxoris meæ Lehildis et animabus parentum meorum, dono jam dicto Sancto Florentio donatumque in perpetuum esse volo, excepto dimidio juncto vineæ; simulque vineas quas tenere visus sum in villa quæ dicitur Bosza, prefato Sancto Florentio trado. Si autem aliquis fuerit, quod fieri non credo, sive ex parentibus meis aut ego ipse sive aliqua intromissa persona [1], qui contra hanc kartalem firmitatem aliquam calumniam inferre præsumserit, in primis iram Dei omnipotentis et omnium sanctorum ejus incurrat et quod petit non evindicet; sed insuper, cogente judiciaria potestate, auri libram unam multatus componat et hæc karta donationis omni tempore stabilis permaneat.

VII.

Notitia qualiter, in castro Lausduno, ecclesia Sanctæ Mariæ et Sancti Leodegarii ad canonicum ritum fuit exaltata [2].

In nomine sanctæ et individuæ Trinitatis Patris scilicet et Filii sanctique Spiritus. Notum sit omnibus fidelibus sanctæ Dei æcclesiæ, tam presentibus quam etiam et futuris, tam laicis quam etiam clericis, ut sit firmiter in memoria successorum nostrorum per hujus scripturæ noticiam, qualiter in castro Lausduno æcclesia sanctæ Mariæ sanctique Leodegarii in honore constructa ad canonicum ritum fuerit exaltata.

---

1. La charte qui suit, dans le *Livre Noir*, contient le legs fait à Saint-Florent par les susdits époux de tous leurs biens, avec l'approbation du comte Odon, c'est-à-dire Eudes II, comte de Blois et de Tours et seigneur de Saumur dès l'an 1004, qui hérita de la Champagne en 1019. Si notre charte n'est pas contemporaine de l'abbé Robert, elle suivit de près sa mort.

2. Double cyrographe, dont l'écriture semble postérieure de près d'un siècle à la date de cette notice. Vers 1020.

Ergo quidam presbiter, Othbaldus nomine, parvulam primitus illam tenebat æcclesiam ab Alberico Monte Johannis, tempore comitis Fulconis, sine ulla aliorum participatione. Ad quem presbiterum, in extremo suæ ætatis jam positum, alii tres presbiteri convenerunt scilicet Isembertus, Bernardus, Vivencius : dicentes ac nimium hortantes quatenus illam suam æcclesiam, per concessum sui domini Alberici optimorumque virorum illius pagi, in canonicum honorem elevaret quatuorque canonicos ibi die ac nocte servientes Deum omnipotentem, pro ipso omnique populo supliciter precantes, constitueret. Quibus postulantibus ille vir bonus, saluti animæ suæ providens, libenter annuit ac simul dominum suum adiens Albericum, ipsis presentibus, hæc omnia illi indicavit. Quibus ille auditis toto corde concessit, pro redemptione animarum suorum parentum atque suæ animæ et filiorum omniumque suorum successorum, prædictam ecclesiam exaltari ibique quatuor canonicos constitui. Ille quidem nichil nisi tantummodo æcclesiam dedit ; quam prænotati presbiteri suis rebus construxerunt ac suas terras et plurima bona tradiderunt, accepta ab Alberico conventione ut omni suæ progeniei in perpetuum remaneret. Quibus vero perhenniter concessum est ut viginti solidatas sui census æcclesiæ construendæ unusquisque, cum moreretur, dimitteret : tali pacto quod, ejus filius vel nepos vel quilibet propinquus illius prebendam haberet. Quod si ipse moriens utpote pauper non valeret, heres futurus ex suo proprio tantumdem æcclesiæ componendæ tribuens prebendam similiter possideret. In hac vero æcclesia tenere capitale ministerium Otbaldo jus fuit, per jussionem Alberici sui domini, et post obitum ejus Durando suo nepoti, deinde omni suæ progeniei, si talis fuerit quæ illud officium adimplere possit. Hujus autem æcclesiæ institutionem Fulco comes sua auctoritate firmavit pluresque boni viri : ipse videlicet Albericus, auctor, cum Milesende uxore sua et filiis eorum Goffredo et Petro, Goffredus filius comitis

Fulconis, qui adhuc puer erat [1], Isembertus Pictavensis episcopus, Garinus de Fonteniis, Fulco ejus filiaster, Elinannus de Cinomanne, qui tunc suam gardam in castro Lausduno faciebat, Alo Silvanus, Girorius filius Goscelini, Ugo villicus, Aimericus de Faia et omnes vavassores ipsius castelli.

Per supradictam conventionem postea crevit æcclesia, cui postea tradita sunt plurima beneficia. Si nosmet ipsi aut ullus heredum nostrorum surrexerit qui hanc elemosinam inquietare presumpserit, in primis iram Dei altissimi seu sanctæ Mariæ virginis necnon et omnium sanctorum offensionem incurrat neque ad finem angeli Dei obviam ei adveniant, sed diaboli dimergant eum in profundum inferni.

Tempore comitis Fulconis, regnante Roberto rege, Hubertus scripsit, in tempore Isemberti episcopi Pictavis, nepotis Gisleberti episcopi.

VIII.

Confirmatio Gerorii militis de Losduno, de dono quod Tescelinus clericus S. Florentio fecerat Fredaldi colliberti, quem de beneficio dicti Gerorii tenebat; et iterum confirmatio Fulconis Normanni [2].

Qui condignos se æterna remuneratione fieri desiderant, de temporalibus bonis debent mercari sempiterna, ut cum ista quandoque amiserint illa inveniant quæ finire non

---

1. Né le 14 octobre 1106, Geoffroi Martel, fils de Foulque Nerra, comte d'Anjou, atteignit sa quatorzième année et cessa d'être appelé enfant en 1020.
Ainsi il résulte de notre charte qu'Isembert Ier a été évêque de Poitiers un an plus tôt qu'on ne l'a imprimé.

2. *Livre Noir*, fol. 132. La charte y est intitulée : *Donum domni Girorii militis de Losduno*; analyse sinon inexacte, du moins incomplète, mais qui fait connaître le pays de Geroire. Vers 1050.

poterunt. Oportet igitur ut, tam in vita quam etiam in fine, solliciti consideremus quia quodcunque seminaverit homo hæc et metet; et Dominus dicit : « Date elemosynam et ecce « omnia munda sunt vobis. »

Quapropter ego Gerorius, miles, peccatorum meorum consideratione perculsus, extremum etiam judicii diem in quo unusquisque, prout gessit, sive bonum sive malum recepturus est pertimescens, quendam collibertum meum, nomine Fredaldum, quem Tescelinus clericus de meo beneficio tenuisse et, faventibus filiis suis, Sancto Florentio, accepto aliquantulo precio, donasse manifestum est, assentientibus similiter conjuge mea Witburge et filiis meis Rodulfo atque Walterio, eidem Sancto Florentio, ut ipse pro peccatis nostris ante Deum pius intercessor assistere dignetur, per hujus nostre auctoritatis testamentum concedo atque monachorum in ejus sancto cœnobio Deo militantium servituti subicio : ita ut ab hodierna die et deinceps, tam ipse supradictus collibertus, Fredaldus scilicet, quam omnis fructus ex eo genitus vel adhuc generandus, ipsius Sancti Florentii atque monachorum ejus ditioni sese subjectos esse recognoscant et debitæ servitutis pensum reddere non negligant. Si quis autem de nostris sive de Tescelini heredibus hujus nostræ donationis testamento aliquam calumniam aliquando inferre presumpserit, judiciaria potestate coactus, auri x libras exsolvat et ejus appetitus, sicut decet, ad nichilum redeat. Ut autem hæc karta firmior inconvulsaque permaneat, manu propria firmavi idoneorumque testium manibus corroborandam tradidi.

Signum Gerorii militis qui hanc kartam auctorizavit †; S. Witburgis uxoris ejus; S. Rodulfi et Walterii filiorum ejus; S. Tescelini clerici ; S. Frederici abbatis; S. Letardi prioris ; S. Fulcodii monachi; S. Bencelini monachi cellararii; S. Othgerii monachi; S. Gosfridi monachi, S. Gunduini monachi.

Hanc igitur cartam de qua sermo est, longo post tempore, propter quorumdam calumnias quæ insurgebant adversus eundem Fredaldum rursus illum reclamantium, precatu domni Sigonis abbatis aliorumque monachorum Sancti Florentii, rursus eam auctorizavit domnus Fulco cognomento Normannus, filius Rotgerii de Monte Revello, apud Sanctum Florentium qui dicitur Vetus, firmans eam propria manu hoc sanctæ † signo : eo pacto ut super patris et matris ejus tumulos ponerent monachi duos lapides, pro eorum diuturna memoria.

Testes hujus confirmationis hii sunt : abbas Sigo, Bernegarius monachus, Tetbaldus monachus, Albaldus monachus, Laurentius monachus, Warnerius monachus; et ex laicis : Gosfredus Rufus, Walterius filius Bernerii Monachi, Gosfredus clericus, Andreas, Johannes, Morinus, Witbertus.

IX.

Donum Leulfi de Volort omnium quæ habebat in ecclesia de Venezo [1].

Audite presentes atque futuri. Vobis dico, ad quos pertinet vel pertinebit, quod Leulfus de Volorto fecit talem conventionem de ecclesia Sanctæ Mariæ de Venezo cum monachis Sancti Florentii, per consilium Johannis presbiteri, fratris sui, ut monachi quendam puerulum filium Leulfi, nomine Walterum, susciperent et monacum facerent et Leulfus daret Sancto Florentio omnia quæ in hac ecclesia habebat, hoc est omnem oblationem ipsius ecclesiæ et terram quæ ad altare pertinet et sepulturam. Hoc auctorizavit Aimericus Junior, filius filii Aimerici Senioris de castro quod Faia vocatur, de cujus casamento est, accipiens pro

---

1. Original. Fin du xie siècle.

hac re a monachis triginta solidos et caballum quatuor librarum nummorum; testibus : Bernardo Mactatore Bovis, Leagardo filio Bernardi Caude de Vacca, Bosone de Furnolis, Fulcherio de Maximiaco, Aimerico filio Stephani siniscalli, Rotberto Robelino, Aimerico de Volorto, Odone camerario, Hugone Crasso Lepore, Martino de Venezo, Erfrido Berchinnot, Willelmo vicario de Celsis, in cujus curte acta sunt hæc. Ecce et alii testes : Aalo de Losduno, Radulfus filius Girorii, Frotgerius Barba Torta, Herbertus de Sancto Jovino, Leulfus supradictus et Johannes frater ejus, Aimericus Carrucellus monachus, Arnaldus Crispinus presbiter.

X.

Donum Aimerici de Faia, de uno joito prati apud Venetum, et judicium de calumnia Radulfi S. Generosi [1].

Notum sit omnibus fidelibus quod Aimericus de Faia dedit Deo et Sanctæ Mariæ de Veneto et monachis Sancti Florentii, et Johanni priori ejusdem obedientiæ, unum joitum prati, prece et monitu Leulfi fratris ejusdem Johannis, cujus Leulfi erat idem pratum qui et ipse erat prefectus ipsius Aimerici. Ex hoc sunt testes : ipse Leulfus et Odo camerarius et Aimericus filius Stephani dapiferi, Goslenus de Clœnai, Benedictus Isnel et Radulfus clericus, famulus monachi.

Post longum tempus, calumniatus est idem pratum Galterius Sancti Generosi ; sed inde difinitum est, coram ipso Aimerico qui illud dederat, quia recuperare non poterat, eo quod ille ex cujus parte hoc clamabat servus Aimerici fuerat, et sicut pratum dederat ita etiam ipsum servum dare potuisset. Et huic judicio affuerunt monachi : supradictus

---

1. Original. Fin du xie siècle.

Johannes et Gosfridus Tale Peitit, Odo de Cuderiis, Fulcherius de Maximiaco et Radulfus famulus monachorum et Hubertus de Silinniaco.

XI.

Concordia de villa Origniaci inter monachos et Aimericum filium Longonis[1].

Miles quidam Isembardus nomine, de Origniaco, hereditatem desiderans habere in cœlo, pro redemptione peccatorum suorum et pro anima patris sui matrisque suæ, dedit Sancto Florentio necnon monachis Christo in ejus monasterio servientibus, post obitum suum, quicquid in villa de Origniaco habebat, annuente domno Longone de Lausduno qui censum terræ, undecunque exibat, tenebat. Et quia ipse Longo cognatus ejus erat et de progenie sua nullum propinquius parentem habebat, filium illius, nomine Aimericum, de suis rebus heredem esse [statuit] exceptis his quæ Sancto Florentio dimisit. Aimericus autem donationem quam Isembardus fecerat monachis annuere noluit et sæpe a patre admonitus auctorizare recusavit. Postea vero tactus amore divino, et maxime pro eo quod Isembardus eum heredem de omnibus suis fecerat, quod ille Sancto Florentio dederat et pater suus annuerat ipse etiam libenti animo annuit ac beneficium monasterii a domno Willelmo abbate et ceteris fratribus in capitulo recepit censumque terræ et vinearum, defuncto patre, Deo Sanctoque Florentio, pro salute animæ suæ, donavit. Si vero monachi, necessitate cogente, terram vendere voluissent et ille vel heres ejus emere voluisset preciumque quod alii dare vellent donasset, recuperaret;

---

1. Original. Fin du xie siècle.

sin alias monachi terram et totum censum secure omnino absque ulla calumnia possiderent.

Quando supradictus Isembardus ex hac vita exierit, monachi illum in eorum cimeterio sepelient, si tamen ipse ad monasterium adduci fecerit.

XII.

Donum Frederici de Lausduno de rebus apud villam Charde sitis, ut filius ejus nutriatur et ad divinum servicium instruatur apud S. Florentium, ubi corpus Frederici sepulturæ traditum est [1].

Omnibus sanctæ Dei ecclesiæ fidelibus, tam clericis quam laicis, tam posteris quam præsentibus, hoc esse notum volumus quatinus quidam homo de Lausduno, nomine Fredericus, dedit Sancto Florentio monachisque ejus novem jugera terræ arabilis perpetualiter habenda in parrochia Sanctæ Mariæ de Venecio, apud villam quæ vocatur Charde, pro quodam suo filio [2], tali pacto quod ipsum insinuare faciant atque victui necessaria præbeant; necnon pro eodem puero contulit quodannis xvi sextaria frumenti vel fabarum. Postquam vero ipse puer ad ætatis perfectionem pervenerit, atque ad sacerdotalis officii dignitatem accedere poterit, si ab ipsis monachis se velle accipere monialem habitum humiliter postulaverit, ejus petitionem, si idoneus fuerit, libenter accipiant; si autem hoc renuerit, aliquam ecclesiam ubi se ad Domini servitium exercere valeat ei conferant. Post ejus vero obitum omnia quæcumque possederit Sancto Florentio atque ejus monachis remaneant.

---

1. *Livre Noir*, fol. 522. Vers 1100.
2. L'enfant dont il est question dans cette charte serait-il Mathieu de Loudun, élu abbé de Saint-Florent en 1128, puis évêque d'Angers en 1155, et qui mourut en 1162 ?

Præter hæc supradictus Fredericus, pater ipsius pueri, in monachorum beneficio computatus, tertiam partem totius possessionis suæ, postquam a sæculo migraret, eis spontanee dimisit, et ipsi congruentibus exequiis corpus ejus sepulturæ tradere procurarunt.

XIII.

Testificatio Eusebii, Andegavensis episcopi, qualiter judicatum est contra monachos Tornocienses ecclesiam S. Nicolai de Lausduno ædificari non in parrochia castelli sed in illa Venetii [1].

Eusebius Dei gratia Andegavorum episcopus, omnibus ad quos hec scriptura pervenerit, si quid ponderis habere potest humilitatis nostre testificatio. Pateat autem quandoquidem quod vidimus et audivimus, hoc testamur, testimonium damus clericis Losdunensibus in controversia quam contra monachos Tornotienses jam diu habent; testimonium vero nostrum hujusmodi est.

Tempore Fulconis comitis [2], proposuerunt litem utrique Andegavis presente me, Eusebio scilicet episcopo Andegavensi, et Anardo Cenomannensi et domno Sigone abbate Salmurensi, bone memorie viro [3], et aliis quos nominare longum est nec multum refert. Questi ergo sunt monachi quod clerici ecclesiam edificare cepissent Losduni, juxta castellum, in alodio quidem comitis sed in suo ut putabant jure, quoniam parrochia castelli ad ipsos pertineret, et ideo injuste absque licentia ipsorum edificari. Ad hec clerici quod sibi visum est responderunt. Tandem auditis partibus judicatum est licuisse et licere clericis incipere ibi consummare

---

1. *Livre Noir*, fol. 81, et *Livre Rouge*, fol. 81. Vers 1075.
2. Foulque Réchin, comte d'Anjou.
3. Sigon mourut en 1070, et l'évêque Eusèbe Brunon en 1081.

ecclesiam, testificante Sigone abbate locum illum in quo edificabatur non ad parrochiam castelli sed ad parrochiam ville que vocatur Ventium pertinere, que parrochia non Tornocensium [1] sed Salmurensium monachorum esset.

Hujus rei testes veridicos nos esse profitemur. Valete.

XIV.

Judicium concilii Engolismensis contra monachos Trenorcienses, de ecclesia S. Nicolai Lausdunensis [2].

Ego Girardus, Engolismensis episcopus et sanctæ Romanæ æcclesiæ legatus, presentibus et futuris notum fieri volo quod frater noster Stephanus abbas Sancti Florentii Psalmurensis, cum monachis suis, et Franco Trenorciensis abbas, cum monachis suis, pro querela quam inter se habebant de æcclesia beati Nicholai de Lausduno, ad concilium Engolismense venerunt. Predictus siquidem abbas Sancti Florentii conquestus est quod Trenorcienses monachi auferebant ei æcclesiam beati Nicholai de Lausduno [3], que in parrochia beate Mariæ de Venez fundata est, et parrochianos circum circa æcclesiam existentes; quæ omnia juris Sancti Florentii esse dicebat. Ad hæc Franco, Trenorciennus abbas, respondebat quod hæc controversia canonico juditio Petri, bonæ memoriæ, Pictavensis episcopi definita fuerat, atque cartam sub persona ejusdem episcopi inde factam ostendit. Dicebat etenim carta quod tercia pars decime æc-

---

1. Pour le très-long procès entre Saint-Florent et Tournus, voir l'Histoire de cette dernière abbaye, par Chifflet.

2. Original jadis scellé, signé par l'évêque d'Angoulême, et *Livre d'Argent*, fol. 95. En 1118.

3. Cette contestation paraît avoir été aggravée par le souvenir de ce qui s'était passé à Tournus, au sujet des reliques de saint Florent. V. *Chron. des églises d'Anjou*, p. 222 et suiv.

clesiæ beatæ Mariæ de Veneiz ad ecclesiam beati Petri de Lausduno jure parrochiali pertinebat, in cujus æcclesia beati Nicholai fundata erat ; et ideo predictus episcopus de eadem æcclesia eos investivit et concessit. Preterea continebat carta quod ad hoc astruendum plures testes probare paratos produxerant. Pretendit etiam corroborationes Romanorum legatorum, Brunonis Signini, Richardi Albanensis, eandem cartam confirmantium.

His igitur diligenter auditis utriusque partis rationibus, judicavimus eandem cartam non esse definitivam, tum quoniam tantùm dicebat : « investivimus et concessimus, » tum quia non referebat quod testes producti aliquam probationem fecissent neque quod monachi Sancti Florentii judicium subterfugissent ; atque ideo judicavimus quo de fundo causæ agere deberent.

Hoc autem juditium una nobiscum judicaverunt : W. Pictavensis episcopus, Gislebertus Turonensis archiepiscopus, Bernardus Auxiensis archiepiscopus, Gregorius Begorrensis episcopus, W. Petragoricensis episcopus, et plures aliæ venerabiles personæ. Interfuerunt autem huic nostro juditio : Guillelmus Petragoricensis archidiaconus, Ugo de Lavarzino, Guibertus Andegavensis, Ivo, Boso et plures monachi utriusque partis, et plures alii clerici et laici.

Et ut hoc nostrum juditium firmum et ratum permaneat, propria manu nostra subscripsimus et auctoritatis nostræ sigillo muniri fecimus.

Ego Girardus, Engolismensis episcopus et sanctæ Romanæ ecclesie legatus, subscripsi.

Actum est autem hoc nostrum juditium Engolisme, anno incarnationis dominice MCXVIII, indictione XI ; regnante Lodovico rege Francorum.

XV.

Auctoramentum Calixti II papæ de prædicto judicio, et præceptum de controversia inter Salmurenses et Trenorcienses monachos penitus sopienda [1].

Calixtus episcopus, servus servorum Dei, venerabili fratri G. Engolismensi episcopo, apostolice sedis legato, salutem et apostolicam benedictionem. De querela que inter Salmurenses et Trenorcienses monachos super ecclesiam beati Nicholai de Lausduno fuerat, fraternitas tua cum archiepiscopis, episcopis et aliis venerabilibus personis judicium promulgavit, quod domino predecessori nostro sancte memorie pape G. [2], sicut ejus scripto comperimus, rationabile visum est. Ut ergo deinceps controversia illa penitus, per Dei gratiam, sopiatur, de veritate rei et fundi causa, quemadmodum et vos judicastis et predictus dominus litterarum suarum auctoritate mandavit, absque dilatione agatur.

Datum Beneventi, x° kalendas marcii.

XVI.

Judicium Engolismensis episcopi, qualiter monachi Trenorcienses jus suum non probaverunt [3].

Ego Girardus Engolismensis episcopus, sancte Romane ecclesie legatus, noticie succedencium tradere volui, et ideo

---

1. *Livre d'Argent*, fol. 51, et *Livre Rouge*, fol. 6 v°. 20 février 1120 ?
2. Gélase II, mort le 29 janvier 1119, à Cluny. Calixte II, qui y fut élu trois jours après, ne se rendit à Rome que l'année suivante.
3. *Livre d'Argent*, fol. 85 v°, et *Livre Rouge*, fol. 67. En 1120 ?

scribere precepi, quod cum monachi Salmurenses et Trenortienses in presentia nostra venissent, super querelam ecclesiarum de Lausduno, Sancte Crucis et Sancti Nicholai, quam, ex precepto domini pape Calixti, diffiniendam susceperamus, Trenorcienses monachi quoddam scriptum protulerunt in quo tale capitulum continebatur : « Sane diffini« tionem que inter monasterium vestrum et Sancti Florentii « de ecclesia Sancti Nicholai et Sancte Crucis, a predecessore « nostro sancte memorie Urbano papa [1], Turoni facta est, « nos apostolice sedis auctoritate confirmamus. » Cujus diffinitionis munimentum cum inquisissemus, Trenorcienses quandam narrationem [2] ostenderunt que nec sigillo munita nec titulo alicujus persone titulata erat ; verum super Scriptum Domini nostri manum imponere veriti sumus [3], et sic infecto negocio utraque pars discessit. Super hoc ergo, consilio accepto, domino pape insinuare curavimus. Scribere etiam volui quod monachi Sancti Florentii pro certo asseverabant diffinitionem illam nunquam Turonis aut alibi factam fuisse, nec se unquam a justicia hujus negocii defecisse; immo tam de Sancti Nicholai quam Sancte Crucis ecclesia et de parrochianis Sancte Marie de Veneto, quos Trenorcienses monachi eis auferebant, et in multis conciliis conquesti erant et adhuc conquerebantur et necdum justiciam consequi poterant.

---

1. Urbain II, auquel Pascal II succéda le 13 août 1099.

2. Ainsi les chartes-notices, en général si importantes pour l'histoire locale, n'avaient aucune autorité devant les tribunaux.

3. Sic, pour *sunt*, si, comme je le crois, ce passage veut dire que les moines de Tournus ont refusé de jurer sur l'Évangile la vérité des faits consignés dans la susdite charte-notice.

XVII.

Præceptum Calixti II papæ, de querela inter Salmurenses et Trenorcienses monachos definienda [1].

Calixtus episcopus, servus servorum Dei, venerabili fratri G. Engolismensi episcopo, apostolice sedis legato, salutem et apostolicam benedictionem. Querelam inter Salmurenses et Trenorcienses monachos, super ecclesia Sancte Crucis et beati Nicholai de Lausduno, miramur prudentiam tuam quod, pro litteris nec bone memorie Urbani pape sigillo nec nostro munitis, sicut tam a me quam a predecessore meo, bone memorie, papa Gelasio tibi preceptum fuerat, non definisti. Unde tibi precipiendo mandamus ut querelam illam, absque dilatione vel aliqua subtrafugii appellatione de fundo cause et de rei veritate, quando utraque pars ante presentiam tuam appellata fuerit definias.

Datum Lateranis, x° kalendas decembris.

XVIII.

Concordia monachorum Sancti Florentii cum canonicis Sanctæ Crucis de Lausduno, ut eos adjutores habeant contra monachos Trenorcienses [2].

Quoniam preteritorum oblivionem institutorum innumeras inter membra sanctæ ecclesiæ discordias seminasse

---

1. *Livre d'Argent*, fol. 14, et *Livre Rouge*, fol. 6 v°. 22 novembre 1120 ?
2. Cyrographe original, avec signature autographe, endommagé dans sa partie inférieure de droite. Les mots détruits ou mutilés sont remplacés en italiques. En 1121.

nulli dubium est dum, aliis affirmantibus sic esse aliis vero non sic esse, nullum falsitati confutandæ occurrit veridicæ cartæ testimonium, ad tale periculum in posterum precavendum, id est ad repellendas si quas aliquando emergere contigerit calumpnias, vigilanter monimentis litterarum tradere curavimus convenientiam seu concordiam quæ facta est inter monachos Sancti Florentii et canonicos Sanctæ Crucis de Lausduno. Sed ut res apertior sit, causam etiam hujus concordiæ paucis [verbis] enerrare dignum duximus.

Diu igitur monachis Sancti Florentii ac Trenorciensibus contendentibus pro æcclesia Sancti Nicholai et Sanctæ Crucis, quæ sitæ sunt in parochia Sanctæ Mariæ de Veneth, cum monachi Sancti Florentii, licet justam causam haberent, nichil tamen, adversantibus sibi clericis ipsius castelli, proficerent, habito super hac re consilio, adierunt supradictos canonicos, eos suppliciter orantes ut sibi consilium darent qualiter clericos castelli possent non habere contrarios, et res tandem ad effectum posset perduci. Ad hæc canonici : « Si,
« inquiunt, nobiscum pactum concordiæ firmare volueritis,
« et nos et omnes clerici in hac vobis causa donec, Deo
« volente, finis ei imponatur, adjutores et consiliatores
« erimus adeo ut, si opus fuerit, ex nobis ipsis unum vel
« duos quos utiliores ad hoc negotium noverimus paratos
« habeatis, vestris tamen expensis et equitaturis, pro hac
« causa Romæ, cum cartis nostris ad hoc necessariis, papam
« adire vel ubicumque volueritis ire. »

Hac itaque canonicorum promissione eorum in omnibus voluntati monachis assentientibus, facta est inter eos hujus modi concordia : ut videlicet monachi unam prebendam habeant in æcclesia Sanctæ Crucis, postquam canonici vel monachi eam invadere et de manu Trenorcensis abbatis auferre poterint, ita ut de omni quantulacumque re quamcumque vel duo canonici inter se partiti fuerint, tertiam æque partem monachi inde accipiant; necnon ut canonici unam domum postquam, ut vulgariter dicitur, exierit, domno abbati tribuant, vel secundum qualitatem seu oportunitatem situs ipsius æcclesiæ unam aream in qua domum faciat ubi honeste *suam* personam hospitari possit. Hæc a canonicis monachis concessa sunt. A monachis vero mutuo titidem federe concordiæ canonicis concessum est ut habeant paræchiam sui proprii burgi et omnia quæ ad sacerdotale officium pertinent necnon et elemosinariam domum, visitationem scilicet pauperum et sepulturam. Advenæ autem quos albanos vocamus ad quoscumque, sive monachos sive canonicos, voluerint se portari sepulturæ mandandos in ipsorum erit electionis arbitrio.

† Ego Stephanus abbas propria manu subscripsi.

Hæc convenientia concessa est in capitulo Sanctæ Crucis de Lausduno, Otgerio priori Sancti *Florentii*, Silvestro monacho, David monacho, Valentino monacho, a canonicis Sanctæ Crucis Aimerico, Johanne, Elia, Stephano, Aimerico, Willelmo, Drogone, Bosone, Tetbaldo.

Hæc *convenientia* item est et concessa supradictis canonicis in plenario capitulo Sancti Florentii, presidente abbate Stephano, audientibus istis monachis : Mauricio, Gisleberto, Petro Bernardo, Mainerio, Johanne, Petro Dinannensi, Savarico et aliis quos enumerare longum est.

Actum est hoc anno ab incarnatione Domini MCXXI, indictione xiiii, epacta xxix; regnante Ludovico rege Francorum, Fulcone Andecavensium com*ite*.

XIX.

Præceptum Innocentii II papæ, de supradicta discordia a judicibus quos delegat terminanda [1].

Innocentius episcopus, servus servorum Dei, venerabilibus fratribus G. Carnotensi episcopo, apostolice sedis

---

1. *Livre d'Argent*, fol. 14, et *Livre Rouge*, fol. 9. 1er février 1133.

legato, et Hu... Autisiodorensi episcopo, salutem et apostolicam [benedictionem]. Inter dilectos filios nostros Salmurenses et Trenorcienses monachos super ecclesia beati Nicholay de Lauduno diu controversia est agitata ; sed quoniam sicut dilecto filio nostro M.[1] abbate Salmurensi conquerente didicimus, nundum est fine debito terminata, per presentia vobis scripta mandamus quatinus congruo loco et tempore, utraque parte ante vestram evocata presentiam, de veritate rei et fundi causa, quemadmodum a predecessore nostro bone memorie pape Calixto preceptum fuisse dignoscitur, veritatem hinc inde studiosius inquiratis et eidem controversie finem debitum imponatis. De ecclesia quoque Sancte Crucis et de parrochianis Sancte Marie de Veneto prefati filii nostri querimoniam adversus eosdem Trenorcienses diligenter audiatis et fine debito terminetis.

Datum Lateranis, kalendis februarii [2].

XX.

Præceptum aliud ejusdem papæ de eadem judicum delegatione [3].

Innocentius episcopus, servus servorum Dei, dilectis filiis abbati et monachis Trenorciensibus salutem et apostolicam benedictionem. Inter vos et dilectos filios nostros Salmurenses monacos, super ecclesia beati Nicholai de Lauduno, diu controversia est agitata. Sed sicut dilecto filio nostro

---

1. Les noms incomplets dans cette Bulle et les suivantes sont : *Gaufridus, Hugo, Matheus, Petrus*.

2. Elu le 15 février 1130, Innocent II ne se trouva à Rome le premier jour de ce mois, d'après l'*Art de vérifier les Dates*, qu'en 1133, et de 1139 à 1143, année de sa mort.

Nous présumons que cette Bulle et la suivante se rapportent à la première date.

3. *Livre d'Argent*, fol. 13, et *Livre Rouge*, fol. 9. 1er février 1133 ?

M. abbate Salmurensi conquerente didicimus, nundum est fine debito terminata. Quia igitur singulis suam volumus exhiberi justiciam, per presentia vobis scripta mandamus et mandando precipimus quatinus cum a venerabilibus fratribus nostris G. Carnotensi episcopo, apostolice sedis legato, et Hu... Autisiodorensi episcopo, evocati fueritis, eorum presentiam adeatis atque de veritate rei et fundi causa prefatis Salmurensibus monachis respondeatis, nichilominus de ecclesia Sancte Crucis et de parrochianis Sancte Marie de Veneto eisdem monachis respondeatis et quod ab eisdem fratribus super hoc statutum fuerit firmiter observetis.

Datum Lateranis, kalendis februarii.

XXI.

Præceptum Eugenii III papæ, de sæpe memorata controversia a judicibus delegatis judicio vel concordia finienda [1].

Eugenius episcopus, servus servorum Dei, dilectis filiis M. abbati et monachis Sancti Florentii, salutem et apostolicam benedictionem.

Venientes ad presentiam nostram dilecti filii nostri Trenorcienses monachi, in presentia nostra questi sunt quod decimas in suis parochiis constitutas et ad jus ecclesiarum suarum pertinentes de manu laïcorum suscipitis et, quasdam terras eorum invadentes, possessionem ipsorum perturbatis et alias eis injurias facitis. Quia igitur ipsorum justicie deesse nec possumus nec debemus, per apostolica vobis scripta precipiendo mandamus quatinus cum a venerabilibus fratribus nostris P. Bituricensi archiepiscopo et Hu... Autisiodorensi episcopo vocati fueritis, eorum presentiam adeatis

---

1. *Livre d'Argent*, fol. 21 v°. 22 janvier 1146 ou 1150.

et quod ipsi, auditis utriusque partis rationibus, inter vos et ipsos judicio vel concordia statuerint suscipiatis et observetis. Datum Lateranis, ii° idus januarii [1].

XXII.

Concordia de lite quæ antiquitus et diutissime agitata fuerat inter Salmurenses ac Trenorcenses monachos [2].

Ne in infinitum lites extendantur sed potius conquiescant, sepe, sua gratia, divina apte operatur clementia, quod ex antique atque multiplicis decisione litis Salmurensium ac Trenorcensium liquido patet ; que quamvis antiquitus diutissime fuerit agitata, modo tamen pia, omnipotentis Dei provisione, penitus est sopita, et inter quos longique temporis regnavit discordia, modo summam ac perpetuam, ex opposito, constat esse concordiam. Cujus concordie formam et modum pacis presenti scripto commitendum et ad posterorum noticiam transmittendum duximus, ne rei tam necessarie veritas posterorum memorie subtrahatur.

Hec itaque rata et inconvulsa atque inviolabilis inter Salmurenses et Trenorchienses concordia manet quoniam Trenorchienses in pace, quiete et absque calumpnia in perpetuum possidebunt ecclesias Sancte Crucis et Sancti Nicolai de Losduno et duas partes decime quam ipsi habebant in parrochia Sancti Johannis de Danazeio, et quartam partem terre de Fabricis, in quibus omnibus controversia fuerat ; Salmurenses vero similiter in pace quiete et absque calump-

---

1. D'après l'*Art de vérifier les Dates*, Eugène III ne se trouva à Rome au mois de janvier qu'en 1146, 1150, 1152 et 1153. Hugues III, évêque d'Auxerre, étant mort en 1151, la Bulle ne peut être que de l'une des deux premières années.
2. *Livre d'Argent*, fol. 77, et *Livre Rouge*, fol. 31 v°. En 1156.

nia possidebunt decimam de Venezio et tres partes predicte terre de Fabricis et terciam partem decime quam Trenorchienses in parrochia Sancti Johannis de Danazeio accipiunt, ubicunque scilicet eam accipiant, sive in amplificationibus, sive in aliis locis; et sive Salmurenses sive Trenorchienses deinceps in ea de Danazeio decima aliquid adquisierint, suam utrique eandem quam diximus portionem possidebunt, Salmurenses scilicet tertiam partem et Trenorchienses duas.

Hujus rei testes sunt, ex parte Sancti Florentii : domnus abbas Philippus, Guillelmus prior, Johannes supprior, Guillelmus cellararius, Giraldus, Adelelmus, Laurentius, Daniel, monachi Sancti Florentii ; de laïcis : Gaufridus, Bariller, Guillelmus Giraudi, Johannes, Laurentius, Johannes Bergeria, Golcelmus Guillelmus de Braiosa, Guillardus Sollens, Paganus Perche ; ex parte vero Trenorchiensium : Hugo prior Cunaudi, Petrus prior de Lausduno, Gaufridus de Rochis, Guichardus, Rotholandus, Adam, Gaufridus, Guillelmus Trenorchienses monachi; Gosbertus presbiter, Engressus, Lambertus major de Saugreio, Radulphus, Matheus Soldans, Rainaudus Chalot, Ripaudus, Gaufridus Brethel, Gervasius, Garinus.

Ego Matheus, Dei gratia dictus Andegavensis episcopus, subscripsi et concessi †.

Hec autem concordia ab utroque abbate, Philippo videlicet Salmurensi et P. Trenorchiensi, et ab eorum capitulis unanimiter approbata, concessa et confirmata est. Actum est hoc anno ab incarnatione Domini MCLVI°, indictione IV^a, epacte XXVI, byssexto VII; in sede apostolica presidente Adriano, Ludovico rege Francorum, Henrico rege Anglorum.

XXIII.

Donum Aimerici Rigaldi et aliorum, de ecclesia S. Petri de Bosculo [1].

Notum esse volumus omnibus sanctæ Dei ecclesiæ fidelibus, tam futuris quam presentibus, quoniam miles quidam de castro Losduno, nomine Aimericus cognomento Rigaldus, et Rigaldus suus paterterus et Berta mater Aimerici, uxor Rigaldi, et Bartholomeus filius Bertæ, frater Aimerici Rigaldi, pro animabus suis, dederunt Deo et Sancto Florentio ecclesiam sancti Petri de Bosculo, cum terris et vineis ad altare pertinentibus, et duo viridaria et unam sommam ligneariam quotidie in suo bosco proximo, ad focum faciendum. Et huic dono concessit Hugo frater Bartholomei. Et Aimericus filius Lomni dedit sepulturam, et in capite monasterii aream unam ad hospitendum et unum junctum terræ cum sepiliis. Et Aimericus Saporellus dedit absque censu, in alodo, vineale quod fuit Gosleni prefecti, et ipse Aimericus quiete possidebat quia a prioribus possessoribus in frostum deciderat, et ulmetum quod est ante ecclesiam juxta viam. Et Rotgerius frater Aimerici donum hoc fieri concessit. Horum autem donorum concessionis et absque ulla calumnia confirmationis testes videntes et audientes legitimi affuerunt isti : Galterius filius Gerorii, Ivo de Conducto, Aimericus de Vallibus, Fulcherius frater ejus, Tetbaldus Bernuinus, Hugo Rigaldus.

---

1. Original. Seconde moitié du xie siècle ?

XXIV.

Donum Aimerici de Vallis, Heruisii, Lisabet et Rainaldi de Ripa, de feuo presbiterali ecclesiæ Mortensis [1].

Notum sit omnibus, tam presentibus quam futuris, quod Heruisius et Lisabet mater Ramelini, concedentibus filiis suis Ramelino et Ganilone, propter decem solidos quos pro hoc ab Aimerico de Vallis habuit, et Rainaldus de Ripa, qui et viginti solidos similiter habuit et mater ejus decem ; omnes isti supradicti, et Aimericus de Vallis in primis, dederunt Deo et Sancto Florentio unus quisque partem suam quam habebat de feuo presbiterali et ecclesie Mortensis et altaris et sepulture. Testes autem hujus rei fuerunt, ex parte quidem Lisabeth et filiorum ejus : Auduinus Ferronus et filius ejus Goslenus, necnon ipse Aimericus de Vallis, qui censum eis dabat ut hoc Sancto Florentio darent. Et de parte Heruisi fuerunt testes : Albuinus de Graibe et Goffridus Malum Minat et Gosbertus Terram Tenet ; et de parte Raynaldi : Guillemus frater Galterii de Monte Sorel, et Gauterius, Bernardus famulus ipsius Aimerici de Vallis.

XXV.

Emptio terrarum pro constructione molendini apud Morton et ejus translatione.

Notum sit posteris quod Airaldus de Balgentiaco vendidit monachis Sancti Florencii apud Morton tantum de terra sua

---

[1]. Les six chartes de Morton ont été transcrites au xve siècle, sur un double feuillet de papier, intitulé par dom Huynes : *Copies de tiltres anciens* ; et par une autre main : *Prioré de Morton*. Elles paraissent toutes appartenir à la période comprise entre 1120 et 1145.

quantum sufficeret ad unum molendinum faciendum. Precium autem quod accepit quinquaginta solidi fuerunt. Insuper de censu debent ei semper reddere monachi sex denarios ad Nativitatem Domini. Promiserunt etiam ei beneficium suum se in capitulo daturos pro hoc, si vellet accipere. Hoc autem donum concessit Juliana uxor ejus, acceptis inde duobus solidis et uno caseo a Radulpho prefati Sancti monacho. Concesserunt etiam filius Airaldi, Robertus nomine, et filiaster suus Raynaldus, vidente Huberto predicti famuli [1] monacho et Berneario atque Odone. Concesserunt hoc idem Alo de Lausduno et Gilbertus, qui ob hoc quinque solidos habuit, atque Bertrannus, fratres ejus.

Postquam autem factus fuit molendinus, non fuit visum utile monachis ut ibi remaneret. Quapropter adierunt monachi Matheum Potosum et novercam ejus Batehilde et Rainaldum de Ripa, et emerunt ab illis tantum de terra sua quantum opus esset ad molendinum faciendum. Itaque predictus Matheus hac de causa habuit unum equum, Bathehildis vero quinque solidos et Rainaldus de Ripa duodecim solidos, Aimericus quoque frater Mathei duodecim solidos; que omnia dedit eis Aimericus de Vallibus Sancti Florentii monachus. Testes hujus emptionis hi sunt, de Rainaldo : Aimericus atque Effredus atque Christophorus clericus ; de Matheo : Fulcherius de Vallibus et Aimericus nepos Bosonis de Rocha, id est de Chillo, atque Artusus filius Algerii et Aimericus famulus monachorum.

XXVI.

Donum Hugonis et Guillelmi fratris ejus, de decima de Morton.

Notum fieri volumus quod Hugo de Morton et Guillelmus frater ejus, monachi Sancti Florencii, largiti sunt abbacie

---

1. Sic, pour *Sancti* ?

nostre decimam de Morton, Girorio de Lausduno, de cujus feodo erat, Petro Letardi et uxore sua Leticia, et Hugone de Vaus, qui fuit pater Leticie, annuentibus. Pro concessione ista predictus Petrus Letardi trecentos solidos habuit, et se nostrum monachum concessit, et Leticia uxor sua unum palefredum habuit. Donum istud firmatum est in presentia Stephani abbatis et Mathei prioris. Hujus rei testes sunt : Petrus Girorii, Aimericus Rabaste, Adelinus de Chaillo, Hugo Vaslin, Aimericus Mieta, Aimericus de Bernezai, Boso de Signi ; Fulcone comite Andegavis, qui postea fuit rex Jerosolimorum.

XXVII.

Donum Pagani et fratrum ejus, de Campo Aufredi.

Noverint tam presentes quam futuri quod Paganus Aufredi dedit in perpetuam helemosinam, post finem vite sue, Campum Aufredi Deo et Sancto Florentio, concedentibus fratribus suis Sarraceno atque Normanno. Cujus concessionis gratia, ut stabilius permaneret, domnus abbas Stephanus dedit predicto Pagano filio Aufredi trecentos solidos et uxori ejus Grole, que eidem concessioni assensum prebuit, unam␣ pelliciam, et Sarraceno fratri ejusdem Pagani, triginta solidos, et Normanno fratri tercio mulam unam. Huic donationi interfuerunt et eam concesserunt : Aimericus Rabaste et Aimericus Junior, filius ejus, de quorum feodo terra illa erat. Hujus rei testes sunt : Boterius, Enardus de Monte Sorello, Vivianus Rosel, Rollandus Baudin, Paganus David, Josbertus de Rupe, Gaufridus marescallus et frater ejus Popardus, Benedictus lo chamberlain, Herbertus quoque Passerellus et alii multi ; anno ab incarnatione Domini [1]..., tempore Fulconi comitis, qui fuit rex Jherusalem.

---

1. On a effacé MCXXVII dans le texte, et MCXXVI en marge.

XXVIII.

Donum Aimerici de Bernazeio, de Prato Beraudi ; pro quo c solidos accepit.

Notum sit omnibus tam futuris quam presentibus quod Aimericus de Bernazeio, pro anima patris sui aliorumque parentum suorum, dedit Deo et Beato Florentio, Matheo abbate, pratum Beraudi, unde tamen duos solidos censuales quotannis accipit. Reddunt etiam pro eodem prato duodecim nummos monachi Sancti Florentii Girardo Baudoini, et duodecim Gaufrido de Loira, die prenominata ; unde tamen Aimericus habuit centum solidos, presente domno Matheo, abbate Sancti Florentii. Hujus rei sunt testes : Radulpho monacho, Fulgerio monacho, Hugone priore de Varezio, Guillelmus de Mortone, Stephanus prior, Herveus presbiter, Gaufrido Nerone, Guillelmus Girardi Halabraum, Matheo Fantin, famuli domni Mathei abbatis supranominati. Ex parte vero sepedicti Aimerici, et filius ejus affuit, Hugo de Vone, Gosbertus de Montello, Quarterius, Lambertus, Gabriel, Normandus de Voone, Guillelmus de Voone et multi alii fuerunt.

XXIX.

Donum terræ apud Morton, pro absolutione Bosonis de Signeio, in domo sua combusti.

Noverint presentes et futuri quod quidam homo, nomine Boso de Signeio, in discordia et guerra [1] que inter vicecomi-

---

1. Probablement celle de l'année 1143, dont les *Chroniques des églises d'Anjou* se bornent à dire : *Guerra baronum contra comitem Gaufridum.*

tem Toardi et comitem Andegavis fuit, in domo sua vulneratus fuit et combustus. Pro cujus anima uxor ejus Rentia et filius ejus Boso plurimum formidantes, sepius cum domno abbate Matheo consilium postulaverunt. Tandem cum consilio archipresbiteri Theobaudi Bernoini et Petri Letardi, patris predicte Rentie, ipsa Rentia et filius ejus Boso in capitulum Sancti Florentii venerunt et quandam terram juxta domum monachorum de Morton Deo et Sancto Florentio, pro anima predicti Bosonis, donaverunt. Domnus vero abbas Matheus predictum Bosonem in eodem capitulo absolvit et ei beneficium ecclesie nostre sicut monacho concessit, scilicet quatuor missas de singulis sacerdotibus, de reliquis centum quinquaginta psalmos, de conversis totidem Pater Noster, et martirologio fecit scribi ad Requiescant in pace, die sancti Blasii [1]. Abbas autem Matheus, pro dono predicto, dedit puero Bosoni, filio defuncti, unum equum, et virgultum fecit in predicta terra plantari. Hoc viderunt et audierunt : Stephanus prior et Gaidonus de Canda et omnis conventus, Guillelmus de Culturis, Goffridus de Verrun, Guillelmus Mareschal, Aunet de Marcise, Herveus presbiter, Guillelmus de Veon et multi alii. Hoc autem factum est die Nativitatis sancte Marie in septembri.

Jussit etiam abbas Matheus ut singulis annis anniversarium ejus et in abbatia et apud Mortum fiat.

XXX.

Donum Guillelmi Pictavensis episcopi, de ecclesia S. Petri de Samarcholia [2].

Willelmus Dei gratia Pictavorum episcopus, dilecto fratri Stephano abbati venerabili monasterii Sancti Florentii et ejus

---

1. Le 3 février, jour de la mort de Boson.
2. *Livre Noir*, fol. 114 v°. 14 juillet 1119.

successoribus canonice substituendis, in perpetuum. Pontificalis nos hortatur providencia omnium servorum Dei, et precipue religiosorum conventuum, utilitatibus studiose concurrere et in quantum ratio suppetit adjuvare. Cum ergo sanctæ conversationis intentio pontificalibus studiis semper sit adjuvanda, cura sollicitudinis adhibenda est ne ea quæ recte fuerint ordinata ulla valeat in posterum presumptio perturbare. Per hanc igitur nostræ auctoritatis paginam posteritatis memoriæ tradimus nos dedisse et concessisse monasterio Sancti Florentii, quod tua sanctitas, Deo auctore, gubernat, Stephane frater in Christo karissime, ecclesiam Sancti Petri de Samarcholia, cum omnibus que ad ipsam pertinent : ut deinceps fratres monasterii Sancti Florentii predictam ecclesiam in perpetuum quiete possideant, sine infestatione alicujus ecclesiæ vel personæ ; censum vero quinque solidorum Andegavensis monetæ monachi Sancti Florentii pro predicta ecclesia sanctæ Pictavensi matrici ecclesiæ annuatim persolvent, medietatem ad sinodum Pentecosten et aliam medietatem ad alium sinodum. Ut autem hæc nostra constitutio firma et illibata permaneat, manu propria subscripsimus et presentem cartam auctoritate nostri sigilli muniri precepimus.

Ego Guillelmus, Pictavensis episcopus, subscripsi †.
Ego Aimericus, Pictavensis ecclesiæ decanus, subscripsi †.
Ego Hylarius, Beati Petri capicerius, subscripsi †.
Ego Audebertus subdecanus subscripsi †.
Ego Hector canonicus subscripsi †.
Ego Airicus subscripsi †. Ego Guillelmus subscripsi †.

Datum Pictavis, per manum magistri Hilarii, anno ab incarnatione Domini MCXVIIII°, indictione xii, epacta vii, pridie idus julii, luna tercia.

XXXI.

Donum Girorii Losdunensis, de loco S. Ciltronii et ecclesia S. Petri de Varezia, multis additis in stipendium monachorum [1].

Notum esse volumus omnibus fidelibus sanctæ Dei ecclesiæ curam gerentibus, precipueque successoribus nostris videlicet Sancti Florentii monachis, quod postulavit nos homo quidam Losdunensis oppidanus, nomine Girorius, et uxor ejus, nomine Widburgis, ut ab eis acciperemus locum Sancti Ciltronii et ecclesiam Sancti Petri; sed quia ipse locus nudus atque indigens bonis omnibus nobis videbatur, vix illorum postulationibus assensum præbuimus. Tandem vero, ne sanctorum locus incultus et sine habitatore remaneret, illis multa promittentibus, locum suscepimus; et hæc sunt quæ ab eis, in stipendium monachis illic habitantibus, percepimus: ambas ecclesias præter quinque festivitates, id est Natale Domini, Pascha, Purificationem sanctæ Mariæ, Vincula sancti Petri, festivitatem sancti Ciltronii; dimidium archagium ambarum ecclesiarum; medietatem sepulturæ; decimam omnem de propriis omnibus; dimidiam consuetudinem de omni burgo — et est conventus quod, si forte aliquando de aliqua re clamor evenerit, præfectus domni Girorii minime æquum faciat sine monacho;—terram ad quattuor boves quittam; alodum totum de Tesiaco absque aliqua calumnia, et post obitum ejus totas vineas quæ in eo alodo sunt; duos junctos de pratis et duos de vineis; totum feuum presbiteralem; unam aream ad faciendum molendinum; in festivitate sancti Ciltronii forum; in eodem die duodecim denarios de censu.

---

1. *Livre Noir*, fol. 95. Vers 1040.

Et est conventus quod si aliquis sancto Ciltronio quicquam dare voluerit, sive terra sive aliquid pecuniæ, nullam partem inde accipiet domnus Girorius; si vero quis moriens, pro absolutione animæ suæ Sancto quicquam reliquerit, monacho totum erit; sepultura vero partietur. De proprio ovili habebit monachus omnem decimam, tam de suis quam de aliorum ovibus quæ ibi cubabunt, exceptis his quæ de parræchia sunt. Adtractus quem monachus ibi faciet caveat Girorius vel hæres ejus ne per eum dissipetur. Si quis de his qui terram Sancti tenent in feuum illi relinquerit, domnus Girorius partem inde non habebit; si vero quis eorum sine heredibus mortuus fuerit, conventus est ut domnus Girorius feuum accipiat et sine ullo lucro Sancto reddat. Est etiam conventus ut quando omnis terra burgi fuerit domibus repleta, in cultura subjacente, dispositione atque ordinatione monachi, constructio atque ædificatio iterum fiat burgi; et in omni terra Girorii, a Sancto Ciltronio usque ad ecclesiam Sancti Petri, in redditione consuetudinum monachus partem habebit.

Signum Girorii militis, qui hanc donationem fecit †. S. Witburgis uxoris ejus †. S. Rodulphi filii sui †. S. Walterii clerici, fratris ejus †. S. Rotgerii de Bernezaico, prepositi ejus. S. Bosonis Rabastati. S. Frogerii Barba Torta. S. Willelmi de Vieriis. S. Longi de Losduno. S. Aymerici de Vareza, servus ac gubernator omnium rerum Rodulphi supradicti, post obitum patris ejus.

Actum est autem hoc tempore Frederici abbatis et Letardi prioris et Fulcodii monachi Sancti Martini, qui primus ipsum locellum Sancti Ciltronii ad construendum suscepit; Gauzfrido comite et Agnete comitissa consulatum Pictavorum et Andegavorum sive Turonorum agentibus.

XXXII.

Confirmatio Galterii filii Girorii, impetrata venia molestiarum quas fecerat in obedientia de Vareza [1].

Sciant qui sunt quique futuri sunt quia Galterius, filius Girorii, penitens molestiarum et inquietudinum quas monachis Sancti Florentii in rebus obedientiæ de Vareza fecerat, die constituta, cum presens esset abbas Guillelmus et monachi, in capitulum venit et, pro his quæ in eos commiserat, humiliter satisfecit veniamque exoravit. Qua impetrata, concessit eis firmiter et perpetualiter ea de quibus illis molestus extiterat, scilicet utriusque ecclesiæ de Vareza, Sancti Petri et Sancti Ciltronii, sepulturam et oblationem, et culturarum suarum dominicarum decimam, et burgum Sancti Ciltronii ita solidum et quietum et omnibus exactionibus liberum ut neque herbergare neque manducare in domo cujusdam burgensium qui in eo manent, nec etiam in domo coliberti sui, nisi annuente monacho illius *obedientiæ, nunquam præsum*at. Burgum vero exteriorem comm*unem habebunt inter se* et ex equo dividendum esse concess*erunt. In parte quæ erit mona*chorum pepigit se nichil sive per se *sive per alios reclamare;* aut si casu forfecerit, cum forfactum ad *curiam suam acciderit,* infra quindecim dies postquam ad se *clamaverint monachi* affidavit emendaturum. Masuram quo*que Frotgerii Barba* Torta acquictandam monachis usque ad Pentecos*tem* aut dominica mediæ Quadragesimæ promisit. Actum hoc anno ab incarnatione Domini MLXXXII°, III. nonas aprilis, dominica Mediæ Quadragesimæ. Affueruntque ex monachis omne capitulum; ex laïcis isti : Effredus de Vallibus, Aimericus frater ejus, Ivo

---

1. Original mutilé, dont les restitutions sont imprimées en italiques. 3 avril 1082.

de Conduictu, Aimericus de Bernezai, Johannes de Balgiaco, Bodinus prepositus, Johannes frater ejus et Jacobus canonicus Sancti Martini.

XXXIII.

Donum Deodati basilicæ S. Florentii quæ Glomna dicitur de uno manso in villa quæ dicitur Boscus [1].

Si aliquid de rebus nostris locis sanctorum nobis voluntas est tribuendi, mente devota viribus omnibus impertire debemus studiose. Quamobrem ego igitur in Dei nomine Deodatus, tedens diem mortis et extremitatem dierum, ut michi miserans pius Dominus non in Tartaro, cum malis, sed in numero electorum sociare dignetur, cædo ad basilicam Sancti Florentii, ubi ipse humatus corpore quiescit, quæ Glomna dicitur, hoc est mansum meum qui est in pago Pictavo, in vicecomitatu Toarcensi, in villa quæ Boscum dicitur in re proprietatis, et est ipse mansus circumcinctus ; cum omni integritate vel omni supraposito cum curte et pervio et orto, cum vineis et pratis, terris, silvis, exeniis, adjacentiis et cultum et incultum, quæsitum et ad inquirendum.

Omnia ex quibus quantumcunque in supradicta villa visus sum habere et in ea cernitur esse possessio vel dominatio, totum et ad integrum a die presenti supradictæ basilicæ ejusque rectoribus volo esse concessum atque confirmatum ut ab hodierna die quicquid pars ipsius ecclesiæ ejusque congregatio in eorum congregando dominio facere voluerint, liberam et firmissimam in omnibus habeant potestatem faciendi quicquid eligerint, nemine contradicente. Si quis vero heredum meorum seu quislibet homo aut ulla emissa seu opposita

---

1. *Livre Noir*, fol. 53. Décembre 833. — Cette charte et les suivantes, jusqu'au n° LXVI, concernent Thouars, Saint-Clémentin, le Pin et Fenioux.

persona[1] qui contra hanc cessionem aliquid agere aut ulla calumnia refragare temptaverit, illud quod repetit non vindicet; insuper qui hoc fecerit auri libras duas componat et argenti pondus quatuor coactus[2]. Præsens hæc cessio a me facta omni tempore firma permaneat constipulatione subnixa, manu propria subter firmavi et viris bonis signare hoc scriptum feci.

Signum Deodadi, qui hoc donum fecit.

S. Arnulfi ; S. Adifardi ;
S. Petroni ; S. Bertarii vicarii ;
S. Achardi ; S. Adalgarii ;
S. Adaberti ; S. Armenberti ;
S. Leotberti ; S. Gendranni ;
S. Raunulfi ; S. Adalgrimi ;
S. Hamonis ; S. Ratcardi .
S. Sainardi.

Data in anno xx imperante Clodovico imperatore, in mense decembrio.

XXXIV.

Commutatio inter Rotbertum abbatem et Aymericum vicecomitem Toarcensium de terris apud Monbrim sitis, quæ post mortem illius et uxoris Eluis ad S. Florentium revertentur [3].

In Dei nomine, Aimericus vicecomes Toarcensium. Notum esse volumus omnibus fidelibus sanctæ Dei ecclesiæ præsentibus scilicet et futuris, præcipueque successoribus nostris, quoniam placuit atque convenit inter me et abbatem Sancti Florentii, nomine Rotbertum, uti ex rebus nostris aliquid ad invicem concederemus. Dedit ergo ipse michi

---

1. Ajoutez *fuerit*.
2. Ajoutez *exsolvat. Ut autem*.
3. *Livre Noir*, fol. 21. Août 994.

atque uxori meæ Eluis terram illam quam quidam clericus, nomine Walterius, Sancto Florentio moriens reliquit : eo videlicet tenore ut quamdiu advixerimus teneamus atque possideamus, post mortem vero nostram in dominatione loci Sancti Florentii revertatur. Est autem ipsa terra sita in pago Toarcinse, in vicaria ipsius castri, sub monte qui dicitur Monbrim. In recompensatione quoque hujus facti ego cum uxore mea dedimus ad locum Sancti Florentii, pro remedio animarum nostrarum, tantum terræ quantum ab ipso abbate supradicto accepisse visi sumus : eo tenore ut supra, scilicet ut in vita nostra eam teneamus atque possideamus, post mortem vero nostram ad locum Sancti Florentii sine ulla contradictione revertatur. Est autem ipsa terra sita in loco jam dicto superioris terræ quæ dicitur Monbrim, et in ipsa vicaria. Si quis vero ex parentibus vel ex successoribus nostris hanc conventionem, firmationem vel etiam concessionem repetere, sive terras jam dictas a loco Sancti Florentii abstrahere voluerit, in primis omnipotentis Dei iram incurrat et quod repetit non evindicet, sed insuper, coactus judiciaria potestate, auri libras tres exsolvat et hæc carta omni tempore firma permaneat.

Signum Aimerici Toarcensium vicecomitis.
S. Saverici avunculi ejus.
S. Saverici fratris ejus.
S. Radulfi fratris ejus.
S. Tetboldi fratris ejus.
S. Gauzfridi fratris ejus.
S. Hildegardis matris ejus.
S. Eluis uxoris ejus.
S. Simonis. S. Aimerici.
S. Giraldi. S. Saverici alterius.
S. Rainaldi. S. item Rainaldi.
S. Teodemari.

Data mense augusto, anno VII regni Hugonis.

XXXV.

Donum Aimerici, vicecomitis Toarcensis, de alodis Piri Bosleni, Tortiniaci et Han; tempore Rotberti abbatis[1].

Qui remunerationem æternorum premiorum a Domino desiderat percipere, illud debet attendere ut, dum potest, faciat sibi amicos de mamona iniquitatis, qui eum recipiant in æterna tabernacula. Ad hoc namque Dominus juvenem, cupientem ad vitam intrare, provehere exhortando dignabatur, dum suadebat dicens ut, si vellet perfectus esse, vendere[2] omnia sua daretque pauperibus, et veniens sequeretur illum. Hinc alias protestatur, quia non solum de larga datione elemosynarum, verum etiam de calice aquæ frigidæ mercedem est, qui dederit, recepturus. Unde etiam Salomon ait : « Quodcunque potest manus tua facere instanter operare, « quia nec opus nec tempus nec ratio est apud inferos, quo « tu properas. » Dum ergo tempus habemus, ut apostolus ait, operemur bonum. Quærendi igitur sunt nobis adjutores ad præsens, dum in hac peregrinamur vita, qui in futurum advocati existant, illi maxime quos jam cum Deo regnare non dubitamus; fiatque quod dicitur ut non habentes vel amen amplexentur lapides.

Hac itaque ratione ego Aimericus, officio vicecomes Toarcensium, in nomine sanctæ et individuæ Trinitatis, cupiens thesaurizare quod in cœlis inveniam, in hæreditatem quæ michi a parentibus meis relicta esse dinoscitur quamque per divinam gratiam possideo, sanctum ac beatissimum Christi confessorem Florentium, ut ipse michi advocatus et perpetuus intercessor pro peccatis meis ad Dominum fieri

---

1. *Livre Noir*, fol. 19 v°. Vers 995.
2. Sic, pour *venderet*.

dignetur, ipsiusque loci rectores post obitum meum hæredes relinquo : quatinus, dum advixero, usum fructuarium percipiam, post mortem vero mea[1] in ipsius sancti et fidelium ejus statim deveniat potestate atque perenni dominatione. Hoc est alodus qui dicitur Pirus Bosleni, qui est in pago Toarcensi, cum ecclesia inibi constituta, villulis, terris cultis et incultis, pratis, silvis, aquis aquarumque discursibus, molendinis et omnia quæ ad ipsum alodum pertinent, partem quam cum parentibus meis huc usque tenui et tenere videor, totum et ad integrum Sancti Florentii rectoribus trado; item alium alodum qui est in eodem pago situm, in villa quæ dicitur Tortiniacus, quantum ad mea[2] dominationem pertinere videtur; item alium alodum situm in pago Pictavo, in villa quæ dicitur Han.

Quantum illic ad me pertinere videtur, jamdicto Sancto Florentio condono et post mortem meam hæredem constituo. De hac autem donatione testamentum firmitatis facio et tam parentum meorum quam etiam nobilium virorum manibus roborari et subter firmari decrevimus. Si quis vero contra hoc testamentum, quod fieri non credo, aut ego ipse aut aliquis de hæredibus vel cohæredibus aut parentibus meis seu qualiscunque intromissa persona, aliquid agere vel repetere aut calumniam inferre præsumserit, sua repetitio nullum optineat effectum sed insuper, cogente judiciaria potestate, auri libras xx coactus exsolvat, et hec kartalis firmitas omni tempore firma et inconvulsa permaneat.

    ✝ [3] Signum ipsius Aimerici vicecomitis;
        S. item Aimerici;
        S. Ugonis; S. Walcherii;
        S. Ademari.

---

1. Sic.
2. Sic.
3. La croix du vicomte est en forme de Chrisme.

XXXVI.

Carta Daniel, de dono duorum molendinorum constructorum in loco qui dicitur ad Prata, super fluvium Touuerii [1].

In Dei nomine, Daniel ex Castroarcensi [2] æternis bonis inhians. Notum sit omnibus sanctæ Dei ecclesiæ fidelibus quia impetravi a seniore meo Saverico, vicecomite Toarcensi, quandam aream ad duos molendinos construendos, coemptionis precio, quantum ipsi placuit vel quantum inter nos convenit, michi et successoribus firmissimo concessionis jure possidendam seu dandam vel venundandam. Est autem ipsa area sita in vicecomitatu Toarcensi, super fluvium Touuerii, in loco qui dicitur ad Prata, ex qua area in censu persolvere annis singulis... [3] et amplius ab ullo homine non requireretur, sed sine calumnia hæc legitima concessio firma et intacta maneret.

Ego itaque, reminiscens peccatorum meorum et sollicitus pro salute animæ meæ, istam ipsam manum firmam meam pro remedio animæ senioris mei defuncti Aimerici et pro salute domini mei jam dicti Saverici, per ipsius voluntatem et concessione, necnon et pro redemptione animæ meæ, offero Deo et trado ad locum Sancti Florentii Salmurensis castri et monachis ibidem Deo servientibus, ipsis molendinis a me obtime constructis. Et hanc donationem coram cunctis nobilibus seu popularibus Toarcensis castri ego vel ipse senior meus Savericus agimus : tali tenore ut in vita mea michi maneat, et post decessum meum firma et inviolata atque integra in perpetuum ad locum supradicti Sancti Florentii concedat;

---

1. *Livre Noir*, fol. 20 v°. Vers l'an 1000.
2. Sic, pour *Castro Toarcensi*.
3. La quotité du cens est restée en blanc.

ita ut censum quantum supradictum est persolvant cujus beneficium fuerit, et amplius eis non requiratur neque contradicatur. Quod si quisquam huic concessioni contrarius extiterit, primum habeat Deum contrarium et omnes sanctos ejus, et coactus a judicibus mille argenti solidos et centum pondera auri persolvat, et quod repetit irritum fiat, hac donatione firmissima in perpetuum manente ad profectum animæ nostræ, beato Florentio pro nobis intercedente.

Signum Danielis †; Signum Saverici vicecomitis.

XXXVII.

Venditio Widonis de S. Clementino, oppidani Toarcensis, de Hildrico colliberto cum prole sua genita et generanda, pretio xxii solidorum [1].

Ego Wido, Toarcensis oppidanus, vendens abbati monasterii Sancti Florentii Salmurensis Frederico et suis monachis unum mancipium nomine Hildricum, colonili michi servitute obnoxium, accepi ab eis xxii solidos denariorum. Et ne unquam illis ex hoc commercio damnum vel controversia surgat, hujus venditionis scriptum fieri jubens cum hac eadem cartula manus meæ caractere roborata, predictum collibertum eis, cum uxore mea Ermengarda et filiis et filiabus meis, contrado ita ut cum omnibus filiis et filiabus suis genitis vel generandis ex hoc nunc usque in sempiternum eis serviat. Quod si aliquis meorum successorum hunc ipsum deinceps repetere presumpserit, quingentorum solidorum monachis Sancti Florentii tunc temporis presentibus multam componat et quod concupivit non obtineat.

---

[1] *Livre Noir*, fol. 134. En tête on lit : *Wido miles de Sancto Clementino*, ce qui complète le texte, en désignant Gui de Vaucouleur. Voir plus loin, n° XLIII, la charte constatant qu'il était à Thouars en 1051. Celle-ci, de date peu éloignée, établit la différence qu'il y avait entre un collibert et un serf.

XXXVIII.

Donum Achardi Toarcensis, monachicum habitum suscipientis, cujus uxor Berta et ejusdem filius Durandus monachos et res eorum a Toarcensibus et Monasteriolensibus acquietabunt [1].

Præsens litterarum assertio notat et tam præsentium quam et posterorum memoria commendat quod Achardus, Toarcensis incola, quando monasterio S. Florentii ad monachicum habitum suscipiendum venit, loci ipsius monachis duos arpennos [vinearum] et unam domum cum omni suppellectile sua in perpetuum tenorem tali conventione concessit ut conjux sua nomine Berta, eo quod dotalicii ejus erant prædictæ vineæ una cum domo, cum filio suo Durando, privigno domni Achardi, in vita sua possideret nullique alii hæredi nisi Sancto Florentio post obitum suum relinqueret. Hoc autem maxime abbas Sigo et monachi illis permiserunt quod a Toarcensibus et castri Monasterioli habitatoribus illos suaque omnia acquietarent; et hæc convenientia in capitulo Sancti Florentii firmata fuit, ubi et ipsi societatem in orationibus et eleemosynis fratrum susceperunt, donumque super altare Dei et ipsius sancti solemniter posuerunt.

Hujus conventionis testis est omnis conventus Sancti Florentii qui præsens affuit. Testis abbas Sigo, testes cæteri fratres, testis Durandus supranominatus, testis Stephanus qui interfuit huic conventioni, consobrinus eorum.

Notandum autem quod quamdiu prædictus Durandus superstes fuerit, domus supranominata inter nos et illum erit.

---

1. *Livre Noir*, fol 53 v°. 1055-1070.

XXXIX.

Donum Petri II, Pictavensis episcopi, de ecclesia S. Launi, in castro Toarcensi, post mortem clericorum qui eidem ecclesiæ deserviunt [1].

Ab antiquis sapientibus sagaciter est provisum res gestas quæ memoria dignæ judicantur, sub honestarum attestatione personarum scriptis inserere et, ut absque falsitatis nevo recoli valeant cum descriptæ fuerint, servandas reponere. Cujus provisionis utilitatem ego Petrus, ecclesiæ Pictavensis episcopus, perpendens et in his quæ ad utilitatem sanctæ ecclesiæ gerere dispono michi quoque esse servandam intuens, donationem et concessionem quam in præsentia multorum, clericorum vel monachorum seu etiam laicorum, monasterio Sancti Florentii facio, scripto volui commendare, ne quis futurorum rationabiliter id scire volens possit ignorare.
Dono igitur et concedo monasterio Sancti Florentii et fratribus in eo Deo servientibus ecclesiam Sancti Launi quæ in castro Toarcensi sita est, cum omnibus ad eam pertinentibus: ita tamen ut clerici qui eidem ecclesiæ nunc deserviunt quæ habent de rebus ecclesiæ in vita sua habeant, nisi forte sua sponte monasterio id supradicto dimiserint aut habitum monachicum susceperint. Post mortem vero eorum omnia quæ de rebus ecclesiæ habuerant in dominium monasterii supradicti redigantur; ea vero quæ a potestate ecclesiæ et clericorum ipsorum negligentia vel impotentia defecerunt et in potestatem extraneorum injuste devenerunt, si monachi industria sua, justicia suffragante, juri ecclesiæ vindicare potuerint, absque participatione clericorum, ipsis etiam viventibus, propria habeant. Hanc itaque donationem, sicut exposita est a

---

[1]. Grand original, provenant du cabinet Grille. 7 mars 1096, N. S.

me factam, scribi volui, et scriptam signi mei impressione roboravi et a testibus qui affuerunt signari præcepi.

Signum Petri † Pictavensis episcopi.

Signa clericorum : S. Stephani Sicci, S. Leitgerii de Turre, S. Petri archidiaconi, S. Rainaldi Britonis.

Signa monachorum : S. Willelmi abbatis, S. Samuelis prioris, S. Mauricii cellararii, S. Akelmi monachi, S. Ingenulfi monachi, S. Isambardi monachi, S. Drogonis monachi, S. Petri cognomento Samuel monachi Sancti Jovini, cujus cultello nigri manubrii revestivit episcopus abbatem Willelmum de ecclesia Sancti Launi.

Signa laicorum : S. Ainulfi famuli, S. Benedicti famuli, S. Rainaldi famuli.

Actum anno ab incarnatione domini MXCV°, nonis martii, apud monasterium Sancti Florentii, in locutorio ; Philippo Francorum rege, Willelmo Aquitanorum duce.

XL.

Notitia judicii de querela monachorum S. Florentii contra canonicos S. Launi Toarcensis quibus ecclesia sua remansit [1].

Rerum gestarum memoriam litterarum servari custodia non solum veneranda prædecessorum sanxit prudentia verum etiam solers modernorum comprobavit astutia. Quorum utili nos Sancti Launi [canonici] adquiescentes consilio ne, non scribendo quæ gerimus, nostra negligentia culpæ vin-

---

[1]. Cartulaire de Saint-Laon de Thouars, Bibl. Nat., fonds latin, n° 5484 ; d'après la copie de dom Chamard.
En lisant cette charte, de l'année 1107, on comprendra facilement pourquoi les moines de Saint-Florent ne lui ont pas donné place dans leurs archives. Son importance comme son objet devaient la faire admettre dans notre recueil.

culum incurramus, quædam in diebus nostris gesta hujus scripti testimonio tam futuris quam presentibus intimamus.

Noverint itaque universi sanctæ matris ecclesiæ filii quod, tempore beatæ memoriæ viri Petri Pictavorum episcopi, nova quadam et præsumptuosa querela, nos cœpere vexare monachi Sancti Florentii. Adeo autem adversum nos insurrexit ambitiosa illa monachorum querelatio ut clamorem facerent de nobis supradicto pastori nostro Petro Pictavensis episcopo urbis; ex cujus clamoris causa certo die a præfato presule nos ad judicium vocati, dum ad respondendum monachis urgeremur, fulti personarum illarum auxilio quæ ad defensionem nobis necessariæ videbantur, Pictavis episcopali nos curiæ præsentavimus. Sane ex hac parte fuimus nos Sancti Launi canonici : Guillelmus videlicet Adelelmi archidiaconus Pictavensis, magister Caleardus archidiaconus Bituricensis, Gosbertus archipresbiter Toarcensis, Paganus Arrivalus, Reginaudus de Orbeiaco, Guillelmus Guillotus atque Aimericus de Oironio. Ex altera vero parte fuere: Guillelmus abbas Sancti Florentii et Alo monachus, Acardus monachus, Guillelmus Gaudis archidiaconus Andegavensis, qui et ipse monachorum querelam prædixit in judicio, magister Ulgerius atque Ardoinus capellanus de Passavanto.

His itaque cum plurimis aliis, tam ex parte nostra quam ex parte monachorum, in curia episcopi circumstantibus, aperientes querelam suam, monachi in omnium audientia prædictum antistitem nostram sibi dedisse ecclesiam dicebant, atque idcirco donum quod dederat ab eo sibi reddi summopere exposcebant.

Verum mox ut audita est hæc monachorum querela, canonici Beati Petri, matricis ecclesiæ Pictavensis : Aimericus videlicet decanus, Guillelmus Gisleberti archiaconus Toarcensis, Arveus Fortis archidiaconus, Rainerius capicerius, Goffredus præcentor, Guillelmus magister scholæ, Johannes Meschinus, magister Hilarius, Reginaldus Talpæ, Guillelmus prior Sanctæ Radegundis, Sicmarius, Petrus de Sancto Saturnino et Guillelmus de Mortuo Mari ; omnes isti, cum pluribus aliis suis canonicis quos longum est numerare, una simul voce calumpniari cœperunt illud donum episcopi. Calumpniantes ad defensionem nostram plenariam, ratiocinati sumus ecclesiam nostram, ab Isemberto I⁰ episcopo pridem in canonico fundatam ordine, per totum quoque Isemberti II¹ episcopi tempus in canonico ordine permansisse; ratiocinati sumus capitulum nostrum nunquam monachis nostram ecclesiam concessisse.

Audita igitur utriusque partis ratione, ad faciendum judicium, jussu pontificis, perrexere Leodegarius archiepiscopus Bituricensis, domnus Robertus de Arbrissello, Marcherius abbas Novi Monasterii, abbas Sancti Cypriani, abbas Sancti Maxentii, abbas Sancti Johannis de Angeliaco, abbas Sanctæ Mariæ Garnerius et Guillelmus Sancti Hilarii thesaurarius. Hii discernendo judicium, hinc monachorum querela illinc ratione nostra cum canonicorum matricis ecclesie Pictavensis calumpnia considerata, judicavere donum quod sine consilio capituli Pictavensis, cujus scilicet, ut prædictum est, nostra ecclesia censiva erat, præsul fecerat stabile fore non posse ; judicavere quamdiu nostræ ecclesiæ canonici legitime et honeste divino vacarent servicio, canonicum ordinem institutum in ecclesia nostra juxta primam fundationem stabilem fore debere. Sicque tandem tam autenticarum personarum judicio, largiente Domino, factum est ut quia quasi de nichilo venerat querelatio monachorum, tanquam nichil reverteretur in nichilum.

Nos vero cum eadem nostræ ecclesiæ obtentione quam prius habueramus a curia redeuntes, hujusmodi finem querelæ monachorum fuisse impositum, ad posterorum notitiam, scripto tradere non negleximus. Quisquis igitur cartam hanc falsificare temptaverit, anathema illi sit.

Actum Pictavis, anno ab incarnatione domini MCVII⁰ epacta xxv, indictione xv; Pascali ii⁰ in papatu sanctæ Sedis

Romanæ universali ecclesiæ præsidente, Petro Pictavorum pontificatum tenente, Philippo super Francorum gentem regnante et Guillelmo in ducatu Aquitaniæ agente.

XLI.

Comparatio, pretio XLII solidorum et dimidii, sextæ partis molendini quam conjux David presbiteri apud S. Clementinum possidebat [1].

Notum sit omnibus quod presbiter quidam, David nomine, vendidit nobis, scilicet monachis Sancti Florentii, partem suam de quodam molendino, super Argentum fluvium apud Sanctum Clementinum sito, et accepit a nobis inde precium quadraginta et duos solidos et dimidium. Et quia eundem molendinum per conjugem suam habere videbatur, nos timentes ne post ejus obitum, si forte mulier superstes fuisset, per eam in eodem molendino contra nos aliqua calumpnia nasceretur, ad Sanctum Petrum Aureæ Vallis, mansionem jam dicti presbiteri petentes, perreximus ibique annuente non solum conjuge presbiteri, Girberga nomine, verum eciam matre ejus, vocabulo Odda, nuru suprafati presbiteri, filiis quoque suis Goffrido atque Aimerico, de jam dicta conjuge natis, pactum de molendino confirmavimus et, persoluto palam omni precio, partem quam presbiter habebat in molendino, scilicet sextam, in nostro recepimus proprio. Tunc autem vinum quantum opus fuit comparavimus et, facto in commune quod vulgo dicitur beuragio [2], discessimus. Hujus rei tot sunt pene testes quot Aureæ Vallis habitatores.

---

1. *Livre Noir*, fol. 54 v°, et *Cartul. de Saint-Clémentin*, n° 3. En 1051. Voir ci-devant, n° XXXVII.
2. Plus loin, n° XCI, ce mode de conclusion d'un contrat est appelé *biberagium*.

Aliam vero convenientiam de comparatione molendini fecimus, nam ad Toarcium cum supradicto presbitero perreximus ibique in plenario mercato fidejussores Widonem militem, cujus beneficio ecclesiam Sancti Clementini tenere videmur, et Gauzcelinum de Marnis ab eo accepimus : ea scilicet racione ut si undecunque talis calumnia in eodem molendino contra nos insurgeret unde illum nobis liberare et absolvere non potuisset, precium a nobis receptum absque ulla contradictione nobis restituisset. Et quia omnium istius convencionis testium nomina memoriter retinere non possumus, paucorum, sed veracium, huic scedulæ inserere equum judicavimus qui presentes fuerunt : Hubertus de Campis, Aimericus filius Giraldi, Lambertus, Oidelardus, Drogo, item Aimericus.

Facta est hæc vendicio anno incarnacionis Dominice MLI°, Frederico abbate adhuc vivente, Mainardo monacho rectore et preposito Sancti Clementini.

XLII.

Comparatio medietatis molendini Constancii, pretio XXIV solidorum [1].

Rerum gestarum noticiam edax solet oblivio consumere et temporibus futuris preteritorum obducere facta. Proinde ne apud posteros priorum penitus vel dicta vel acta depereant, fugax rerum memoria litterarum est vinculis retinenda et, ne vetustate nocio obsolescat, quod tempore elabitur scripto retinendum. Notum sit igitur universis veris Dei cultoribus, et maxime nostris quibus hoc pocius est retinendum successoribus [2], quod quidam homo Constancius

---

1. *Livre Noir*, fol. 54 v°, et *Cartulaire de Saint-Clémentin*, n° 2. Vers 1051.

2. Dans une petite Pancarte contemporaine, charte première, ce qui

nomine, moriens, sue sorori Hildegardi vocabulo dereliquit medietatem [areæ] [1] unius molendini quam vendidit ipsa [Hildegardis], cum suo conjuge, cuidam suo nepoti Adhemaro; et iste Adhemarus [eam] vendidit Sancto Florentio et domno Mainardo et aliis monachis viginti quatuor solidos. Si quis igitur hanc vendicionem inquietare voluerit, centum solidos solvat et quod repetit non vindicet.

Signum ipsius Adhemari, qui hanc vendicionem fecit et has litteras exinde fieri rogavit †; S. Arnaldi et sui fratris; S. Hilduini Viridunelli; S. Morini.

XLIII.

Confirmatio Widdonis de Valle Coloris bonorum et rerum quæ ab aliis data fuerant monachis S. Florentii apud S. Clementinum, vel ipsi de illius casamento emerant [2].

Omnium legalium conventionum rationes, postquam ad purum quadam disceptatione examinatæ fuerint, valde rationabile et perutile videtur litterarum scripto memoriæ commendare, ne damnosa oblivione succedente annullari valeant sed firmissime omni tempore perdurare. Ego igitur miles

---

précède est ainsi conçu : *Satis utiliter est provisum notitiæ posterorum monumentum litterarum, ne res memoriæ dignas absconderet oblivio et succedens ignoraret precedentis acta generatio. Notificetur igitur' per hujus scripture indiculum cunctis fidelibus et maxime istius cœnobii successoribus, etc.*, etc. Outre cette pièce, la Pancarte, qui a été écrite au commencement du xiie siècle, sur un feuillet de parchemin haut de 11 centimètres et large de 9, en contient trois autres, imprimées ci-après sous les numéros 45, 60 et 62. En tête du feuillet on lit : *Cartulæ Sancti Clementini confessoris; quas quicumque sibi quoquo modo abstulerit anathema sit.*

1. Les mots entre crochets sont ajoutés d'après le texte de la petite Pancarte.

2. *Livre Noir*, fol. 53 v°, et *Cartul. du prieuré de Saint-Clémentin* (Manuscrit du xve siècle), n° 1. Vers 1065.

quidam de Valle Coloris, Widdo nomine, sanctæ Dei ecclesiæ fidelibus tam posteris quam presentibus notam esse volo convencionem quam cum monachis Sancti Florentii habui, de rebus videlicet ipsis quas apud Sanctum Clementinum sive aliis quibuscunque locis mea quidem vel aliorum quorumcunque possident, seu juris ratione possidere debent, elemosinaria largitione, sive de illis quæ ad casamentum meum pertinent et ipsi habent vel habere sua quidem coemptione debent. Hujus namque conventionis adimpletione altercatio illa quæ inter me et illos retroactis temporibus inde habita fuerat in bona pace et firma amicitia finem facit, legitimis viris testimonio adhibitis quorum nomina placuit subnotari. Conveni quidem eis et ratione firma spopondi sua omnia quæ a me vel ab aliis, mea auctoritate, illis data fuerant vel ipsi de casamento meo, me annuente, emerant, ita libera ut ab omni calumpnia absoluta reddere sicut liberius et absolutius per unum annum et diem possederant dum simul mecum in pacis amicitia manebant.

Sunt autem quæ Deo et Sancto Florentio ejusque monachis habenda concedo. Apud Sanctum Clementinum ecclesiam ipsam cum altari et his quæ ad altare pertinent et sepulturam de tota parœchia et duæ mansuræ de terra cum omnibus consuetudinis redditionibus; et molendinos qui sunt duo in una domo sub ecclesia, in capite burgii, et medietas furnatici de tota villa; et burgum quod est in viridario Rainaldi de Sancto Clementino et quantum ultra ego Widdo adcrevi; et omnes consuetudines de hominibus qui in suo burgio habitant, sine ulla injusta exactione et omni calumpnia absolute; et molendinum de villa Argentaria et quantum terre et prati habuerunt cum ipso; et molendinum Hamenonis de Dolo, et vineas quas monachi possederunt:

Hæc quæ ista conventione ad Sanctum Florentium et ejus monachos pertinent ego Widdo cum uxore mea, Ermengarde nomine, et Widdone filio meo et Alexandro et Hugone et

Walterio filiis meis, absque omni calumnia quæ per me seu per successores meos imponenda sit, ab hac hora et deinceps usque in perpetuum libera et absoluta relinquo ; et adhuc quæ in calumnia remanent, in quibuscumque monachi suum jus approbare poterunt, illis omni calumnia absolvere et libera reddere convenio et firma ratione promitto, sicut ea quæ hic denominata sunt ipsis monachis libere possidenda concedo.

Signum ipsius Widdonis † qui hanc donationem fecit; S. Ermengardis uxoris ejus ; S. Widdonis, S. Alexandri, S. Hugonis, S. Gualterii, filiorum ejus; S. Girardi et Hunberti qui hanc conventionem contulerunt ; S. Giraldi monachi; S. Aymerici monachi, prepositi ejusdem cellæ ; S. Gumberti monachi.

Facta est hæc litterarum conscriptio Aymerico Toarcensium vicecomite, Sigone Sancti Florentii abbate.

XLIV.

Confirmatio Widdonis de Valle Coloris, de emptione quartæ partis molendini de Ratonello[1].

Quando domnus abba Sigo et monachi Sancti Florentii finem conventionis fecerunt cum domino Widdone de Valle Coloris de omnibus illis querelis quas miserat in rebus eorum de Sancto Clementino, convenit atque promisit eis ipse Widdo acquietare et ab omni calumnia absoluta reddere omnia in quibus suum jus approbare possent, tanquam ea quæ in litteris quas inde habet et nos habemus denominata erant. Hac ergo conventione adimplenda, petierunt postea domnus Aymericus et domnus Ebroinus, monachi, ab ipso Widdone

---

1. *Livre Noir*, fol. 55, et *Cartul. de Saint-Clémentin*, n° 4. Vers 1068.

quod quartam partem molendini de Ratonello, quam Aimericus et uxor ejus et filius vendiderunt et pro animabus suis Deo et Sancto Florentio dederunt, ipsam monachis acquietaret et ab omni calumpniæ impedimento liberam et absolutam clamaret. Quod ipse Widdo sicut petierant fecit, nam si aliquis calumpniatus fuerit, ipsam calumniam injustam esse ratione probavit. Huic rei testes videntes et audientes affuerunt : Haimo, Alcherius, Ainbertus, Gilio, Gauzfridus, Arnaldus et plures alii quorum nomina longum fuit subscribi.

XLV.

Comparatio sextæ partis molendini apud S. Clementinum pretio c solidorum, et lxxx pro autreiamento [1].

Unum habemus molendinum apud Sanctum Clementinum de quo non habebamus sextam partem; istam comparamus centum solidos de Bartholomeo. Ideo habuit Wido de Valle Color sexaginta solidos, quod autreiavit ipse Wido et sua conjunx et sui infantes.

Tescelinus et Savaricus Ruben calumpniabant hanc partem Bartholomei nobis; sed quia societatem nostram eis dedimus, et viginti solidos, reliquerunt calumniam et placaverunt quomodo habuissemus. Signum Fulconis monachi; S. Hilduini monachi.

---

1. *Cartul. de Saint-Clémentin*, n° 11, et Pancarte n° 2. Vers 1070.

XLVI.

Convenientia Widdonis de Valle Coloris cum monachis S. Florentii, de ecclesia et medietate burgi S. Clementini et de illorum hospitibus suscipiendis et villanis judicandis [1].

Convenientia inter nos et Widdonem, militem, talis [est]. Æcclesiam Sancti Clementini, exceptis dicimis frugum et primitiis pecorum, cum medietate totius burgi ipsius ecclesiæ, diu rogati ab eo accepimus; et quandam terrulam duobus arpennis mensuratam, quam ut hospitibus vestire nobis liceret, vix ab eo impetravimus. Aliquandiu autem in hac supplicatione persistentes, tandem pretium, quindecim solidos valens, a nobis accepit et in omni terra nostra suscipiendi hospites licentiam nobis tribuit, tali tamen tenore ut de suo casamento neminem reciperemus; adjecta alia conditione ut vicarius ejus in jam dictam terram nequaquam ingrediatur justiciam facturus, sed clamorem ad monachum faciat et ipse suos villanos, justiciam faciendo, distringat. Quod si facere neglexerit, nec tunc tamen in supradictam terram vicarius domni Widdonis intrabit, sed cum ipsos hospites extra eam ubi ubi reperierit legaliter illos distringere prævalebit.

XLVII.

Dimissio calumniæ quam Goffredus de la Trochea monachis inferebat apud Maisnilum.

Goffredus [2] de Trochea dimisit monachis Sancti Florencii calumpniam quam inferebat eis in boscum et decimam de

---

1. *Livre Noir*, fol. 55 v°, et *Cartul. de Saint-Clémentin*, n° 6. Vers 1070.
2. *Livre Noir*, fol. 56 v°. Vers 1080.

Maisnili, que Guiddo de Valle Coloris et Ermengardis, uxor ejus, dederant Sancto Florencio in elemosinam; suscepitque de habere Sancti centum solidos, et concessit ipse et uxor ejus Aldeardis et filii ejus Aldebertus et Guillermus, et Rainaldus frater jam dicti Gaufridi. Et hii sunt testes : Gauterius, Gaudicus, Herbertus de Trementinis et Fulcherius nepos supradicti Gaufredi et Bertrannus de Busseria et Johannes filius Ingelbaldi et Rainaldus Ruil et Gauscelinus filius Otbranni et Gauterius presbiter et Rotbertus presbiter Sancti Clementini. Abbas Guillermus, Samuel prior, Laurencius cellararius.

Noverint[1] successores nostri quia Goffredus de la Trochea calumniatus est nobis, monachis Sancti Florentii, boscum et decimam de Maisnili quæ Guido de Valle Coloris et Hermengardis, uxor ejus, dederant nobis in elemosinam. Qui tandem, exoratus tam a nobis quam ab aliis amicis nostris, de Sancti habere c solidos a nobis accepit et, calumnia dimissa, prædictæ elemosinæ factus est nobis concessor et testis; uxoremque suam Aldeardem filiosque suos Albertum et Willelmum, fratrem etiam suum Rainaldum concedere fecit. Affuerunt quoque testes et alii qui sunt subnotati : Galterius, Galdicus, Herbertus de Trementinis, Fulcherius ipsius Goffredi nepos, Bertrannus de Buxeria, Johannes filius Ingebaldi, Rainaldus Ruilz, Goscelinus filius Otbranni, Galterius presbiter, Rotbertus presbiter Sancti Clementini. Abbas Willelmus, Samuel prior, Mauricius cellararius tunc erant.

---

1. *Cartul. de Saint-Clémentin*, nº 7, et Petite Pancarte, nº 3.

XLVIII.

Calumnia Guidonis Juvenis, de vicaria S. Clementini quam dederat Guido de Valcolor pater ejus [1].

Notum sit omnibus quod Guido de Valcolor dedit Deo et Sancto Florentio monachisque ejus ecclesiam Sancti Clementini, cum una parte burgi, et vicariam; et hoc filii sui concesserunt et filia. Sed post aliquantum temporis Guiddo filius, stimulatus persuasione injuriæ, vicariam illam...
Cætera desunt.

XLIX.

Donum Guidonis Senis de Valle Coloris, de omnibus rebus quas monachi in feodo suo acquirere possent et de justitia hominum eorumdem [2].

Quia mortalibus est impossibile jura mortis frangere, equo pede turres regum pulsantis et tabernas pauperum [3], placuit adamantine litterarum libertati tradere que volumus conservari longa vetustate. Sciant igitur quibus est scien-

---

1. *Livre Noir*, fol. 56 v°. Vers 1080.
2. *Cartul. de Saint-Clémentin*, n° 8. Vers 1090.
3. En 1145, Thibaut, comte de Blois, commençait ainsi une charte contenant donation d'un four à l'abbaye de Fontevraud : *Quoniam, ut ait Oratius, debemur morti nos nostraque facta, ideo, majorum auctoritatem sequentes, eaque firmiter memoriterque teneri volumus... litterarum monimentis commendamus.* Archives de Maine-et-Loire, original.
Guillaume Ier, archevêque de Bordeaux, vidimant et confirmant, en 1184, une charte de Calon, évêque de Poitiers (*Livre Rouge de Saint-Florent*, fol. 43 v°), dit de ces préambules de chartes, souvent si honorables pour le moyen-âge, que *potius ad ornatum verborum quam ad substantiam negocii spectabant.*

dum quatinus Guido Senex, de Valle Coloris, dedit Deo et Sancto Florentio et monachis commorantibus in ecclesia Sancti Clementini quicquid possent in feodo suo de rebus sibi pertinentibus acquirere, sive dono sive empcione vel qualibet alia condicione, solide atque quiete absque ulla consuetudine. Quod si aliquis hominum prefatis monachis pertinentium alicui injuriam faceret, sive domino sive prefecto vel cuilibet alio, non esset aliquis ausus super eum manum imponere nisi prius facto priori clamore et a justicia deficiente. Hoc viderunt et concesserunt filii illius, Guiddo videlicet et Gauterius, illorum famulus Arengerius, Robertus Sancti Clementini capellanus, Goffredus de Clereo, Goffredus de Rupe et alii plures.

L.

Donum Goffredi Landrici, de consuetudine in terra Beraldariæ [1].

Notum sit omnibus quod Goffredus Landrici perdonavit et concessit Sancto Florentio et ejus monachis consuetudinem quam habebat in terra ejus apud Sanctum Clementinum, in terra illa scilicet quæ vocatur Beraldaria, id est duos sextarios sigale et duodecim denarios, pro anima fratris sui Girorii, eo die quo idem frater ejus humatus est apud monasterium ejusdem Sancti Florentii, vi° idus maii, anno incarnationis Domini MXCIV°. Testes hujus rei sunt : Berlaius de Mosterolo, Ursio, Radulfus Florentinus, Gofredus Roscelini, Rainaldus Papoz et frater ejus Girardus Rastel, Mainardus Rufus, Benedictus, Stephanus, Girardus Chimene, Aimericus frater ejus, famuli, et Mauricius Rotundardus. Supervenit Seibrannus Fatot.

---

1. *Original*. 10 mai 1094.

LI.

Confirmatio Uzbaldi de bordaria terræ prope furnum Argentun, quam monachi probare parati erant, lege judicii, se accepisse ab Aimerico ejus patre[1].

Noverint præsentes et posteri quod Aimericus, monachus Sancti Florentii, dum præpositus esset. obedientiæ Sancti Clementini, partim pretio comparavit partim dono accepit ab Aimerico patre Uzbaldi borderiam unam terræ quæ est inter furnum Argentun et Profundum Rivum. Quam cum jam fere quindecim annis monachi quiete tenuissent, calumniatus est Uzbaldus; unde cum tam ipse quam monachi in judicium issent, assumpserunt monachi legem, judicium scilicet, probaturi Aimericum patrem Uzbaldi terram predictam sibi vendidisse et dedisse, ipsum Uzbaldum concessisse. Quod cum constituto die jam portandum esset, venerunt ad finem et concordiam cum Uzbaldo, qui et calumniam dimisit et super altare Sancti Clementini guerpum et donum terræ posuit. Ejus rei gratia eum Aimericus et alii monachi in beneficium susceperunt et quinque sextarios sigulæ ei dederunt. Hoc viderunt: Ermengardis domina ipsius villæ, Rotbertus et Galterius presbiteri, Arraldus prepositus, Durandus de Liners, Goffredus de Clareto, Daniel faber, Rainaldus medietarius, Alboinus et magna pars parrochiæ.

---

1. *Livre Noir*, fol. 56. Vers 1100.

LII.

Restitutio Gofridi Advisis et Mainardi de Linariis, de jure monachorum in molendino Ratonelli, campionibus ad duellum contra usurpatores jam paratis [1].

Sciatur a successoribus nostris quia molendini de Ratonello [2] medietas una est Sancti Clementini et monachorum, Aimerici quoque famuli, altera Gofridi Advisis et Mainardi de Linariis, qui æqualem in eo habent dominium et æqualiter dividunt emolumentum. Factum est autem, cum inscitia tum desidia monachorum, ut predicti Gofredus et Mainardus majorem in eo dominationem sibi usurparent, et juxta velle suum molendinarium quemque vellent aut mitterent aut ejicerent, et pro arbitrio suo molendinum disponerent. Cum vero Aimericus monachus obedientiam illam iterum procurandam suscepisset, qui molendinum illud æqualiter possideri a quattuor particibus sciret, illorum injustitiæ non cessit, ad Widonem de Valle Coloris clamorem fecit, contra bellum arramivit. Die autem quo bellum futurum erat, cum campiones monachorum paratos ipsosque monachos contra se viderunt constanter acturos, ab injusta dominationis exactione destiterunt totumque jus suum monachis ad integrum dimiserunt. Actum est hoc ante altare Sancti Clementini, vidente Guidone de Valcolor et simul istis : Gosfrido de Chirol, Aimerico de Sanciaco, Samuele de Argenton vel de Pino, Galterio et Rotberto presbiteris, Arnaldo campione et aliis pluribus.

---

1. *Livre Noir*, fol. 56. Vers 1100.
2. En marge du *Livre Noir*, on lit *Moulin du Mesnil*.

LIII.

Concordia de parte decimæ de Maisnili quam Arraldus præpositus monachis abstulerat[1].

Sciant qui sunt quique futuri sunt quia Wido de Valcolor et Ermengardis, uxor ejus, dederunt Sancto Florentio et Sancto Clementino et monachis totam decimam de Maisnili, pro anima Hugonis filii sui, qui in cimiterio Sancti Florentii humatus est. Cujus decimæ partem unam Arraldus præpositus monachis aliquandiu abstulit; qui tamen semper calumniati sunt et ad Widonem Juvenem, filium Widonis Senioris, clamorem inde fecerunt; qui tandem Arraldum eis distrixit adeo ut de prædicta decima concordiam cum monachis faceret et eam illis quietam dimitteret. Monachi tamen, vincere malentes gratia quam violentia, de suo ei xx solidos [dederunt] et de servicio quod eis debet pro domo et horto quem ab eis tenet, in vita sua, eum sufferrent. Testes hujus rei sunt : ipse Wido et mater ejus, Goffredus de Nigra Terra, Aimericus famulus, Aimericus et Goffredus monachi, qui hanc conventionem fecerunt, Galterius et Rotbertus presbiteri.

LIV.

Donum Aimerici de x sextariatis terræ [apud Brullum?] quas si quis calumniaverit, monachis reddendo xxx solidos habeat[2].

Satis utiliter est provisum notitie posterorum monimentum litterarum, ne res memorie dignas absconderet oblivio

---

1. *Livre Noir*, fol. 56. Vers 1100.
2. *Livre Noir*, fol. 55 v°, et *Cartul. de Saint-Clémentin*, n° 5. Vers 1100?

et succedens ignoraret precedentis acta generatio. Notificetur igitur per hujus scripture indiculum cunctis fidelibus, et istius maxime cenobii successoribus, quod quidam homo, nomine Aimericus, donavit Sancto Florentio et suis monachis octo sextariatas in una parte et duas in altera terre arabilis, pro anima sua ac patris et matris ejus atque fratrum suorum vivorum et mortuorum, ut remedium inde animabus eorum, largiente Deo et orantibus ipsis monachis, proveniat. Si quis hoc donum inquietare voluerit, reddat triginta solidos monachis et habeat terram; nos autem adhuc tenemus eam.

Signum Aimerici de Brullo †; S. Archembaldi; S. Gauzleni; S. Ebraldi et aliorum plurium quorum nomina longum est enumerare.

LV.

Donum Ubelini filii Thetmari, de terra Spinetæ et medietate prati Faschau [1].

Pater Ubelini Thetmarus terram de Coldra, que vocatur Spineta, habuit quamdiu vixit et in dominio tenuit; et post mortem illius Guiddo de Valle Coloris cepit terram illam inmerito et tenuit eam, ideo quia infantes Themarii parvi erant, atque dedit illam cuidam preposito suo Girberto Barbebunta. Postea vero Guiddo rectitudinem Ubelini recognovit et terram illam Ubelino reddidit que fuit patris ejus; et sine ullo servicio, excepto hoc quod quando Guiddo iret ad villam suam que vocatur Fenils [2] Ubelinus cum eo pergeret et ibi cum Guidone uno die vel duobus staret atque eum et equos suos procuraret.

Denique hanc terram Ubelinus quadraginta annis sine

---

1. *Cartul. de Saint-Clémentin*, n° 12. Vers 1122.
2. Voir n° LXVI.

calumpnia tenuit; et quando Guiddo hanc terram Ubelino reddidit hoc vidit et audivit Girbertus Barbebunta et Rainaudus Bastart. Itaque Ubelinus istam terram habuit de patre Guidone et de filiis ejus, quam terram, videlicet Spineta, Ubelinus monachus Sancti Florentii dedit Sancto Florentio et Sancto Clementino, pro amore Dei et remedio anime sue et peccatorum suorum; et medietatem prati Faschau — de quo prato Arbertus Bernoinus karretam feni habet quamdiu vixerit et post mortem suam erit Sancti Clementini atque domini Aimerici Bodofli — dedit Sancto Florentio. Quod donum concessit Goffredus de Argentone et duo nepotes Ubelini, Alexander et Pinellus, et Hilaria uxor Ubelini, de cujus dotalicio terra est.

Hujus cartule testes sunt : Goffredus de Argentone[1], cujus[2] Ubelinus istam terram commendavit ut eam ad utilitatem monachorum Sancti Florentii custodiret atque ab omnibus inimicis defenderet, et est testis Arbertus de Castro Muro et Aimericus Meschinus et Rainaudus de Seuaco et Arbertus Bernoinus atque Goffredus Audehaudus et Rainaudus Pugnet et alii complures. Ex parte monachorum testes sunt : Goffredus monachus, prior Sancti Clementini, atque Matheus monachus et Girardus monachorum famulus.

LVI.

Donum Gualterii de Valcolor, de dimidia parte furnagii S. Clementini et de prato Balduciæ[3].

Notum sit omnibus ecclesie Dei, tam presentibus quam futuris, fidelibus quod Gualterius de Valcolor dimidiam

---

1. Deux personnages de ce nom interviennent dans les chartes de la Rémonnière (dépendant de Fontevraud) en 1122 et 1143. Le premier, dont il est ici question, eut pour femme Adie, et fut père du second, qui épousa Marguerite, héritière de Chemillé.
2. Sic, pour *cui*.
3. *Cartul. de Saint-Clémentin*, n° 18. Vers 1125.

partem furnagii de burgo Sancti Clementini, etiam si in alio loco mutaretur — monachi vero reliquam partem quietam habebant — et pratum de Balducia, pro salute anime filie sue Ermengardis, in manu Mathei prioris, Deo et Sancto Clementino libere et absolute dedit. Matheus autem, prior tunc temporis Sancti Clementini, ut hoc omnino donum firmum esset, palefredum suum ei dedit. Hoc donum confirmaverunt Poncia uxor ejus et Vilana filia illius. Hujus rei testes sunt : Matheus monachus, Uncbaldus monachus et Mauricius monachus; de famulis : Thebaudus Garini, Giraudus et Girardus Sancti Clementini.

Hujus etiam rei testes sunt : Goffredus Nigre Terre, Guillermus de Clareto, Vaslinus pretor et Goffredus de Rocha et alii multi.

LVII.

Donum Arberti de Castro Muro, de nemore mortuo d'Estuchon ad monachos calefaciendos [1].

Pateat omnibus, tam presentibus quam futuris, quod Arbertus de Castro Muro dedit Deo et Sancto Florencio atque monachis apud Sanctum Clementinum commorantibus, pro sue anime parentumque suorum remedio, nemus mortuum d'Estuchum ad monachos calefaciendos, et ad furnum et ad omne opus domus illorum, in manu Mathei Merni monachi, qui prior erat Sancti Clementini. Et hoc donum concessum est in domo Pagani Danielis, eo vidente; Aimerico Meschino, Reginaldo de Sanzay, Isamberdo Limocen, Radulfo ipsius nemoris foristario, Gaufrido de la Rocha, Girardo atque Stephano, monachorum famulis, aliisque quam plurimis videntibus.

---

1. *Cartul. de Saint-Clémentin*, n° 9. Vers 1125

LVIII.

Concessio Petri filii supradicti Arberti, de eodem nemore mortuo [1].

Iterum Arberto mortuo, Constancia Filesac et Aimericus Loellus monacho Matheo sicuti Arbertus dederat, in domo ipsius Arberti, vidente Giraudo Calot, concesserunt.

Postquam vero regnavit Petrus, ipsius Arberti filius, ira instimulante, nemus quod pater suus in elemosinam monachis dederat eis vetuit. [Propter] quod factum Matheus monachus, pace restituta, ipsi Petro quinque solidos dedit in domo Pagani Danielis, et hoc sicut pater suus concesserat concessit : videlicet ut in unaquaque die duo asini nemus mortuum deferrent, vel una bestia cum quadriga; in Natali Domini et in aliis magnis festivitatibus boves cum quadriga. Hoc vero ita coram barones definitum est quod monachi pro aliquo vetito nullo modo istud perderent. Viditque et audivit : Paganus Daniel, Matarat, Raginaldus de Sanzay et frater suus Roiffet, Josmerius, Radulfus foristarius, qui ad hec omnia supradicta fuit, aliique quam plures.

LIX.

Restitutio decimæ S. Clementini, quam dederat Gosfredus de Profundo Rivo et frater filiusque ejus calumniabant [2].

Quoniam senescente mundo refrigescit caritas multorum et, ipsius fine jam appropinquante, pax et concordia que

---

1. *Cartul. de Saint-Clémentin*, n° 10. Vers 1130.
2. *Cartul. de Saint-Clémentin*, n° 16. En 1135.

olim vigebant in genere mortalium pene adnichilantur et pereunt, statutum ab antecessoribus nostris approbamus quod si aliquid in elemosina ecclesiis attribuitur, donationum intersigna, super altaria ponantur et coram testibus si quid controversie fuerit sopiatur. Unde nos commoniti, donum quod a quodam milite ecclesie Sancti Clementini et monachis Sancti Florentii est attributum scripto mandare curavimus. Firmissime igitur habitatores hujus ecclesie teneant quod Gosfredus de Profundo Rivo, miles clarissimus, presentem vitam morte determinans, ut securius ad eternam transiret, omnem decimam quam in feuo vel in parochia Sancti Clementini obtinebat, pro anime sue remedio, Deo sanctoque Clementino, cujus sacratissimum corpus in hac basilica continetur et colitur, dedit : quam [1] idem piissimus Christi confessor, quem suum heredem de pretaxata decima faciebat, Dei filium, qui omnes salvat et neminem vult deperire, deprecaretur ut, sui misertus, suis innumerabilibus peccatis indulgeret ne cum dampnatis peccatoribus audiret : « ite maledicti in ignem eternum ! » Ad hanc donationem duo affuerunt presbiteri quibus, vice Christi, sua confitebatur peccata, Guillermus videlicet Lumbardi, frater ipsius, et Mauricius de Buxia, qui propriis manibus vadimonium infirmi susceperunt; qui, ut et illud monachis et ecclesie traderent, dextras dederunt.

Eo defuncto, supradictus Guillermus, cupiditate tactus, quippe cui omnia que defuncti fratris fuerant remanebant quia sui filii adhuc teneri erant et pueruli, elemosinam sub silentio tenuit et aliquandiu reddere distulit. Quod Mauricius presbiter audiens, occultare veritatem noluit, illum sepe commonefaciens ut elemosinam redderet, ne sui suique fratris dampnator existeret. Qui ad diem mortis non multo

---

1. Sic, pour *quatinus*.

post veniens, de patrata fraude penitens, supramemoratam elemosinam predicte ecclesie reddidit per manum Mauricii jam dicti sacerdotis, cui et ipse confessus est. Mauricius vero idem, filios Goffredi convocans, omnia quomodo gesta fuerant exposuit et ut elemosinam redderent commonuit. Qui patris elemosinam libentissime concedentes, ante altare Sancti Clementini venientes, sicuti pater illorum dederat concesserunt ac exinde tueri et servare se promittentes suisque manibus cum cutello super dominicam mensam deposuerunt : unde quidem illorum major natu, Savaricus nomine, septem libras denariorum, a Rotrodo monacho et priore hujus obedientie, ob concessionem et donum accepit, minor vero cappam.

Acta sunt autem hec anno ab incarnatione Domini nostri MCXXXV°, regnante Ludovico rege Francorum, Guillelmo consule Pictavorum, coram oppositis testibus : Rotrodo monacho, Benedicto monacho, Rainaldo Montiglesii priore, Adelelmo presbitero, Girardo presbitero, Pagano Agnes, Rainaldo Vilanie filio aliisque quam plurimis utriusque sexus.

His ita finitis, iterum a Savarico surrexit calumpnia quod decimam Richarderie et Brolii non concesserat. Sed monachis habentibus legales testes — Goffredum de Rocha qui manu propria hoc juraret, et Paganum Agnes et alios — qui insimul testificabant illum omnem suam decimam in ipsa parrochia undecumque jam dedisse monachis, quo audito iterum coram ipsis testibus, et Richardo butellerio et Petro Borio et Oliverio fratre ipsius, hoc totum firmiter concessit Sancto Clementino et per fidem osculatus est monachos, Mauricium videlicet et Guidonem et Robertum, qui pro hac concessione quindecim solidos ei dederunt.

LX.

Donum Stephani Hunbar et uxoris ejus, de decima Arableæ [1].

Iterum notum sit tam futuris quam presentibus quod ego Stephanus Hunbar, cum uxore mea Calma, dono diligenter Sancto Florentio et Sancto Clementino et monachis partem decime terre et domus Arablee, que juris est uxoris mee, quam hodie in pace possidemus. Coram Deo et omnibus sanctis donamus ego et uxor mea Calma et filii sui, videlicet Giraudus, Audoinus et Andreas, atque in perpetuum possidendam concedimus.

Hujus rei testes sunt : Aelelmus sacerdos et Paganus de Langleia tunc pretor et multi alii; de monachis : Mauricius prior, qui quatuor sextaria siliginis propter hoc dedit et duodecim que monachis debebat [Stephanus] condonavit [et] unicuique de filiis suis quatuor denarios, et Robertus monachus.

Hoc donum Petrus de Aceia, ad quem pertinet defensio, concessit atque in perpetuum, fide sua, monachis defendere promisit. Hujus rei testes sunt : Guillelmus Travail et Girardus Nosils et Mauricius prior, qui Petro propter hoc duodecim nummos dedit, et Robertus monachus.

LXI.

Concordia inter priorem S. Clementini et Rainaldum Mosnil, de terra et prato apud Maisnil [2].

Sciant quibus est sciendum quatinus Goffredus de Trochia dedit Deo et Sancto Florentio et monachis de Sancto Cle-

---

1. *Cartul. de Saint-Clémentin*, n° 14. Vers 1140.
2. *Cartul de Saint-Clémentin*, n° 17. Vers 1140.

mentino dimidiam partem cujusdam borderie terre quam habebat ad Maisnil, quam tenuerunt longo tempore solute et quiete. Aliam partem habuerunt monachi Sancti Jovini. Deinde venit quidam miles, heres videlicet, Rainaldus Mosnil [qui] abstulit monachis Sancti Jovini partem eorum. Monachis vero de Sancto Clementino calumpniavit divisionem et concordiam quam prior prefate obedientie cum priore de Argentonio fecerat. De qua calumpnia fecit concordiam cum Rainaudo Mosnil Mauricius, qui Sancti Clementini obedientie prior erat, dando illi quinque solidos et unum sextarium avene. Hujus rei testes sunt : Petrus de Toca, Goffredus de Rupe, Paganus Agnes.

Item finito anno calumpniavit prefato Mauricio pratum quod erat infra terram. Fecit iterum Mauricius pacem cum eo, dans duos solidos. Hoc viderunt et audierunt : Rainaudus de Sanziaco, Materac, Paganus Daniel.

Item dixit quod talionem retinuerat in terra predicta ; unde fecit pacem cum eo et concordiam Mauricius monachus, quem prenominavimus, dando quinque solidos tali conditione quod neque ipse Rainaudus neque heres illius in terra sepe predicta aliquid quereret amplius. Hujus rei testes sunt Materac, Savaricus de Profundo Rivo, Goffredus Pauper.

LXII.

Dimissio calumniarum quas Goffredus Panet inferebat apud Pinetam et alibi [1].

Notum sit tam futuris quam presentibus quod ego Goffredus Panet, cum uxore mea Colora et filio meo Gauterio, libere et absolute concedimus quicquid Guiddo pater de

---

1. *Cartul. de Saint-Clémentin*, n° 13. Vers 1140.

Vaucolor, cum filiis suis, et Gauterius de Vaucolor filius ejus, cum filiabus et nepotibus ejus, dederunt Sancto Florentio et Sancto Clementino et monachis. Firmiter enim concesserunt ut ea que donabant et illa que monachi de suo feodo quocumque modo, sive per elemosinam seu emptione aliqua seu dono, adquirere possent, libere et absolute, sine servicio quod sibi vel successoribus suis facerent, in perpetuum possiderent. Ego, instigatus malorum consilio, de terra de Pinata[1] caballum querebam de servicio, in ochia que sub monasterio Sancti Clementini jacet calumpniam faciebam, consuetudines quas super homines suos habebant aliquando contradicebam, unam decimam quam de Gaufrido de Presmart et filiis suis adquisierant calumpniabam. Omnes istas calumpnias ego cum uxore mea et filio meo dimittimus ; et quicquid ad hunc diem de feodo nostro possederunt et in antea monachi adquirere valebunt cum cartula ista, manibus nostris in ecclesia Sancti Clementini superposita, Deo teste et omnibus sanctis, libere et diligenter donamus et in perpetuum firmiter concedimus. Hujus rei testes sunt : Guillermus Roboam et Paganus de Langlea qui tunc pretor erat, et Paganus Agnes et filius suus Goffredus et Goffredus de Rocha et filius suus Goffredus et multi alii. De monachis, Mauricius tunc prior Sancti Clementini, qui centum solidos et octo sextaria frumenti propter hoc illis dedit, et Aimericus et Mainerius hujus rei testes sunt.

---

1. Ce lieu paraît le même que celui appelé *Spineta* dans la charte précédente.

LXIII.

Confirmatio Goffridi domini Trochiæ, de bosco quem proavus ejus dederat tam ad calefaciendum monachos quam ad dormitorium et clocherium faciendum [1].

Sciant omnes, tam futuri quam presentes, quod Goffridus Trochie dominus [2], cum uxore sua Maria et filio suo Petro de Trochia et filia sua, helemosinam Goffridi, illorum proavi, recognoverunt et, coram Deo et ejus sanctis, eam Beato Florentio et Sancto Clementino et ejus monachis concesserunt; et de illa concessione ipse Goffridus decem habuit solidos et ejus filius sex denarios necnon et filia duos denarios. Videamus igitur que est illa nemoris elemosina : cothidie quidem asinus ad calefaciendum monachos pergere debet; et viridum boscum ad dormitorium et clocherium ecclesie faciendum. Hujus concessionis testes sunt, de monachis : Radulfus de Ripa prior et Guillelmus Normannigena; de militibus : Theobaudus Gaschet, Normannus forestarius et Fulcherius Sore. Hoc factum fuit anno ab incarnatione Domini MCLII.

O cartule lector, aliam require cartulam, titulus cujus *Goffridus* est *de la Troche* [3], in qua datum elemosine antique invenies.

---

1. *Cartul. de Saint-Clémentin*, n° 15. En 1152.
2. Vers 1190, vivait *Gaufridus de Trochia, dominus de Passavanto*, dont une charte, en forme de lettre-missive, fut dressée *his testibus* : *Stephano priore de Montiglesio, R. priore de Passavant, P. Priore de Sancto Clementino*, Bibl. Nat., Mss. Coll. Housseau, n° 2527.
3. Cette charte n'a pas été retrouvée.

LXIV.

De Josmero, qui dedit se et sua, specialiter terram apud S. Albinum [1].

Notum sit tam presentibus quam futuris quod Josmer dedit se et sua Deo et Sancto Florentio, et specialiter terram quam habebat apud Sanctum Albinum, in manu Andree tunc prioris de Sancto Clementino, qui eum recepit cum filio Roberti privini sui. Hujus rei sunt testes : Andreas prior, Petrus Borre, Petrus Guerri, Robertus de Coché, Rainaudus de Vaucolor, Guillermus de la Codre, Guillermus Sechelinus, Aimericus Gauter, Johannes presbiter de Sancto Clementino, Aimericus Ardre, Goffredus Basile, Josbertus Gelodoie, Fulcherius Vulceginus.

LXV.

Confirmatio Isemberti II, episcopi Pictavensis, monasterio S. Florentii de ecclesia dicta Pinus in qua, pro canonicis, monachi positi fuerant [2].

Isembertus Dei gratia Pictavensis episcopus.

Quoniam ad hoc subditis preesse jubemur ut, cum pace mala corrigendo et dirigendo bona, eorum in utroque utilitati pervigili sollertia consulere debeamus, justum est ut litem quæ inter nos et monachos Sancti Florentii diu habetur componere curemus. Namque idem monachi, sæpe a nobis

---

1. *Cartul. de Saint-Clémentin*, n° 19. Vers 1160.
2. Original. Vers 1080.

in sinodis vocati, quarundam querimoniarum causa culpabantur et maxime propter ecclesiam illam quæ Pinus dicitur, in qua pro canonicis monachos contra canonum decreta posuisse videbantur. Sed tandem vir venerabilis Willelmus abbas, quæ mala erant bene fieri cupiens, nos supplex adiit, rogans quatenus querimonias omnes preteriti temporis dimitteremus et ecclesiam illam eos habere statueremus. Cujus nos petitionibus annuentes, cuncta quæ expostulaverat fecimus et in his omnibus nostrum eis auxilium promisimus; de illis autem quæ in nostra diocesi sunt deinceps adquisituri ad nos referendum decrevimus, et quid inde sit statuendum consilio deliberabimus.

Factum est autem hoc a nobis apud cellam illorum quæ Mons Ecclesiasticus dicitur, ubi in capitulo, accepta cum clericis nostris societate benefacti eorum, nostri etiam participes eos fieri decrevimus. Ut vero firmius hoc et durabilius permaneret, jussimus inde testamentum fieri, quod factum et coram nobis delatum ipsa propria manu firmavimus et ut a clericis nostris qui aderant firmaretur obtinuimus: Maingoto archidiacono, Gauzfrido Bernardo, Aimerico Plancardo, Fulcone Malrico. De monachis autem, cum domno Willelmo abbate, Bernerius prior, Rotbertus monachus, Gausbertus, Effredus, Mauricius, Deodatus affuerunt; de laicis: Willelmus de Passavant, Rotbertus Wittonus, Alexander, Girardus Vitrarius, Johelinus, Stephanus filius Alberti, Hubertus Brunellus, Saturninus, Widdo.

† Signum Ysenberti episcopi Pictavensis.

† Signum Renaudi abbatis cenobii Sancti Cypriani. Ipse scripsit.

LXVI.

Carta Widonis de Valle Colorata, de ecclesia Finiaci violenter ablata monachis S. Florentii, quibus eam dederat [1].

Ego G. de Valde [2] Colorata dictus, cum mei terram patrimonii, quæ est apud Finiacum [3], a Parteniacensibus dominis recepissem, pro meis et mei patris delictis æcclesiam quæ ibi erat Sancti Florentii monachis condonavi : Geldoino Parteniaci domino concedente, Guidone Sanctæ Crucis canonico existente teste, et Petro Pictavensi episcopo se concessurum libenter promittente.

In sequenti vero, dum domnus Ebo Veteris Partiniaci æcclesiam Sancti Rotberti Dei Casæ monachis dedisset et de suis propriis nimium attribuisset, ut potens dominus, mihi suo homini precepit quatinus Finiaci æcclesiam Sancti Rotberti monachis faverem; quam Sancti Florentii monachis me donasse respondi. Qua de causa nimium mihi infestus et me expulsurum a patrimonio asserens nisi suæ voluntati obedirem, constrictus sic ab Ebonis inimicia et nolens ejus frui tristicia, quod concedere poteram Sancti Rotberti monachis seculario concessi; me bene Petro, Sancti Rotberti monacho, dicente nunquam sibi hoc donum per me aliquo concilio defensurum. Et cum hoc baculo domnus Geldoinus donum istud concessit et hoc donum supradictum Willelmus filius Simonis et Symon frater Willelmi et Radulfus filius Geldoini concesserunt.

---

1. Original. Vers 1090.
2. Sic, pour *Valle*.
3. Au dos de l'original a été écrit vers la même époque : *Carta de Feniliis*.

LXVII.

Donum Agnetis comitissæ Pictavensis, de ecclesia Villæ Novæ, cujus medietas monachis S Florentii in dominium continget, alteram vero de illis in fœuum Bernardus tenebit[1].

Quisquis ab omnium largitore bonorum temporalium accepit abundantiam rerum, ne datori videatur ingratus existere si commune bonum solus malit retinere, debet necessaria ministrare pauperibus et opem ferre, juxta vires, indigentibus. Quocirca ego Agnes comitissa, multis Dei donis ditata, divitiis et illius ultra meritum præventa beneficiis, pensans meorum sarcinam peccatorum, metuens futuræ retributionis judicium, cum omnium pauperum decreverim curam habere, tum eorum maxime dignum duxi indigentiam supplere qui, ob Christi amorem vel abjectis vel spretis divitiis, voluntariam subiere paupertatem.

Fratribus igitur qui in cœnobio Sancti Florentii sub abbate Frederico Deo militant omnipotenti do ecclesiam quamdam, Villam Novam cognomine, in memoriam sanctæ Radegundis constructam et ad ejus abbatiam pertinentem, in pago Pictavensi infra vicariam Metulicensem sitam : ut ipsos amicos habere merear a quibus, cum defecero, in æterna tabernacula recipiar eorumque precibus particeps efficiar beatitudinis illius qua misericordes ab ipso misericordiæ fonte beatificantur cum dicitur : « Beati misericordes quoniam ipsi misericordiam consequentur. »

Hanc de beatæ Radegundis sanctimonialibus antiquitus de Rocà Gosfridus necnon ab eo in fœuo tenet Berlaius, a quo

---

1. *Livre Noir*, fol. 41 v°. Avant 1043 ? — Les chartes n°s LXVII à LXXIX concernent le prieuré de Saint-Nicolas de Couture d'Argenson et ses dépendances.

etiam Goscelinus ad postremum vero, et in fœuo et in dominio, tenebat Bernardus. Itaque primitus ecclesiæ illius medietatem a Bernardo, postea totam a Gauzcelino, annuentibus et confirmantibus Gosfrido atque Berlaio, dominis primoribus, ab illis ergo redemptam trado Sancto Florentio libere et quiete possidendam : ea videlicet ratione ut Bernardus ille a quo primum empta est medietas ecclesiæ, alteram medietatem a monachis teneat et si vendere voluerit illis vendat. Pars itaque contingat monachis in dominium, partem de illis teneat Bernardus in fœuum nisi forte et pro ipsa ab ipsis acceperit precium. Hoc autem donationis meæ beneficium, ut ratum per sæcula maneat et firmum, scripto mandari feci, kartam manus propriæ signo firmavi filiorumque meorum necnon fidelium nostrorum manibus corroborandam tradidi, quorum etiam nomina [1] ad perenne testimonium kartæ subarari curavi. Si quis vero, vel calumniator subdolus vel testis falsus vel raptor violentus, insurrexerit qui donationem hanc infringere tentaverit, digna pro præsumptione vindicta castigetur et convictus injusticiæ auri talento multetur †.

LXVIII.

Donum Agnetis comitissæ, de villa sita in pago Pictavo. in vicaria Metulinse, quæ ab antiquis vocabatur Beltronum nunc vero Fossas nuncupatur [2].

Quanto quisque majori exaltatur hoc in seculo sublimitate, tanto attentius et sollicitius formidare debet ne rerum

---

1. Leur omission par le compilateur du *Livre Noir* nous empêche de donner à cette charte une date plus approximative. Quoique copiée après celle qui suit, nous la croyons antérieure, et présumons que cette donation a été faite peu de temps après le mariage d'Agnès avec Geoffroi Martel, fils de Foulques Nerra, comte d'Anjou, qui eut lieu en l'année 1030.
2. Original mutilé et *Livre Noir*, fol. 41. En 1043.
La date de cette pièce et de la suivante est donnée par la charte n.º LXX.

opulentia pro bonis, si qua forte egit, fiat ei in præsenti remuneratio. Unde non oportet eum negligere quin pauperibus et assidue Christum interpellantibus procuret impendere, ubicumque invenerit, quanta valet adjutorii solacia, ne in extremis arguatur totum ad curam corporis expendisse. Igitur ego in Dei nomine Agnes comitissa, reminiscens peccatorum meorum ingentia pondera necne quæ peccatoribus debentur horrenda supplicia, et ut particeps effici merear illis qui pro Christi amore pauperibus sibi data largiuntur beneficia, simulque ut Christi clementia meis filiis salutem animarum et corporum cum amplissima pace longevet, trado monasterio Sancti Florentii, confessoris Christi, sito in pago Andegavensi, et monachis ibidem Deo servientibus, quandam terram proprietatis meæ sitam in pago Pictavo, in vicaria Metulinse, de abbatia Sanctæ Crucis, hoc est villam quæ ab antiquis vocabatur Beltronum nunc vero Fossas nuncupatur.

Ipsam villam totum ad integrum ad locum supradictum trado et transfundo, videlicet per consensum et voluntatem filiorum meorum, Aquitanici limitis ducatum gerentium, auctoritate quoque venerabilis abbatissæ domnæ Petronillæ, ex monasterio ejusdem Sanctæ Crucis, cum tota congregatione sanctimonialium sibi subjectarum : ea videlicet ratione ut annis singulis præfati monachi in eodem monasterio Sancti Florentii consistentes censum persolvant solidos tres supradictis sanctimonialibus. Si quis autem extiterit qui hanc kartam, a nobis libentissime factam, inquietare præsumpserit, in primis iram Dei omnipotentis incurrat et omnium sanctorum ejus sitque extraneus a consortio omnium bonorum et particeps cunctorum malorum, nisi resipuerit et digna satisfactione ipsam inquietudinem emendare studuerit; insuper coactus exolvat centum libras. Ut autem hæc traditio rata et inconvulsa permaneat, manibus propriis subter firmavimus et filiis meis nobilibusque viris ac sanctimonialibus ad roborandum tradidimus.

† Signum Agnæ comitissæ; S. Guillelmi Pictavensis comitis; S. Gauzfridi fratris ejus; S. Gauzfridi comitis Andegavensis; S. Isemberti episcopi Pictavensis; S. Girardi episcopi Engolmensis; S. Teodolini [1] abbatis; S. Ansegisi abbatis [2]; S. Acfredi vicecomitis; S. Haimerici de Rancon; S. Willelmi de Partanio; S. Berlai militis; S. Gisleberti militis; S. Constantini de Mello; S. Hildeberti de Roca Matildis; S. Rannulfi Raiolis; S. Hademaris Malæ Capsæ; S. Petri abbatis [3]; S. Petronillæ nobilissimæ abbatissæ Sanctæ Crucis; S. Eufemie sanctimonialis; S. Rainsendis sanctimonialis; S. Adhenoris sanctimonialis.

LXIX.

Auctorizamentum Petronillæ abbatissæ S. Crucis Pictavensis et cæterarum sanctimonialium, de prædicta villa [4].

In nomine summi salvatoris Dei, Petronilla Sanctæ ac reverendæ Crucis Pictavensis cœnobii abbatissa. Notum imo et percognitum esse volumus cunctis fidelibus sanctæ Dei ecclesiæ, presentibus scilicet ac futuris, quia convenit humilitatem nostram serenissima domina nostra Agnes comitissa, postulans ut villam quandam infra pagum Pictavum consistentem, antiquitus Beltronum nunc vero Fossas nuncupatam, ad abbatiam Sanctæ Crucis, in qua volente Deo abbatissæ ministerio fungimur, pertinentem, quam etiam dono et largitate majorum nostrarum ipsa domina nostra in suo dominio retinebat, pro remedio animæ suæ filiorumque suorum pace et salute, ad locum Sancti Florentii, egregii confessoris Christi, in pago Andegavo situm, cui abbas Fredericus

---

1. De Maillezais, mort en 1045.
2. De Saint-Cyprien de Poitiers.
3. De Noaillé, abbé dès 1040.
4. *Livre Noir*, fol. 42. En 1043.

præesse videtur, ad utilitatem servorum Dei inibi degentium illis condonandum per hujus nostræ auctoritatis testamentum concederemus. Cujus justis petitionibus assensum præbentes concessimus prædictam villam memorato Sancti Florentii loco : ea tamen ratione et tenore ut monachi memorati loci annis singulis, in festivitate sanctæ Radegundis quæ idus augusti celebratur, censum solidos tres exsolvant ; et eis amplius non requiratur aut exigatur, sed sub tali censu, tam per donum jam dictæ dominæ nostræ quam per nostram largitionem et per assensum nostræ congregationis, libere ac quiete teneant ac possideant. Quod si de eodem censu tardi aut negligentes extiterint, id ipsum emendare studeant et quod tenuerint non amittant.

De hujus ergo decreti, nostro statuto, testamentum perennis roborationis firmitate subnixum constituentes, rogamus et obsecramus omnes sanctimoniales quas Dominus post obitum nostrum huic abbatiæ Sanctæ Crucis preesse voluerit, et obtestamur per tremendum Domini judicium ubi nos omnes oportet astare ante tribunal Christi, ut nullius estu avaritiæ sive cujuscunque personæ improbo consilio stimulatæ, hæc nostra statuta infringere præsumant, sed sicut sua desiderat quisque, post obitum suum, inconvulsa manere decreta ita et hæc nostra perpetualiter conservent. Quod si quis, quod absit quod neque venire credimus, contra hoc decretum aliquando insurrexerit, sua repetitio nullum obtineat effectum sed, procurante Aquitanorum ducum seu primariorum sub eis ducibus regionem Aquitanicam disponentium principali dignitate, hæc nostra instituta inviolabilem obtineant vigorem. Hoc autem firmitatis testamentum, ut firmius sit veriusque credatur, manu propria firmavimus manibusque sororum nostrarum in communi capitulo corroborandum tradidimus.

† Petronilla abbatissa huic manui firmæ, hortantibus sororibus, subscripsi.

LXX.

Remissio Constantini, Metulensis vicarii, de tota vicaria ejusdem villæ, quam tenebat de seniore suo Aquitanico duce Willelmo [1].

Quanta et quam benignissima circa humanum genus Dei existit pietas, nemo mortalium vel corde cogitare vel verbis aperire potest. Invitat enim nos ut, post multa perpetrata scelera, ad eum redeamus, pie et misericorditer dicendo : « Venite ad me omnes qui laboratis et onerati estis, et ego vos reficiam. » Et in alio loco Evangelii hortatur nos [2]. inquiens : « Facite vobis amicos de mammona iniquitatis, ut cum defeceritis recipiant vos in æterna tabernacula. » Quapropter ego Constantinus, Metulensis vicarius, divinis adhortationibus commonitus, totam vicariam quam in villa quadam, antiquitus Bethronum nunc vero Fossas nuncupata, infra pagum Pictavum consistente, de meo seniore Aquitanico duce Willelmo hactenus tenere visus sum, per consilium et voluntatem ejusdem senioris mei Willelmi atque fratris ejus Gosfridi necnon præclarissimæ dominæ matris eorum Agnæ comitissæ, pro redemptione animarum parentum meorum sive pro meæ animæ absolutione, peccatorum quoque remissione, ut misericordiam ante piissimum Dominum invenire possimus, inclito Christi confessori Florentio atque in ejus cœnobio in pago Andegavensi sito, cui abbas Fredericus præesse videtur, monachis Deo militantibus relaxo et de mea in eorundem monachorum potestate

---

1. Copie contemporaine mutilée, et *Livre Noir*, fol. 43. Juin 1043.
2. Dans la copie contemporaine, il y a une ligne de plus, mais il n'en reste que les mots suivants : *ut de terrenis rebus atque caducis* ...

transfundo : ita ut a die presenti in antea homines eamdem villam incolentes neque michi neque ulli de heredibus meis de aliqua vicaria ullo modo respondere cogantur, sed solummodo sub antedictorum monachorum ditione permaneant et eorum districtioni subjiciantur. Hanc autem relaxationem sive perdonationem si quis successorum nostrorum, quod fore non arbitramur, per industriam infringere forte temptaverit, decem libras auri coactus exsolvat et ipsius præsumptio ad nullum effectum proveniat. Ut autem hæc cartula firmior inconvulsaque permaneat, manibus eam propriis firmavimus atque dominorum nostrorum Willelmi atque Gosfridi fratris ejus et aliorum nobilium virorum manibus corroborandam tradidimus.

† Signum Constantini qui hanc donationem fecit et firmare rogavit; S. Willelmi comitis; S. Gosfridi fratris ejus; S. Agnetis comitissæ; S. Aimerici de Ramcon; S. Johannis monachi; S. Harduini monachi; S. Froini; S. Ebbonis; S. Haimerici; S. Raimonis; S. Willelmi; S. Gauzfridi.

Data in mense junio, anno XII regnante Hainrico rege [1]. Hubertus sacerdos scripsit.

LXXI.

Auctorizamentum Willelmi, Aquitaniæ ducis, et Gauzfridi fratris ejus, filiorum Agnetis comitissæ, de sæpe dicta villa [2].

In multa rerum opulentia curarum multiplicitas regnat, in multis vero curis de administratione temporalium oblivio

---

1. Henri Ier succéda à Robert, son père, le 20 juillet 1031.
2. *Livre Noir*, fol. 43 v°. Avant 1054.

frequens surrepit æternorum ; porro de æternitatis oblivione nascitur erga Dei cultum devotio minor, peccatorum pullulat frutex densior. Eapropter quisquis terrenis occupatur vel divitiis vel honoribus medelam suis non negligat adhibere vulneribus quæ, mundana tractanti, varius frequenter infligit excessus ; audiatque prophetam regi Babylonico dicentem : « Consilium meum placeat tibi rex, et peccata « tua elemosynis redime et iniquitates tuas misericordiis « pauperum. »

Proinde ego Willelmus, Aquitaniæ dux, pensans meorum sarcinam peccatorum, considerans cursum vitæ præsentis incertum, futuræ quoque vel in bonos vel in malos retributionis attendens æquilibrium, beneficiis præsentibus futura promereri et temporalibus perpetua mercari miserationibusque largitionum amicos comparare a quibus, cum defecero, in æterna recipiar tabernacula commodum duxi. Fratribus igitur qui in cœnobio Sancti Florentii, prope Salmurum castrum sito, cœlesti militant regi, qui propria relinquentes et ut soli Deo vacarent, sæculi cura vacare volentes, ab ejus se circumciderunt impedimentis et affectibus ducuntque non necessitate miseram sed voluntate beatam spiritus humilitate paupertatem, trado quandam terram sitam in pago Pictavensi, videlicet in vicaria Metullensi, de abbatia Sanctæ Crucis, hoc est villam quæ antiquitus vocabatur Bethronum nunc vero Fossas nuncupatur.

Hanc ergo villam in proxime nominati transfundo dominium cœnobii, annuente abbatissa monasterii Sanctæ Crucis, Petronilla vocata, cum tota congregatione sanctimonialium sub ejus regimine Domino universorum gloriosa libertate ancillantium, assensu quoque et auctoramento matris meæ Agnetis comitissæ fratrisque mei nomine Gauzfridi. Hanc autem possessionem quam Dei famulis impertio, ab omnibus vel meis vel aliorum consuetudinibus liberrimam et absolutissimam reddo et ut ipsorum sint quæcumque, tam meæ quam aliorum, fuerant volo. Denique et pedaticum et pasquerium et pasnagium incolarum terræ illius, tam jam ibi manentium quam posthac associandorum, necnon et cibaticum et frescengaticum, quin etiam et vicariam quæ fuerat Constantini, ipso favente, omnesque omnino redhibitiones, exactiones, dominationes vel si qua ultra dici possunt consuetudinum pensionumve debita, fratribus eisdem perenniter concedo. Nec enim decet ut quod Dei familiaribus et ei quiete servire desiderantibus, pro animæ meæ salvatione tribuo, quærelis plenum et calumniarum inquietudinibus obnoxium relinquam; ne hominibus silentio et supernorum vacationi deditis non tam adjumenta ministrasse subsidiorum quam litigiorum causas et à Dei opera avocamenta adhibuisse videar.

Si quis vero presumptor insurrexerit qui donationis dictæ firmamentum, sive subdola calliditate seu violenta tyrannide, nisus fuerit cassare, divinæ districtionis animadversione vel ad suam vel ad aliorum correctionem corripiatur et, temptata non obtinens improbique conatus inefficaces referens impetus, auri talento pro presumptione multetur et cum, alienis irruens, damnum facere conabitur, in propriis ruens, damnum pati cogatur. Hujus ad postremum privilegii kartam manus propriæ caractere corroboro, matris meæ simul ac fratris, sanctimonialium quoque Sanctæ Crucis, sub testimonio multorum manibus confirmandam trado et nominibus signisque depingi facio, ut suorum descripta auctorum testiumque vocabula et impressa signacula, tam evidenti roborata munimine, nulli facile pateat calumniæ.

Signum † Willelmi ducis Aquitanorum.

Archembaldus Burdegalensis archiepiscopus
Willelmus Petragorisensis episcopus [1]
Iterius Lemovicensis episcopus
Gauzfridus comes Andegavensis
Agnes comitissa, uxor ejus et mater Willelmi ducis
Hildebertus comes
Willelmus de Parteniaco
Savericus vicecomes
Willelmus de Roca
Ingelelmus de Mortuo Mare
Rodulfus de Formioso
Gislebertus de Talniaco
} manufirmavit [2].

LXXII.

Item unde supra, aliud firmamentum dicti principis Willelmi, de eadem re [3].

Quanto quisque majori exaltatur in hoc sæculo sublimitate, tanto attentius et sollicitius pensare debet quia cui plus committitur plus ab eo exigitur : undé nôn oportet eum

---

1. Sic, pour *Engolismensis*. Périgueux n'a eu qu'en 1060 un évêque du nom de Guillaume. Voir la charte suivante.

2. L'abréviation de ce mot est écrite à la suite de chaque nom.

3. Original et *Livre Noir*, fol. 44 v°. Nous en reproduisons textuellement le sommaire. 12 mai 1054.

negligere quin pauperibus et assidue Christum interpellantibus procuret impendere ubicumque oportunum fuerit quanta valet adjutorii solatia, quatinus amici ex mamona iniquitatis conquisiti æternum sibi tabernaculum quandoque procurent aperire. Proinde ego Willelmus, Aquitaniæ Deo donante dux, trado Sancto Florentio et fratribus servientibusque illi in cœnobio quod est situm prope menia castri quod vocatur Salmurum, trado inquam et per hujus nostræ auctoritatis testamentum transfundo in dominium eorum, quandam terram sitam in pago Pictavensi, videlicet in vicaria Metulinse, de abbatia Sanctæ Crucis; hoc est villam quæ antiquitus vocabatur Bethronnum, nunc vero Fossas nuncupatur. Hanc eis villam prius mater mea Agnes, me favente, per consensum venerabilis abbatissæ Petronillæ omniumque sanctimonialium Sanctæ Crucis donaverat; sed ministris meis aliquas postea ab eis exigentibus consuetudines, ad hoc usque ventum est ut ego ipse, annuente itidem matre mea Agnete et fratre meo Gausfrido, eandem villam ab omnibus meis vel aliorum consuetudinibus liberrimam et absolutissimam eis reddiderim. Sanctimonialibus vero supradicti cœnobii Sanctæ Crucis, sicut in priori donatione constitutum est, quotannis censum monachi supradicti reddant in festivitate sanctæ Radegundis, quæ cælebratur idus augusti, videlicet tres solidos. Si autem per aliquam negligentiam hunc aliquando minime reddiderint censum, non idcirco quod tenuerunt amittant, sed potius reddendo solitum pensum suum studeant corrigere neglectum. Vicariam quoque quam Constantinus tenuit, et vivente illo atque hoc ipsum deprecante illis concessi, etiam nunc eo mortuo iterum concedo. Si quis autem hanc voluntariam nostræ liberalitatis elemosinam aliquando temerare præsumpserit, desiderata non optineat et insuper auri geminum talentum heredi meo sive regi coactus solvat.

Ut autem hujus cartæ in nullo deinceps vacillet auctoritas, manu propria huic signum sanctæ crucis imprimo eamque manibus præsentium fidelium nostrorum firmandam roborandamque trado.

Signum Willelmi ducis Aquitanorum.

Archembaldus Burdegalensis archiepiscopus
Willelmus Engolismensis episcopus
Iterius Lemovicensis episcopus
Hildebertus comes
Willelmus de Parteniaco } manufirmavit.
Savericus vicecomes
Willelmus de Roca
Ingelelmus de Mortuo Mare
Rodulfus de Formioso
Gislebertus de Talniaco

Data quarto idus mai, die videlicet Ascensionis domini nostri Jhesu Christi, anno ab incarnatione ejusdem MLIIII, indictione VII; imperante Hainrico Francorum rege.

Actum publice in urbe Pictava.

LXXIII.

Donum domni Adhemari, Maguntiæ uxoris, Widonis fratris Adhemari et filiorum ejus, de alodis septem et de medietate ecclesiæ S. Georgii de Culturis, in pago Briesensi [1].

Quibus cor conditum inest norunt, quique fideles, quia homo, ad Dei imaginem factus, a diabolo per anguis vo-

---

1. Original parfaitement conservé, véritable chef-d'œuvre de la calligraphie du XIe siècle. Voir aussi *Livre Noir*, fol. 45 v°. 28 mars 1059.

lumina postea decipitur; deceptus juste a justo Deo in cœnosi hujus seculi exilium mox traditur; trusus in erumnis, calamitatibus et adversis immorans perturbatur malis a quibus omne genus mortalium, pro dolor, inficitur; infectum, exceptis octo per lignum salvis, per aquam perimitur; perempto malo ab istis octo istud conficitur; confectum male adhuc degens, misso patris filio, carnem ex Virgine sumpto non in carne resoluto, per crucem redemptum per aquam abluitur; redempto et abluto ultimum judicium futurum promittitur, quod ab omnibus Deum diligentibus valde vehementerque pertimetur. Nam sicut quos extra archæ lignum aqua reperivit peremit, ita quos extra crucis Christi, domini nostri, mysterium viventes aqua baptismatis tangit perimit. Quod credendum est; nisi enim sancto baptismo consona fuerit vita christiana, salvus esse credendus non est aliquis.

Ideo talium conscii, sapientium monitu, discussionemque quæ futura est nimis timentes, quæ sempiterna lætitia, quæ gehenna fuerit prævidentes, mortem quoque nulli parcentem per oculos suscipientes, bona presentia transitoria aspicientes, salutes corporum varias prospicientes, fluctus seculi modo perversos modo tranquillos modo perversos colligentes, multa deinceps inenarrabilia pravorum prava consiliorum genera passi et patientes, mundi terminum appropinquantem ruinis crebriscentibus jam certis signis manifestantibus, Widdo ego et Adhemarus ego et conjux mea Maguntia et Arnaldus fratres, filii, nepotes, gravitudinem peccatorum nostrorum considerantes, et bonitatis Dei dicentis « Date elemosinam et omnia munda sunt vobis » reminiscentes, de misericordia et pietate Domini confisi, in Dei nomine patris et filii et spiritus sancti per hanc epistolam donationis [1] donatumque in perpetuum esse volumus ad basi-

---

1. Sic, pour *donamus*.

licam sanctissimi ac preciosissimi Florentii confessoris, ubi ipse precioso corpore requiescit, et omni congregationi monachorum ibidem consistenti vel consistendæ et [1] venerabilis vir Sigo abbas præesse videtur, partem hæreditatis nostræ nostri alodi in pago Briesensi siti, septem videlicet massos terræ arabilis vel arandæ, adhuc in bosco existentis; tales massos quales homines illi terræ adjacentes faciunt, et hos quietos absque calumnia ullius rei. Et damus et conferimus, in nomine patris et filii et spiritus sancti, medietatem omnium rerum exterarum, redditionum oblationumque internarum quascumque habemus, sive homines habent ex nobis, in ecclesia Sancti Georgii de Culturis.

Omnia hæc jure proprietario Sancto Florentio et omni, ut supradictum est, congregationi pro animarum salute nostrarum parentum quoque nostrorum, filiorum, nepotum, tradimus atque transfundimus: ea vero ratione ut quamdiu advixerimus sub usu beneficii, absque ullo præjudicio vel diminutione aliqua, prædictas res teneat, et usurpare quis non audeat; et post nostrum discessum quicquid ad jam dictam ecclesiam aut in massis supradictis additum, attractum, emelioratum repertumque fuerit, et transitus noster ibidem reliquerit, cum omni supraposito rectores ipsius æcclesiæ agentesque illius absque ullius expectata traditione vel judicium consignatione procurent; et quicquid exinde pro oportunitate monasterii, cum consilio capituli, facere decreverint, liberam et firmissimam in omnibus habeant potestatem, non solum de his supradictis quæ dedimus verum etiam de illis quæ adhuc dabimus vel morientes relinquemus. Et si fuerit ulla cujuslibet [2] persona qui alterum strumentum preter istud exinde presentaverit, aut anterius aut posterius, quod nos nec fecimus nec facere roga-

---

1. Ajoutez *cui*.
2. Ajoutez *ordinis*.

vimus, nullum sortiatur effectum, sed vacuum et inane permaneat; auctor vero criminis vel falsarius judiciaria potestate condemnetur. Et si ego ipse aut nos ipsi, aut ullus de hæredibus meis vel nostris vel cujuslibet persona, contra hanc donationem aliquid refragare vel calumniam generare præsumpserit, illud quod repetit non vindicet, et insuper contra cui litem intulerit decem milia talentorum auri cocti componat et hæc donatio cum stipulatione subnixa illibata permaneat. Hanc autem kartam, ut pleniorem obtineat vigorem, manibus propriis subterfirmavimus et bonorum virorum roborandam decrevimus.

† Signum donni Adhemari; S. donni Widonis, qui hoc donum Deo largiuntur; S. donnæ Magontiæ, uxoris donni Adhemari [1]; S. donni Widdonis; S. donni Arnaldi sui fratris, ipsius primi Widonis filiorum; S. donni Gauzfridi grammatici, quem prænominant de Riperia; S. Adhemari Crassi ejus fratris; S. donni Geraldi de Toraico; S. Aymerici de Mota; S. Willelmi de Vitraico; S. Aymerici de Riperia; S. Adhemari Gerardi ††; S. donni Sigonis abbatis; S. donni Eventii prioris; S. Frederici monachi; S. Gauzfridi monachi; S. Rodulfi monachi; S. Bernardi monachi; S. Harduini monachi; S. Mainardi monachi; S. Warnerii monachi; S. Paulini monachi; S. cunctorum qui in capitulo aderant fratrum, in die Ramis Palmarum quo factum est donum; S. famulorum Archembaldi, Herberti et aliorum multorum qui ibi aderant quando super altare missum est, præfationem missæ matutinalis sacerdote dicente.

Anno ab incarnatione Domini MLIX°, indictione XII, epactis IV, concurrentibus IV, circulo lunæ XII, kalendis aprilis luna XIV, pridie nonas aprilis, die dominico, luna ipsius diei XVII; Hainrico rege regnante, istud donum actum est in capitulo Sanctissimi confessoris Florentii juxta Sal-

---

1. Le *Livre Noir* s'arrête ici.

murum, castrum in Andegavo pago situm, postea cunctis qui aderant videntibus super altare missum.

† Signum Alberti scriptoris, qui hanc kartam scripsit.

LXXIV.

Donum domnæ Alaodis, de medietate ecclesiæ S. Georgii de Culturis [1].

Contritione genus omne hominum conquassatum, præ maxima hujus cænosæculi religatum exilio, tumultuosis et conquestuosis conteritur adversitatibus; justissime omnino, nam a bono bonum factum Deo creatum, ut creator esse desiderans, per semetipsum erigi sperans, de beatissima luce justitiæ in mortem expulsum est et adhuc expellitur. Non enim cogitur tunc quando suadetur et omnis ejus natura in suo ordine suis gradibus pulchra fuit et est; sed de superioribus, in quibus animus rationalis ordinatus est et ordinatur, ad inferiora declinandum non est nec fuerat. Neque quisquam facere cogitur vel coactus est, et ideo si fecerit absque justa punitur defensione; non enim invitus committit in humano quod vivit genere degens.

Adversis plena ego, maris fluctibus attrita deficio; auris commotis, navi conscissa, rebus amissis, spe fugata, prorsus humana depravata consilio, humano privata auxilio, collidor undique; quid faciam nescia, malis perturbor. Quod si perturbata, tamen spe recuperata, ad ipsius divinum, cui proprium parcere et miseris est, facere pauperem et ditare, humiliare et sublevare, auxilium confugiam. Dominus Deus ipse dedit ipse abstulit; sicut sibi Domino placuit ita factum est, sit nomen ejus in sæcula benedictum. Vi verbi sic ful-

---

1. *Livre Noir*, fol. 46 v°. 28 mars 1059.

gorante, si honor terrenus sublatus est, ad quid verecundia regnat humana si Deus quos diligit corripit ? Flagellat autem omnem filium quem recipit. Quæ ratio verecundari ? Nonne gaudere oportet et congratulari gratias tibi, Christe, per quem corripiendo diligimur, diligendo corripimur, recipiendo flagellamur.

Talibus consolata, pietate Domini a me viriliter inspecta, tremendo Dei judicio sepissime memorato, peccatorum pœnis bonorumque prævisis gaudiis, ego Alaodis in nomine patris et filii et spiritus sancti, sanctæ et individuæ trinitatis, concedo medietatem ecclesiæ Sancti Georgii de Culturis, in pago Briesensi — videlicet medietatem omnium exterarum redditionum oblationumque internarum quascunque habeo vel homines habent de me — et in perpetuo esse volo ad basilicam sanctissimi confessoris ac piissimi Florentii, ubi ipse precioso corpore requiescit, et omni monachorum congregationi ibidem consistendæ et consistenti et [1] vir venerabilis Sigo abbas præesse videtur. Hoc donum dono per hanc epistolam donationis donatumque pro salute animæ meæ et filiorum meorum, Hugonis et Fulcaldi, et patris eorum et patris mei et matris meæ et parentum meorum : ea vero ratione ut quamdiu advixerimus ego et filii mei prænominati sub usu beneficii, absque ullo prejudicio vel diminutione aliqua, teneant et usurpare quis non audeat ; et post meum discessum quicquid ad hoc supra dissertum donum additum, attractum, emelioratum repertumque fuerit et transitus meus ibidem reliquerit, cum omni supraposito, rectores ipsius ecclesiæ agentesque illius, absque ullius expectata traditione vel judicum consignatione, procurent et quicquid exinde pro oportunitate monasterii, cum consilio capituli, facere decreverint liberam et firmissimam in omnibus habeant potestatem. Et si fuerit ulla cujuslibet [2] persona

---

1. Ajoutez *cui*.
2. Ajoutez *ordinis*.

qui alterum strumentum præter istud exinde presentaverit, aut anterius aut posterius, quod nos nec fecimus nec facere rogavimus, nullum sortiatur effectum sed vacuum et inane permaneat ; auctor vero criminis vel falsarius judiciaria potestate condemnetur. Et si ego ipsa aut ullus de hæredibus meis, vel cujuslibet persona, contra hanc donationem aliquid refragare vel calumniam generare præsumpserit, illud quod repetit non vindicet et insuper contra cui litem intulerit decem millia talentorum auri cocti componat, et hæc donatio cum stipulatione subnixa illibata permaneat. Hanc autem kartam, ut pleniorem obtineat vigorem, manibus propriis subterfirmavi et bonorum virorum roborandam decrevi. Signum domnæ Alaodis, quæ largita est ; S. Gauzfridi grammatici, quem prominant [1] de Riveria ; S. Adhemari Crassi, ejus fratris.

Isti donum istud, jussione ipsius Alaodis, in capitulum Sancti Florentii detulerunt ; quod oblatum est in capitulo et super altare missum est, videntibus cunctis qui aderant, in die Ramis Palmarum, sacerdote missam matutinalem canente.

Signum Hugonis canonici Sancti Hilarii, filii ipsius [2] ; S. Fulcaldi militis, fratris ejus ; S. Viviani subcantoris Sancti Hilarii ; S. Adhemari de Cameris ; S. Radulfi Clocarii ; S. Walterii Brunelli famuli nostri ; S. domni Sigonis abbatis ; S. Eventii prioris, Frederici, Gauzfridi, Rodulfi, Bernardi, Harduini, Mainardi monachorum ; S. cunctorum qui in capitulo aderant fratrum, in die Ramis Palmarum quo factum est donum ; S. famulorum Archembaldi, Herberti et aliorum multorum.

Actum publice in capitulo sanctissimi confessoris Florentii juxta Salmurum, castrum in Andegavo pago situm,

---

1. Sic, pour *prænominant*.
2. *Alaodis*.

mense martio, v° kalendas aprilis, anno ab incarnatione Domini MLVIII°; regnante in Francia Hainrico rege, consule Andegavensi Gauzfrido, præsule Eusebio cognomento Bruno.

Signum Alberti scriptoris et monachi.

LXXV.

Dona Bosonis vicecomitis Castelli Airaudi, Guidonis et Adhemari de Rocha Fulcaudi, de bosco de Argacho et aliis rebus, cum pacto inter dictos dominos et monachos facto de porcis eorum[1].

Notum sit omnibus tam presentibus quam futuris quod Boso, vicecomes Castelli Airaudi, et Guido et Adhemarus de Rocha, cum Maguncia uxore sua, dederunt monachis Sancti Florencii, eternaliter habendum, boscum de Argacho et ecclesiam Sancti Georgii cum decima totius parrochie, sine nulla inquietudine atque calumpnia heredum vel parentum suorum et insuper omnium hominum; dederunt, inquam, sicut alodum suum, cum omnibus appendenciis, a loco qui dicitur Masus Ciconie usque ad Folosiam et ad viam que tendit ad Vilers. Si vero contingeret in eodem bosco villam edificari, sicut postea revera contigit, similiter libere villam monachis concesserunt sine retentione aliqua et consuetudine. Prope villam tamen que postea ibi edificata est, et Culture appellata, retinuerunt duas oscas predictus Boso vicecomes et Guydo de Rocha : ubi Costucius, eorum serviens, domos faceret ad eos recipiendos cum illuc illos venire contingeret. In bosco etiam Gilenivene et bosco [qui] appellatur Faia dederunt similiter monachis Sancti Florentii ibidem manentibus quidquid usui eorum neces-

---

1. Copie de la fin du xve siècle. La charte doit être un peu antérieure à l'an 1070.

sarium foret, preter quod nichil de eo darent vel venderent; predicti monachi etiam medietatem pascherii possiderent, et si forte boscum contingeret eradicari et in culturam redigi, totam decimam monachi haberent et medietatem terragii. Dederunt etiam monachis ut quidquid de venatione aliquo modo capere possent, ipsi sive famuli eorum, suum esset sine contradictione aliqua.

Accidit autem postea quod Costucius predictus et Esbo de Faia, filius suus, dederunt eisdem monachis de Culturis, in feodo suo, quidquid eis necessarium esset vel ad faciendas domos vel alia quelibet agenda.

Notandum quoque prefatum Bosonem vicecomitem et Guidonem de Rocha monachis eisdem concessisse quatinus in suo feodo quidquid sibi daretur ab aliquo libere possiderent.

Contigit autem, longo tempore post, [quod] porci monachorum de eorum bosco transiebant in boscum predictorum dominorum, et interficiebantur a famulis eorum; et e contrario de bosco dominorum in bosco monachorum porci veniebant, qui a famulis monachorum similiter interficiebantur. Et ideo tale postea pactum factum est ut communiter porci in utroque bosco mitterentur; et de porcis parrochie de Culturis monachi totum pascherium haberent et de aliis, undecumque essent, medietatem pascherii, et altera medietas dominorum esset.

† Signum Bosonis vicecomitis; † S. Adhemari; † S. domini Guidonis, qui hoc largiuntur; † S. domine Maguncie, uxoris domini Adhemari; † S. domini Guidonis; † S. domini Sigonis abbatis; S. domini Evantii prioris; S. cunctorum qui in capitulo [aderant fratrum.]

LXXVI.

Pancarta de donis de Culturis, factis tempore Adhemari Crassi, monachi, et Sigonis abbatis[1].

De mansura Balduini. Ademarus monachus, cognomine Crassus, emit mansuram Balduini Sancto Florentio a Constantino filio Willelmi de Faia, cum auctorizamento patris et fratrum ipsius Constantini, vidente Alaardo presbytero et Constantino monacho de Castro Casiaco. Auctorizavit Garnaldus de hac masura et de masura Constantii et de masura Mainerii, vidente Willelmo de Masellis et Adhemaro de Comeris. Auctorizaverunt quoque Ramnulfus Rabiola et Madingaldus, frater ejus, vidente Oliverio, postea monacho, et Algerio de Paizaco.

De mansura Rotberti. Rainaldus Scolarius et Stephanus frater ejus dederunt Sancto Florentio masuram Rotberti, accipientes tamen viii solidos ab Adhemaro monacho supradicto, vidente Alaardo presbytero et Judicaele homine Sancti Florentii. Idem Rainaldus dedit Sancto Florentio medietatem masuræ Johannis, retinens ex ea duas sextarias terræ, vidente Alaardo presbytero, Ingelberto de Villa Faniam.

De Rolliaco. Daniel Extraneus et Arnoldus Jugulator Venti dederunt Sancto Florentio duas masuras apud Rolliacum, accipientes tamen vii solidos ab Adhemaro monacho, vidente Alaardo presbytero et Judicaele.

---

1. *Livre Noir*, fol. 50. Entre 1059 et 1070. Nous ajoutons en tête de chaque article le nom du lieu auquel il se rapporte.

De villa Martini. Mainardus Tornans Alodem Sancto Florentio [dedit] terram de Villa Martini, cum esset apud ecclesiam Sancti Michaelis prope castrum Marcilliaci, accipiens tamen v solidos ab Adhemaro monacho. Et in eodem loco dedit et auctorizavit hoc ipsum Willelmus Gissaldus Adhemaro et Willelmo Gaio, monachis, accipientibus donum ab utroque, et videntibus Ostenco de castro Oenaco et Ostenco de castro Vertello et Johanne presbitero, in cujus domo factum fuit hoc. Accepit Guillelmus Gissaldus pro hac re caballum a monachis.

Otjerius quod habebat in hac terra dedit Sancto Florentio, accipiente Adhemaro monacho donum in foro apud castrum Rofiacum ; vidente Aimerico Albo et Otjerio Estragotio et Bartholomeo, dedit Adhemarus monachus Otjerio v solidos pro hac re.

Petrus Gunthardus[1] dedit Sancto Florentio hoc quod habebat in decimatione terræ de Villa Martini, accipiente abbate Sigone donum, cui se ille commendavit.

De Vulgra. Petrus Frenicardus dedit Sancto Florentio quartam partem terræ de Vulgra, et uxor ejus et filius Fulcaldus, videntibus Audeberto de Silviniaco et Bardone de Lubiliaco, Adhemaro et Willelmo monachis qui et donum acceperunt. Accepit autem Petrus pro hac re xv solidos ab Adhemaro monacho.

De aliis tribus partibus terræ de Vulgra dedit Arnaldus Gissaldus medietatem Sancto Florentio, excepto quod sui homines ab eo tenebant ; videntibus Rainaldo Scolario et Bardone de Lubiliaco, Adhemaro et Willelmo monachis qui donum ab eo acceperunt. Accepit tamen Arnaudus pro hac re xv solidos ab Adhemaro monacho.

---

1. Dans l'original, ce paragraphe est placé entre ceux *de Vulgra* et *de Podio Oriol*. Son titre, *de Villa Martini*, nous a décidé à le rapprocher du précédent. Nous rapprochons aussi les deux articles intitulés : *Vulgra* et *Vulgrai*.

DE VULGRAI. Item Guillelmus Gissalo dedit Deo Sanctoque Florentio, pro anima sua, hoc quod habebat in terra de Vulgrai, accipiens tamen pro hac re x solidos et uxor ejus Valentia v solidos a monachis, scilicet David Osberto, Adhemaro Crasso atque Simeone ; vidente Rainaldo Scolario, Osteno de Oenaco.

DE PODIO ORIOL. Willelmus de silva quam Argentium vocant, volens fieri monachus, dedit Deo et Sancto Florentio de terra de Podio Oriol et de Bulseria et toschis quæ de ipsa terra sunt tres partes, et de molendino Gosthonel et pratis et toscha, medietatem borderiæ de Cruce, cum auctorizamento et dono Willelmi Garnaldi et matris eorum. Hoc auctorizamentum et donum factum est a Willelmo Garnaldi, videntibus Willelmo de Masellis, Cadilone vicario, Adhemaro Crasso, Willelmo Gaio monachis ; qui auctorizamentum et donum ab ipso Willelmo Garnaldi acceperunt de maso Ciconia, cum pratis et toschis vel arbustis quæ ad illud pertinent, tres partes. Hoc auctorizaverunt Willelmus Bucarellus et Constantinus avunculus ejus Willelmo, vidente supradicto Adhemaro Crasso, Constantino vidente David Osberti monacho. Vidit quoque Adelelmus de Doado quando Willelmus auctorizavit de maso Garnerii medietatem, frostos de Ecclesiola, de maso Agradi quartam partem, de Campo Penduti vel Suspensi medietatem, de porcis Sancti Florentii propriis suam partem de pascario, villarium ubi mansio Rainaldi facta est, medietatem horti de Puteo et orti Ebonis patris sui.

In omni ditione quam habebat Willelmus in forestibus Widonis, sumet monachus de Culturis de bosco ad omnia necessaria, nihil propter hoc donans. Omnia hæc auctorizaverunt sorores et nepotes dicti Willelmi.

LXXVII.

Donum Ebbonis de Faia et filii ejus Airaudi, de medietate terræ de Roilec cum duobus mansis, borderia et molendino [1].

Notum sit omnibus viventibus et posteris nostris quod ego Ebbo de Faïa et filius meus Airaudus, pro redemptione animarum nostrarum et parentum nostrorum, donamus Deo et monachis Sancti Florentii medietatem terræ de Roilec et duos mansos quietos, scilicet mansum Raimundi et mansum Adæ, et borderiam Constantii Calcegros. Sed ne ista calumniarentur a sequacibus nostris et ea quæ sunt vera ducantur pro falsis, vel falsa pro veris, concesserunt hoc Aldoinus de Roifec et Senegundis uxor ejus et filii eorum, scilicet Aldoinus Juvenis et Guillelmus Caninus et Giraldus de Alba Terra et Constantinus Jaius et uxor sua Garsendis et Girbertus Guttur Rasum et nepotes ejus, Hugo Gozbertus scilicet, Guillelmus et alii nepotes. Concesserunt autem hoc donum omnes supradicti viri Deo Sanctoque Florentio et monachis ejus, et fecerunt his donum : David Osberto, Ademaro Crasso, Fulcaldo, Bertaldo necnon Gauthenoco. Testes hujus rei sunt : Airaldus qui postea monachus fuit, Hugo, Goscelinus et Matheus filius ejus, Aimericus Passa Solium, Giraldus de Trelemnis, Constantinus de Tremusiaco et Stephanus frater ejus, Bartholomeus famulus monachorum, Airaldus extraneus et quam plures alii.

In ista autem terra est molendinum de alio feodo, quod donavit Deo Sanctoque Florentio Airaldus filius supradicti Ebbonis, concedente Constantino de Tremusiaco de cujus

---

1. *Livre Noir*, fol. 43. Vers 1070 ?

feodo erat. De isto vero molendino sunt duæ partes ac molendinaria tota, quatuor scilicet buisselli, de præbenda unaquaque ebdomada Sancti Florentii.

LXXVIII.

Compositio calumniæ quam Boso, vicecomes Castri Arraldi, injecerat de quarta parte friscæ alodii monachorum apud villam Culturas [1].

Notæ fiant præsentibus et ecclesiæ nostræ futuris hæredibus querimoniæ quædam calumniarum quas injecit nobis Castri Arraldi vicecomes, nomine Boso, super his quæ scribendo notamus. Fuerat datum beato Florentio et nobis, a viginti annis et supra ante querimonias istas, alodium quoddam situm in Brigisensi pago, apud villam Culturas, a tribus viris nobilibus qui illud fraterna hæreditate possederant, Guidone scilicet de Rupe Fulcaldi, et fratre ejus Adhemaro et nepote eorum Hugone Barduno. Quartum hæredem reclamavit se, longo post transacto tempore, supradictus Boso, nepos scilicet Guidonis et Adhemari sicut et Hugo, sed de altero fratre, dicens se tempore dationis istius fuisse puerum postea vero e regione illa mansisse longinquum, et propter hoc asserens se non debere perdere jus hæreditarium. Erat autem jus istud pars quarta friscæ supradicti prædii.

Quapropter cum satis diu de hoc litigatum fuisset, tandem ex consensu amborum in Pictavensi urbe, præsente domno abbate nostro Guillelmo cum quibusdam fratribus, et vicecomite Bosone cum uxore Adenorde et filio Aimerico, ita definitum est. Pepigit domnus abba vicecomiti et uxori ejus,

---

1. *Livre Noir*, fol. 51. Vers 1080.

recipiens eos in societate nostra, anniversarium patris ejus necnon et eorum post mortem amborum apud nos perpetuo faciendum; dans præter hoc vicecomiti ducentos solidos et quinquaginta, et uxori ejus quinquaginta, et filio ejus Aimerico duos solidos ad emendam eminam avenæ caballo suo : ut scilicet querimonias supradictas guerpirent et donationem rei calumniatæ per domnum abbatem ecclesiæ nostræ transmitterent, quod mox gratanter a tribus ipsis, sicut præsentes aderant, et datum et auctorizatum est.

Testes hujus rei : Willelmus de Luens, Adhemarus de Cursai, Fulbertus de Luens, Goscelinus præpositus, Adhemarus Palestels, Bernardus Malscheptals, Bos Cholfer, Aimericus de Luens, Ledèvinus Boterius, Adhemarus Puer Mala Capsa; de nostris : Johannes camerarius, Johannes de Balgiaco, Guitbertus coquus, Garinus de Sancto Lupantio, Giraldus Trualdus; de monachis : domnus abba Willelmus, Hugo Bardonus, Rodulfus cellararius, Samuel, Odo de Blaelai, Jacob Majoris Monasterii monachus.

Signum vicecomitis † Bosonis; S. filii ejus † minoris Bosonis.

LXXIX.

Pancarta de Longo Rete et de Culturis, breves de singulis donis subnotationes continens [1].

Manifestum est quoniam scriptorum incuria multa pereunt digna memoria; unde quot et quanta oriantur incommoda illi sciunt qui, cum de preteritis actis litterarum auctoritatem

---

1. Original un peu endommagé, intitulé : *De Longo Reste, De Culturis*, puis *Carta de Longo Reste*. Cette pièce a été aussi copiée dans le *Livre Noir*, fol. 51 v° et suivants; mais on n'a pu collationner les deux textes. Les petites notices qu'elle contient doivent être antérieures à 1070, les moines David Osbert et Adémar le Gras ayant été contemporains de Sigon, abbé de Saint-Florent.

requisiti ostendere nequeunt, que diù possederant brevi amittunt. Quod nos periculum evitare volentes, posterorumque utilitati providentes, huic scripto inserere curavimus earum rerum noticiam quas boni homines, cœlestis patriæ accensi desiderio, Deo et Sancto Florentio dederunt, breves de singulis subnotationes ponendo.

[CARTA DE LONGO RETE[1].] Igitur quedam nobilis femina Senegundis nomine, soror videlicet Ademari Qui Non Ridet, pro anime sue suorumque salute parentum, dedit Deo et Sancto Florentio ecclesiam Sancti Petri de Longo Rete, burgum quoque totum quiætum hac liberum necnon ætiam medietatem terragii et decime, de hoc scilicet quod in suo dominio habebat; retento feuo prepositi sui et domo ejus in cimiterio, de qua tamen ipse redderet monachis duos denarios de censu singulis annis. De aqua vero et de molendino, si fieret in ea, et de pratis, preter unum juctum quod esset totum monachorum, dedit medietatem similiter. Hoc quoque concessit ut si quis de feuo suo prefato sancto aliquid dare vellet, libere facere posset. Et quia hanc donationem fecit atque concessionem, dederunt ei monachi sexaginta solidos. Iterius vero, filius ejus, fecit hoc donum atque concessit sicut mater fecerat et pro hoc decem solidos habuit. Ademarus quoque Qui Non Ridet, quia idem concessit, centum solidos habuit. Ranulfus autem Rabiola atque Manegaudus, frater ejus, de quorum camento[2] erat, acceptis decem solidis donum hoc concesserunt; Petrus quoque Frenicardus, cui Arbertus monacus pro hoc decem solidos dedit, atque Ademarus de Sancto Germano et Petrus atque Giraldus filii Harmandi, qui etiam æquum unum et quinque solidos habuerunt. Dalmacius quoque de Monte Berulfi et frater ejus

---

2. Ce titre n'existe pas dans l'original.
1. Sic, pour *casamento*.

Gausfredus Voro, de Chinec, medietatem decime et terre altaris, de parte sibi contingente, et aucam unam Deo et Sancto Florentio dedit; et pro hoc octo solidos habuit.

Testes autem donationis quam fecit supradicta femina sunt hii : Alduinus maritus ejus, Guillelmus de Masels, Achardus Leira, David Osbertus monachus, Ademarus monachus, Guillelmus Jaius monachus. Testes vero doni Iterii, filii ejus, sunt hi : David Osbertus, Ademarus Crassus, Fulcaldus monachus, Willemus de Masels et Ulricus, Alaelmus de Dohec, Rainaldus Gartsenlon.

Postea vero surrexit quidam miles, Girbertus Tetfredi filius, atque frater ejus, qui habebant malam tultam, id est malas consuetudines, in villa et in æcclesia de Longo Rete; quam tandem Deo et Sancto Florentio remiserunt, ita tamen ut duos sestarios de frumento vel de fabis sibi retinerent, et insuper decem solidos habuerunt a monachis. David quoque Extraneus et Saliques, qui medietatem illius male tulte ab illo in feuo tenebant, remiserunt similiter; sed David quinque solidos habuit et Saliques retinuit sibi unum sestarium de frumento vel de fabis unoquoque anno. Et hoc quoque dominus illorum concessit.

CARTA DE TRILEMNIIS. Item Aimericus Passa Limen, id est Soil, dedit Sancto Florentio duas partes de hoc quod habebat in terra de Tribus Lempniis, acceptis decem solidis, concedentibus Petro Frenicardo atque Willelmo Bucarel, de quorum casamento erat. Prepositi quoque sui de suo feuo duas partes similiter Sancto Florentio dederunt, sed Girardus retinuit sibi angustagias. Quod quia Petrus Frenicardus concessit, unum æquum habuit et pro hac et aliis causis, atque Guillelmus *Bucarellus* [1] quinque solidos. Hujus autem rei testes sunt idonei : David Osbertus, Ademarus Crassus,

---

1. Les italiques indiquent des restitutions.

monachi; laici vero : Benedictus Cothon, *Algerius* de Paizaco, Aimericus presbiter.

Unde supra. Item Ademarus Qui Non Ridet dedit Deo et Sancto Florentio de h*ortis qui sunt* in villa de Tribus Lempniis medietatem et mansiones totas quietas, videntibus monachis David Osberto, Ademaro Crasso at*que Ar*taldo ; laicis vero Alaelmo de Doec, Rainaldo Garsenlon, Guillelmo Masello. Pro qua re dederunt ei *vigi*nti quinque solidos. Hoc quoque convenit dominis de Tribus Lempniis et prepositis et monachis ut inter duas terras facerent *grangiam* in qua colligerent terragium.

Unde supra. Item Archembaldus de Gregolia dedit Deo et Sancto Florentio medietatem decime quam habebat in prefata terra, videntibus Ademaro Crasso monacho, Algerio de Paizaco, Bartholomeo, Benedicto Cothone.

Carta de Fagia. Item Willelmus Bocarellus et Constantinus frater ejus atque Arbertus Nanmandellus et Can*dida uxor* ejus dederunt Deo et Sancto Florentio mansum unum inter Fagiam et Pulcram Vallem situm ; concedentibus Alduino de Rofiaco atque *A*d*emar*o de Roca, de quorum casamento erat. Quod donum facere viderunt Arbertus monacus atque Girardus Otran.

Item de Longo Rete. Item Girardus Otran dedit Deo et Sancto Florentio medietatem de silvis, de terris, de rib*agiis*, de molnariis que habebat apud Longum Rete preter duas aucas et col et balai, concedentibus Guillelme Bucarello atque Aimerico Passa Limen. Et hoc donum viderunt facere Constantinus Jaius, Rainaldus presbiter, Bartolomeus, Fulcaldus monacus, qui viginti quinque solidos dedit ipsi Girardo.

De Pulcra Valle. Item Gausfredus de Molendinis dedit Deo et Sancto Florentio medietatem de alodio suo quod est apud Pulcram Vallem et mansiones quietas, si fierent ibi, retento prepositali feuo; et si moreretur sine liberis, esset totum Sancti Florentii.

De Longo Rete. Item ipse Gausfredus et Petrus Fulcherius atque Rainaldus de Longo Rete dederunt Deo et Sancto Florentio medietatem ex hoc quod unusquisque habebat apud Longum Retem et maisnamentos quittos. Pro qua donatione quam fecit Gaufredus, vidente David Osberto atque Fulcaldo Bertaldo necnon Rainaldo Escolario et Rainaldo de Longo Rete, habuit quindecim solidos; Petrus vero sex, qui fecit suum donum presente prefato Fulcaldo et Rainaldo de Longo Rete atque Cadelone. Rainaldus quoque fecit suum donum vidente eodem Fulcaldo atque Arnaldo de Loberiaco necnon Johanne Bastardo; et hii tres retinuerunt sibi unum pratum et unum molnar atque feuum prepositi sui et domum ejus, de qua tamen prepositus retderet monachis duos denarios de censu singulis annis. Et hoc quoque concessit Guillelmus Raimundus de quo Gausfredus tenebat suam partem in feuo, et Hugo de Gurgitibus de quo Petrus suam, et Alcherius de Longo Reti atque Petrus Fulcherius de quibus Rainaldus suam; qui Rainaldus dedit etiam prefato Sancto illum mansum terre qui movet de Constantino Bucarello, concedente illo, sed terram de Pulcra Valle non dedit.

De Fraisnel. Item Gauterius de Bu in vicarium[1] et Stephanus de Empuret et uxor ejus Maximilla dederunt Deo et Sancto Florentio medietatem terræ de Frainel, de silvis, de pratis, de omnibus rebus, et mansiones totas quittas; sed tamen feuum prepositi retinuerunt. Et Galterius fecit suum

---

1. Sic, peut-être pour *de Buin vicarius?*

donum apud galtellum Metulum sive Meda [1], presentibus supradicto David atque Fulcaldo monacho necnon etiam Aimerico Passa Soil; Stephanus vero apud castellum Rufiense, id est de Ruifec, vidente eodem David atque Aimerico. Pro qua re dederunt monachi ei Galterio triginta solidos.

De Poi Potet. Item Alduinus de Capite Vultone et Guillelmus Garnaldus atque Petrus frater ejus necnon Aimericus Tam Magnus et Aimericus Arnaldus et Augerius de Paizaco atque mater Aimonis Frogerii, hi omnes dederunt Deo et Sancto Florentio medietatem terre de Poi Potet, de terra arabili, de silvis, de pratis, de aquis, et maisnamentos quittos; et convenit prefatus Alduinus, qui fecit suum donum vidente Fulcaldo monacho et Ulgerio preposito, ut de parentibus suis suam partem aquittaret. Et fecit suum donum presente eodem Fulcado atque eodem preposito et habuit quinque solidos et frater ejus totidem, qui fecit suum donum vidente Girberto de Lubiliaco et Arberto de Var. Aimericus autem Tam Magnus fecit suum donum coram David Osberto et Petro Frenicardo, Rainaldo Garsenlum atque Bartolomeo. Aimericus vero Arnaldus fecit suum donum vidente supradicto Fulcaldo et Algerio de Paizaco, et ob hoc habuit duodecim denarios. Prefata quoque domina fecit suum donum presente ipso Fulcaldo, qui et omnibus istis donis affuit, atque Ulgerio preposito, et habuit inde tres solidos. Aimo vero, filius ipsius domine, habuit duodecim denarios et concessit ipse et fratres ejus donum hoc.

De Draglen. Item Willelmus Buca Uncta atque Ademarus nepos ejus *et* Aimericus Tam Magnus dederunt Deo et Sancto Florentio medietatem de hoc quod unusquisque habebat in villa que dicitur Draglen. W*ille*lmus atque nepos ejus fece-

---

1. Sic, pour *castellum* Metulum *sive* Mella.

runt suum donum vidente.....; Aimericus vero Tam Magnus vidente David Osberto, Fulcaldo monacho, Petro Frenicardo, Bartolomeo atque Reinaldo Garsenlon, et habuit inde sex solidos.

De Aucha. Item Ermenjardis Extranea dedit Deo et Sancto Florentio tres partes illius auche quam emendavit ei Ademarus Qui Non Ridet, pro morte patris sui quem occiderat; et testes sunt donationis hii : David Extraneus frater ejus, Fulcaudus monachus. Ademarus presbiter et filii sui Constantinus atque Petrus concesserunt hoc donum.

De villa Maurini. Item Constantinus de Fagia dedit Deo et Sancto Florentio quandam terram apud Villam Maurini, vidente Fulcaldo monacho, Aimerico Passa Soil; et dedit escamium parentibus suis pro ipsa, scilicet David Extraneo et filio ejus Airaldo, qui in perpetuum debent eam aquittare Sancto.

LXXX.

Donum Bernardi presbiteri et Cleophæ, filii ejus, de ecclesia Septem Fontium prope Odenacum; medietate illius sibi retenta donec advixerint [1].

Cum omnipotentis patris incarnata sapientia pandere vellet quo pacto mortales, post enormes multiplicium scelerum feces, priori stola prevaricatione protoplasti amissa reindui possent, summisso quidem dicendi genere sed sensibus copioso : « Facite, inquit, vobis amicos de iniquo « mammona, qui post defectum æterna vos recipiant in ta-

---

[1]. Très-bel original. En 1072. Cette charte et les suivantes concernent le prieuré de Sept-Fonts et l'église de Saint-Just d'Aunay.

« bernacula. » Alibi quoque, jam planius. « Date, ait, ele-
« mosinam et omnia munda sunt vobis; » prophetico nihil-
« ominus oraculo : « redemptio animæ viri propriæ divitiæ. »
Quemammodum autem quibusve hæc anime redemptio,
elemosina scilicet, sit agenda, doctiloquus Paulus assignavit
ita : « Dum tempus habemus, operemur bonum, maxime
« ad domesticos fidei. » Cui quidam sapiens consonans :
« Bene, inquit, fac justo et invenies retributionem ma-
« gnam. » Cum igitur hæc ita se habeant, liquet mutabilium
rerum possessores emundatione peccaminum aut difficile
aut nullatenus assequi posse nisi, juxta premissas allega-
tiones, sibimet studeant benefaciendo subvenire.

Quapropter ego Bernardus, presbiter de Ozenaco, una
cum filio Cleopha vocato, ut elemosinæ ac beneficientiæ a
Domino sequacibusque ejus intimatæ particeps valeam existere, anno incarnationis dominicæ MLXXII, presidente orbi
papa Alexandro, Francis rege Philippo, Aquitanis duce Wi-
done, Santonensibus Bosone presule, tradimus omnipotenti
Deo et Sancto Florentio sibique famulantibus monachis donec
advixero ego Bernardus et filius meus Cleophas, nisi forte
alio quodam federe quandoque eisdem monachis concesse-
rimus, totam ecclesiam que de Septem Fontibus nuncupatur;
donec, inquam, advixerimus, medietatem designatæ æcclesiæ omniumque rerum ad sese pertinentium prout ego Bernardus hactenus possederam. Dico autem decimæ obla-
tionum redibitionum terræ sanctuarii, quoque loco sit, et
massi Frealdi et viviarii et molendini quod illic factum
fuerit et furni. Pro medietate vero burgi, ego Bernardus
meusque filius quotannis quinque solidos habebimus ubi de
censu ejusdem burgi exire potuerint; post utriusque autem
decessum hæc omnia prefata in monachorum prelibatorum
ex integro cedent dominium. In eodem quoque burgo
domum unam faciemus, quam de Sancto Florentio ejusque
monachis sub census consuetudine obtinebimus. Abbas vero
Sancti sepetaxati Florentii ejusque monachi, ne mihi ali-

quando hæc concessio displiceret, quatuor denariorum libras dederunt. Sed et Iterio Caput de Lupo, de quo ego Bernardus quæque prescripta tenebam, pro assensu suo tres libras contulerunt; nihilhominus Petro Maingodi, de quo Iterius habebat, caballum unum pro quadraginta solidis. Maingodo quoque Juveni filio Maingo et Lupæ, qui hæc omnia de suo jure asserebat, quinque solidos et beneficii sui participium cum matræ Lupa pretenderunt; Cadeloni preterea vicecomiti quadraginta et quinque solidos ac Florentiæ uxori viginti, pro auctorizamento suo et pro remissione precipue omnium exactionum et consuetudinum quas in prescriptis rebus habebant. Postremo Ramnulfo Balbo, cui de jure conjugis accidebat massi Frealdi medietas et quicquid in decima tres modios excedebat, viginti solidos dederunt. Hæc omnia ego Bernardus presbiter meusque filius æcclesiæ videlicet de Septem Fontibus dictæ omniumque rerum sibi competentium, sicuti in hoc pitacio scripta sunt, medietatem ad presens Sancto Florentio ejusque monachis trado, dono, transfundo, atque ut inconcusse perhenniter maneant precor; post decessum vero meum et filii, ex integro, queque retineo in eadem ecclesia et in omnia ad se pertinentia prefato Sancto et suis indulgeo.

LXXXI.

Donum Constantini Male Carnes et filiorum ejus, de quibusdam terris, vineis et pratis juxta Septem Fontes [1].

Notum sit omnibus hominibus, tam presentibus quam postmodum futuris, quod Constantinus, cognomento Male Carnes appellatus, dedit Deo et Sancto Florentio aucam

---

1. Original jadis scellé. 11 mars 1090, N. S.

unam, id est modicum terræ juxta stagnum Septem Fontium site, et medietatem terræ atque vinearum necnon pratorum Munhnu quæ jure hereditario possidebat. Quod donum fecit vidente Guillelmo Gaio monacho atque Tedberto necnon Bernardo Taslai, et habuit duodecim solidos. Filius quoque ejus primogenitus, nomine Goscelmus, concessit hoc donum quod pater ejus fecerat et habuit inde tres solidos. Quin imo osculatus est vicecomitem Kadelonem, nomine fidei, ut hoc donum fideliter teneret atque custodiret erga Sanctum Florentium et monachos ejus. Filii quoque ipsius Constantini omnes concesserunt hoc donum quod pater illorum fecerat, necnon et mater ipsorum concessit. Rannulfus quoque Balbus, de cujus casamento erat, concessit hoc donum. Facta est autem hec donatio v idus marcii, anno MLXXXVIIII° ab incarnatione domini, dominica mediante quadragesima; regnante Philippo Francorum rege, Petro Pictavensi episcopo, Guillelmo Aquitanorum duce. Posuit autem predictus Constantinus hoc donum libere et quiete per omnia in ecclesia Sancti Justi super altare cartamque istam scribi fecit et signo suo subnotari.

† Signum Constantini ; † S. Goscelmi primogeniti sui ; † S. Kadelonis vicecomitis ; † S. Rannulfi Balbi.

LXXXII.

Donum Haimonis Tronelli, de casamento Herberti clerici juxta Septem Fontes [1].

Notum sit presentibus et futuris quod Haimo Tronellus in capitulum Sancti Florentii Salmurensis venit ibique eidem sancto ac monachis ejusdem loci casamentum quod

---

1. Copie contemporaine et *Livre Noir*, fol. 91. Fin du xie siècle.

ab eo Herbertus clericus habebat in perpetuum concessit, excepta decima de Podio Griferii ; pro quo dono dedit illi Willelmus monachus, cognomento Gaius, triginta solidos. Postea vero prefatus Herbertus in prefato capitulo donum quod Haimo concesserat dedit, pro quo predictus Willelmus quatuor libras ei dedit.

Actum tempore domni Willelmi abbatis.

LXXXIII.

Donum Haymonis Gaii ecclesiæ Septem Fontium de fisco Goscelini et Vitalis et de parte silvæ Chinniaci [1].

Rerum gestarum notitiam, ne forte quoquo pacto dilabatur a memoria, litteraturæ debet mandari reservanda. Unde et nos kartulæ huic imprimimus quod Haymo Gaius, pro parentum suorum animabus proque monasterii beneficio accipiendo, dedit Sanctæ Mariæ et Sancto Florentio monachisque ejus fiscum Goscelini et Vitalis. Hujus donationis gratia Wilelmus monachus, qui tunc temporis obedientiam illam quæ Fossas dicitur procurabat, dedit illi xx solidos et caballum unum. Quando autem hæc donatio facta est ab Haimone, interfuit vicecomes Cadilo ipsoque annuente facta est ; interfuerunt et ipsi quorum fiscus fuerat Vitalis et Ostensus Goscelini filius et Wilelmus Gissaldus. Fisci hujus supradicti medietatem dedit Vitalis Sancto Florentio monachisque ejus [et] partem suam silvæ de Chinniaco præter unam domum quam ipse fiscaliter habebat ad censum denariorum L quem monachis redderet. Ostensus et ipse quidquid dominaturæ habebat et casamenta quæ ab eo tenebantur dedit Sancto Florentio, reservata sibi medietate terræ,

---

1. *Livre Noir*, fol. 91. Vers 1100.

quam tamen a monachis teneret, et domo in silvula illa construenda ad censum denariorum L. Hujus donationis gratia dedit illis monachus VII solidos.

Hæ supradictæ donationes factæ sunt auctorizamento vicecomitis Cadilonis. Ipse etiam omnes consuetudines quas in terra illa habebat concessit Sancto. Supradictus vero Willelmus monachus, propter donationum istarum auctorizamentum et propter consuetudines concessas Sancto Florentio et propter auctorizamentum terræ quæ dicitur Massa Fredaldi et ecclesiæ Septem Fontium, dedit vicecomiti et uxori ejus LX et V solidos. Quo facto, vicecomes affidavit eum legaliter ne eum injuriose duceret et ab omnibus a quibuscumque defendere posset defenderet.

LXXXIV.

Pancarta donorum de Septem Fontibus [1].

Antiqui patres rerum humanarum et maxime verborum, quæ etiam dicendo deficiunt, occasum considerantes, res ut faciebant litterarum vivacitati tradebant, ut quod aliter diu stare non poterat hoc saltem modo in ævum duraret posterosque ab omni discordia, quæ plerumque rerum præteritarum accidit ignorantia, defenderet. Quos nos imitantes, quarumdam rerum quæ Sancto Florentio collatæ fuerant, veritatem huic cartæ inserere curavimus, successorum utilitatibus providentes.

[DE ECCLESIA.] Notum facimus igitur in primis quod Bernardus Capellanus, dum adhuc viveret incolumis, dedit Deo et Sancto Florentio medietatem ecclesiæ de Septem Fontibus et terram altaris totam quittam, medietatem quoque decimæ

---

1. *Livre Noir*, fol. 90 et suivants. Fin du XIe siècle.

ad ecclesiam pertinentis et medietatem massi Frealdi. Quod si monachi facerent furnum sive molendinum in villa ipsius ecclesiæ, conventum fuit ut ipsi haberent unam medietatem et ipse Bernardus alteram, tali convenientia ut ipse mitteret suam medietatem ad ædificationem ipsorum; post ædificationem vero qualem partem haberet talem mitteret, hoc est per omnia medietatem. Stagnum vero sub ecclesia situm donavit totum quittum monachis et de aqua quæ sub eo currit medietatem. Hæc autem omnia in vita et sanitate sua præfato Sancto donavit, illa vero omnia quæ sibi retinuerat concessit atque donavit Sancto Florentio et monachis ejus post mortem suam et filii sui Cleophæ in perpetuum habenda; pro quo dono habuit ipse IV libras denariorum cum prædicto filio suo.

Signum Willelmi monachi; S. Adhemari monachi; S. Bernardi Lemovicensis; S. Aleelmi de Doé. Hi omnes viderunt donum quod Bernardus cognomine Capellanus fecit atque Cleophas filius ejus.

Et hoc donum concessit Iterius vulgo Caput Lupi appellatus, audiente Aimerico Raimundo atque Kadelone vicecomite; et habuit inde L et IX solidos. Arbertus quoque, nepos ipsius Bernardi, concessit hoc donum audiente Aimone Tronerello atque Benedicto camerario, et ob hoc habuit XX et VI solidos. Petrus vero Manegaudus habuit unum equum quia concessit hoc donum, vidente Ramnulfo Balbo qui et idem concessit et habuit V solidos; et uxor ejus Rixendis nomine, similiter concessit et totidem solidos quot et vir suus habuit. Manegaudus autem, filius mulieris quæ appellatur Lupa, concessit hoc donum, audiente David de Ciconiis atque Gauterio de Buñ, et habuit V solidos. Kadelo quoque [vice] comes, filius Willelmi vicecomitis, concessit hoc donum, vidente præfato Alaelmo, et habuit XLV solidos et pro hac concessione et pro consuetudine mansi Frealdi quam donavit Sancto Florentio. Gosfredus quoque Berchot concessit Sancto Florentio donum quod Iterius Caput Lupi eidem Sancto fecerat de casamento quod ab eodem Gosfrido tenebat. Ramnulfus etiam cognomine Guido, filius prædicti Gosfridi, donum istud concessit, pro quo pater ipsius XII solidos habuit.

DE TERRA JUXTA STAGNUM. Item Constantinus, cognomento Malæ Carnis appellatus, dedit Deo et Sancto Florentio aucam unam, id est modicum terræ juxta supradictum stagnum sitæ; quod donum fecit vidente Guillelmo Gaio, monacho, atque Tetberto necnon Bernardo Taslai et habuit XII solidos. Filius quoque ejus primogenitus, nomine Goscelinus, concessit hoc donum quod pater illorum fecerat, necnon mater ipsorum concessit. Ramnulfus quoque Balbus, de cujus casamento erat, concessit hoc donum.

[DE MANSO MALI ALBI.] Haimo autem Tronellus dedit Deo et Sancto Florentio massum qui vulgo dicitur Massus Mali Albi, scilicet cujusdam hominis qui ita vocabatur Ricardus Malus Albus. Donavit etiam præfato Sancto burdesiam illam quam debet habere in fœuo de Petro Capite Lupi. Et hoc donum fecit vidente Willelmo Gaio monacho atque Adhemaro Crasso monacho necnon etiam Durando Guinebaldo atque Adhemaro filio Guinebaldi; pro quibus donis dedit illi Haymoni Willelmus Gaius monachus LV solidos.

[DE PANTAIRA.] Aimericus quoque de Metla atque Ingelbaldus, frater ejus, dederunt Deo et Sancto Florentio, pro suarum suorumque parentum animarum salute, medietatem terræ de Pantaira et arbergamentos totos quittos et boscum in quo sunt totum quittum. Quod ut libenti animo facerent, convenerunt monachi se daturos eis quinque sextarios avenæ singulis annis. Et hoc donum viderunt facere Willelmus Jaius atque Adhemarus Crassus monachi, Goscelinus quoque vicarius de Chissec, de cujus casamento erat, qui et concessit vidente Fulcherio presbitero de Contre, atque Petro

Ramnulfo nepote ipsius Goscelini, qui et idem concessit sicut patruus ejus. Willelmus vero Arnaldus concessit hoc donum, audiente Guillelmo Jaio monacho atque Aleelmo de Doé ; et ob hoc habuit unum equum. Sed in ista terra retinuit præfatus Aimericus unum maisnamentum ad servientem suum, unde tamen serviens redderet ɪɪ denarios monachis de censu.

[De Ulmols.] Alduinus vero de Capite Vultone et Arbertus Roericos donaverunt Deo et Sancto Florentio et monachis ejus faiam de Ulmols totam quittam, ad arbergamentos facere, præter duos maisnamentos quos retinuerunt unusquisque ad servientem suum, qui servientes tamen reddent unusquisque ɪɪ denarios de censu monachis; sed Arbertus dedit suam partem præpositurae monachis, Alduinus vero non fecit. Decimam quoque, videlicet de agnis, de porcellis et de linis dederunt similiter monachis totam; de terra vero de foris dederunt medietatem de terragio, de decima et de omni expleto et de bosco Roerici. Quando vero Arbertus fecit suum donum, affuit Guillelmus Jaius monachus et Aimericus Raimundus atque Adhemarus Marscalthaica præpositus illius terræ; pro quo dono habuit Arbertus xx solidos. Et hoc donum concessit Guillelmus Meslamal, frater ejus, audiente Guillelmo Jaio monacho atque Alaelmo de Doé, et habuit xɪɪ denarios. Alduinus vero fecit suum donum vidente eodem Guillelmo atque Adhemaro Crasso, et habuit xv solidos ; quinque vero filii sui concesserunt hoc donum et habuerunt unusquisque x solidos. Cadelo quoque vicecomes concessit hoc donum et habuit ʟ solidos.

[De donis et acquisitis.] Concessit etiam idem vicecomes atque donavit Sancto Florentio et monachis ejus quid [quid] daretur eis aut ipsi conquirere possent in suo honore; et hoc donum fecit (in manu) Guillelmi Gaii monachi, cum parte ligni, vidente Aimerico Raimundo atque Ramnulfo Rabiola necnon Gaufredo Tronello.

LXXXV.

Donum Cadalonis, vicecomitis Oenaci, de ecclesia S. Justi ejusdem castri, ad cellam monasterii S. Florentii ibi extruendam, clericis quos in ipsa pater suus collocaverat mores suos corrigere aut canonice vivere nolentibus [1].

Christus Jhesus dominus et redemptor qui, ut apostolus ait, in hunc mundum venit peccatores salvos facere, qui neminem vult perire, talia peccatorum telis perfossis medicamenta proposuit ut omni excusatione careat qui suorum vulnerum curam gerere neglexerit. Ad perfectionem namque alacriter tendentibus fortia precepta edidit, dicens : « Si quis « vult post me venire, abneget semetipsum et tollat crucem « suam quotidie et sequatur me. » Infirmis autem et arduum virtutis iter incedere non valentibus elemosynæ remedium adhibuit, dicens : « Qui recipit prophetam « in nomine prophetæ mercedem prophetæ accipiet ; « et qui recipit justum in nomine justi mercedem justi « accipiet ; » et alibi : « Date elemosinam et ecce omnia « munda sunt vobis. » Ostendit misericors Dominus in his suis sanctis verbis non solum sanctos et perfectos ad ejus cœleste regnum esse perventuros, sed etiam peccatores, si malis suis finem imposuerint et servos ejus, in corporalibus et temporalibus rebus, adjuvare et eorum in sancta religione cooperatores esse studuerint, meritis eorum et intercessionibus posse salvari. Sic enim ipse Dominus significat cum per prophetam promittit inter cæteras arbores ulmum, infructuosam videlicet arborem, in æcclesia sua se positurum : ut scilicet qui per seipsos spirituales fructus non

---

1. Très-bel original en double exemplaire, et *Livre Noir*, fol. 89. Entre 1070 et 1086.

valent, vites cum uvis ; id est pios Dei servos cum justiciæ fructibus sustentantes et adjuvantes, non ut infructuosæ arbores excidi et in ignem mitti sed cum fructuosis benedici mereantur.

Igitur ego Cadalo, vicecomes de castro quod dicitur Oenacus, et uxor mea et milites nostri, hanc benedictionem adipisci cupientes, hoc remedio uti decrevimus. Noverint ergo presentes et futuri temporis sacræ fidei cultores, quos exoramus donationis nostræ fore fautores et tutores, quoniam donavimus, pro nostra ad Deum conversione et pro omni adquirendo comodo animarum nostrarum ac corporum sed et pro patris ac matris avique mei atque omnis nostræ projeniei salute, æcclesiam beati martiris Justi quæ in prædicto castro sita est, cum appenditiis suis, cœnobitis Sancti Florentii Salmurensis, ad monasterii cellam extruendam atque omni deinceps tempore possidendam. Omnia autem quæ pater meus sive ego seu alii ipsi æcclesiæ contulerant, necnon etiam quæ homines mei de feuo vel casamento meo, cum meo tamen consilio ac voluntate, donaturi vel vendituri sunt, jamdictis monachis libera et absoluta ab omnibus consuetudinibus et angariis quas ibi tenere videbamur concessimus possidenda : ita tamen ut ea quæ ipsi jam in territorio oppidi istius adquisierant ipsi æcclesiæ condonarent, ejus habitatoribus profutura ; ad abbatis autem ipsorum providentiam pertinebit de monachis et de eorum victu ac vestitu pro arbitrio ordinare atque constituere. Quod si possessio ejusdem loci tanta fuerit ut aliquid eorum ad suum monasterium deferre possit, fatiet prout libuerit.

Dicendum etiam quia de manu ac potestate clericorum quos in ipsa æcclesia pater meus collocaverat ideo eam tulimus monachisque commisimus quia illi, sæpe ammoniti, nunquam mores suos corrigere aut canonicæ vivere voluerunt ; quos tamen postea reclamantes et quærelas excitantes, monachi muneribus et caritate sua ita placaverunt ut etiam ipsi auctores convenientiæ istius, quantum ad eos pertinebat, existerent et quicquid in jam dicta ecclesia, sive juste sive injuste, possidere videbantur dimitterent.

Ut autem statuta firmius tenerentur, uni ex hominibus meis, Aimerico Raimundi, videntibus monachis et cunctis qui aderant, fidem meam promisi nichil de constitutis me mutaturum, nihil de eorum quæ donaveram resumpturum, quatenus servi Dei, ab omni tumultu quieti, liberius Deo et sancto martiri pro suis ac nostris peccatis die ac nocte valeant supplicare. Obstestamur autem et obsecramur filios nostros, et omnes qui in hoc terreno principatu nobis successuri sunt, ut hanc elemosinam nostram firmam ac stabilem permanere fatiant atque ab omni calumpniatore et violento defendant, ut et ipsi benefitii participes esse mereantur. Si quis autem aliquid horum violenter auferre et pervadere perditus non timuerit, ab episcopis excomunicetur ne, cum Juda dominicæ pecuniæ fraudatore, in tremendo Dei juditio puniatur. Si autem in hac perversitate obstinatus mortuus fuerit, non ut homo sed ut bestia, hominis careat sepultura; ut cæteri timeant et res ecclesiasticas temerare non præsumant. Itaque hanc donationem scribi fecimus ac manibus nostris, ut mos est, firmavimus; et idem fieri ab episcopo Pictavensi Isenberto, cujus consilio et auctoritate gestum est, a duce Aquitanorum Guidone et a militibus qui intererant exoravimus.

Signum Guidonis ducis Aquitanorum; S. Hugonis de Liziniaco; S. Rorigonis de Coiaco; S. Giraldi de Rancone; S. Isemberti de Castro Alienoris; S. Isemberti † Pictavensium episcopi; S. Hunberti decani; S. Aimerici de Planchis; S. Gausfredi Bernardi; S. Isemberti abbatis; S. Petri de Vitveona; S. Johannis clerici; S. Gauterii cordoanarii; S. Petri de Sancto Sabino; S. Kadalonis † vicecomitis; S. Rannulfi Rapiolæ et Maengonis fratris ipsius; S. Gosfredi Tronelli et Aimonis fratris ipsius; S. Willelmi Arnaudi; S. Tetbaudi Buccæ; S. Arberti Hilduini; S. Willelmi Litgerii et Gosfredi fratris ejus; S. Girberti de Mello; S. Iterii

Caput Lupi; S. Willelmi Bernardi; S. Willelmi abbatis;
S. Natalis monachi; S. Deodati monachi; S. Ademari Crassi
monachi; S. Willelmi Gagatis monachi; S. Simeonis monachi; S. David monachi [1].

LXXXVI.

Donum Kadilonis vicecomitis Oenai, de una soma buschæ in nemoribus suis a monachis S. Justi cotidie capienda [2].

† Quoniam infirmitatis humane vapor est parens ad modicum, ne senescentibus temporum curriculis humana pariter memoria cumsenescat, iccirco presentibus litteris adnotari decrevimus quod ego Kadilo, vicecomes Oenai, dedi et concessi in perpetuum predictis monachis in domo [3] manentibus unam somam de buscha in nemoribus meis in Riveria infra aquam quæ dicitur Vulturna : ita dico quod quicquid vicecomes Oenai auctoritate sua et dominatu suo in predictis nemoribus capit ut dominus, ita et monachi dono karitatis per singulos dies unam somam caperent busche. Si vero vicecomes Oenai nemores illos sub defensione miserit, nec ideo remaneat quin monachi cotidie somam suam habeant. Et qua auctoritate et quibus testibus supradicta firmata fuerunt, eadem auctoritate et eisdem testibus ut in perpetuum indiscussum teneretur firmatum fuit.

---

1. Gui, duc d'Aquitaine, 1058-1087 ; Isembert II, évêque de Poitiers, 1047-1086 ; Guillaume, abbé de Saint-Florent, 1070-1118.
2. Original, écrit à la suite de la charte précédente, et probablement de la même époque.
3. Ajoutez *Sancti Justi*.

LXXXVII.

Confirmatio Petri II, Pictavensium episcopi, et capituli S. Petri, de ecclesia S. Justi de Oeneaco [1].

Antiquorum sancitum est patrum industria modernorumque comprobatur sollercia, ne aliqua in eorum factis in posterum subsequeretur versucia, res in firmo statu permansuras scripto commendare, ne amplius ullis infestationibus possent titubare. A quorum institutione ego Petrus, Pictavensium episcopus, non devians, donum quod facio æcclesiæ Sancti Florentii de Salmuro de æcclesia Sancti Justi de Oeneaco, ne oblivionis obumbretur caligine, scripto studui commendare. Dono itaque æcclesiæ Sancti Florentii de Salmuro ecclesiam Sancti Justi de Oeneaco, una cum consensu Radulfi archidiaconi tociusque capituli Sancti Petri; nec tantum æcclesiam, sed quæque ad eam pertinent. Si quis vero huic nostræ donationi contradicere voluerit, in primis omnipotentis Dei iram incurrat et gloriosissimi confessoris Florentii et omnium sanctorum Dei, sitque anathema maranatha.

† Signum Petri episcopi; S. Aymerici decani; † S. Radulfi archidiaconi; S. Petri archidiaconi; S. Gauzfridi præcentoris; S. Garnerii abbatis; S. canonicorum; S. Odonis subdecani; S. Rainaldi de Faio; S. Willelmi de Mirenbello; S. Stephani Sicci; S. Petri Roho; S. Willelmi abbatis; S. Drogonis monachi; S. Willelmi monachi; S. Aymerici monachi; S. Ingenulfi monachi; S. Gosfredi Popardi; S. Mauricii clerici. Facta est hæc carta v° idus marci, anno MLXXXVIIII ab incarnatione Domini; regnante Philippo Francorum rege, Petro Pictavensium episcopo, Guillelmo Aquitanorum duce.

---

1. Très-bel original, et *Livre Noir*, fol. 89 v°. 11 mars 1090, N. S.

LXXXVIII.

Emptio molendini Christiani Agennensis, pretio L solidorum [1].

Sciant posteri et sequ*aces nostri* quod Arnulphus mona*chus Sancti Florentii*, prepositus monachorum de Ona*io, emit* molendinum quendam a *Christiano* [2] Agennensi et filiis ejus et Ber*tranno fra*tre ejus, sine ullo rete*naculo, pro* quinquaginta solidis; et hoc *in presentia* testium qui hoc vider*unt et* audierunt : Willelmus Fulcaldus, ... Cadilo vicecomes........ Boso presbiter, Abie*tus* et Annulfus de Riveria .... *Savaricus* Niel necnon et filii vicecomitis.

LXXXIX.

Donum Willelmi Osmundi, de terra Buxeriæ et Brociarum [3].

Plurima quæ cognitioni necessaria fuerant idcirco nesciuntur quia, sive negligentia interveniente sive rei cujuslibet occupatione propediente, oblivioni traduntur. Quocirca volumus, per cartulæ hujus inscriptionem, ad successorum nostrorum transmittere cognitionem quia Willelmus cognomento Osmundus et ejus uxor dederunt terram de Buxeria et de Brocis Deo et sanctæ Mariæ et Sancto Florentio et Sancto Justo, nichil ob hoc temporalis mercedis

---

1. Original très-mutilé. Fin du XIe siècle.
2. Nous avons mis ce nom d'après la charte n° XC, laquelle concerne *Bertrannus Dagini* et *Christianus frater ejus*.
3. Cette pièce et les deux suivantes ont été écrites sur le même feuillet de parchemin, à la fin du XIe siècle.

accipientes nisi tantum animarum patris et matris suæ et sui ipsius salutem consequi desiderantes. Hoc est autem quod dederunt : harbergamentum omne, censum et oblatas et terragii medietatem ; quorum omnium donum Symeoni tradiderunt monacho et ab ipso monasterii nostri beneficium susceperunt. Acta sunt hæc videntibus et testibus existentibus : Cleopa presbitero, Martino presbitero, Bernardo Bostello et ejus uxore, Benedicto camerario, Guigo, Constantio Barreto.

XC.

Donum Bertranni Dagini et Christiani fratris ejus, de medietate molendini Batalliaci.

Similiter et hoc successores nostri noverint quia Bertrannus Dagini filius et Christianus frater ejus dederunt medietatem molendini de Batalliaco Deo et Sancto Florentio et Sancto Justo, non utique pro aliquo temporali lucro sed pro animarum suarum et parentum suorum salute et nostro beneficio. Tunc autem sola ibi molendini erat area, et fuit conventio ut monachi, quibus donum ejus factum est, de suo totum primitus edificarent ; deinceps autem communiter predicti duo fratres et monachi struerent et molendinum communiter mitterent et quod de molitura proveniret equaliter dividerent. Hoc donum factum est Natali monacho [et] Symeoni monacho, vidente et concedente Cadilone, Gaufrido Tronel, Aimone fratre ejus, Johanne presbitero.

XCI.

Emptio molendini de Ficariis, pretio XVIII solidorum.

Hoc etiam sciant quibus est sciendum quia ego Symeon monachus emi medietatem molendini de Ficariis ab Bernardo qui cognominatur Aquilaudus decem et octo solidis in precium datis, vidente et concedente vicecomite Cadilone, cui de nostro duos solidos pro hoc concedendo dedi. Hujus vero emptionis die dominica Quadragesimæ biberagium feci, ipso Bernardo et uxore ejus et filio juniore et filia presentibus et in domo nostra cibum potumque sumentibus. Qui cum a mensa surrexissent, venditionis hujus cessionem fecerunt et super altare Sancti Justi donum posuerunt, videntibus : Johanne presbytero, Gaufrido Tronel, Aimone fratre ejus, Martino Peletario, Mainardo Buttario. Hoc etiam non pretermittendum quia Bernardi hujus major filius, cum postmodum adductus ab eo fuisset, venditionem patris concessit et, accepto libro ymnario, donum super altare posuit. Cui ego, quia biberagio non affuit, panem unum quem nos more nostro micham vocamus attribui.

Postea vero Willelmus Assalli, vicecomes, et vicecomitissa uxor illius Deo Sanctoque Justo ac monachis, sicuti Cadilo vicecomes primitus, suam partem dederunt. Testes hujus rei sunt hii : Gofredus Berchot, Rodulfus prior, Stephanus Rufus, Savaricus Niel dapifer ejus, Arraldus Mainardi, Albericus de Faiola, Arnaldus Chinnis, Galterius venator.

Similiter quoque Micia uxor Hugonis, soror vicecomitis, Rodulfo priori concessit, audientibus istis : Rannulfo de Riperia, Rainaldo presbitero, vicecomite multisque aliis.

XCII.

Donum vendæ festivitatis Sancti Justi et mercurii post Pasca [1].

Notum sit omnibus ominibus quod vicecomes Aoeneiaci Guillelmus Assali dedit et concessit monachis Sancti Florentii,

---

1. Original jadis scellé. Commencement du xiie siècle.

in die Pasce, vendam diei illius in qua celebratur festivitas Sancti Justi, audientibus istis : Ranulfo de Riberia, Abietate, Bernardo Bucardo et fratre suo, et omnibus procæribus suis. In die vero mercurii post Pasca Domini concessit Ugo Rabiola e Constantinus Maigot suam partem supradicte vende, istis omnibus supra enumeratis videntibus. Et Arbertus de Rufet, Bernardus Bulcardus et multi alii viderunt.

XCIII.

Placitum monachorum cum Arsendi et Guischia, quamdiu infantes eorum erunt in custodiam [1].

Notum sit omnibus hominibus tam presentibus quam futuris placitum quod fecerunt monachi Sancti Florentii, scilicet Gobertus prior Oenai et Ugo, cum Berardo et Arsendi uxore ipsius et Guischia, hoc vicelicet dimittentes eis: quartam partem massi Mali Albi, tantum illius terre que aratur, de olca Morarii medietatem, de clauso quartam partem, de terra Lauriaci sextam partem tam de pratis quam de vineis, nichil ibi proprium possidentes. Conventum autem est quod si quis in hac terra voluerit proprium habere aliquid, vel in feodo vel in alodio, ipsi sint monachis in auxilium talem partem mittentes in expendio qualem ipsi possidebunt, id est per omnia sextam partem. Conventum itaque est ut ipsi habeant sextam partem agriculture per se, eo pacto ut terragium congregetur in area clientis monachorum. Ut istud firmiter teneatur, serviens illorum faciet monachis fiduciam atque monachorum serviens ipsis.

Hanc terram supradictam Berardus et mulieres superius

---

[1]. Quasi-original ou copie contemporaine. Commencement du xiie siècle.

nominate habebunt a monachis Sancti Florentii quamdiu infantes illarum erunt in custodiam. Postquam exhibunt de custodia, si monachi voluerint eos provocare in judicium faciant, vel ipsi monachos, nichil utrique de sua rectitudine propter hoc placitum amittentes. Testes qui hoc viderunt et audierunt sunt hi : Ugo frater comitis, Fulco filius vicecomitis, Ugo Rapiola, Bertrandus Varerie, Rainnulfus Tronellus, Petrus Chiniaci, Reginaudus archipresbiter, Bernardus capellanus Sancti Justi atque alii complures.

XCIV.

Donum Petri Aiglaudi partis suæ in molendino de Aiglaut, acceptis xxxv solidis [1].

Sciant presentes atque futuri quatinus Petrus Aiglaudus et uxor ejus dederunt totum quod habebant in morendino de Aiglaut, pro triginta et quinque solidis, monachis Sancti Florencii. Hujus rei testes sunt : Gauterius de Sancto Loencio et Bernardus vicarius de Maitacio et Guilermus Magnes et Giraudus Barba et Guilermus Arenbors et Stephanus dau Gué et Gaufridus Olerius. Et hoc donum fuit factum in ecclesia Sancti Justi de Oenaico, tempore Guilermi de Castello Novo, qui tunc prior erat Oenaici.

XCV.

Donum Willelmi, Pictavensis episcopi, de ecclesia S. Martini, in villa Hohenaio, salvo feodo capellani ejusdem [2].

Rerum gestarum noticia, ne forte quoquo pacto delabatur a memoria, litterali custodiæ debet mandari reservanda. Ego

---

1. A la suite de la charte précédente, et de même date.
2. Original jadis scellé. Vers 1120.

igitur Willelmus, Dei gratia Pictavorum episcopus, notum facio omnibus, tam futuris quam presentibus, me dedisse et concessisse æcclesiæ Sancti Justi de Hohenaio, ubi relligiosi monachi Sancti Florentii de Salmuro Deo patri devote serviunt, æcclesiam Sancti Martini ejusdem villæ, quæ vicina est æcclesiæ Sancti Petri de Turre : ita ut absque infestatione ullius æcclesiæ vel personæ predicta æcclesia Sancti Justi hanc in perpetuum quiete possideat æcclesiam, cum eis quæ ad istam pertinent æcclesiam ; capellanus autem hujus æcclesiæ Sancti Martini omne feodum sacerdotale quiete habeat, et nullus eum sibi afferre presumat. Quod ut firmum et ratum maneat, hanc nostræ auctoritatis paginam sigillo nostro muniri precepimus. Hec vero æcclesia Sancti Martini unoquoque anno Pictavensi matri æcclesiæ, ad synodum Pentecostes, duos solidos Andegavorum de censu persolvet.

XCVI.

Concessio monachorum partis aliquæ de jure suo, pro pace habenda cum Petro de Marcauchana et Arberto Bosum, militibus Oenaci [1].

Notum sit omnibus hominibus, tam presentibus quam futuris, veterem querelam diutius retractam inter monachos Sancti Florentii et milites Oenaici, Petrum de Marcauchana et Arbertum Bosum, multis fuisse temporibus. Tandem Deo volente predicti monachi, abbas scilicet Matheus et Stephanus prior et alii quamplures, pro pace habenda, querelam illam et controversiam in presentia Willelmi Amanerii, vicecomitis Oenacensis, terminaverunt et de suo jure eis partem aliquam concesserunt : in masso videlicet Mali

---

1. Cyrographe original. Vers 1140.

Candidi medietatem, cum predicti milites nichil antea in masso illo nisi quartam partem possedissent. Domos et ortos sibi monachi penitus retinuerunt, excepto uno orto et arbergamento unius hominis. In olca Morarii duos nummos de censu sibi monachi reservaverunt. Ortos quoque de Vivariis duos abbas et monachi eisdem militibus concesserunt. De terra et de pratis que habent monachi apud Lauriacum sextam partem — tali pacto quod si serviens monachorum illam sextam partem ab illis tenere voluerit militibus inde respondeat, et si serviens sextam illam partem tenere noluerit mittant milites in suam sextam partem pro libitu suo servientem et faciant inde quicquid voluerint — [et] quartam partem de vineis Petri Vendarii militibus predictis abbas et monachi dimiserunt. His ita concessis, omnem calumniam et inquietationem, sub juramento fidei, milites predicti finierunt. Hujus concordie testes sunt : Willelmus vicecomes, Petrus Vigerius, Tancredus Goffredus capellanus, Goscelmus presbiter et Calo tesaurarius et alii quam plures.

TABLE ANALYTIQUE

DES

CHARTES POITEVINES DE SAINT-FLORENT.

1° *Viguerie de Loudun.*

I. *Avant 866.* — Cession à Saint-Florent, par Drogon et sa femme Sanctiane, d'un manse de terre sis en Anjou, viguerie de *Castrum Carnonis*, sur le Thouet, au lieu appelé *Anezon*, et de prés dans l'île *Catver*; en échange desquels l'abbé Hecfrid et ses religieux cèdent, viagèrement, la terre de *Miron*, dans la viguerie de Loudun, dont la chapelle est consacrée à saint Césaire.

II. *Octobre 976 ou 977.* — Donation, avec réserve d'usufruit, par Ermentrude, de l'alleu de *Sanctenou* sur Dive, en la viguerie de Loudun, qu'elle a reçu de son défunt mari.

III. *Même date.* — Autre charte de ladite veuve ne donnant à Saint-Florent que la moitié de son alleu, l'autre moitié devant passer à son frère Hugue.

IV. *Entre 985 et 1009.* — Donation par Rohon, à Saint-Florent, de sa personne et de ses trois alleuds : *Bernegonnum* et *Fons Clusa*, dans la viguerie de Loudun, et *Sayniacus* en Anjou, viguerie de Saumur ; avec l'assentiment de Drogon son frère, qui donne lui-même l'alleu de *Mons Alfredi*, s'il meurt sans fils légitime.

V. *Vers 1006.* — Vente par Herbert, à raison de 10 sous, d'un alleu situé dans la *villa An*, viguerie de Loudun.

VI. *Vers 1011.* — Donation par Bertrand de ce qu'il possède dans la *villa Han* : partie en Touraine, viguerie de Chinon ; partie en Poitou, viguerie de Loudun.

2° *Loudun et Veniers.*

VII. *Vers* 1020. — Notice de l'érection en collégiale de l'église de Notre-Dame et Saint-Léger du château de Loudun et de sa reconstruction par les quatre chanoines auxquels, ainsi qu'à leurs fils, neveux ou autres héritiers, les prébendes sont données par le seigneur féodal, Albéric de Mont-Jean, et confirmées par le suzerain Foulque Nerra, comte d'Anjou, ainsi que par leurs enfants.

VIII. *Vers* 1050. — Confirmation par Giroire de Loudun, chevalier, sa femme et son fils, du don fait à Saint-Florent par Tescelin, clerc, du collibert Fredalde et de toute sa postérité. Plus tard, ce don fut encore confirmé par le seigneur de Montreveau, moyennant deux pierres tombales, pour son père et sa mère.

IX. *Fin du* XIe *siècle*. — Abandon par Leulfe de Volort de tous ses droits sur l'église de Veniers, à condition que Gautier, son fils, deviendra moine à Saint-Florent ; et confirmation par son suzerain, Aimeri de Faye, moyennant 30 sous et un cheval qui vaut 4 livres.

X. *Même date*. — Confirmation par le même Aimeri d'un jeu de pré, donné aussi par Leulfe, dont plus tard Gautier de Saint-Généroux cherche en vain à dépouiller les moines.

XI. *Même date*. — Contestation, puis confirmation, par Aimeri fils de Longon, de Loudun, d'une donation faite par Isembard d'Origny, qui avait élu sa sépulture à Saint-Florent.

XII. *Vers* 1100. — Donations d'un habitant de Loudun, nommé Frédéric, tant pour être honorablement inhumé à Saint-Florent qu'afin qu'un sien fils y soit nourri, instruit et reçu prêtre, puis devienne, à son choix, ou moine ou desservant d'une église.

XIII. *Vers* 1075. — Attestation par Eusèbe, évêque d'Angers, que lors du procès intenté par les moines de Tournus aux chanoines de Loudun, il a été prouvé que l'église de ceux-ci est construite non dans la paroisse du château mais dans celle de Veniers.

XIV. 1118. — Arrêt du concile d'Angoulême sur le procès des moines de Saint-Florent et de Tournus, relativement à l'église de Saint-Nicolas de Loudun. La charte produite par ces derniers n'étant pas décisive, l'affaire est renvoyée.

XV. 20 *février* 1120 ? — Approbation par le pape Calixte II du susdit arrêt, et recommandation à l'évêque d'Angoulême de rendre promptement une sentence définitive.

XVI. 1120 ? — Recours au pape par le susdit évêque, faute de pouvoir admettre, comme preuve des droits de Tournus, une pièce dépourvue d'authenticité et dont la teneur est démentie par les moines de Saint-Florent.

XVII. 22 *novembre* 1120 ? — Réprimande de l'évêque par le pape, pour s'être laissé arrêter par cet incident, et injonction de juger de suite et définitivement le procès.

XVIII. 1121. — Traité passé par les moines de Saint-Florent avec les chanoines de Sainte-Croix de Loudun, afin de les avoir pour auxiliaires dans leur procès contre Tournus.

XIX. 1er *février* 1133 ? — Mandement du pape Innocent II aux évêques de Chartres et d'Auxerre, pour qu'ils évoquent et jugent le procès des deux abbayes, au sujet des églises de Saint-Nicolas et Sainte-Croix de Loudun et de Notre-Dame de Veniers.

XX. *Même date.* — Mandement du même Pontife aux moines de Tournus, de comparaître devant lesdits évêques et de se soumettre à leur décision.

XXI. 22 *janvier* 1146 *ou* 1150. — Mandement du pape Eugène III aux moines de Saint-Florent, de comparaître devant l'archevêque de Bourges et l'évêque d'Auxerre, qu'il a chargés de mettre fin, par jugement ou transaction, au procès entre leur abbaye et celle de Tournus.

XXII. 1156. — Transaction solennelle et générale entre les deux monastères. Tournus possédera à perpétuité les églises de Sainte-Croix et Saint-Nicolas de Loudun, avec les deux tiers dans la dîme de la paroisse de Denezé, et le quart dans celle de la terre de Forges ; Saint-Florent aura le surplus desdites dîmes et toute celle de la paroisse de Veniers.

3º *Le Bouchet, Morton, Sammarçole et Veziers en Loudunois.*

XXIII. *Seconde moitié du* XIe *siècle.* — Don fait à Saint-Florent : 1º par Aimeri Rigaud de Loudun, chevalier, et par ses proches, de l'église de Saint-Pierre du Bouchet, avec des terres, vignes et vergers, plus deux sommes de bois de chauffage par jour ; 2º par Aimeri fils de Lomne du droit de sépulture et de deux terrains ; 3º par Aimeri Saporeau, d'une vigne inculte et d'une ormaie.

XXIV. *Vers* 1120. — Don par Aimeri de Vaux de sa part dans le fief presbitéral de Morton, c'est-à-dire l'église, l'autel et la sépulture, dont il fait abandonner le reste à Saint-Florent par ses copropriétaires, en les indemnisant lui-même.

XXV. *Même date.* — Vente à Saint-Florent, par Airaud de Baugency, au prix de 50 sous, plus un cens de 6 sous et des priviléges religieux, du terrain nécessaire pour construire un moulin à Morton. Le moulin ayant dû être transporté ailleurs, il en coûte aux moines 29 sous et un cheval, donnés à quatre personnes pour le nouvel emplacement.

XXVI. *Vers* 1125. — Don par Hugue et Guillaume de Morton, de la dime dudit lieu à Saint-Florent, dont ils sont moines. Leurs suzerains y consentent gratuitement, mais la fille de l'un d'eux exige un palefroi et son mari 300 sous, pour leur confirmation.

XXVII. *Même date.* — Donation du champ d'Aufred par Payen son fils. L'abbé de Saint-Florent, pour mieux s'en assurer la propriété, donne à Payen 300 sous, à sa femme une pelisse, 30 sous à l'un de ses frères et une mule à l'autre.

XXVIII. *Avant* 1128. — Don à Saint-Florent du Pré-Béraud, à la charge d'en payer 4 sous de cens. Le donateur reçoit 100 sous des moines.

XXIX. *Vers* 1145. — Donation expiatoire d'une terre près du prieuré de Morton, faite par la veuve et le fils de Boson de Signé, qui avait été tué et brûlé dans sa maison durant la guerre entre le vicomte de Thouars et le comte d'Anjou.

XXX. 14 *février* 1119. — Don à Saint-Florent, par Guillaume Ier, évêque de Poitiers, de l'église de Sammarçole, à la charge d'en payer à sa cathédrale 5 sous de redevance annuelle.

XXXI. *Vers* 1040. — Donation par Giroire, châtelain de Loudun, et par sa femme, des églises de Saint-Citroine et Saint-Pierre de Veziers, désertes et ruinées, que l'abbé et les moines de Saint-Florent acceptent seulement en considération des importants domaines, revenus et droits conférés par les donateurs.

XXXII. 3 *avril* 1082. — Amende honorable et restitutions faites par Gautier, fils du susdit Giroire, à la suite d'excès et de troubles commis dans le prieuré de Veziers.

4° *Thouars et environs.*

XXXIII. *Décembre* 833. — Donation faite à la basilique de Saint-Florent au Mont-Glonne, par Déodat, d'un manse sis dans le *pagus* de Poitiers et le vicomté de Thouars, en la *villa Boscum*, pour être placé parmi les élus et non dans le Tartare.

XXXIV. *Août* 994. — Cession par l'abbé Robert à Aimeri, vicomte de Thouars, et à sa femme Eluis, d'une terre située à *Mont-brun*, dans le *pagus* de Thouars et la viguerie du même château, à condition qu'après leur mort elle reviendra à Saint-Florent en pleine propriété, ainsi qu'une autre terre de même étendue et située au même lieu appartenant au vicomte.

XXXV. *Vers* 995. — Don par le même vicomte, après sa mort, à Saint-Florent, de l'alleu nommé *Pirus Bosleni*, d'un autre situé à Tourtenay, dans le *pagus* de Thouars, et d'un troisième en la *villa Han*, dans le *pagus* de Poitiers.

XXXVI. *Vers l'an* 1000. — Don par Daniel, habitant de Thouars, au même monastère, son usufruit réservé, des deux beaux moulins qu'il venait de construire sur le Thouet, au lieu dit *ad Prata*, dont l'emplacement lui avait été vendu par le vicomte Savari.

XXXVII. *Vers* 1050. — Vente à Saint-Florent, par Gui de Saint-Clémentin (ou de Vaucouleur), châtelain de Thouars, à raison de 22 sous, du collibert Hildric avec toute sa postérité.

XXXVIII. 1055-1070. — Don par Achard de Thouars, lorsqu'il prit l'habit monacal à Saint-Florent, de vignes et d'une maison dont l'usufruit est laissé à sa femme Berthe et au fils de celle-ci, pour qu'ils acquittent les religieux et leurs biens de ce qui pourra être réclamé par les habitants de Thouars et de Montreuil-Bellay.

XXXIX. 7 *mars* 1096, *N. S.* — Don à Saint-Florent, par Pierre II, évêque de Poitiers, de l'église de Saint-Laon du château de Thouars ; mais l'abbaye n'en jouira qu'après la mort des clercs ou chanoines qui la desservent, à moins qu'ils adoptent de leur plein gré la profession monastique.

XL. 1107. — Notice rédigée par les chanoines de Saint-Laon, contenant le récit du procès entrepris et gagné par eux contre l'abbaye de Saint-Florent, pour la propriété de leur église.

Saint-Clémentin.

XLI. 1051. — Achat par les moines de Saint-Florent à un prêtre, nommé David, à sa femme et à ses fils, de leur sixième dans le moulin de Saint-Clémentin. Le suzerain dudit lieu, Gui de Vaucouleur, et Goscelin de Marnes se portent garants de cette vente, faite à raison de 42 sous et demi, et non sans vider force pots de vin.

XLII. *Vers* 1051. — Achat par le prieur et les moines de Saint-Clémentin, au prix de 24 sous, de la moitié de l'emplacement du moulin construit par un nommé Constant.

XLIII. *Vers* 1065. — Confirmation à Saint-Florent, par Gui de Vaucouleur, chevalier, par sa femme et leurs quatre fils, de l'église de Saint-Clémentin, avec tout ce qui y a été donné aux moines et est énuméré dans la charte.

XLIV. *Vers* 1068. — Confirmation par le même seigneur du quart du moulin de Ratoneau, partie vendu, partie donné à Saint-Florent par un nommé Aimeri, sa femme et leur fils.

XLV. *Vers* 1070. — Achat par les moines, à raison de 100 sous, du dernier sixième dans le moulin de Saint-Clémentin, et paiement de 80 sous à Gui de Vaucouleur, à Tescelin et à Savari Ruben, pour en obtenir la confirmation.

XLVI. *Même date.* — Transaction entre le même seigneur Gui et Saint-Florent, au sujet de l'église de Saint-Clémentin, du droit des moines de recevoir des hôtes, dans toute l'étendue du prieuré, et d'exercer toute juridiction sur leurs villains.

XLVII. *Vers* 1080. — Renonciation[1], moyennant 100 sous, par Geoffroi de la Troche, sa femme, ses fils et son frère, à leurs prétentions sur le bois et la dîme du Mesnil, que le seigneur Gui et sa femme avaient donnés à Saint-Florent.

XLVIII. *Même date.* — Confirmation par Gui de Vaucouleur le Jeune[2] de dons faits par son père, et qu'il avait contestés.

XLIX. *Vers* 1090. — Don par Gui le Vieux aux moines, en pleine propriété, de tout ce qu'ils pourront acquérir dans son fief et de droits de justice sur les habitants de leurs terres.

---

1. Il y a deux textes différents de cet acte.
2. Texte incomplet.

L. 10 *mai* 1094. — Don par Geoffroi Landri aux moines, le jour qu'ils ont fait l'enterrement de son frère Giroire, des 2 setiers de seigle et 12 deniers de rente qu'ils lui devaient à la Béraudière.

LI. *Vers* 1100. — Transaction entre les moines et Uzbaud fils d'Aimeri, au sujet d'une borderie de terre qu'il leur confirme moyennant six setiers de seigle, au moment où le procès allait être soumis au jugement de Dieu.

LII. *Même date.* — Renonciation de Geoffroi Advisis et de Mainard de Linières, aux usurpations commises par eux sur le moulin de Ratoneau et dont les champions des moines étaient prêts à prouver l'injustice par le duel judiciaire

LIII. *Même date.* — Restitution de la dîme du Mesnil, suivant l'ordre de Gui de Vaucouleur le Jeune, par Arraud le Prévôt auquel, pour vivre désormais en paix avec lui, les moines donnent 20 sous.

LIV. *Même date.* — Don par Aimeri du Breuil, à Saint-Florent, de 10 sesterées de terre en deux pièces. Si on les réclamait aux moines, ils devaient s'en dessaisir en recevant 30 sous ; mais personne ne les revendiqua.

LV. *Vers* 1122. — Donation à Saint-Florent, par Ubelin fils de Tetmar, par sa femme et par leurs suzerains, de la terre de l'Epinay, paroisse de la Coudre, et de la moitié du Pré-Faschau. En tête de l'acte est le récit des difficultés éprouvées par Ubelin pour recouvrer l'Epinay avant de le donner aux moines.

LVI. *Vers* 1125. — Donation de la moitié du four de Saint-Clémentin et du pré de *Balducia* par Gui de Vaucouleur, auquel, pour corroborer ces dispositions, le prieur Mathieu fit cadeau de son palefroi.

LVII. *Même date.* — Don par Arbert de Chateaumur à Saint-Clémentin, du droit d'usage dans son bois d'Etusson, pour le chauffage des moines, celui de leur four et l'entretien de leur maison.

LVIII. *Vers* 1130. — Règlement du susdit droit de chauffage, après des débats entre le prieuré et Pierre de Chateaumur fils d'Arbert. Chaque jour les moines prendront la charge de deux ânes ou d'une charrette à une seule bête ; à Noël et aux grandes fêtes, ce sera une charrette à bœufs.

LIX. 1135. — Donation par Geoffroi *de Profundo Rivo*, illustre chevalier, de toute la dîme qu'il tenait en fief dans la paroisse de Saint-Clémentin. Contestée aux moines par son frère Guillaume Lombard, prêtre, puis restituée à son lit de mort, elle leur fut confirmée par les fils de Geoffroi moyennant 7 livres de deniers pour l'aîné, Savari, et une cape pour le cadet. Sur une portion de cette dîme, Savari soulève depuis des difficultés ; mais il y renonce, et après avoir embrassé les moines, il reçoit d'eux 15 sous.

LX. *Vers* 1140. — Donation d'une portion de dîme à l'Erablaie, par Etienne Hunbar, sa femme et leurs trois fils. Le prieur de Saint-Clémentin donne à chacun de ceux-ci 4 deniers, et 4 setiers de seigle à leur père, lui faisant aussi remise des 12 setiers dont il était son débiteur.

LXI. *Même date.* — Renonciation par Rainaud Mosnil à ce qu'il prétendait lui appartenir dans les donations faites par Geoffroi de la Troche. Pour la moitié de la borderie du Mesnil, il reçoit des moines 5 sous et 1 setier d'avoine, pour la prairie voisine 2 sous, et pour la taille 5 sous.

LXII *Même date.* — Renonciation par Geoffroi Panet, sa femme et leurs fils, moyennant 100 sous et 8 setiers de froment, aux injustes prétentions élevées sur des terres, coutumes et dîmes données ou confirmées aux moines par Gui de Vaucouleur, sa femme et leurs enfants.

LXIII. 1152. — Confirmation par Geoffroi de la Troche, à raison de 10 sous, par sa femme et par leurs enfants (le fils eut 6 deniers et la fille 2), du droit d'usage que son aïeul avait donné, c'est-à-dire tous les jours une charge de bois mort pour chauffer les moines, plus le bois vert pour construire leur dortoir et le clocher de l'église.

LXIV. *Vers* 1160. — Don à Saint-Florent par Josmer de sa personne et de ses biens, spécialement d'une terre située à Saint-Aubin [de la Plaine].

Le Pin.

LXV. *Vers* 1080. — Renonciation par Isembert II, évêque de Poitiers, aux plaintes que, dans plusieurs synodes, il avait portées contre Saint-Florent, pour avoir, contrairement aux canons, mis dans l'église du Pin des moines au lieu de chanoines ; sans préjudice de ses droits sur les autres églises que l'abbaye pourra acquérir dans son diocèse.

Fenioux.

LXVI. *Vers* 1090. — Récit par Gui de Vaucouleur des circonstances dans lesquelles l'église de Fenioux, qu'il avait donnée à Saint-Florent, lui a été enlevée par la violence des seigneurs de Parthenay, Gelduin et Ebbon, pour être livrée aux moines de Saint-Robert de la Chaise-Dieu, qu'Ebbon venait d'établir à Parthenay-le-Vieux.

Saint-Nicolas de Coûtures d'Argenson et ses dépendances.

LXVII. *Avant* 1043. — Don à Saint-Florent par Agnès (veuve du comte de Poitou et femme du comte d'Anjou), de l'église construite en l'honneur de sainte Radegonde à Villeneuve, viguerie de Melle et pays de Poitou, qu'elle avait acquise des seigneurs auxquels les religieuses du monastère de ladite sainte (Sainte-Croix de Poitiers) avaient inféodé cette terre.

LXVIII. 1043. — Autre donation, par la même comtesse, d'une terre située mêmes viguerie et pays, nommée jadis *Beltronum*, et aujourd'hui Fosses, avec l'assentiment des religieuses de Sainte-Croix, auxquelles les moines de Saint-Florent en paieront 3 sous de cens annuel.

LXIX. *Même date.* — Confirmation du don ci-dessus par Pétronille, abbesse de Sainte-Croix.

LXX. *Juin* 1043. — Renonciation par Constantin, viguier de Melle, à tous les droits lui appartenant sur ladite terre, à cause de la viguerie qu'il tient en fief du duc d'Aquitaine, comte de Poitou.

LXXI. *Avant* 1054. — Confirmation par Guillaume duc d'Aquitaine et par son frère Geoffroi, fils de la comtesse Agnès, aux moines de Saint-Florent de la susdite terre, et donation de tous les droits, coutumes et redevances qu'ils y pouvaient lever, tant sur le sol que sur les habitants.

LXXII. *12 mai* 1054. — Autre confirmation et donation des mêmes princes.

LXXIII. *28 mars* 1059. — Don fait avec réserve d'usufruit, par Gui et Adhémar de la Roche-Foucaud, frères, par Mayence, femme de celui-ci, et par leurs fils et neveux, à l'abbaye de Saint-Florent : 1° de sept manses de terre, partie cultivée, partie à défricher, dans leur alleu [1], du pays de Brioux ; 2° de la moitié des revenus, offrandes, &. &., qu'eux et leurs vassaux ont dans l'église de Saint-Georges de Coûtures.

LXXIV. 28 *mars* 1059. — Don fait à la même abbaye, également avec réserve d'usufruit, par une dame veuve, nommée Alaodis, et par ses fils Hugue et Foucaud, de leur moitié dans les revenus de la susdite église de Coûtures.

LXXV. *Avant* 1070. — Autre don fait par Boson, vicomte de Châtelleraud, Gui et Adhémar de la Roche-Foucaud et la femme de celui-ci : 1° de l'église dudit Saint-Georges, avec la dîme de toute la paroisse ; 2° du bois d'Argenson, tel qu'il est délimité, et du village qu'on pourra y construire (et qui y fut construit plus tard sous le nom de Coûtures), avec réserve de deux ouches ; 3° du droit d'usage et de chasse dans les bois de Gilenivene et de Faye, et dans le cas où ils seraient défrichés, la moitié du terrage ; 4° de tout ce que les moines pourront acquérir dans leur fief. En outre une transaction au sujet de la paisson des porcs des susdits seigneurs et de Saint-Florent met fin à des violences réciproques.

LXXVI. 1059-1070. — Pancarte ou récit sommaire des donations et confirmations faites à l'église de Coûtures et à son prieur Adhémar le Gras, du vivant de l'abbé Sigon : 1° des masures de Baudouin, Constant et Mainier ; 2° de celles de Robert et Jean ; 3° de deux autres sises à Rouillé ; 4° de la terre de Ville-Martin ; 5° de celle de *Vulgra* ou *Vulgrai ;* 6° de celles du Puy-Oriol, de *Bulseria* et de leurs dépendances.

LXXVII. *Vers* 1070. — Dons faits à Saint-Florent : 1° par Ebbon de Faye et par son fils Airaud, de la moitié de la terre de Rouillé, plus deux manses et une borderie, avec l'assentiment de leurs suzerains ou copropriétaires ; 2° par le susdit Airaud, d'un moulin sis en la même terre, mais dans le fief de *Tremusiacum*.

LXXVIII. *Vers* 1080. — Renonciation par Boson, vicomte de Châtelleraud [2], aux procès qu'il avait intentés relativement à l'alleu de Coûtures, que ses oncles Gui de la Roche-Foucaud et Adhémar,

---

1. Dans l'analyse placée en tête de la Charte, page 95, lisez *mansis*, au lieu de *alodis*.
2. Cette charte et celle des nos LXXIII — LXXV ont été bien connues de Dom Chamard, qui les a utilisées pour sa *Chronologie historique des vicomtes de Châtelleraud* (Mémoires de la Société des Antiquaires de l'Ouest, vol. XXXV.)

ainsi que son cousin Hugue Bardon, avaient donné aux moines, il y avait plus de vingt ans. Mineur, puis absent du pays, Boson réclamait le quart des défrichements dudit alleu, qu'il finit par confirmer à Saint-Florent en pleine propriété moyennant 250 sous pour lui, 50 pour sa femme Adenor et 2 pour leur fils aîné Aimeri, plus la célébration de leurs anniversaires dans l'abbaye et leur association aux prières des moines.

LXXIX. *Avant* 1070. — Pancarte des donations faites et confirmées aux moines de Saint-Florent à Longré, *Tribus Lempniis*, Faye, *Pulchra Vallis*, *Fraisnel*, *Poi Potet*, *Draglen*, *Ancha* et Villemorin.

Sept-Fonts près Aunay et Saint-Just d'Aunay.

LXXX. 1072. — Don fait à Saint-Florent par Bernard, prêtre d'Aunay, et par son fils Cléophas, de l'église de Sept-Fonts et de ses revenus, avec le bourg, le vivier, le moulin, le four et autres dépendances, mais avec réserve de l'usufruit dans la moitié, plus 4 livres de deniers audit Bernard. Pour obtenir la confirmation des suzerains, les moines donnèrent à Itier Tête-de-Loup 3 livres, à Pierre Maingod un cheval valant 40 sous, à Maingod le jeune et à Louve sa mère 5 s., à Cadelon vicomte d'Aunay 45 s., à sa femme Florence 25 s., et 20 à Ranulfe le Bègue.

LXXXI. 11 *mars* 1090, *N. S.* — Donation par Constantin surnommé *Male Carnes*, par sa femme et leurs fils, avec l'assentiment du vicomte Kadelon et de Ranulfe le Bègue, de vignes et prairies et de terres à côté de l'étang de Sept-Fonts, pour lesquelles les moines paient 12 sous à Constantin et 3 à Gosselin son fils aîné.

LXXXII. *Fin du* XIe *siècle*. — Don fait à Saint-Florent, par Aimon Troneau, d'un domaine situé à Sept-Fonts et que tenait de lui Herbert, clerc, sauf la dîme de Puy-Greffier; pour quoi il reçut des moines 30 sous et Herbert 4 livres.

LXXXIII. *Vers* 1100. — Don par Hainon le Gay, recevant des moines 20 sous et un cheval, du fief de Goscelin et de Vital, confirmé à raison de 7 sous par le fils du premier, et gratuitement par le second, qui donne en outre à Saint-Florent une portion de la forêt de Chigné, *de Chinniaco*. Cadelon, vicomte d'Aunay, approuve et garantit le tout au prix de 65 sous pour lui et pour sa femme.

LXXXIV. *Même date.* — Pancarte des donations que Saint-Florent a reçues à Sept-Fonts, savoir : l'église (*v.* n° LXXX); une terre près de l'étang (*v.* n° LXXXI); le manse du Mau-Blanc ; la moitié dans la terre de *Pantaira;* un bois de hêtres, des dîmes et autres droits à Oulme; plus la concession par le vicomte d'Aunay de tout ce que les moines pourront acquérir dans son fief.

LXXXV. *Entre* 1070 *et* 1086. — Don fait à Saint-Florent, pour y établir un prieuré, de l'église de Saint-Just du château d'Aunay, avec tous ses droits, domaines et revenus, par Cadelon, vicomte dudit lieu. La vie irrégulière des chanoines, que son père y avait placés et dotés, et le refus de corriger leurs mœurs, motivèrent cette spoliation, dont la bonté et les cadeaux des moines atténuèrent la rigueur.

LXXXVI. *Entre* 1070 *et* 1086. — Don par le même vicomte du droit de prendre chaque jour une somme de bûche ou bois de chauffage dans ses forêts de la Rivière, au bord de la Boutonne.

LXXXVII. *11 mars* 1090, *N. S.* — Don par Pierre II, évêque de Poitiers, et par le chapitre de sa cathédrale, à l'abbaye de Saint-Florent, de l'église de Saint-Just d'Aunay et de ses dépendances.

LXXXVIII. *Fin du* XI*e siècle.* — Achat par les moines du moulin de Christian l'Agénais, à raison de 50 sous.

LXXXIX. *Même date.* — Donation de la terre de la Boissière et des Broces, avec toutes ses dépendances, faite par Guillaume Osmond et par sa femme, sans aucun autre émolument que leur association aux prières des moines et le désir de sauver leurs âmes et celles de leurs parents.

XC. *Même date.* — Don par Bertrand Dagin et Christian son frère, de la moitié du moulin de Bataillé, à la charge par les moines de le rebâtir. Le produit en sera partagé également entre Saint-Florent et les donateurs, qui désormais participeront à tous les frais de construction comme d'entretien.

XCI. *Même date.* — Achat par Siméon, moine de Saint-Just d'Aunay, de la moitié du moulin de *Ficariis* à Bernard Aiglaud, pour la somme de 18 sous, plus 2 sous au vicomte pour sa confirmation. Un repas fut donné à Bernard et à sa famille avant qu'ils se dessaisissent ; son fils aîné, absent lors du repas, n'approuve la vente qu'après avoir reçu une miche. Plus tard, Raoul étant prieur, cette vente fut confirmée par Guillaume Assalli, vicomte d'Aunay, par sa femme et par sa sœur Micie.

XCII. *Commencement du* XIIe *siècle*. — Don fait par le susdit vicomte, un jour de Pâques, de son droit sur tout ce qui se vend à la foire de la Saint-Just; et le mercredi suivant, don par Hugue Rabiole et Constantin Maingot de leur droit sur la même foire.

XCIII. *Même date.* — Transaction entre le prieuré d'Aunay, d'une part, et un beau-père et les mères d'enfants mineurs, d'autre part, en vertu de laquelle est fixée la portion de ceux-ci en des terres où ils sont copropriétaires de Saint-Florent; sans préjudice des droits qui, à la majorité desdits enfants, pourront être débattus entre eux et les moines[1].

XCIV. *Même date.* — Don par Pierre Aiglaud et sa femme, de tout ce qui leur appartient dans le moulin d'Aiglaud, en considération de quoi les moines leur donnent 35 sous.

XCV. *Vers* 1120. — Don par Guillaume, évêque de Poitiers, à Saint-Just d'Aunay, de l'église de Saint-Martin de ladite ville, à condition que le fief sacerdotal continuera à être possédé paisiblement par le chapelain de cette église, et que, à cause d'elle, il sera payé à la cathédrale de Poitiers un cens annuel de 2 sous angevins, au synode de la Pentecôte.

XCVI. *Vers* 1140. — Transaction passée, en présence de Guillaume Amanieu vicomte d'Aunay, entre Pierre de *Marcauchana* et Arbert Boson, chevaliers dudit Aunay, d'une part, et les moines de Saint-Florent, d'autre part. On mit fin à leurs longs débats et on rétablit la paix entre eux en fixant la portion des chevaliers dans les droits et biens indiqués par la charte.

---

1. Le premier des huit témoins de cette charte doit avoir été frère du vicomte d'Aunay, père du témoin suivant; et il y a lieu de croire que le mot *vice* a été omis dans la désignation: *Ugo frater comitis*, comme à la ligne 31e de la page 121.

CARTULAIRE

DE

COUDRIE.

Au mois de novembre 1669, frère Jean-Baptiste de Sesmaisons, chevalier de Malte, commandeur des commanderies de Coudrie, des Habites, de Lande-Blanche, de Bourgneuf et des Biers, fit dresser l'inventaire des titres de ces commanderies. Il est conservé aux archives de la Vienne, dans celles du grand-prieuré d'Aquitaine[1]. On y voit que, pour Coudrie, comme pour la plupart des anciennes possessions des Templiers, les archives durent disparaître lors de la fin tragique de l'Ordre, puisqu'il ne contient la mention d'aucune pièce antérieure à sa réunion à l'Hôpital de Saint-Jean de Jérusalem, au commencement du XIVe siècle.

Cependant, à défaut d'originaux, un document bien intéressant avait échappé à la destruction. L'inventaire de 1669 le décrit ainsi : « Un livre sur parchemin couvert de bois, qui contient les dona-
« tions et fondations faictes par plusieurs seigneurs et particulliers

---

1. Inventaire des titres anciens et modernes de la commanderie de Coudrie et de ses dépendances, fait par monsieur le commandeur de Sesmaisons, — 1 vol. in-folio, nº 421 des volumes manuscrits.

« aux commandeurs de Cousdrie et des Biays, et les transactions
« faictes entre plusieurs particulliers et les dictz freres du Temple
« commandeurs et gouverneurs du dict Cousdrie. » Grâce à un
fac-simile inséré dans la copie, que nous publions aujourd'hui et
dont nous allons indiquer l'origine, on peut ajouter que ce livre
était écrit en pleines pages, d'une écriture du XIIIe siècle, sur des
feuillets en parchemin de 0,230 de long sur 0,165 de large.

Qu'est devenu ce respectable débris des âges passés ? Toutes les
recherches à son sujet ont été vaines. Toujours est-il qu'à la fin du
siècle dernier ou au commencement de celui-ci, il existait encore,
non plus dans le dépôt auquel il eût dû appartenir, mais en la
possession d'un particulier, et l'ex-bénédictin dom Mazet, devenu
bibliothécaire de la ville de Poitiers, en fit une copie; elle est comprise dans le 52e volume de la Collection dite de dom Fonteneau;
c'est celle que nous reproduisons. On y a intercalé, en suivant
l'ordre chronologique, quatre chartes concernant les Templiers de
Coudrie, extraites du précieux Cartulaire des sires de Rays, appartenant à M. le duc de la Trémoille, et dont M. Paul Marchegay a
publié, il y a quelques années, la table analytique[1].

Coudrie, qui fut sans doute un des premiers établissements des
Templiers en France[2], jadis village important, doté d'une belle
église paroissiale, n'est plus aujourd'hui qu'un hameau de la commune de Challans. Objet de libéralités considérables de la part des
seigneurs et des simples particuliers de tous les environs, le
Temple de Coudrie, avec son annexe des Biers, étendit ses riches
et nombreuses possessions dans les paroisses de Beauvoir-sur-Mer,
Bouin, Challans, Commequiers, Falleron, Froidfond, la Garnache,
Grand'Landes, Noirmoutiers, le Perrier, Riez, Saint-Christophe du
Ligneron, Saint-Gervais, Saint-Urbain, Sallertaine et Soullans
(Vendée), de Bourgneuf, Chauvé, Corcoué, Fresnay, la Limousinière, les Moutiers, Machecoul, Pornic, Port-Saint-Père, Saint-
Père en Retz et Touvois (Loire-Inférieure). Après la suppression de

---

1. *Revue des Provinces de l'Ouest.* IIIe année.
2. Voir la note de a charte I.

l'Ordre, il devint une commanderie de celui de l'Hôpital et perdit peu à peu la plus grande part de ce qui avait autrefois constitué son existence propre. Une lettre d'environ 1584, de Françoise de Rohan, châtelaine de la Garnache, apprend qu'à la faveur des dissensions intestines de cette époque, certains de ses coreligionnaires y avaient mis le feu et « faict ung degast inestimable ».

Le cartulaire de Coudrie contient de curieux détails sur l'état social en Bas-Poitou aux XII° et XIII° siècles, d'abondantes notions sur la géographie ancienne du pays de Rays et de nombreux renseignements sur les familles féodales de cette contrée. On y trouve aussi des éclaircissements sur plusieurs points secondaires intéressant l'histoire de nos provinces de l'Ouest. Pour n'en donner qu'un exemple, on y relève six noms pour la liste inédite qui suit des Maîtres des chevaliers du Temple en Aquitaine :

1151.	F. Hugo.
Circa 1166.	F. P. Episcope.
1173.	F. Willelmus Pavet.
1180.	F. Hymbertus Boters.
1214-1220.	F. Girardus Brochardi.
1222.	F. Guido de Tullo.
1224-1231.	F. Girardus de Breies.
1232.	F. Giraudus de Brosses.
1236-1242.	F. Guillelmus de Sonaio.
1243.	F. Warinus de Sonarus.
1244.	F. Temerius Boez.
1250-1252.	F. Fulco de Sancto Michaele.
1254-1258.	F. Hugo Grisardi.
1262.	F. Guido de Basenvilla.
1269-1274.	F. Johannes Francisci.
1280-*circa* 1288.	F. Amblardus de Vienesio.
1292-*circa* 1300.	F. Petrus de Villaribus.
1302-1303.	F. Gaufridus de Gonavilla.

Ces noms sont, pour la plupart, bien inconnus aujourd'hui ; mais ils appartinrent aux plus vaillants dans cette lutte des sociétés chrétiennes contre l'Islamisme, qui fut, au moyen âge, une des phases de l'éternelle lutte de la civilisation contre la barbarie. Ne peut-on pas, à bon droit, mettre sous leurs auspices l'exhumation des pages suivantes, témoins irrécusables de l'empire moral exercé sur leurs contemporains par ces moines-soldats ?

Louis DE LA BOUTETIÈRE.

CARTULARIUM.

I.

Don de deux marcs d'argent sur le port de Beauvoir par Pierre I de la Garnache, du bois de la Croix Taniam par Brient de Commequiers et ses frères, de quarante-cinq sous de rente sur les moulins de Pornic et vingt sous sur la terre de Bouin par Garsire de Machecou, Béatrix sa femme et Arcot son fils. Tous ces seigneurs lèguent en outre, lors de leur décès, leurs chevaux et leurs armes aux Templiers. Acquisition de la terre de la Prezeinenterie.

(Vers 1130 [1].)

Petrus de Gasnapia dedit Deo et fratribus Templi, pro redemptione anime sue et pro filiis suis Petro et Gaufrido, duas marchas argenti in portu Beelverii, et in fine equos et

---

[1]. La charte-notice suivante prouve qu'il s'agit, dans celle-ci, de Pierre I de la Garnache, et que les dons rapportés ici furent faits à Hugues des Payens lui-même; d'où on conclut que la première est celle de l'établissement des Templiers, à Coudrie, et qu'elle doit être datée vers 1130. On doit se rappeler que l'institution des Templiers sortit, en 1118, de l'association de neuf croisés, à la tête desquels était Hugues des Payens, de Champagne, qui devint le premier grand maître de l'Ordre. En 1127, Hugues passa en Occident pour obtenir du Saint-Siége la confirmation de son Institut. Renvoyé au concile de Troyes, il en obtint, en 1128, la confirmation qu'il sollicitait. Aussitôt après, il parcourut une partie de la France, passa ensuite en Angleterre, puis en Espagne et en Italie; et ayant, dans ses pérégrinations, recruté de nombreux prosélytes et recueilli d'abondantes aumônes, il repassa en Terre-Sainte, où il mourut en 1136.

arma, et quecumque eis data in terra sua fuerint concedit, tamen salvis servitiis ; et Petrus concessit.

Brientius et Arbertus et Hugo, fratres Brientii, dederunt boscum de Cruce Taniam Deo et fratribus Templi, et P. de Gasnapia concedit; et quecumque eis data fuerint in terra sua concedunt, salvis tamen servitiis, et in fine equos et arma.

Garsirius de Macheco dedit Deo et fratribus Templi quadraginta solidos, et hoc in molendinis de Pornit in perpetuum, et in fine equos et arma, et de pratis suis quantum decem falcherii potuerint falcare ; et quodcumque eis datum fuerit in terra sua concedit; et domina Beatrix, uxor ejus, quinque solidos in molendino suo de Pornit in perpetuum ; et Arcot, filius ejus, viginti solidos in terra sua de Bugno, et in fine equum et arma, et omnia data in terra sua concessit, salvis servitiis suis.

Terram Prezeinenterie emit Henricus Ligas de Willelmo Troquerello et de Radulfo Musquen ; et de filio Gaufredi Menfredi Petro nomine suam ructuram de terra donaverunt ad gerbam absque alia cosduma. Adsunt hi testes de hoc : Constantinus prior de Gasnapia, Aubertus miles, Petrus Cotins et Petrus. Hanc vero terram emit Gauterius de Guardo Blancardo ; sed Willelmus Troquerel et Radulphus Musquent contradixerunt. Post contradictionem in curia venerunt et perportavit Gauterius propter fedum suum de quo movebat. Adsunt testes hi de hoc : Mainardus rusticus et Americus Prezeinent et Petrus Cotins.

Brientius de Quimequerio et Arbertus et Hugo, fratres, pro redemptione anime sue, partem suam de terra videlicet que est inter duas Cosdrias, usque ad viam Paludelli et usque ad Corbas Arcol, fratribus Templi dederunt in perpetuum.

Oliverius de Cosdreio donavit similiter omne illud quod ibi habebat, scilicet provintiam. Hoc donum concesserunt Brientius de Quimequerio et fratres ejus. Hoc testificatur Willelmus Acharias.

II.

Notice de plusieurs dons à Beauvoir, au bois de la Croix Taniam, à Froidfond, à l'Ile-d'Yeu, à Noirmoutiers, à la Garnache, à Sallertaine, à Pont-Habert, à Machecou, à Barbastre et à Bouin, faits par divers aux Templiers, lors et à la suite de leur établissement à Coudrie. Liste des censitaires du Temple de Coudrie.

(Environ de 1130 à 1178 [1].)

Ut in memoriam hominum futurorum firmius teneretur, scripto commendavimus quod Petrus dominus Ganapie, pater hujus, dedit Deo et fratribus Templi, pro se et pro Petro filio suo, duas marchas argenti quas in portu Belveeri in perpetuum reddendas constituit; et Petrus filius ejus concessit et affirmavit. Hoc autem factum fuit in manu Magistri Ugonis de Paganis.

Petrus, subsequens dominus, et domina Gelosa dederunt Deo et fratribus suam partem terre nemoris de Cruce Taniam, omnino liberam; et hoc in manu fratris Herrici. Hoc audivit Gaudinus Chabot et Andreas Charuellus.

Donavit autem idem Petrus quinzenam suam de terra quam fratres habebant in parrochia Frigidi Fontis, solutam et liberam sine veeria et famulatu, et frater Herricus illi unum equum quem Johanni Mannardo dominus Petrus dedit. Hoc autem audivit Renaudus Focaut.

Iterum dedit dominus Petrus unum hominem in Oias, scilicet Fradet, cum omnibus suis possessionibus, in manu fratris Herrici. Hoc audivit Andreas Charuellus et Chaceius; in Nigro Monasterio alium similiter omnino liberum, Ar-

---

[1]. Les donations faites entre les mains de Hugues des Payens sont répétées ici, et une partie de celles faites par Pierre II de la Garnache y sont jointes. C'est sur cette observation que repose la date de 1130 à 1178.

naudum de Breteschia; ad Gasnapiam Gognardum; in Salartena Paganum Mazonem. In Oias dedit dominus Petrus fratribus Templi quoddam torcular tali pacto ne aliud preter illud fieret; fratres autem Chaceio medietatem tali pacto dederunt ne ipse nec heres ejus alicui nisi ipsis fratribus donaret.

Gaufridus frater domini Petri dedit Deo et fratribus medietatem peagii de Ponto Daberti; et dominus Petrus concessit, Savarico Limenois et domino Arcozio audientibus. Aliam medietatem donavit Willelmus de Roallene, audiente Clara uxore sua. Hoc autem concessit dominus Petrus, audiente Calone cognato suo et factum est in manu fratris Herrici.

Domina Gelosa dedit Deo et fratribus, pro fraternitate sua, feodum quarterii vinee que erat Petri Esirart.

Iterum dominus Petrus dedit Deo et fratribus torcular Gasnapie, tali pacto ne aliud super illud fieret in quo frater Herricus monachos Gasnapie sociaret, tali pacto quod monachi plateam liberam ad torcular ponendum haberent.

Dominus Petrus dedit torcular Belveerii Stephano Arnaudo, tali pacto ne aliud super illud fieret; et Stephanus dedit illud Deo et fratribus cum concessu domini Petri.

Iterum dedit idem Stephanus cellarium suum ad Belveerium et terram Laudarum que est inter forestam et Gasnapiam, omnino liberam; et dominus Petrus concessit, Bruno abbate de Insula Calveti et domina Gelosa et multis aliis audientibus.

Isiellium de stanno Arberti Clerebaut dedit Gaudinus Gurda Deo et fratribus, qui conquisierat. Hoc concessit Renaudus Clerebaut et Arbertus frater ejus, et sex denarios quos ibidem habebant dederunt.

Iterum Renaudus Clerebaut et Harbertus frater ejus dederunt duas partes decime vinearum suarum Deo et fratribus Templi.

Felicius cognatus Raginaudi Clerebaut dedit Deo et fratribus duodecim denarios de censu ad Belveerium, in domo Giraudi Rozelini.

Garsadonius, capellanus de Machecollio, dedit Deo et fratribus medietatem platee ubi positum est macellum Gasnapie et medietatem airaulii sue ave, et hoc concessit dominus Petrus.

Frater Reginaudus Juzonius dedit Deo et fratribus duodecim denarios de censu ad Gasnapiam, de quibus sunt octo denarii in domo Durandi senescaldi et quatuor denarii in domo Mainni Surdi.

Andreas Charuellus dedit Deo et fratribus duodecim denarios de censu in domo Gognardi ; et ipsum Gognardum de veeria sua liberum dedit.

Felicius Brimellus dedit Deo et fratribus airaulium in quo sunt octo denarii de censu ; et est post domum Rosselli Grifferii.

Rosellus de Marcheillio dedit Deo et fratribus sex denarios de censu in cellario suo, audiente Arberto capellano.

Gaufridus Maias et Soldonius, frater ejus, dederunt Deo et fratribus duos solidos in vinea quam tenet filius Petri Esirart, et Stephanus Maubert septem denarios ; et Gaufridus Mascet concessit.

Frater Gauterius Prezeinent dedit Deo et fratribus Templi seipsum et medietatem de Prevereria, quam emerat de Giraudo Blanchardi et erat de suo chesemento, concessu Guerri de quo movebat. Petrus autem filius Gaufridi Mehenfridi et Johanna uxor Willelmi Troquerelli et Verneia, sorores ejus, dederunt Deo et fratribus roturam de Prevereria, omnibus costumis liberam sed tantum guerba reddetur. Hoc placitum factum fuit ante dominum Petrum de Gasnapia ; de quo placito Petrus Mehenfredi habuit XL solidos et Verneia duodecim denarios, et Willelmus Troquerellus et Radulphus Muschonius habuerunt tredecim solidos. Hoc autem concessit Guerricus, de quo movebat. Quod si illi qui de Guerrico tenebant debita servitia non facerent, Guericus terram fratrum non sumeret sed de gerba prenominata se vindicaret. Soror fratris Gauterii, de qua pars altera movebat, simili modo concessit. In hac autem terra concessum est quod si fratres vineam plantare vellent, tantidem terre quantum vinea teneret et tantidem valeret, vel juxta vineam vel alio loco, domini haberent, de qua duas gerbas sumerent. Stacio autem rusticorum omnino libera concessa est.

Prata et que habent fratres in maresio de Salaterina dedit dominus Petrus, audiente Raginaudo de Bello Loco.

Dominus Rechigneus dedit Deo et fratribus unum sexterium frumenti in closdicio Raemundorum per singulos annos.

Censum quod fratres (habebant) in Nigro Monasterio et in Barbastro dederat Willelmus Boys, cum concessu Ursonis de Marolio, et iterum dedit Willelmus Boys terciam partem decime de sua grangueria de Barbastro, et Urso predictus concessit.

Olifandus dedit Deo et fratribus quoddam maresium et salinas in manu magistri Ugonis de Paganis.

Dominus Petrus de Gasnapia dedit unum hominem in Bugino, omnino liberum et cum omnibus possessionibus quas habebat die quo fuit datus, scilicet Airaut.

Petrus de Gasnapia dedit Deo et fratribus Templi hominem unum, scilicet Willelmum de Dent, omnibus cosdumis liberum; hoc vidit et audivit Raginaudus Focaut et Burellus de Nigro Monasterio.

Garnerius de Lespei decem et octo denarios de censu reddidit Deo et fratribus Templi in Natali Domini; Jobers Boet duodecim denarios; Willelmus Mulart duodecim denarios; Clemens duodecim denarios; uxor Petri Esirart tres solidos; Gue le Peleter duodecim denarios; in eiraut Girart Galiene octo denarios quos Rabellus dedit; Hemericus Chasseriau duodecim denarios; Giraut Toselin duodecim denarios, in eiraut Landet Botinart qui est juxta domum Maini Surdi duodecim denarios.

III.

Transaction entre les Templiers et Guillaume Guerry au sujet de l'Amblardière.

(Vers 1150 [1].)

Raginaudus Fucaut et uxor ejus dederunt Deo et fratribus Templi quodcumque habebant in Amblarderia, et Guerris concessit. Et postea Willelmus Guerris calumpniavit hoc et frater ejus et Hylaria ; et tunc fratres Templi fecerunt cum eis concordiam donando viginti solidos et unam vaccam ad Gasnapiam, in domo Resteraut ; et Willelmus Guerris et frater ejus induerunt fratres Templi de dono supradicto cum cultro fratris Pagani Fucaut, in manu fratris Imberti. Hoc vidit et audivit Arbertus capellanus Gasnapie et Petrus Rufus et Resteraudus et Arnaudus de Villa Nova et Fulcherius dau Fé.

IV.

Don de la terre de Boidan par Pierre Baron, avec réserve de certains droits féodaux et à des conditions particulières pour la culture du sol.

(Vers 1150.)

Notum sit presentibus et futuris quod ego Petrus Barun dedi et concessi Galfrido Marie et heredibus suis et Templo domum meam de Boidan et hoc quod habui, pro tredecim solidis censualibus annuatim persolvendis, et totam terram de Boidan, retinendo michi et heredibus meis quartam et custumam. Si vero contigerit quod dictus Galfridus vel he-

---

1. La plupart des noms relatés dans cette charte et la suivante s'accordent avec cette date approximative à laquelle vivait Thibaud Chabot, dont la fille Agnès fut la femme de Pierre III de la Garnache.

redes sui de censu meo deliquerint, in curia mea vivi stabunt, vel super domum predictam me vindicabo. Hoc si quidem retinui quod in illa terra ubi michi placuerit quamdam domum bestiis meis edificabo, preterquam in suo censivo. De fumo vero terre nihil extrahunt donec terra mea bene fumetur, nec aliam terram gainiabunt dum ego sibi terram idoneam tradam. Hoc simul mecum concesserunt domina Stephana, uxor mea, et filii mei et frater meus Johannes Barum. Hoc vero donum sibi et heredibus suis libere et quiete concedimus tenendum. Hoc etiam donum concessit dominus Teobaldus Chaboz et sui sigilli impressione cartam istam confirmavit, hiis testibus : Raginaldo Anter, Raginaldo de Paluiau, Americo de Anchirer, militibus, Ernaldo Ruffo, Willelmo Oilet, Galfrido Rater et multis aliis. De sigilli domini T. Chaboz impressione hii testes sunt : Americus de Anchirer, Willelmus Pictus, Andreas Guier prior de Ardilere[1].

V.

Différend et transaction devant la cour des Templiers de Coudrie entre Pierre II de la Garnache et André Auchais.

(Vers 1166 [2].)

Notum sit omnibus tam presentibus quam futuris quod Petrus de la Gasnache habuit querelam adversus Andream Auchais de terra Landarum, et Andreas Auchais dixit ei : « De ista terra respondebo vobis ante milites Templi quorum istam terram teneo. » Et postea P. de la Gasnache clamorem

---

1. Ce doit être *Ardillon*.
2. La plupart des noms relatés dans cette charte et les deux suivantes s'accordent avec cette date approximative. André Auchais était mort en 1173, cf. charte VIII.

detulit ante fratrem Main, commendatorem de Cosdria, et petiit ab fratre Main dominium de illa terra Landarum quam Andreas Auchais tenebat, et frater Main, commendator Cosdrie, assignavit terminum Petro de la Gasnache et Andree Auchais apud Pontem Herbert, ante milites Templi; et in illa curia, P. de la Gasnache fecit pacem cum Andrea Auchais de illa terra Landarum : tali pacto quod Andreas Auchais redderet ei, nundinis sancti Gervasii, quinque solidos annuatim. Pro istis quinque solidis concessit et dedit illam querelam quam habebat adversus Auchais Deo et Templo. Hec vidit et audivit : Stephanus decanus Asianensis et Robertus Grineriis archidiaconus et abbas de Lisle Cheauvet et decanus de Raes' et P. cognomine Episcope, qui tunc magister erat Pictavie, et frater Main predictus.

VI.

Don de la Roncinière par Arbert Clerebaut.

(Vers 1166.)

Notum sit omnibus hominibus tam presentibus quam futuris quod Arbertus Clerebaudi quidquid in Runcineriam habebat dedit Deo et fratribus Templi. Hoc donum uxor Arberti Clerebaut et filii ejus concesserunt, et hoc in manu fratris Mains, qui tunc jussor Cosdrie erat. Eo tempore Arbertus fratribus Templi unum sextarium frumenti ad venditionem cari temporis debebat; quod frater Mains et alii fratres caritative et unum porcum dederunt, istis videntibus et audientibus scilicet : fratre Rigaudo et fratre Engelino et Airaudo de Murendaeria et Arnaudo de Blancharderia.

VII.

Transaction entre les Templiers de Coudrie et les moines de l'Ile-Chauvet, au sujet des terres de la Barie-Hymbert et de la Lamprementerie.

(Vers 1166.)

Notum sit omnibus tam presentibus quam futuris quod cum quedam controversia que erat inter fratres Templi Cosdrie et monachos Insule Calvet, de terra de Baria Hymbert et de terra Lamprementaria, pacificata est ita ut terre ipse supradictis monachis Insule Calvet in perpetuum permaneant et pascua singulorum in eodem confinio sint utrisque communia. Hanc pacem et concordiam fecit Brunus abbas et fratres Insule Calvet cum fratribus Templi, videlicet Ymberto Buterio et fratre Main et fratre Rigaut, et confirmavit proprio sigillo.

VIII.

Accord entre Pierre II de la Garnache et les Templiers au sujet de la tenure de défunt André Auchais et autres différends existant entre eux.

(1173.)

Sciant omnes presentes et futuri quod ego Petrus Gasnapie cum Petro unico filio meo et herede meo dedimus et concessimus fratribus milicie Templi omnem tenuram Andree Aucais quam possidebat eo die quo defunctus est, liberam et quictam ab omni consuetudine vel exactione aliqua, ut amplius filia sua vel quicumque tenuerit eam in perpetuum non nisi fratribus Templi de ea serviant. Cum autem servitia vel consuetudines que debentur exigentur ab hominibus de Landis qui sunt communes inter Brient Rabel et filiam Andree predicti, dimidia pars omnium consuetudinum que spectant ad fratres Templi et feminam suam semper dimittetur. Si vero Brient Rabel judicio vel concordia in curia fratrum Templi composita de hac possessione poterit extorquere a fratribus Templi portionem illam tenebit et eis de ea serviet. Similiter filia sepedicti Andree de eo quod cum sorore sua datum fuit in mariagium Briendo Rabel adquisierit, de nobis tenebit, inde nobis serviens. Necnon concessimus eis quod panagium non transeat a modo per Salarteinam; quod si transierit plene et integerrime, illud habeant sicut ad Pontem Daberti. De omnibus etiam querelis que inter nos et ipsos versabantur, eas omnino finientes, cum eis perfectam pacem composuimus, ita quod homines nostros in terra sua amplius non recipient absque consilio nostro, neque non homines illorum sine voluntate sua. Ut autem hec concordia firma sit et stabilis, cum cyrographo eam sigilli nostri impressione munimus. Ego autem frater Willelmus Pavet, minister Templi in Acquitania, cum consilio fratrum nostrorum, quitavimus domino Petro et filio ejus omnes querelas quas contra eos habebamus, videlicet quicquid habuerat de arcivio Andre Aucais et Johannis Ramfre; et quatuordecim marchas argenti quas retinuerat de elemosina sua et patris sui quam habemus in portu de Belveerio; et de cetero singulis annis duas marchas, scilicet in festo sancti Michaelis, semper habebimus. Quod ut ratum semper maneat, ipse de nostro et nos de suo sigillo has pactiones firmatas servabimus. Huic compositioni interfuerunt : de fratribus Templi frater Rigaudus preceptor domus de Cosdria et frater Guido et frater Petrus capellanus, abbas quoque de Insula Calveti et prior de Salartaina, Gaufridus Mathin, Simon Rechinez, Johannes de Gasnapia senescallus et multi alii, anno ab Incarnatione Domini M° C° LXX° III°.

IX.

Don par Pierre III de la Garnache aux Templiers d'un emplacement pour construire des moulins près du port de Beauvoir.

(1180.)

Noscant tam presentes quam futuri quod Petrus, Gasnapie dominus, dedit Deo et fratribus Templi, pro remedio anime sue et parentum suorum, locum ad facienda molendina, libera et quieta ab omni consuetudine, in talleia portus de Belverio juxta taisselerium Stephani Frodmundi. Dedit, inquam, molendina adeo libera et quieta quod si forte aliqua discordia inter dominum Belverii et fratres Templi, quod absit! insurgeret, dominus ira compulsus hominibus suis nullatenus prohibere posset messem suam ad molendina deferre causa terendi et molendi; et si opus vel necesse fuerit ad melioranda molendina, quod predicti fratres Templi possint facere portellos in hesteriis ubicumque necesse illis fuerit; et fratres Templi reddent inde quinque solidos censuales jamdicto domino in Natale Domini. Hoc donum fecerunt et firmiter concesserunt ipse dominus et uxor ejus Agnes filia Teobaldi Chabot et filii eorum, scilicet Petrus major et Kalo minor, in manu fratris Mathei de Banastia, qui tunc preceptor Cosdrie erat, et frater Hymbertus Boters magister de Pictavia. Hujus doni testes sunt : magister Petrus de Chavanac, Toarcensis archidiaconus, et Petrus Silvaticus et Mauricius Catuis et Hylarius et Dionisius et Gaufridus de Portu Nicci et Obelinus miles et Petrus de Garranda et Ranaldus vicarius de Paludello et Willelmus de Corco et plures alii. Hoc donum fuit anno ab Incarnatione Domini M° C° LXXX°.

X.

Don par Foulques de Coché de sa part dans les prés de Thomas de Frossay.

(Vers 1189 [1].)

Notum sit omnibus tam presentibus quam futuris quod Fulcho de Cocheio concessit in helemosinam Deo et militibus de Templo quicquid habebat in pratis Thome de Froceai, in manu domini Manni abbatis de Buzeio. Hujus rei testes sunt : idem abbas, Fulcho de Cocheio et uxor ejus, Bertramnus cellerarius de Buzeio, frater Mannus templarius, Giraudus Chavallem et alii multi. Ne autem aliquo temporum intervallo controversia nasceretur, dignum duximus rei veritatem litterarum memorie commendare et sigilli nostri impressione munire.

XI.

Pierre III de la Garnache, surnommé le Meschins, avait donné aux Templiers Garin avec tous ses biens. Pierre IV de la Garnache confirme à Garin tous ses biens et en renouvelle le don aux Templiers.

(1200.)

Certum sit et omnibus notum presentibus et futuris quod Petrus li Meschins, Gasnapie dominus, dedit Deo et fratribus Templi, pro remedio anime sue et parentum suorum, Garinum servientem ejus et omnia que ei ante dederat, scilicet sexaginta areas salinarum que vocantur la Peirose, et terram

---

1. Mannus, abbé de Buzay, ne le devint qu'après 1179 et mourut en 1199. *(Nova Gallia Christiana.)*

de Landis que est in Sòlantio, et aliam que est in nemore disseminato, que est de eodem jure, et filiam Johannis Chapusel, cum omnibus possessionibus patris sui et matris sue et cum omni hereditate que potest ei succedere jure hereditario, et l'Umau dou Borna. Hoc donum fecerunt et concesserunt predictus Petrus li Meschins et uxor ejus Agnes.

Similiter Obelinus et Bochardus, frater ejus, hoc donum libere et quiete concesserunt et dederunt Deo et fratribus Templi, pro remedio animarum suarum et parentum suorum, omni remoto servicio quod nunquam alicui homini fiat aut fieri debeat. Hoc donum factum fuit in manu fratris Mathei de la Banasta, preceptoris Cosdrie, videntibus et audientibus : fratre Albino et fratre Americo et fratre Garnerio et Seguino, tunc capellano Gasnapie, et Giraudo de Cosdria sacerdote, multisque aliis. Et quum Petrus li Meschins hoc donum fecit fratribus Templi vidit et audivit : Petrus Salvagiis, et domina Agnes uxor predicti Petri lo Meschin, et Gaufridus de Pornic, et Petrus filius ejus et multi alii.

Secundo itaque anno regni Johannis Anglorum regis, et secundo anno domini Mauricii Pictavensis, episcopi ipsius civitatis, episcopatus sui, adhuc regnante Philippo rege Francorum, dominus Petrus Gasnapie, filius supradicti Petri lo Meschin, dedit Deo et fratribus Templi et Garino et heredi suo omnia dona que superius retulimus, in quibus maximam discordiam sepius agitaverat, in perpetuum possidenda. Dedit, inquam, Garino et heredi suo placitum de mortua manu de terra Landarum, quod domino Petro Willelmus Chairanz et domina Bologna faciebant, et dedit ei baliviam et dominium ipsius terre. Donavit ergo et liberavit domos suas, scilicet domum Ponti et domum Petinam et domum in qua fenum suum mittit et domum que est juxta domum Girardi lo Mercer, quam emit de Maria Chivarda, et domum que est juxta domum Petri de Borne Novo, et pratum interclusionis, quod Mauricius de Line et Savaricus juvenis et domina Bologna et Willelmus Chairanz et uxor ejus Riccia ad censum novem denariorum ei dederant.

Necnon dominus Petrus omnes possessiones quas in illo die quo hec facta sunt Garinus videbatur habere et omnia jura sua, ubicunque essent in tota terra domini Petri, tam in terris quam in domibus vel in aliis rebus, dedit Garino et heredi suo, in perpetuum habenda libere et quiete, et in tota terra sua eum et heredem suum ab omni consuetudine liberum concessit.

Actum est hoc anno ab Incarnatione Domini M° CC°, inter duo monasteria Gasnapie, in manu fratris Petri de Roerta, tunc preceptoris Cosdrie, quem cum uno candelabro predictus Petrus investivit, et cartulam istam cum sigillo suo fecit muniri. Testes sunt : Mauricius Catuis, Gaufridus Beritaudus, Jaquelinus Rou, Oliverius Gorde, Aimericus de Paire, Daniel prior de Belloveer, Johannes Resteraut, multique alii.

Similiter Chalo, prefati frater domini Petri Gasnapie, eadem dona concessit et fratrem Petrum de Roerta cum quibusdam chirothecis investivit. Testes sunt : Gaufridus Bretaudus, Vincentius prior de Solanz, Petrus Gauz, Margarita et alii quamplures.

XII.

Affranchissement de Richer Puscelot par Bernard de Machecou de tous devoirs autres que ceux d'estage et de métive.

(Vers 1200 [1].)

Ego Bernardus, Machecolli dominus, omnibus hominibus notum facio Richerium Puscelot et ejus domum fore im-

---

1. Les noms relatés dans cette charte et les trois suivantes s'accordent avec cette date approximative.

munem a cunctis consuetudinibus, excepto estagio et mestiva senescalli et pratorum terre, eo reddente michi tres solidos censuales in festo Pentecosten. Si vero predictus Richerius de predicto censu vel de estagio vel de mestiva in aliquo excesserit, judicium nostre curie subire cogeretur. Huic pacto interfuerunt hii : Philippus d'Aiglant, Aimericus Cornilla, Petrus de Guler, frater Albinus qui recepit hoc donum.

XIII.

Dons de cens par André Chat, Guillaume Cathus, Guillaume Meschin et Maurice Oiet, et d'une charge de sel par Guillaume Maussion.
(Vers 1200.)

Andreas Cheat dedit Deo et fratribus militie Templi de Cosdria quinque solidos censuales, super suum maresium de la Girere annuatim predictis fratribus persolvendos.

Guillermus Chatuis dedit Deo et fratribus Templi de Cosdria quinque solidos censuales, super plateam Petri de Luneaus, clerici, dictis fratribus persolvendos.

Guillermus Meschin dedit Deo et fratribus Templi de Cosdria quinque solidos censuales, super suam partem dau Clottiz de la Bisquetem annuatim persolvendos.

Mauricius Oiet, clericus, dedit Deo et fratribus Templi de Cosdria sex denarios censuales annuatim, persolvendos super suum pratum de Maresio Dulci ; et post decessum ejus totum pratum dictis fratribus pacifice remanebit.

Guillermus Maucium, clericus et conjugatus, dedit Deo et fratribus Templi de Cosdria, in perpetuam helemosinam, quamdam chargeam salis in suis salinis de la Maucionerere, que sunt juxta Marcheauciam, dictis fratribus persolvendam.

XIV.

Transaction entre les Templiers et la veuve de Matthieu Le Moine réclamant son douaire sur un don fait à ceux-ci par son mari défunt.

(Vers 1200.)

Alexander, vicarius Radesiensis, dilectis sibi in Christo omnibus has litteras inspecturis, salutem in Domino. Universitati vestre notificamus quod Mattheus Monachus dedit Deo et fratribus Templi in perpetuam helemosinam tres solidos census super terram que vocatur lo Boisson Aiglant, quam Nicholaus de Frasnei, homo Templi, ab eodem tenebat; sed uxor prefati Mathei, eo defuncto, super eosdem tres solidos instanter (propter) osculum suum interrogavit. Tandem vero coram nobis partibus convocatis decrevimus quod dicta conjux duodecim denarios de illis tribus solidis dum vixerit habeat annuatim; et post obitum suum, omni occasione remota, ad reintegrationem predicte helemosine fratribus Templi revertentur. Et ut hoc ratum et firmum haberetur, huic presenti cartule impressionem sigilli nostri apponere fecimus.

XV.

Don par Guillaume Cathus de vingt sous de cens sur la Rocherie.

(Vers 1200.)

Noverint universi presens scriptum inspecturi quod Willelmus Catuis, miles, dedit Deo et fratribus milicie Templi de Cosdria, in perpetuam helemosinam, cum assensu Johannis Catuis filii sui, vigeinti solidos censuales super suam partem Rocherie que est mediatris inter ipsum et heredes de Sancta Mora, in festo sancti Michaelis archangeli dictis fratribus annuatim persolvendos.

XVI.

Don de la terre des Noyers par Aimery de Brient, avec réserve de la haute justice pour Olivier de Rougé.

(1202.)

Notum sit omnibus, tam presentibus quam futuris, quod Hamericus de Brient dedit Deo et templariis, presentibus et futuris, terram de Noariis, retento sibi unius quarterii terre servicio de tota terra. Si vero templarii de costumis predicte terre in aliquo excederent, inde in curia Oliverii de Ruge starent justicie sicut domino. Hoc concessit Oliverius predictus de Ruge, cum assensu Agnetis uxoris sue, et predicta condictione donatio ista firma et rata in perpetuum teneatur. Hii sunt testes hujus conditionis : dompnus abbas Willelmus de Buzeio, Galfridus Veer, Willelmus Bischet, David Sathanas sacerdos de Breent, Petrus Grimaut, Thomas Mabon, Bauter. Frater Bernardus donum istud recepit, anno ab Incarnatione Domini M° CC° II°, quando frater Petrus commendator erat de Codreio.

XVII.

Transaction entre les Templiers et Agnès, sœur de Pierre Leevin, au sujet de la terre de Laurière.

(1204.)

Gaufridus, Dei gratia Nannetensis episcopus, universis has litteras inspecturis, salutem in Domino. Notum sit omnibus quod cum Agnes, soror Petri Leevini, super duabus partibus quarteronii de Lauriera quas Petrus Leevinus;

quando dedit se Deo et fratribus Templi, eisdem fratribus dederat in helemosinam, adversus ipsos fratres questionem movisset, tandem sicut ex relatione Aimerici Kavallen didicimus, quem ad hoc loco nostri constitueramus, prefata Agnes cum fratribus Templi super hoc in hunc modum convenit : quod videlicet prefata Agnes et heredes illius, quicumque tenuerint dictam terram de Lauriera, reddent deinceps in perpetuum fratribus Templi viginti solidos annuatim, medietatem festo Natalis Domini et medietatem in medio augusto. Verum dicta Agnes et homines habitantes in prefata terra erunt sub custodia fratrum Templi eorumque deferent intersigna [1], secundum consuetudinem Templi. Hoc itaque ut predictum est concessit G. Estormid, filius dicte Agnetis, et Guiomar Mercer, gener suus, qui habuerunt ibidem intersigna, testibus ad hoc vocatis : fratre Jukaele monacho de Buzeio, Johanne Mercer, Willelmo Piorget, Galton Breton, Willelmo serviente et multis aliis. Nos quoque, ad majus robur et testimonium, id ipsum, prout nobis recitatum est, sub cyrographo voluimus et sigilli nostri auctoritate muniri. Actum per manum fratris Martini, preceptoris Cosdrie, anno Incarnationis Dominice M° CC° IIII°.

XVIII.

Don de Pierre le ferron et de la bourgeoisie qu'il avait acquise par son mariage avec Durontia la ferronne, par Hugues de Thouars, seigneur de Montaigu, et Marguerite sa femme.

(1207.)

Universa negotia litteris et voci testium mandata ab utroque trahunt immobile firmamentum. Notum sit tam pre-

---

[1]. Signum crucis super habitationem. *(Enquête de* 1474, *Arch. de la Vienne, fonds* H[3], *liasse* 418.)

sentibus quam futuris quod ego Hugo de Thoarcio, dominus Montis Acuti, et Margarita, uxor mea, donavimus Deo et templariis Petrum ferrarium, cum burgentela quam ceperat cum uxore, Durontia videlicet ferronella. Hoc donum siquidem (pro) remedio animarum nostrarum concessimus, ego predictus Hugo et uxor mea Margarita pretaxata, eis perhenniter possidendum et absque ullo servicio liberum et immune. Prebuimus etiam quicquid prenominatus Petrus in terram Montis Acuti posset conquirere, nostris litigentiis tamen salvis. Hoc donum factum fuit, apud Montem Acutum, in manu fratris Martini et in manu fratris Gaufridi de Luco Ferri preceptore, anno ab Incarnatione Domini M°CC°VII". Huic dono fuit P. Guischardi, G. de Margad, Clerebaudus Boschet, Guido de Canbruiz, M. Menentio, Ravardo tunc temporis senescallo.

XIX.

Transaction entre les Templiers et Archodius, seigneur de Rays, au sujet de la chaussée de Pornic.

(1207.)

Nichil adeo firme statutum quin ad id laboret calumpnia dissolvendum. Artifex enim est malignandi presens etas, et ut venetur sibi lucrum non veretur aliis facere detrimentum. Quam ob rem evitandam ego Matheus abbas sancti Georgii, fretus mandato dilectissimi Thome abbatis Rote, auctoritate dompni Apostolici unius querimonie judicis delegati, atque Xrisptianus prior de (Mies) ejusdem cause cum eo simul conjudex, omnibus tam presentibus quam futuris notum fieri decrevimus quod illa eadem querimonia que inter fratres Templi de Cosdria et dominum Archodium Regisheremi diutius erat agitata per nos demum pacificatur. Conflixerant enim fratres Templi cum domino Archodio super calciata sua de Pornic, affirmantes se jure ecclesiastico in propria parte sua ejusdem calciate operari vel edificare quicquid sit bonum vel placitum illis. Predictus vero Archodius contra hec inficians illam calciatam fratribus Templi nunquam concessam, nisi solummodo ad unam rotam molendini habendam. Ut ergo omnis controversia hujusmodi litis de medio tolleretur, in die sancti Leonardi, ex utraque parte ad predictam calciatam convenimus; ac inter verba que locuti sumus, dominus Archodius rem litigiosam fratribus Templi dimisit et ut in una domo duas rotas molendini haberent libere concessit, eo modo quod in illa re ad illud faciendum preter duas rotas se nunquam extendant : et in propria calciata Templariorum que per metas distinguitur, prefatus Archodius aliquid amplius disturbare, frangere, aut minuere non presumat. Verumptamen quicumque causa terendi segetem suam ad illas duas rotas venire voluerint a domino Archodio vel herede suo non prohibeantur. Ad hoc autem prebuerunt ei fratres Templi de suis helemosinis quadraginta libras in caritate. Actum est hoc assensu fratris Willelmi Oculi Bovis, domorum Templi cis mare magistri. Item dominus Archodius templariis concessit nundinas suas domus dau Bierz, quas per violentiam illis abstulerat, ut in ipso loco restitueret ac in die dominica ante Ascensionem Domini faceret residere ; atque per octonos dies post et antea alteras nundinas in tota terra sua non coadunaret, per quas prefate nundine pejores essent, quia fratres Templi de dono Constancie comitisse Britannie has nundinas habuisse referebant. Adhuc enim predictus Archodius fratribus Templi dimisit quandam borzesiam in castello suo de Pornic, quam David Concho die illo possidebat. Necnon etiam illis argumentavit octo solidos in suis exactionibus de Bong, cum triginta duobus solidis quos in eisdem prius habebant, ut simul adunati quadraginta solidi fierent in Assumptione Beate Marie Virginis annuatim reddituri. Iterum autem concessit eis omnia dona ab omni servitio libera, quecumque in tota terra sua die illo possidebant. Nichilominus ergo fratres Templi dimiserunt domino Archodio terram de la Preveria et medietatem salinarum de Maire et quadraginta quinque solidos quos de elemosina Garsirii domini Machecollii in molendinis de Pornic requirebant. Hujus vero concordie ex parte fratrum testes sunt : frater Aimericus de Belluc, in cujus manu factum est hoc, frater Petrus de Roerta, frater Guido, frater Gaufridus, frater Radulphus, frater Martinus procurator supra dicte querimonie cum testimonio litterarum fratris Willelmi Oculi Bovis cis mare magistri; ex parte vero domini Archodii : Aimericus abbas de Piglers, Radulphus de Leige sacerdos, Arbertus capellanus de Pornic, Gaufridus Gobiel, Simon de la Guerchea, Petrus Grimaut, Matheus Rex, Guerris Burellus, Fulcherius Aurronius, Aubinus de Lagullo, et quamplures, anno ab Incarnatione Domini M° CC° VII°.. Et ad majorem certitudinem, cartula ista sigillorum reverendi Thome abbatis Rote, dilectissimi abbatis Mathei abbatis Sancti Georgii, Xrisptiani prioris de Mies, atque ipsius domini Archodii munimine roboratur.

XX.

Don de 50 sous de rente annuelle par Pierre V de la Garnache, pour faire recevoir dans l'Ordre du Temple Aubin Gaudechel, son écuyer.

(1209.)

Aimericus, vicecomes Thoarcensis, omnibus presentes litteras inspecturis salutem. Noveritis quod Petrus de Gasnapia juvenis dedit templariis pro Aubino Gaudechel suo vasleto, quem adduxerat de Andegavia, ut eum reciperent in templarium, quinquagenta solidos Andegavenses redditus, reddendos annuatim in festo sancti Michaelis de suis redditibus portuum. Et ut hoc ratum atque firmum permaneret, ego vicecomes Thoarcensis, in cujus manu terra Gasnapie tunc erat, feci apponi munimen sigilli mei huic carte, anno ab Incarnatione Domini M° CC° IX°. Hoc viderunt et audierunt Willelmus de Clicho, Portaclie de Mause, Willelmus de Mause, Gaufridus Bertaut, Mauricius Catus, Willelmus de Salinis et plures alii.

XXI.

Don par Pierre V de la Garnache d'Étienne Rousseau, avec son patrimoine et celui de Guillaume Rousseau, prêtre, son frère.

(24 juin 1210.)

Que geruntur in tempore, ne labantur cum lapsu temporis, poni solent in lingua testium et scripture memoria perhennari. Notum sit omnibus tam presentibus quam futuris quod ego P. de Gasnapia dedi et concessi Deo et fratribus Templi in perpetuum videlicet Stephanum Rossea, cum filia dilecti mei militis Gaufridi Bretaut, cum suis pertinenciis et rebus fratris sui, scilicet Willelmi Rosselli sacerdotis, cum omnibus viris patrimonii sui; dedi, inquam, ipsum et res supradictas libere et quiete et sine omni costuma. Et ut hoc ratum et firmum habeatur, presentem kartam ipsi dedi, sigilli mei munimine roboratam. Hujus rei testes sunt: Gaufridus Bertaut, Willelmus Rosseaus, Petrus Guilloz, Aimericus Liblois, Reginaldus clericus, Stephanus aurifaber, Henricus de Boac, Boetus; anno ab Incarnatione Domini M° CC° X°, mense junii, die sancti Johannis Baptiste.

XXII.

Confirmation par Garsire, seigneur de Rays, de la transaction faite autrefois entre les Templiers et Archodius son père, au sujet de la chaussée de Pornic.

(1210.)

Johannes Dei gratia Turonensis archiepiscopus, omnibus qui presentes litteras viderint salutem in Domino. Cum auctoritate dompni Pape coram nobis et decano Turonensi inter fratres militie Templi et nobilem virum Garsirium de Radesio Machecollii causa verteretur super quadam compositione olim facta inter eosdem templarios et priorem ejusdem nobilis scilicet Harch. de Radesio et in scriptum redacta, tandem de pace tractatum est coram nobis et venerabili fratre nostro G. Nannetensi episcopo, apud Nannetas, ubi mediantibus bonis viris pax inter partes et compositio amicabilis intervenit in hunc modum. Idem Garsirius, audita et diligenter inspecta carta patris sui, cujus tenorem duximus subjungendum, pro remedio anime sue et parentum suorum eidem (quarte) et compositioni ibi plenius contente, favorem suum impendit pariter et consensum, fide data in manu nostra; promittens se eam firmiter servaturum, et quod matrem suam et fratrem bona fide induceret ad hoc ipsum. Unde ad peticionem partium presentes litteras in testimonium conscribi fecimus et sigilli mei munimine roborari. Actum anno gracie M°CC°X°, ordinationis mee tercio. Hec est autem continentia carte ejusdem Archodii quam presentibus litteris duximus annotandam. Ego Matheus abbas Sancti Georgii...... [1].

---

1. Suit la reproduction intégrale de la charte XIX.

Accord entre les Templiers et la veuve du seigneur de Rays au sujet de certaines choses faisant partie de son douaire, en la paroisse de Coueron.

(Vers 1210[1].)

Omnibus tam presentibus quam futuris presentem paginam inspecturis, C. cantor Nanetis, magister Johannes Acelin canonicus Nanetis, Aimericus prior de Pilmil, Ranulphus decanus Clicii, salutem in Domino. Cum quedam controversia coram nobis, qui eramus arbitri, inter fratres Templi, ex una parte, et Stephanam dominam de Rays, ex altera, verteretur, super quibusdam rebus quas dicebat dicta domina, nomine dotis, ad se pertinere, templarii vero illud negabant; tandem in nostra curia est probatum quod Harcoet, dominus de Rays, dicte Stephane uxori sue dederat in dotem quicquid ipse habebat in terra de Coiron, preter exclusam; et eciam in illa dedit dicte domine paragium mortuum. Hujus rei sunt testes : frater Martinus, frater Gaufridus, frater Guido, templarii; Enisan canonicus Nannetensis, abbas de Pornit, prior de Melereio, Willelmus Albino, G. de Sancto-Vitale, O. de Sancto-Stephano, milites. Et ut hoc firmum haberetur et ratum, presentem paginam fecimus sigillorum nostrorum munimine roborari.

XXIII.

Confirmation par Bernard, seigneur de Machecou, de tous les dons faits ou à faire à l'Ordre du Temple, dans la seigneurie de Machecou.

(1211.)

Ad memoriam recordationis, tam presentium quam futurorum utili scripture commendo quod ego Bernardus,

---

1. *Cartul. des sires de Rays*, n° 110. Imprimée par M. Paul Marchegay à la suite de la table analytique du Cartulaire. Harcoet vivait encore

dominus Machecolli, pro remedio anime mee et parentum meorum tociusque generis mei, dono et concedo libere et quiete fratribus milicie Templi et terre Jerosolimitane dona et possessiones que a me eisdem sunt data, vel olim ab antecessoribus meis, vel aliis aliquibus, in tota terra mea, quocumque modo dictis fratribus predonentur, in perpetuum eisdem assero habenda et in perpetuum possidenda. Actum est hoc apud Machecol, in mea magna camera, concedente hoc filio meo Radulpho de Machecol, anno Incarnationis dominice M°CC°XI°, testibus : Radulpho abbate de Buzeio, Petro abbate de Chauma, Willelmo de Malo Leone nobili viro, Willelmo de Clicheon, Vincente priore de Quinquenlavant, Petro Brunet sacerdote, Willelmo Guinart, G. Gobiel, Willelmo de Sancto-Medardo, Johanne Bastart, Arveo Golart, fratre Martino templario tunc preceptore de Cosdria et multis aliis. Et ad majorem certitudinem, cartam istam munimine sigilli mei feci roborari.

XXIV.

Don des terres de Lesimbaudière et de la Beraudière par Pierre de Saint-Vital.

(1211.)

Ad memoriam recordationis tam presentium quam futurorum scripture commendavimus quod Petrus de Sancto Vitale, miles Quimequerii, dedit Deo et fratribus Templi quicquid juris habebat vel habere debebat in terra de Lesimbaudera et de la Beraudera, que est inter duos caminos et

---

en 1207, charte XIX ; les trois derniers arbitres agissent en la même qualité en 1215, charte XXXV. Entre ces deux dates, celle de 1210, à laquelle on trouve la première mention de Garsire, fils d'Harcoct, doit être à peu de chose près celle de cette charte.

ex altera parte versus domum Stephani Grosset; scilicet liberam et quitam ab omni consuetudine preter quartam partem terragii quam sibi retinuit et suis participibus. Si autem possessor earumdem terrarum predicto militi de sua parte terragii aliquid forifecerit, in curia sua juri obtemperabit et non de aliqua re. Hoc autem concessit prefatus miles in monasterio Lande monialium, quia hoc idem parentes sui jampridem concesserant atque frater suus, Johannes scilicet, hoc asseruerat. Actum est anno Incarnationis dominice M° CC° XI° in manu fratris Martini, tunc preceptoris domus Cosdrie, existentibus : Johanne Bocher, Gaufrido Veer militibus, fratre Gaufrido Loblanc preceptore Sancti Salvatoris, fratre Willelmo Lagaita et Stephano Gaignardel et quampluribus. Et ad majorem certitudinem, ego Aimericus vicarius de Aisineis, amore sempiterne rectitudinis, sigilli mei munimine cartulam istam roboravi.

XXV.

Don de 50 sous de rente par Brient de Montaigu, seigneur de Commequiers.

(1212.)

Ego Brient Montis Acuti, dominus Quemiquerii, memor dilectionis patrie celestis, avidus adhipiscendi introitum regni eterni, intuitu pietatis ac verissime Dei caritatis, ad augmentum salutis et redemptionem anime mee et parentum meorum atque fratris mei Mauricii Montis Acuti tociusque generis mei, dono in perpetuum Deo et fratribus Templi terreque Jherosolimitane quinquaginta solidos Turonensis monete, in quatuor partibus sic divisos : dono, inquam, quindecim solidos in terra de la Brunera, et quindecim solidos in meis censibus maresii dau Perer, et decem solidos in terra de la Bretelera que est vigero de Cosdrio in riberia de Solanz. Hos igitur quadraginta solidos vigerius de Cosdreio, quicumque sit ille, fratribus Templi de Cosdria in festo sancti Georgii martyris singulis annis penitus reddet. Arbertus itaque Gorda, miles Quimequerii, vel heres ejus, de terra sua que est ad Marchais decem solidos dictis fratribus Templi ad nativitatem sancti Johannis Baptiste annuatim nichilominus persolvet. Quisquis ergo horum duorum ad reddendum terminis constitutis defecerit, in curia templariorum eisdem juris comparebit velud domino Quemiquerii egisset. Et ut hoc ratum, firmum et stabile permaneret, huic cartule testimonium sigilli mei apposui. Actum est anno Domini M°CC°XII°, in manu fratris Aimerici de Belluc et fratris Martini tunc preceptoris Cosdrie; testibus : Rao abbate de Talemondo, Arn. abbate Sancti Leodegarii, Willelmo abbate de Insula Chalvet, Mauricio Catuis, Alexandro de Bram, Willelmo Merla, militibus, Petro de Passu, Willelmo Fradonel, fratre Petro de Roerta, fratre Durant Rossel et quampluribus [1].

---

1. A quelques pages plus loin, cette charte était répétée avec le protocole suivant :

Johannes Rigotus, vice-decanus Asianensis, omnibus qui presentes litteras viderint, salutem in Domino. Cum inter dominum Brient Montis Acuti, ex una parte, et fratres Templi, ex altera, causa verteretur, tandem de pace tractatum est coram me et inter partes pax et compositio amicabilis intervenit, et presentes litteras in testimonium conscribi feci et sigilli mei munimine roborari. Hec est autem continentia carte ejusdem Brient quam presentibus litteris voluit annotandam. Ego Brient... etc.

XXVI.

Don de la Roncinière, de Fonte-Close et de la Gruetère, par Raoul, seigneur de Machecou, et du droit de sergentise sur ces terres par Jean Bastard.

(1212.)

Ad memoriam tam presentium quam futurorum notificare decrevi quod ego Radulphus dominus Machacolli, pro salute anime mee et redemptione anime fratris mei Bernardi, omniumque predecessorum meorum, dono Deo et fratribus Templi terre Jerosolimitane quarteronium de la Roncineria et quarteronium de la Font closa et quarteronium de la Gruetera in qua manet Johannes Budez; dono, inquam, ab omni consuetudine et servitio semper liberos et quietos. Johannes vero Bastardus, miles, servientiam suam quam ibi habebat liberaliter donavit. Et ut ratum, firmum et stabile hoc donum permaneat, huic cartule sigilli mei apposui firmamentum. Actum est apud Machacollum, subter ulmum, anno Domini M°CC°XII°, in manu fratris Martini tunc preceptoris Cosdrie, testibus; P. abbate de Chauma, Willelmo de Sancto Medardo, Gaufrido Gobiel, Gaufrido Henter, militibus, Gaufrido Loquu, Petro Laquadei et aliis multis.

XXVII.

Confirmation par Raoul, seigneur de Machecou, de tous les dons faits par ses ancêtres dans la seigneurie de Machecou.

(1212.)

Ad memoriam bone recordationis tam presentium quam futurorum utili scripture commendo quod ego Radulphus, dominus Machacolli , labentem mundum cito pretereuntem aspiciens et in meis bonis operibus nunquam confidens, sed de malis actibus timens, pro adhipiscenda venia peccatorum meorum et pro remedio animarum patris et matris mee et tocius generis mei, dono Deo et Beate Marie semper Virgini in helemosina et concedo libere et quiete fratribus milicie Templi et terre Jherosolimitane dona et possessiones que olim ab antecessoribus meis in tota terra mea dictis fratribus perdonantur. Concedo, inquam, eis lo quartero de la Roncinera liberum ab omni cosduma et servitio, et decem solidos redditus in pratis novellis annuatim reddendos in Nativitate sancti Johannis Baptiste, et apud Machacollum borzeisiam Petri le Cadei omnino liberam et quietam, et borzeisiam filiorum Giraldi Becagu que est infra castrum Machacolli liberam et quietam , et borzeisiam Aimerici Soldani liberam, et borzeisiam Durant Tinela liberam, et domum Renardi Puicho liberam, et airaudum Palnoe qui est in marchailum omnino liberum, et terram landarum de Sancto·Cyrico, ubi manet Richerz Puiceloz et les harbegarges liberos et quietos, et duas partes quarteronii de Laurcera qui constat in parrochia Portus Sancti Petri; et apud Sanctum Philibertum domum Geraldi de la Landa et domum Bernardi Charder et domum Gaufridi Johea liberas et quietas, et arbergatgium Willelmi Barnil, et arbergatgium Lorenz Baivel liberos et quietos, et quarteronium de la Mandironera quod situm est in Viels, et quarteronium ubi manet Aimericus Loels et gener ejus, et quarteronium in quo manet Gaufridus Vitalis absque omni retinaculo libera et quieta, et duas partes quarteronii de Brolio Fogeros liberas et quietas. Hec autem omnia prout scripta sunt in hac presenti cartula, prefixis fratribus Templi assero habenda in perpetuum et possidenda. Actum est hoc anno Incarnationis dominice M°CC°XII°; fratre Martino tunc existente preceptore domus Cosdrie, audientibus : Radulpho abbate de Buzeio, Petro abbate de Chauma, Willelmo de Malo Leone nobili viro, Willelmo de

Clichon probato viro, Vincencio priore de Quinqualavant, Willelmo Guinart, Gaufrido Gobiel, Willelmo de Sancto Medardo, Johanne Bastardo, Arveio Golart, militibus, et aliis quampluribus. Et ne aliquis successorum meorum hanc meam composicionem evellere possit, munimine sigilli mei hoc presens scriptum feci roborari.

XXVIII.

Don par Guillaume d'Aspremont, seigneur de Rié et de Poiroux, de 20 sols de rente sur les hommes du Breuil-Renaud, et de deux habitants de Rié, Étienne Orson et Albin.

(1212.)

Ne amplius oblivioni tradatur scripture memorie mandare decrevi quod ego Willelmus de Aspero Monte, dominus de Rihe et de Peiros, dono Deo et fratribus Templi terreque Jherosolimitane, pro salute anime mee et uxoris mee, scilicet domine Ermengardis, et tocius generis mei, viginti solidos redditus Pictaviensis monete; et assignavi eos super homines meos de Brolio Renaudi de Belluc, singulis annis reddendos in festo sancti Michaelis. Necnon etiam concessi helemosinam, quam Petrus Meichinot dictis fratribus Templi apud Longam Villam predonaverat, quitam et liberam ab omni dominio meo, et dedit eis unum hominem in meo castro de Rihe, nomine videlicet Stephanum Orson, et heredes suos liberos in tota terra mea; et concessi eis Albinum et arbergagium suum, liberum et quitum in Rihe, quod antecessores mei in Rihe donaverant. Actum est hoc, annuente predicta domina Ermengardi uxore mea, anno Incarnationis dominice M° CC° XII°, fratre Martino existente preceptore domus Cosdrie. Et ut firmum a modo haberetur, hoc presens scriptum munimine sigilli mei feci roborari.

XXIX.

Don d'un emplacement pour construire une maison à Riez, par Guillaume d'Apremont, seigneur de Riez.

(Vers 1212 [1].)

Noscant presentes et futuri quod ego Willelmus de Aspero Monte, dominus de Rihe, cum assensu Hermengardis uxoris mee, dedi et concessi Deo et fratribus militie Templi, in puram et perpetuam helemosinam, unam plateam ad construendam domum que est inter les dois esters de Rihe, liberam et quietam ab omni servitio et cosduma.

XXX.

Don d'une maison à Machecou par Guillaume de Clisson, seigneur de la Banaste.

(1212.)

Certum sit omnibus has litteras videntibus quod ego Willelmus de Clicho, dominus Banastie, dono Deo et fratribus Templi domum meam quam habebam in castro Machacolli, nullo servicio ibi retento. Hoc idem concessit Aimericus de Clicho, filius meus, et Willelmus Acairies et uxor sua, scilicet Petronilla, filia mea. Factum est anno Domini M°CC°XII°, fratre Martino existente preceptore domus Cosdrie. Et ne ab aliquo successorum meorum neque calumpnia neque aliqua invidia instigata a genere meo hoc donum meum possit evelli, presens scriptum sigilli mei munimine feci roborari.

---

1. La date de cette charte doit se rapprocher beaucoup de celle de la précédente.

XXXI.

Confirmation de la charte précédente par Raoul, seigneur de Machecou, et Bernard son frère.

(1212.)

Verum est et verum esse fateor omnibus has litteras inspecturis quod ego Radulphus, dominus Machacolli, dono Deo et fratribus Templi domum quam Willelmus de Clicho dederat eisdem fratribus Templi in castro Machacolli; dono, inquam, et concedo quicquid in eadem domo habebam vel habere debebam, et hoc idem Bernardus frater meus animo liberiori concessit. Actum est anno Domini M° CC° XII°, fratre Martino existente preceptore domus Cosdrie. Et ne ab aliquo hoc donum evellere possit, hoc presens scriptum munimine sigilli mei feci roborari.

XXXII.

Don des droits de seigneurie et de complant sur la vigne de la Sauzaie et d'une mine de fèves de rente à Barbastre, par Geoffroy Bertaud et Bocharde sa femme.

(1212.)

Ad recordationem et memoriam omnium posterorum scripture commendare decrevimus quod Gaufridus Bertaudus et domina Bocharda, uxor mea, dedimus et concessimus libere et quiete Deo et fratribus Templi, pro salute animarum nostrarum et anime Alexandri Sancti Vincentii, militis, fratris predicte domine Bocharde, omne complantum et dominium semper habiturum in vinea de la Sauzeia, que est sita in parrochia de Brittegnole. Necnon igitur adhuc dedimus eisdem templariis unam minam fabarum in Barbastram annuatim in perpetuum reddendam. Actum est hoc anno Domini M° CC° XII°, in manu fratris Martini tunc preceptoris Cosdrie. Et ut hoc firmum et stabile permaneret, ego Gaufridus Bertaudus sigilli mei testimonium huic cartule apposui.

XXXIII.

Remise aux hommes de la Garnache par Hugues de Thouars, seigneur de la Garnache, et Marguerite sa femme, de tous devoirs autres que ceux de cens et redevances territoriales.

(3 septembre 1213.)

Noverint universi quod ego Hugo de Thoarcio, dominus Gasnapie, cum concessione Margarite uxoris mee, finivi et quitavi omnes occasiones et peticiones quas ego querebam super gentes pacis qui sunt in tota terra que pertinet domino Gasnapie, sive supra homines, sive supra territoria, sive supra alias possessiones, exceptis censibus et aliis serviciis in terra assignatis et cognitis. Et, ut hoc firmius teneretur, ego et Margarita, uxor mea, huic carte nostrorum munimen apposuimus sigillorum. Actum est hoc publice apud Sanctum Christophorum, anno Incarnationis dominice M°CC°XIII°, III° nonas septembris, magistro Nicholao tunc existente decano Asianensi. Facta est autem hec quitacio de omnibus illis que supradicte gentes usque ad predictum terminum possidebant.

XXXIV.

Don de dix sous de rente annuelle sur les cens de Touvois par Garsire, seigneur de Rays.

(Vers 1214[1].)

Ut sit eciam memoria omnibus subsequturis, vivaci litterature commendare decrevi quod ego Garsirius, dominus Radesii et Tollevie, pro salute anime mee et parentum meorum tociusque generis mei, dono in helemosina fratribus Templi decem solidos in meis censibus de Tollevia in natale Domini annuatim reddendos, et quicumque homo hos meos census recipiet jam dictos decem solidos fratribus Templi liberaliter reddet; et in fine meo dono eisdem fratribus Templi meum meliorem equum et mea meliora armamenta. Actum est apud Falero, in domo Radulphi Veher, in manu fratris Martini tunc preceptoris Cosdrie, testibus : Simon de Valle, Radulpho Veher militibus, Arberto capellano de Tollovia, Roberto capellano Sancti Stephani et quampluribus. Et ut hoc firmum et stabile permaneret, huic cartule impressionem sigilli mei apponere feci.

XXXV.

Transaction entre les Templiers et les héritiers d'Arbert Moraut, chapelain de Touvois, au sujet de la terre de la Fenêtre.

(1215.)

Notum fieri decrevimus omnibus has litteras inspecturis quod super discordia que erat inter fratres Templi, ex una

---

1. D'après ce cartulaire, Garsire fut seigneur de Rays au moins de 1210 à 1225 ; mais la charte suivante précisant qu'Arbert, chapelain de Touvois, venait de mourir en 1215, 1214 doit être, à peu de chose près, la date exacte de celle-ci.

parte, et Willelmum de Sancto Medardo et Americum Moraut et Johannem Moraut, ex altera, super helemosina terre de la Fenestra, quam Arbertus Moraudus capellanus de Tollevia fratribus Templi dederat, que, sicut predictis adversariis videbatur, nimis erat immoderata; tandem convocatis partibus coram quinque venerabilibus personis, videlicet : Petro abbate de Chauma et Americo priore de Pilamil et Arnulfo decano Clicionis et magistro Johanne Ascelin et Arve Golart milite, ad hoc opus exequendum, utrarumque partium voluntate electis, amicabilis compositio intervenit in hunc modum. Decreverunt enim quod homo habitator in terra de la Fenestra annuatim sex solidos censuales fratribus Templi reddat, medietatem in festo omnium sanctorum et alteram in Pascha Domini; et nichil amplius, excepto quod si predictum censum statutis terminis non reddiderit, fratres Templi in predicta terra se vindicabunt, et cum gagio census eisdem reddent. Et ipse homo et domus et familia ejus intersigno Templi munientur, et ad consuetudinem aliorum hominum erunt in custodia et deffensione fratrum Templi propter hoc nichil in eo nisi quod superius deffinitum est capientes. Actum est anno Incarnationis Dominice M°CC°XV°, apud Chaumam de Machecollis. Et ut hoc firmum et stabile in perpetuum permaneret, quinque venerabiles persone superius dicte huic cartule munimen sigillorum suorum apposuerunt.

XXXVI.

Jugement ecclésiastique sur un différend entre les Templiers et le chapelain de la Limousinière.

(1216.)

G. Dei miseratione abbas de Insula Calveti et B. Her Monasterii et (G.) Salartanie priores, omnibus presentes litteras inspecturis salutem in Domino. Universitati vestre notificamus quod cum auctoritate apostolica, fungeremur in hac parte, coram nobis erat quedam contentio que vertebatur inter fratres milicie Templi, ex una parte, et capellanum de la Lemozinere, ex altera, super quadam terra que erat in parrochia de la Lemozinere. Predicta siquidem terra ex jure templariis pertinebat; homines vero qui illam terram tenebant erant homines Templi. Supradictus capellanus dicebat quod quedam soror patris dictorum hominum dederat partem suam illius terre capelle de la Lemozinere in helemosinam possidendam. Templarii vero econtra dicebant quod non poterat in sua terra elemosinam dare nisi assistente ipsorum voluntate. Diffinita fuit coram nobis judicibus a domino Papa delegatis illa contencio tali modo quod capellanus quitavit terram supradictam templariis et hominibus suis et quicquid juris ibidem se habere asserebat. Actum est hoc anno ab Incarnatione Domini M° CC° XVI°. Et ut ratum et firmum hoc in perpetuum habeatur, presentem cartam fecimus sigillorum nostrorum munimine roborari.

XXXVII.

Jugement ecclésiastique sur un différend entre les Templiers et les chapelains de Bornam et de Solome.

(Vers 1216[1].)

Johannes Dei miseratione abbas de Insula Dei, B. Hereii Monasterii, G. de Salarteina priores, omnibus ad quos presentes littere pervenerint, salutem in Domino. Universitati vestre notum facimus quod cum auctoritate apostolica fun-

---

1. La date de cette charte doit se rapprocher beaucoup de celle de la précédente.

geremur super causas que vertebantur inter fratres Templi, ex una parte, et de Bornam et de Solome capellanos ex altera; tandem inter dictos dicta contencio hoc modo fuit diffinita. Dicti vero presbiteri coram nobis constituti, spontanei et libenti animo, ea que ab eis petebant fratres militie Templi eisdem fratribus concesserunt, protestantes coram nobis se jus aliquod non habere super causas quibus impetebantur coram nobis, cum istud per testes aliquos probare non valerent. Erat autem contencio talis inter eos. Dicti enim presbiteri jus parrochiale petebant ab hominibus Templi et super hoc ipsos indebite molestabant, super quo a fratribus Templi coram nobis in causa trahebantur. Unde cum nichil juris se habere prestarentur, ut dictum est, quantum ad hoc in dictis hominibus eosdem homines libere fratribus Templi quitaverunt. Et nos, auctoritate apostolica qua fungebamur, confirmavimus, ad partium peticionem, id idem per nostras patentes litteras omnium universitati signantes.

XXXVIII.

Vente par Guillaume le Gascon de Chauvé et sa femme à Rouaud du Val de tout ce qu'ils possédaient à Chauvé.

(1216.)

Alanus de Valle, Americus Graphium et domina Eustachia uxor ejus, omnibus tam presentibus quam futuris ad quos presentes littere pervenerint, salutem in Domino. Constet omnibus quod Willelmus le Gascon, de Chauveio, et uxor ejus, in presentia nostra venientes, vendiderunt Roaudo de Valle, militi, totum hoc quod habebant in Chauveio, preter decimam campi de la Piloardere, que data fuit ecclesie Beate Marie Nannetensis, habendum et possidendum hereditario jure, libere et quiete ab omni costuma, ipso reddente nobis tres solidos censuales annuatim in Nathale Domini. Hec venditio facta fuit in vigilia Natalis Domini. Testes sumus nos hujus rei qui domini sumus ; et investivimus dominum R. ut teneat et possideat libere, sicut jam dictum est, reddendo nobis dictum censum. Nos autem, ut hoc factum inconcussum et irrevocabile permaneat, ad robur et majus testimonium sigillos nostros huic cartule fecimus apponi. Verum ego Americus Graphium, quia sigillo carebam, sigillo suo venerabilis abbas de Pornidio has litteras sigillavit. Hujus rei testes sunt : Gauterius capellanus de Chauveio, Petrus de Ferreria, Petrus de Valle et G. frater ejus, Paganus Chervi, faber de Chauvee, ante domum dicte domine Eustachie ; apud Chauvee fuerunt isti. Apud Chemere fuerunt prior de Chemere et Simon de Guirchia testes ; apud Sanctum Petrum, ante portam beati Hylarii, fuerunt hii testes : Gauterius Morin, Raul Judicael, filius Agnetis de Penboef, et plures alii ; coram domino Alano de Valle et coram domino A. Graphium fuerunt isti : David Aubin, Foacon prior de Pornit. Factum est hoc anno ab Incarnatione Domini M°CC°XVI°.

XXXIX.

Don d'une terre, d'une vigne et d'un jardin par Geoffroy de Frosses.

(1216.)

Johannes Rigaut, vicarius Assiniensis, allocatus domini episcopi Pictavensis et decani Assiniensis omnibus ad quos presentes littere pervenerint, salutem in Domino. Noverit universitas presentium et futurorum quod Gaufridus de Froces dedit et concessit Deo et fratribus milicie Templi, pro salute anime sue et antecessorum suorum, terram et vineam et ortum que Johannes Heraut, homo Templi, a dicto Gaufrido tenebat supra.... libere et quiete et pacifice in helemosinam perpetuo possidendam et ab omnibus consuetudinibus et servitiis liberam et immunem. Hoc donum factum fuit publice, in claustro monachorum apud Gasnapiam, anno ab Incarnatione Domini M° CC° XVI°. Et ut firmum et magis stabile hoc habeatur in perpetuum, presentem cartam nostri sigilli fecimus munimine roborari.

XL.

Transaction entre les Templiers et Jean des Villettes et Aline sa femme au sujet d'une terre et d'un pré aux Villettes.

(1216.)

Johannes Rigot, vicarius de Asines, omnibus presentes litteras inspecturis, salutem in Domino. Noverint universi quod quedam contentio fuit inter fratres Templi, ex una parte, et Johannem des Vilestes, militem, et Aalinem uxorem ejus, ex altera, super quamdam terram et unum pratum des Vilestes, quod Agnes, uxor Raginaudi Querail, dederat fratribus Templi in helemosinam, sicut habebat integre in maritagio, et supradictus Johannes des Vilestes et Aalines, uxor ejus, affirmabant quod dictum donum non erat de jure. Cujus igitur contentionis talis facta fuit concordia quod Johannes de Vilestes et Aalines, uxor ejus, dederunt Deo et fratribus Templi quicquid juris habebant in dictam terram et in dictum pratum, pro salute animarum suarum. Ut hoc ratum de cetero et certius haberetur, ego Johannes Rigot, vicarius de Asines, huic scripto sigilli mei apposui firmamentum, anno ab Incarnatione Domini M° CC° XVI°.

XLI.

Don de trente sous de rente sur le marais du Poirier et de droits seigneuriaux, à Montdeserre, par Rainaud Fort.

(1216.)

Universis Christi fidelibus presentibus et futuris presentes litteras inspecturis, Petrus Herbert, decanus Asiniensis, salutem in vero salutari. Noverit universitas presentium et futurorum quod Renaudus Fortis, miles Gasnapie, dedit et concessit Deo et fratribus milicie Templi, pro salute anime sue et antecessorum suorum, triginta solidos quos habebat in maresio de Piru, libere et quiete in perpetuum pacifice possidendos. Concessit insuper et reliquit eis absque calumpnia quicquid juris se habere asserebat in terra quam fratres Templi possident a Michaele Fornerii et Johanne Resteraut apud Montem de Serre; supradicti vero triginta solidi ad nundinas Lande debent persolvi. Hoc donum factum fuit apud Gasnapiam, in presentia nostra. Et ut ratum et firmum hoc habeatur in perpetuum, presentem cartulam sigilli nostri munimine fecimus roborari. Actum est hoc anno ab Incarnatione Domini M° CC° XVI°.

XLII.

Don par Guillaume, seigneur d'Aspremont, des droits qu'il avait sur un bourgeois, une aire et une aumône jadis faite par Robert d'Aspremont.

(1216.)

Universis (Christi) fidelibus has litteras inspecturis Willelmus, nobilis vir, dominus Asperi Montis, salutem in Domino. Universitati vestre innotescat quod ego, pro salute anime mee et parentum meorum tociusque generis mei, dedi et concessi Deo et fratribus Templi in libera helemosina quicquid juris habebam in burgensi, in platea et in helemosina quam Robertus de Aspero Monte, miles, dictis fratribus dederat in castro meo Asperi Montis. Et adhuc dictis fratribus in quita helemosina donavi domum Gauteronis et porticum que est retro, pro qua aliqua vice litigacio constiterat inter me et eosdem fratres. Actum est anno Domini M° CC° XVI°, fratre Martino preceptore domus Cosdrie. Et, ne amplius super hoc aliqua dissensio possit oriri, hoc presens scriptum impressione sigilli mei feci roborari.

XLIII.

Vente par Geoffroy du Gué au précepteur de Coudrie d'un repas annuel à l'Eschasserie et d'un couteau pour une rente de douze deniers.

(1216.)

Universis Christi fidelibus presentes litteras inspecturis, P. Herbert, decanus de Asenes, salutem in vero salutari. Noverit universitas vestra quod Gaufridus de Vado, in presentia nostra constitutus, tradidit servitium quoddam fratri Martino preceptori de Cosdria et fratribus Templi, scilicet quoddam prandium quod habebat in terra de Leschacerie et quoddam cultellum similiter, hec omnia habenda in perpetuum pro duodecim nummis, in vigilia sive die Natalis Domini censualiter annuatim persolvendis. Si vero predicti duodecim denarii non fuerint persoluti in vigilia sive die Natalis Domini, duos solidos recipiet predictus Gaufridus de pena..... et heredes sui a preceptore de Cosdria, quisquis sit, et propter hos illos duodecim denarios nichilominus annuatim recipiet censuales. Hujus rei testes sunt : Willelmus Peloquin, Gaufridus Berrer, Willelmus de Vado, Aales femina Samsonis de Lunoneres, Willelmus Hacumus et multi alii. Actum est hoc in ecclesia beati Martini apud Asperum Montem, anno ab Incarnatione Domini M° CC° XVI°.

XLIV.

Don d'une rente de douze deniers sur la vigne de Pierre Chocot par Guillaume Merlet.

(1217.)

Johannes Rigot, vicarius domini episcopi Pictavensis et decani Assiniensis in decanatu de Asenés, notum sit omnibus quod Willelmus Merlet dedit et concessit fratribus Templi milicie duodecim denarios de censu, quos habebat supra quamdam vineam quam Petrus Chocot, homo Templi, possidebat, et quicquid juris in illa vinea habere asserebat, in perpetuum pacifice possidendum. Et ut ratum et firmum hoc haberetur in perpetuum, ad petitionem ipsius, presenti scripto sigilli nostri robur apposuimus et munimen. Actum anno ab Incarnatione Domini M° CC° XVII°.

XLV.

Don d'un homme, nommé Salomon, par Francechia, fille de Maurice de Montaigu, seigneur de Commequiers.

(Mai 1217[1].)

Noverint universi quod ego Francechia, filia Mauricii de Monte Acuto, domini Quimequerii, dedi et concessi, pro

---

1. Cette charte, concernant le même objet que celle ci-dessous XLVII, donnée dans le même lieu, le même mois, est probablement de la même année, l'une devant être remise à Salomon, l'autre aux Templiers. Il y a lieu de supposer, dans la date de l'une ou de l'autre, une faute de copiste, chiffre des unités.

salute anime mee et salute animarum patris mei et matris mee et omnium aliorum amicorum meorum, Deo et domui milicie Templi de Cosdria Salomonem meum hominem et res suas quascumque ipse de me tenebat, scilicet la Bochardere de Feodo Tavea et quatuor sexteriatas terre in saltibus predicti feodi : tali pacto quod predictus Salomon vel suus heres reddet annuatim predicte domui quinque solidos censuales et duos capones annis singulis persolvendos ; et ita erit immunis predictus Salomon et heres suus ab omni alio servicio et cosduma. Si vero contigerit quod predictus Salomon sine herede moriatur, supradicta terra ad supradictam (Francechiam) vel ad suos heredes revertetur : ita tamen quod quinque predicti solidi et duo capones persolventur predicte domui annuatim. Et ut hoc firmum et stabile permaneret, istam cartulam sigilli mei munimine roboravi. Actum est hoc apud Asperum Montem, anno ab Incarnatione Domini M° CC° XVII°, mense maio.

XLVI.

Don de cinq sols de rente sur le fief de Bonin de Poiroux par Raoul de Moric, croisé.

(1217.)

Notum sit quod ego Radulphus de Moric, ad Hierosolimitanas partes iter arripiens, dedi et concessi Deo et fratribus milicie Templi, pro redemptione anime mee et antecessorum meorum, quinque solidos in perpetuum habendos annuatim super feodum Bonini de Peros et ad festum beatorum apostolorum Petri et Pauli persolvendos a Bonino de Peros vel ab eo qui feodum possidebit. Actum est hoc anno ab Incarnatione Domini M° CC° XVII°. Et ut hoc ratum et firmum haberetur in perpetuum, huic scripto sigilli mei robur apposui et munimen.

XLVII.

Don d'un homme, nommé Salomon, par Francesche, fille de Maurice de Montaigu, seigneur de Commequiers.

(Mai 1218[1].)

Noverint universi presentem cartam inspicientes quod Francesche, filia Mauricii de Monte Acuto, domini Kemiquerii, dedit, pro suo servitio, Salomoni servienti suo et heredibus suis la Boschardere, de Feodo Tavel, in hominibus et in terra quicquid ibidem habebat, et quatuor sexteriatas lande de eodem feodo, libere et quiete absque cosduma in perpetuum possidendas. Ut autem hoc firmius teneretur, dicta Francesche dedit dictum Salomonem cum rebus supradictis Deo et fratribus milicie Templi de Cosdria, pro anime sue et anime patris sui et matris sue et aliorum amicorum suorum salute consequenda. Dictus vero Salomon aut heres ejus tenebunt de cetero la Bochardere et quicquid in hominibus et in terra ibi habent, et quatuor sextariatas lande, a Deo et fratribus milicie Templi, ad quinque solidos censuales et duos capones reddendos annuatim : tali pacto quod fratres milicie Templi a dicto Salomone vel heredibus suis nil aliud preter quinque solidos et duos capones petent vel capere presument. Si vero dictus Salomon absque heredibus obierit, hec terra et hi redditus supranominati ad dictam Francesche vel heredes suos ad quinque solidos reddendos annuatim penitus revertentur. Hoc autem factum fuit ad Sanctum Petrum de Aspero Monte, mense maii, anno ab Incarnatione Domini M° CC° XVIII°. Et ut autem in posterum super hoc contentio non posset oriri, dicta Francesche presenti cartule sigilli sui robur apposuit et munimen.

---

1. V. la note de la charte XLV.

XLVIII.

Don d'un homme, nommé P. Favre, par Hugues de Thouars, seigneur de la Garnache et de Palluau, et Marguerite sa femme.

(1218.)

Noverint universi quod ego Hugo de Thoarcio, dominus Gasnapie et Paludelli, et ego M. uxor ejus, domina eorumdem castrorum, concessimus Deo et milicie Templi de Cosdria P. Fabri de Paludello et omnia teneamenta ipsius, libere et pacifice in perpetuum possidenda, et heredes ipsius post obitum P. predicti : ita tamen quod, si acciperemus tenamenta ipsius in manu nostra et per delicta vavassorum de quibus tenet illa, nobis tenetur eadem obligatione qua tenetur vavassoribus prelocutis. Et, ut hoc firmius teneretur, presens scriptum roboravimus nostrorum munimine sigillorum. Actum est hoc apud Paludellum, anno ab Incarnatione Domini M° CC° XVIII°.

XLIX.

Don par Hylarie, femme d'Hervé Goulart, de tous les droits qu'elle avait sur André Benoit, Jean Gabart, Guillaume Parenteau, Aimery Bouchardeau, Geoffroy Gannardeau et Pierre Floceau, habitants de Coudrie.

(1219.)

Notum sit omnibus tam presentibus quam futuris quod Hylaria, filia Symonis de Codrei, uxor Arvei Golart, tunc temporis attendens utilitatem et redemptionem anime sue et anime dicti Symonis patris sui et matris sue, dedit et concessit, in perpetuo possidendum, Deo et fratribus milicie Templi quicquid habebat in Broces super homines Templi, scilicet super Andream Benedicti et super Johannem Gobart, et quicquid habebat super les Remangeres, et medietatem dau quarteron quam Willelmus Airaudi possidebat, et quicquid habebat super Willelmum Parentea et super Aimericum Bochardea et super Gaufridum Gannardea et super Petrum Flocea, in parrochia de Cosdria habitantes. Hujus donationis receptor fuit frater Amelius. Quod vidit et audivit Aimericus Farferas, sacerdos, scriptor presentis cartule, et Arveus capellanus ecclesie Sancti Philiberti de Grandi Loco et Johannes Ferrer clericus et Archambaut Maceaere miles et Gaufridus clericus, filius ejus, et Giraudus de Landa et Radulphus de la Veerie et plures alii. Et ut hoc ratum et stabile perduraret, sigillo Jocerandi, prioris tunc temporis Sancti Philiberti de Grandi Loco, et sigillo dicti Arvei Golart fecit presentem cartulam sigillari. Actum anno Incarnationis dominice M° CC° XIX°.

L.

Échange entre les Templiers et Brient de Montaigu, seigneur de Commequiers, ayant la garde de l'héritier d'Hylarie, dame de la Veerie.

(1220.)

Universis Christi fidelibus presentibus et futuris presentem cartam inspecturis Brienz de Monte Acuto, dominus Quemequerii, salutem in salutis auctore. Noverit universitas vestra quod domina Hylaria, domina de Veeria, pro remedio anime sue et parentum suorum, dedit et concessit in perpetuam helemosinam Deo et fratribus milicie Templi omne illud quod juris habebat in feodum dau Broceis, quod colebant homines templariorum : videlicet sicut includit a Guagnarderia usque ad Rabalanderiam, et a Rabalanderia usque ad passum Bertuelli, sicut rivulus sequitur qui est medius, et a passo Bertuelli, sicut includit feodum Americi Benedicti, usque ad Grosseteriam, et a Grosseteria et a Bocheeria, sicut via que tendit de Quimequeriis ad Ganapiam separat, usque ad passum Merderelli, et dimidium quarterium terre, quod Willelmus Airaudi colebat, et frareschiam Plantive filie Aimerici de Veeria, scilicet tertiam partem teneamenti dicti A. patris sui, et domum Stephani Veteris Tunice, et quinque bossellias terre defuncti Burelli, et bosselliam vinee que fuit defuncti Benedicti, que dona dicta domina Hylaria dederat Radulpho de Veeria. Ego vero dictus B. de Monte Acuto, qui heredem domine Hylarie habebam in mea custodia et in manu mea, pro dictis donis superius R. de Veeria superius nominati et pro predicta frareschia Plantive superius nominate, predicto R. de Veeria et predicte Plantive et fratribus milicie Templi feci excannium: videlicet quod eisdem tradidi in excannium quicquid dicta domina Hylaria capiebat in exartis que colebant homines templariorum, sicuti via includit que separat a passo Merderelli usque ad Crucem Boet, sicut via separat que dicitur via de Challanz et tendit ad crucem usque Bonimi, et exartum Audoart et pratum quod contingit, habendum in perpetuam helemosinam et pacifice possidendum. Dona vero superius dicta prefati R. de Veeria et frereschia dicta superius prefate Plantive pro dicto superius excannio heredibus dicte domine Hylarie quiete et pacifice in perpetuum remanent. Hanc vero dictam superius helemosinam ego dictus B., cognoscens quod dicta domina Hylaria canonice fecerat, vobis et dictis fratribus concessi. Ut prescripta autem helemosina rata permaneat in perpetuum et inconcussa, presentem cartam sigilli mei munimine roboravi. Actum anno gracie M° CC° XX°, Honorio Papa presidente, Philippo rege Francorum, Willelmo episcopo Pictavensi.

LI.

Transaction entre les Templiers et Hugues de Thouars, seigneur de Montaigu, et Marguerite sa femme, au sujet d'un don jadis fait par Petronillus de la Garnache.

(1220.)

Omnibus presens scriptum inspecturis H. de Toarcio, Montis Acuti et Gasnapie dominus, et Margarita, uxor ejus, salutem. Noverint universi quod cum multe contenciones, inter nos, ex una parte, et templarios, ex altera, verterentur, tandem pacificatum est in hunc modum : quod nos dedimus et concessimus, in perpetuam elemosinam, libere et pacifice, pro animabus patrum et antecessorum nostrorum, fratribus milicie Templi et domui de Cosdria quinquaginta solidos currentis monete, annuatim in nundinis Lande persolvendos supra portus Belvearii, quos Petronillus de Gasnapia dederat eisdem in helemosina. Preterea filii Dodini remanent liberi in perpetuum milicie Templi, salvo tamen jure matris sue vel parentum suorum de teneura eorumdem ; que teneura si eos contigerit, ipsi tenentur domino Montis Acuti servitium teneure debitum facere, vel hominem ex eis qui servitium pro eis faciat tradere, vel teneuram dimittere. Et ut hoc firmius habeatur, hanc cartam nostrorum sigillorum munimine roboravimus. Actum anno Domini M° CC° XX°.

LII.

Confirmation par Maurice de Montaigu, seigneur de Commequiers, de tous les dons faits à l'Ordre du Temple par lui ou par ses ancêtres dans les paroisses de Commequiers, Soullans et Challans.

(1220.) -

Ad memoriam recordationis tam presentium quam futurorum scripture commendo quod ego Mauricius Montis

Acuti, dominus Quemiquerii, pro remedio anime mee et parentum meorum tociusque generis mei, dono et concedo libere et quiete fratribus Templi milicie et terre Iherosolimitane dona et possessiones que dictis fratribus a me vel ab antecessoribus meis in tota terra mea, scilicet in parrochiis Quemiquerii et Solandis et Chalandis, quoque modo perdonantur, in perpetuum habenda eisdem assero et in proprium possidenda. Actum est hoc apud Chalanz, in mea camera, anno Incarnationis dominice M° CC° XX°; fratre Martino existente preceptore domus Cosdrie. Et ad perpetuam conservationem hujus mee assertionis, hoc presens scriptum munimine sigilli mei feci roborari.

LIII.

Reçu d'un anneau d'or orné d'une émeraude remis par les Templiers à Maurice Cathus.

(15 décembre 1220.)

Hugo de Thoarcio, Montis Acuti et Gasnapie dominus, omnibus presens scriptum inspecturis, salutem. Testificor omnibus quod templarii de Cosdria, ad peticionem elemosinariorum M. Catuis, scilicet Willelmi Catuis fratris sui et M. Eet, reddiderunt M. Catuis, filio defuncti ejusdem, quoddam annulum aureum cum lapide smaradinis; et M. filius defuncti jamdicti M. Catuis, in manu nostra et custodia, dictos templarios a jam dicto annulo coram me quiptavit. Et ut hoc firmum habeatur, presens scriptum sigilli mei munimine roboravi. Actum apud Gasnapiam, in crastino beati Fortunati, anno Domini M° CC° XX°.

LIV.

Don par Charles Gorde du droit de pâturage dans la forêt de la Gordonnière pour les animaux du Temple de Coudrie.

(1221.)

Johannes Rigot, vicarius Aïsianensis, omnibus presentes litteras inspecturis, salutem in omnium Salvatore. Universitati vestre notificare decrevimus quod Chales Gorde, coram nostra presentia constitutus, dedit et concessit Deo et fratribus militie Templi, pro remedio anime sue et parentum suorum, pasturam propriis bestiis domus Templi de Cosdria in suo nemore de Gordoneriis in perpetuam helemosinam possidendam. Ut autem hec elemosina perpetuam habeat firmitatem, presentem cartam sigilli nostri munimine dignum duximus roborari. Actum anno gracie M° CC° XXI°.

LV.

Transaction entre Hugues de Thouars, seigneur de la Garnache, et Étienne, précepteur du Temple de Coudrie, au sujet du droit de mesurage réclamé par les Templiers et leurs hommes.

(1222.)

Notum sit omnibus, tam presentibus quam futuris, quod cum contencio verteretur inter nobilem virum H. de Toarcio, dominum de Gasnapia, ex una parte, et fratrem Stephanum preceptorem domus de Cosdria, ex alia, super quibusdam mensuris quas idem preceptor dicebat se et homines suos debere habere liberas et sine costuma per totam terram de Gasnapia, domino nobili viro H. de Toarz contrarium asserente, talis inter eos compositio intervenit :

videlicet quod homines templariorum de ballia domus de Cosdria mensuras suas habebunt liberas et sine costuma et absque impedimento aliquo ad omnia sua propria mobilia vendenda, sive in domibus suis sive foras, ubicumque vendere voluerint, per totam terram Gasnapie et Belveari et per totam balliam de Cosdria. Si vero dubitatio esset de aliqua re vendita, an esset hominis templariorum, ad peticiónem domini Gasnapie vel servientis sui, homo templariorum in manu dicti preceptoris, vel mandati sui, fide data, rem esse suam propriam affirmabit; quod si fidem dare noluerit de dicta re, dictus dominus de dicta re costumam habebit. Ad hanc vero fidem recipiendam preceptor in quolibet castro de sua ballia suum locatum habebit. Si vero mensura templariorum falsa inveniretur, ad peticionem domini Gasnapie vel mandati sui, mensura per preceptorem emendabitur, et idem preceptor gagium habebit de falsa mensura. Si vero preceptor nollet emendare, dictus dominus emendaret et gagium haberet. Alii vero qui non sunt homines templariorum, sive in domibus templariorum vel ubicumque, et cuicumque et cujuscumque mensura vendiderint, domino Gasnapie costumam reddent. Sane si homo templariorum mensuram habere voluerit, ad peticionem ejusdem hominis, serviens domini Gasnapie talliare tenetur eamdem secundum communitatem aliarum mensurarum, absque difficultate et absque aliquo diffugio et servitio. Ad dictas vero mensuras talliandas, dictus dominus Gasnapie in quolibet castro et dicta ballia suum locatum habebit. Ut autem hec compositio perpetuam habeat firmitatem, de consensu partium, sigillorum venerabilium episcoporum Pictavensis et Nannetensis et magistri milicie Templi de Pictaviâ et nobilis viri H. de Toarz, domini Gasnapie, et M. uxoris sue presens carta munimine roboratur, anno ab Incarnatione M°CC°XXII°.

LVI.

Jugement ecclésiastique sur un différend entre le précepteur du Temple de Coudrie et Bernard Caracte au sujet de deux métairies en la paroisse de Vue.

(1224.)

Universis presentes litteras inspecturis, Stephanus, Dei gratia Nannetensis episcopus, salutem in Domino. Noverint universi quod cum contentio verteretur coram nobis inter Bernardum Caracte, militem, ex una parte, et preceptorem de Cosdria, ex altera, super duabus medietariis in feodo ejusdem Bernardi in parrochia de Veuz sitis, quas Stephana, uxor Oliverii Cavalen, defuncta, domui de Cosdria in helemosinam dederat, tandem inter ipsos talis compositio intervenit quod dictus B. sesinam earundem medietariarum preceptori reddidit supradicto : tali modo quod, si helemosina non esset rationabilis, eo quod excederet quantitatem in faciendis helemosinis nominatam, secundum judicium nostre curie taxaretur. Dictus etiam preceptor per annum et diem in pace dictam helemosinam possidebit. Si autem de amplius habendo consensum ejusdem militis non poterit habere, si vendere debuerit vendet helemosinam supradictam. Promiserunt siquidem coram nobis firmiter, tam dictus preceptor quam dictus miles, quod alter alterum in alia curia non traheret de rebus de quibus facta fuit compositio sicut superius continetur. Actum apud Nannetas, anno gracie M⁰ CC⁰ XXIIII.

De expensis vero factis in litem, in nos compromiserunt et magistrum Stephanum, cantorem Nannetensem.

LVII.

Transaction entre les Templiers et Garsire, seigneur de Rays, au sujet des moulins de la chaussée de Pornic.

(1225.)

Universis Christi fidelibus presentes litteras inspecturis Garsirius, dominus Radesii, salutem in Domino. Noverint universi quod cum contentio verteretur inter nos, ex una parte, et fratres milicie Templi, ex altera, super quadam domo quam ipsi edificabant super calceam juxta molendina de Pornidio; tandem ad amicabilem devenimus compositionem in hunc modum. Ego etenim Garsirius, dominus Radesii, concessi, pro bono pacis, quod templarii domum illam quam inceperant faciant, et etiam usque ad metam ibidem assignatam augmentare possint, si voluerint, ad altitudinem et latitudinem veteris domus in qua sunt molendina, ita quod de cetero nichil amplius facere possint. Dicti vero templarii concesserunt quod ibi non recipient hominem qui vendat vel emat more regratariorum, nec ibi poterunt vendere templarii aliquid nisi de suis propriis; et si forte ipsi templarii ad firmam tradiderint molendina, firmarius vel monerius non poterit ibi vendere aliquid nisi de illis que lucratus fuerit in molendinis. Ut autem hoc firmum et stabile permaneret, facta fuit presens cartula, per abecedarium divisa, cujus utraque pars [1], per se auctentica, sigillo nostro

---

1. L'autre partie existant dans le *Cartulaire des sires de Rays* n° 203, on la reproduit ici, autant pour montrer comment on variait les protocoles dans ces échanges de chartes que pour noter de légères variantes dans les deux expéditions :

« Universis Christi fidelibus presentes litteras inspecturis, frater Girar-
« dus de Breres, milicie Templi in Aquitania preceptor humilis, salutem
« in Domino. Noverint universi quod cum contentio verteretur inter nobilem

et sigillo fratris Girardi de Breies, tunc temporis milicie Templi in Aquitania preceptoris, signata. Datum anno Domini M° CC° XXV°.

LVIII.

Don de certaines choses à la Beliardère par Jean Beliart, seigneur de la Beliardère.

(1230.)

Noscant tam presentes quam futuri quod Johannes Beliart, dominus de la Beliardere, dedit Deo et fratribus milicie Templi de Cosdria quamdam helemosinam in sua terra de la Beliardere, scilicet in terra arabili, in nemore, in pastura sicut suis propriis pecudibus, et quamdam oscheam que erat sita post domum suam de la Beliardere; et dicti fratres de Cosdria hoc donum concesserunt Gaufrido Guinebert et suis heredibus, ad tres solidos censuales annuatim persolvendos. Actum anno Domini M° CC° XXX°.

« virum Garsirium, dominum Radesii, ex una parte, et fratres nostros
« milites Templi, ex altera, super quadam domo quam ipsi edificabant
« super calceatam juxta molendina de Pornidio, tandem ad amicabilem
« devenerunt compositionem in hunc modum. Dominus Garsirius conces-
« sit, pro bono pacis, quod dicti fratres nostri domum illam quam susce-
« perant faciant et etiam usque ad metam ibidem assignatam augmentare
« possint, si voluerint, ad altitudinem veteris domus in qua sunt molen-
« dina, ita quod de cetero nichil ibidem amplius facere possint. Dicti vero
« fratres nostri concesserunt quod ibi non recipient hominem qui vendat
« vel emat more regrateriorum ; nec ibi poterunt vendere dicti fratres ali-
« quid nisi de suis propriis. Et si forte ipsi tradiderint ad firmam molendina,
« firmarius vel monerius non poterit ibi vendere aliquid nisi de illis que
« lucratus fuerit in molendinis. Ut hoc autem firmum et stabile permaneret,
« facta fuit presens cartula per abecedarium divisa, cujus utraque pars
« per se est autentica, sigillo dicti Garsirii, domini Radesiarum, et sigillo
« nostro, cum assensu fratris Stephani, tunc temporis preceptoris domus
« nostre de Codria, et aliorum fratrum nostrorum ejusdem domus, roborata.
« Datum anno Domini MCCXXV°.

LIX.

Don de 20 sous de rente sur le marais de la Girouère par Bienvenue, femme de Guillaume de Leigue.

(1230.)

Ego Benevenuta, uxor Willelmi de Leigue, in lecto egritudinis posita, testamento meo disposito et ab exequtoribus meis sigillato, tandem de utilitate mea recogitans et providens, in pura helemosina legavi et concessi fratribus milicie Templi de Cosdria in perpetuum viginti solidos censuales super totum maresium meum de Giroere et super molendinum meum de vento annuatim reddendos; quod maresium et molendinum in primo testamento meo legavi Willelmo de Leigue viro meo. Actum anno Domini M°CC°XXX°.

LX.

Don d'un demi-quartier de froment de rente sur la terre de la Trechouère par Rainaud Rotureau.

(1231.)

Noscant tam presentes quam futuri quod Raginaudus Rotureas, de la Beliardere, dedit Deo et fratribus milicie Templi de Cosdria, pro redemptione anime sue et parentum suorum, unum dimidium quarterium frumenti annuatim reddendum super terram de la Trecheaere. Quicumque tenuerit predictam terram de la Trecheaere tenebitur reddere predictis fratribus milicie Templi predictum frumentum in medio augusti. Hoc donum factum fuit in manu fratris Stephani, tunc temporis preceptoris Cosdrie. Et si aliquis in predicta terra sua violentia forifecerit, fratres Templi debent esse in auxilio et consilio ei qui predictam terram tenuerit. Actum anno gracie Mº CCº XXXIº.

LXI.

Transaction entre les Templiers et Olivier de Coché, seigneur de la Benaste, au sujet de la forêt de l'Oiselière, sur laquelle ils lui abandonnent tous leurs droits, par suite d'échanges.

(1232.)

Universis presentem cartam inspecturis ego Oliverius de Ceoche, dominus Banastie, salutem in Domino. Noverint universi quod cum contencio verteretur inter me, ex una parte, et fratres milicie Templi de Cosdria, ex altera, videlicet tempore fratris Stephani, preceptoris ejusdem loci, super nemore de Lozelerem, quod nemus dicti fratres ad se dicebant de jure pertinere; post multas altercationes, bonorum virorum consilio, inter me et ipsos fuit compositum in hunc modum : quod ego, in escambium juris quod habebant in dicto nemore de Lozelerem dicti fratres, dedi et concessi fratribus milicie Templi, quiete et pacifice in perpetuum possidendos, duos solidos consuales quos habebam super domo Penrot, et sex denarios quos habebam super campo Vitalis, et quinque solidos quos habebam in Anglia Oliphet, videlicet in ea parte quam dicti fratres ante possidebant, et census quos habebam super pratis dictorum fratrum sitis in parrochia de Frocaio, et quemdam bovem annui redditus quem habebam in veeria de Lande Pere et in Brachoneria, redditurum in vigilia Natalis Domini et per manum Johenne uxoris Willelmi Airaut et Richeite uxoris Petri de Molli Campo, que sunt heredes de veeria de Lande Pere et de Brachoneria. Et si dictus bos non redderetur dictis fratribus ad dictum terminum, propter hoc juri parerent in curia dictorum fratrum et eamdem emandam eisdem redderent quam michi reddere tenebantur. Hec omnia feci de consensu et mera voluntate uxoris mee Petronille, tunc temporis domine *Binastie*, que istud escambium promisit se fideliter servaturam, et ne de cetero veniret in contrarium, fidem de hoc promisit corporalem. Et ne hoc de cetero in posterum in dubium posset revocari, de consensu dicte uxoris mee Petronille, cartam istam sigilli mei munimine roboravi. Actum anno Domini M° CC° XXXII°.

Engagement pris par le Maitre des Templiers d'Aquitaine et Girard Chabot, seigneur de Rays, de soumettre à l'arbitrage de l'abbé de Notre-Dame-la-Grande de Poitiers, tous leurs différends au sujet du Plesseis-Raffray.

(20 mars 1252 [1].)

Johannes, Dei gratia Pictavensis episcopus, et capitulum Pictavense, universis presentes litteras inspecturis salutem in Domino. Noverint universi quod in nostra presentia constituti personaliter, die mercurii ante Ramos Palmarum, venerabilis vir frater Fulcho de Sancto Michaele, preceptor militie Templi in Aquitania, ex una parte, et nobilis vir Girardus Chaboz, ex altera, compromiserunt dictus preceptor, pro se et hominibus suis, et dictus nobilis, pro se et uxore sua et hominibus suis, de contentionibus que vertebantur inter ipsos, tam super Plesseio Raffini et pertinentiis quam super omnibus aliis, in venerabilem virum abbatem Beate Marie Majoris Pictavensis; promittentes dictus preceptor pro se et dictus miles pro se, sub pena cc librarum, attendere, observare et facere et procurare, videlicet dictus preceptor erga

---

1. *Cartul. des sires de Rays*, n° 8.

fratres et homines predictos et dictus nobilis erga uxorem suam et homines predictos, quod dicti fratres, homines et uxor attendent et observabunt quicquid per dictum abbatem super predictis pace vel judicio fuerit diffinitum seu ordinatum, sine diebus non observatis sive feratis, qui ob necessitates hominum sunt introducti ; et prima die, omissis dilatoriis exceptionibus, fiet litis contestatio, et jurabitur de calumpnia hinc et inde et procedetur ulterius quantum de jure fuerit, sine differagio. Fuit etiam condictum in premisso quod qualibet die assignanda ab arbitro predictis partibus qua alteram partem deficere contingat, pars deficiens solvet pro qualibet die qua deficiet, c. solidos pro sumptibus litis illius diei parti comparenti coram arbitro, nisi pars deficiens se ad arbitrium dicti arbitri poterit legitime excusare. Fuit etiam actum in dicto compromisso quod qualibet pena predicta commissa vel non commissa, soluta vel non soluta, ratum nichilominus maneat compromissum. Promisit siquidem dictus nobilis quod ipse faciet et procurabit erga uxorem suam, sub pena predicta, quod ipsa jurabit coram vicario Cholem infra dominicam qua cantabitur *Misericordia Domini*, se tenere firmiter et servare omnia et singula supradicta ; de quo juramento, si fecerit dicta uxor, certificabit dictus arbiter per patentes litteras, sigillo suo sigillatas. Et quantum ad predicta dictus preceptor supposuit se jurisdictioni nostre pro se et fratribus suis, renuntians pro se et dictis fratribus privilegiis suis quoad predicta. Actum etiam et conditctum fuit in dicto compromisso quod omnes res hominum predictorum preceptoris et fratrum exstantes quas ipse cepit, vel de mandato et voluntate sua capte fuerunt, recredet dictus nobilis eisdem hominibus sub fide sua. Et si constiterit per sententiam dicti arbitri ipsum nobilem cepisse vel capi fecisse res predictas dictorum hominum utendo jure suo, red-

---

1. Sic fortasse pro Thalem. (*Thalamondi.*)

dentur dicto militi; si autem non apparuerit ipsum nobilem cepisse vel capi fecisse res dictorum hominum utendo jure suo, remanebunt dictis hominibus, et rerum captarum que consumpte fuerint vel non exstiterint estimationem reddet hominibus supradictis ad valorem quam ipsi proprio juramento declarabunt, coram arbitro supradicto. Et hec omnia et singula promiserunt, fide data, dicti preceptor et nobilis attendere, observare, facere et procurare prout superius sunt expressa. Datum dicta die mercurii, [ante Ramos Palmarum] anno Domini M.º CCº LIº.

Sentence rendue par suite de l'arbitrage ci-dessus.

(27 août 1254 [1].)

Johannes, Dei gratia episcopus, Radulphus decanus et capitulum Pictavense, universis presentes litteras inspecturis, salutem in Domino. Noveritis quod cum contentio verteretur inter religiosos viros preceptorem et fratres militie Templi in Aquitania, ex una parte, et nobilem virum Girardum Chabotz et Eustachiam uxorem suam, filiam et heredem Radulphi de Rays et Savagie uxoris sue, defunctorum, ex altera, coram venerabili viro abbate secularis ecclesie Beate Marie Majoris Pictavensis arbitro, a primo fratre Fulcone, quondam preceptore militie Templi in Aquitania, et postmodum a fratre Hugone Grisart, tunc preceptore militie Templi in Aquitania, pro se et dictis fratribus, et a dicto nobili pro se et uxore sua communiter electo, super hoc quod dictus preceptor, cum assensu dictorum fratrum, dicebat contra dictos nobilem et uxorem suam quod dicti Radulphus de Rays et Savagia, uxor

---

1. *Cartul. des sires de Rays*, nº 158.

sua, donaverant et concesserant eidem in puram et perpetuam elemosinam quidquid juris et dominii habebant et habere poterant in Plesseyo Raphiri et pertinentiis; quod Plaisseyum cum pertinentiis pertinebat ad eos, et quod Plaisseyum habebant et tenebant et explectabant tempore doni et concessionis predictorum. Unde cum dictus Girardus et ejus uxor tenerent, possiderent et explectarent minus juste dictum Playsseyum cum pertinentiis, in prejudicium et gravamen dictorum preceptoris et fratrum, petebat dictus preceptor, cum assensu dictorum fratrum, dictum Playsseyum cum pertinentiis sibi deliberari et reddi cum fructibus inde perceptis, ad valorem c librarum. Item dicebat idem (preceptor), cum assensu fratrum, contra ipsum Girardum quod ipse minus juste et in prejudicium et gravamen ipsorum preceptoris et fratrum, ceperat vel capi fecerat res suas et hominum suorum mansionariorum de Burgo Novo et circa, videlicet equos, vestes et res alias, et quosdam homines mansionarios ipsorum preceptoris et fratrum adhuc captos detinebat minus juste, in injuriam et prejudicium ipsorum preceptoris et fratrum, vel predictas captiones et detentiones nomine suo factas ratas habuerat; quos homines et res predictas petebat sibi et hominibus suis deliberari et de injuria hujusmodi sibi et fratribus suis satisfieri ad valorem xl librarum, cum pro tanto nollent eam sustinuisse. Tandem post multas altercationes habitas inter dictum fratrem Hugonem Grisart, tunc temporis preceptorem milicie Templi in Aquitania, nomine suo et fratrum et hominum predictorum, ex una parte, et dictum nobilem pro se et uxore sua, ex altera, tractatu proborum interveniente, amicabilis compositio intervenit in hunc modum. Predictus nobilis promisit reddere et solvere infra instans Natale Domini predicto preceptori, pro se et [suis fratribus] vel dicto abbati, nomine ipsorum, apud Pictav. c. libras, pro bono pacis, et vi libras pro fructibus tercie partis feodi Rerobe de una aneta. Dictus vero preceptor promisit et tenetur reddere predicto abbati omnes cartas, instrumenta et acta que dicti preceptor et fratres habent et habere possunt de Plesseyo et pertinentiis supradictis, quas cartas, instrumenta et acta dictus abbas tradet et reddet dictis nobili et ejus uxori vel eorum allocato seu mandato; facta solutione summarum predictarum.

Item promisit et tenetur idem nobilis hominibus dictorum preceptoris et fratrum de Burgo Novo, infra instans festum Omnium Sanctorum, in presentia decani Thalemondi loco predicti abbatis Beate Marie; ad hec constituti, vocato preceptore de Landa Blancha, res seu valorem rerum captarum de quibus fit in actis mentio, reddere et solvere secundum concessionem seu recognitionem factam in actis ex parte nobilis memorati. Si vero dictus preceptor vel homines majorem valorem seu estimationem rerum captarum quam fuit confessatum legitime et sufficienter coram dicto abbate probare poterint, dictus nobilis promisit et tenetur reddere valorem seu estimationem rerum quam probare poterint, coram abbate superius nominato. Item promisit et tenetur dictus nobilis ponere dictos preceptorem et fratres in possessionem et saisinam tercie partis dicti feodi Rerobe, in qua erant tempore saisine posite in dicto feodo ab ipso nobili, salvis juribus nobilis supradicti. Predictus vero preceptor, pro se et fratribus predictis, ex causa hujusmodi compositionis voluit et concessit quod dictum Plasseyum cum pertinentiis ejusdem predicto nobili et uxori sue et eorum heredibus remaneat in perpetuum, ad omnimodam voluntatem suam faciendam, sine contradictione et reclamatione aliqua a preceptore et fratribus milicie Templi in posterum faciendam. Hec autem omnia et singula, prout superius sunt expressa, promiserunt dicti preceptor et nobilis, fide data, attendere et servare et contra predicta vel aliqua predictorum per se vel per alium, occasione aliqua non contra facere vel venire. Rursus, fide data, promisit dictus nobilis se curare et facere erga dictam uxorem suam quod ipsa ratam et firmam habeat compositionem predictam et quod ipsa non faciat vel veniat contra compositiones antedictas. Et in hujus modi rei testimonium, presenti littere sigillum nostrum duximus apponendum; et ad majorem rei certitudinem nos frater Hugno Grisart, preceptor milicie Templi in Acquitania, sigillum nostrum presentibus apposuimus, in testimonium veritatis; et nos abbas Beate Marie Majoris predicte, sigillum nostrum apposuimus in testimonium predictorum. Actum die jovis post festum sancti Bartholomei apostoli, apud Pictav. anno Domini M° CC° L° IIII°.

PROCÈS

DES FRÈRES PLUSQUALEC.

Le procès contre les frères Plusqualec, dont nous publions la pièce principale, est depuis longtemps acquis à l'histoire. Un contemporain, Alain Chartier, le signale en ces mots : « Le Roy envoya « partie de son ost devant la ville de Taillebourg, et entrèrent « dedans par force, et là fut prins le capitaine dudit lieu, lequel « estoit du pays de Bretaigne, nommé Morice de Plusqualet, et fut « mené prisonnier en la ville de la Rochelle, et furent ses gens dé- « capités et pendus, qui furent prins par force en ladite ville, et « furent exécutés pour les maux qu'ils faisoient es ditz pays. » Les historiens postérieurs, M. Massiou lui-même, bien qu'il eût sous les yeux le jugement qui les condamne, n'ont guère fait que paraphraser cette mention. (Alain Chartier, éd. Duchesne, p. 141. — Massiou, III, 280.)

On peut juger les choses d'une manière absolue; les hommes ne doivent être jugés que relativement et vus dans leur véritable milieu : de là la nécessité de quelques détails sur ces accusés.

Il serait difficile et il n'est pas nécessaire de tracer une généalogie des Plusqualec : ils paraissent avoir adopté cet usage, commun à plusieurs familles, de donner aux fils aînés le même prénom, celui de Morice. Ainsi, les nôtres étaient fils de Morice, petits-fils de Morice, comme on le voit dans une revendication d'héritage du 7 mars 1439. Il en résulte une grande difficulté pour se reconnaître au milieu des Morice Plusqualec, qu'on trouve en même temps dans des lieux et dans des partis différents. Leur nom, en effet, se présente à tout instant dans les faits de guerre et dans les actes de diplomatie du xive et du xve siècle. (D'Argentré. — Augustin Dupaz. — Lobineau et Morice : *Histoire de Bretagne*. — Anselme, *Généalogie*.)

La famille de Ploësquelec, devenue, pour les chroniqueurs, Plusqualec, Plusquelec, Plusquelet, était originaire de Bretagne, de l'évêché de Tréguier. Le plus ancien personnage de ce nom que je trouve, sans chercher beaucoup, il est vrai, est Charles, sire de Ploësquelec, qui a de sa seconde femme, Aliette, dame de la Roche Dronion, une fille, Tiphaigne, qu'il marie, vers 1320, à Tanguy Duchâtel. Cette Tiphaigne eut pour petite-fille une Amicie Duchâtel, qui resserra le nœud entre les familles en épousant à son tour, vers 1370, son cousin Morice de Ploësquelec, seigneur de Brouillac, qui paraît être le grand-père du nôtre. Ce Morice eut pour fils Morice, Henri, qui introduisit sa famille en Saintonge, et Jean. On trouve dans les *preuves* de l'*Histoire de Bretagne*, de Dom Morice (t. II. pl. 5. n° 105), le sceau de Morice de Plusqualec, en 1416, « de gueulles à trois chevrons d'argent ». — Henri de Ploësqualec se trouvait ainsi allié d'assez près à Tanguy du Châtel, le meurtrier de Montereau, auquel il succéda comme gouverneur de la Rochelle ; et il est bien probable que c'est Tanguy qui le donna au roi comme un homme sur lequel il pouvait compter pour ce poste important.

C'est Henri de Plusqualec qui reçut dans le port de la Rochelle la flotte hispano-française, en 1420, lorsqu'elle s'y rallia après avoir vaincu la flotte anglaise sur les côtes de la Basse-Bretagne ; lui qui y reçut les Écossais à leur débarquement, en janvier 1421 ; lui encore qui fut le négociateur principal lorsque, en avril 1422, le dauphin invoqua de nouveau l'alliance écossaise.

C'est par là qu'il devint propriétaire de la seigneurie de Taillebourg, qui était unie au domaine royal depuis 1407. On trouve mentionnées dans le recueil de Dom Fonteneau des lettres patentes de la vente de cette terre, *sans en réserver que la foi et hommage et le droit de souveraineté, vente et cession faites pour demeurer quitte envers led. de Pluscalet, Geoffroy Karois et Bardot Hugo, desquels led. Pluscalet avait les droits cédés, de vingt mille écus d'or qu'ils avaient fournis pour l'équipement et avitaillement des vaisseaux employés en plusieurs voyages en Écosse, pour y aller quérir les troupes auxiliaires.* A ces lettres était joint un acte passé trois jours plus tard, le 15 février 1423, portant faculté de réméré pour le roi, en remboursant les vingt mille écus. Cette somme ne couvrait pas toutes les dépenses. M. Vallet de Viriville, d'après les pièces J 183, nos 136 à 141, des Archives nationales, établit qu'elles se montaient à trente-six mille écus d'or, et qu'en 1424 Charles VII ajoutait à la terre de Taillebourg, comme garantie, un des fleurons de sa bonne couronne, engagé alors à la Rochelle en la main de Penant Baudin. Cette dernière circonstance porte à croire que Plusqualec avait eu recours, pour compléter son prêt sur gages, aux marchands d'une ville qui avait dès lors de la richesse et du crédit. (Arcère, II, 563. — Arm. Maichin, p. 153. — Vallet de Viriville, *Histoire de Charles VII*, t. I, p. 246, 262. — Mss. de Dom Fonteneau, t. XXXIX.)

En cette même année 1422, au mois de septembre, le duc de Bretagne voulut se servir de Henri de Plusqualec pour enlever la Rochelle au Dauphin, avec lequel il avait rompu, et livrer cette ville aux Anglais : il en faisait approcher des troupes dans ce but. C'est là un complot où il était impossible de faire entrer les Rochelais, trop ennemis de l'Angleterre, et qu'il était difficile d'exécuter sans eux, étant comme ils l'étaient sur leurs gardes. Rien n'indique que Plusqualec ait songé, même un instant, à cette perfidie. Charles, du moins, n'en eut pas de soupçon, puisque ce n'est qu'en 1426 que Jean de Rochechouart succéda, comme gouverneur de la Rochelle, à Plusqualec. Celui-ci se retira alors à Taillebourg. (Arcère, I, 269; II, 563. — Vallet, I, 347.)

De l'interrogatoire de Morice, il ressort qu'il fut amené à la Rochelle par son oncle Henri, vers 1448 ou 1449, c'est-à-dire lors même que celui-ci vint en prendre le gouvernement. Morice avait alors environ douze ans. Il passa trois ou quatre ans auprès de son oncle; cinq ou six, comme page, auprès du roi. Revenu à la Rochelle, il la quitta, contre le gré de son oncle, pour aller vivre des courses d'un baleinier, qu'il commandait, et qui s'abritait dans la basse ville du Mont-Saint-Michel. Après deux ou trois ans, c'est-à-dire en 1428 au plus tôt, il revint joindre son oncle, qui le fit capitaine de Talmont-sur-Gironde.

Ces détails, il est vrai, sont difficiles à faire cadrer avec la pièce que nous donnons ici accessoirement, la *Lettre d'accord fait de certain vaissel, etc.*, qui montre Morice de Plusqualec enlevant un navire sur la Charente, et l'emmenant à Talmont, vers le mois de mars 1425. Deux moyens s'offrent de lever cette difficulté : admettre qu'un autre Morice, le père peut-être de celui-ci (mais, s'il eût vécu, comment son fils aurait-il été avec son oncle ?), est venu momentanément auprès de son frère surveiller les mouvements des Anglais ; — supposer que ces faits ont eu lieu dans le court espace de temps que notre Morice passa auprès de son oncle, entre son retour de Paris et son départ pour le Mont-Saint-Michel. Ils lui servirent à se faire la main, et l'encouragèrent à travailler pour son propre compte. Ces faits, du reste, sont antérieurs à ceux du procès.

Ceux-ci ne remontent qu'à huit ans avant l'époque de l'interrogatoire, c'est-à-dire vers 1433. C'est à peu près le moment de la disgrâce de Georges de La Trémouille. Il est probable que, avec ou sans son aveu, tous ceux qui s'étaient habitués à vivre de la licence de la guerre, et que mécontentaient les réformes tentées par le roi, s'abritèrent de son nom. Les Plusqualec furent sans doute de ce nombre. A ce titre, ils appartinrent à la Praguerie; puis ils continuèrent leurs exactions lors même que toutes les factions vraiment politiques eurent été étouffées, et que le sire de Pons eut fait sa soumission. Leurs courses s'étendaient de la Seine à la Garonne sur terre, et, sur mer, sur les côtes comprises entre les embouchures de ces fleuves. Elles interceptaient les rapports entre les îles d'Aix, d'Oléron, de Ré et le continent, et devinrent vite singulièrement gênantes pour les Rochelais, grands ennemis de la piraterie, quand elle s'exerçait à leurs dépens. Ils avaient alors pour gouverneur Prégent de Coétivy.

Prégent avait d'autres motifs pour agir contre Morice de Plusqualec. Dès le 6 juillet 1434, l'esprit de Henri avait été tourné contre ses neveux. Ayant alors dessein de faire un voyage à S. Jacques de Compostelle, il avait, selon l'usage, fait son testament. Il y fondait une aumônerie de douze lits à Taillebourg, des messes dans l'église de cette ville, et, moyennant l'exécution de ces conditions, il léguait son château, terre et seigneurie de Taillebourg à Tanguy du Châtel, son parent, et, si celui-ci n'acceptait pas, à Prégent de Coétivy, neveu de Du Châtel. Il revint cependant de son pèlerinage. En juillet 1436, il faisait une enquête contre quelques-uns de ses vassaux. En février 1438, trouvant apparemment qu'il ne se hâtait guère de mourir, on lui faisait signifier, par un sergent à cheval, des lettres du roi portant révocation de toute cession des terres du domaine royal, et, par suite, main-mise sur la seigneurie de Taillebourg, moyen expéditif de payer ses dettes. Cependant Henri mourut seigneur de cette terre, en 1439. Prégent, plus ou moins d'accord avec Du Châtel, avec qui il transigea plus tard pour cette terre, exhiba le testament de 1434, obtint mainlevée de la saisie féodale, et fit son hommage le 4 octobre 1441. Cela eût servi de peu, puisque Morice et ses frères détenaient terres et château ; Prégent n'en trouva que mieux motivées les demandes des Rochelais, et agit énergiquement, au nom du roi, contre le brigandage de ses compétiteurs.

C'est son frère Olivier qui vainquit et prit les Plusqualec. Ce qu'il y a d'assez piquant, c'est que Taillebourg et le Cluzeau sont entrés dans la maison de La Trémouille par suite de cette confiscation sur des gens regardés comme les complices d'un La Trémouille. Parmi les assesseurs du magistrat qui les interroge, on compte beaucoup de Rochelais, dont ils avaient peu de bienveillance à attendre. Leboursier, Gilier, Bragier, furent maires de la ville : le premier, en 1423, 1428 et 1450 ; le second, en 1427 ; le troisième, en 1445. Les autres sont, pour la plupart, suffisamment désignés par la teneur même de cette pièce de procédure. Les lieux sont encore des communes du département de la Charente-Inférieure, ou sont indiqués du moins par le voisinage de ces chefs-lieux de communes, excepté Gué-Charoux, commune de Muron, et Port-Carillon, au confluent de la Boutonne et de la Charente. Quant aux faits du procès, ils s'offrent d'eux-mêmes à l'appréciation du lecteur, et n'appellent pas de commentaires. Il nous suffit de les avoir mis au milieu des circonstances qui les expliquent et permettent de les juger.

Nous l'avons dit en commençant, plusieurs des soldats des Plusqualec furent mis à mort : eux, on se contenta de les dépouiller. Ils n'acceptèrent pas cette spoliation sans lutter, puisque le 21 octobre 1448 interviennent encore des lettres du roi, données à Montargis, pour ratifier et approuver leur capture et décharger Coétivy de toute recherche et procès à ce sujet : et cependant, sous le règne suivant, en novembre 1473, Jean de Plusqualec transige encore, comme héritier de Morice, son oncle, avec Alain et Olivier de Coétivy, à propos de ses terres de Taillebourg et du Cluseau. La famille n'avait donc pas perdu son crédit, et, en effet, des hommes de ce nom se retrouvent jouant des rôles honorables, importants même, jusqu'au xviie siècle.

L'interrogatoire des frères Plusqualec fait partie du chartrier de Thouars, où il est classé parmi les documents concernant la baronnie de Taillebourg. Il remplit un cahier de douze feuillets de parchemin in-folio carré. Nous le publions d'après une copie qui a été faite, avec le plus grand soin, par M. Marchegay, et qu'il a bien voulu mettre à notre disposition.

L. DELAYANT.

INTERROGATOIRE

DE

MAURICE, CHARLES ET GUILLAUME

DE PLUSQUALEC

(10 MARS — 20 AVRIL 1442)

L'an de grace mil quatre cens quarante et ung, le samedi x^e jour de mars, par honnourable homme et saige maistre Pierre Bernart, bachelier en droit canon et civil, accesseur de noble homme messire Jehan Leboursier, ch^r, conseillier et chambellan du Roy nostre dit seigneur, lieutenant general de noble et puissant seigneur mons^{gr} le gouverneur de la ville de la Rochelle, chastellenie et ressort d'icelle pour le Roy nostredit seigneur; presens honnourables hommes et saiges maistres Pierre Lucas, gardé de la prevosté de ladicte ville de la Rochelle pour e Roy nostredit seigneur, Estienne Gilier, licencié en loix, procureur du Roy nostredit sire ou païs de Xainctonge, ville et gouvernement de la Rochelle, Pierre Ruxaudeau, Jehan Mosnier, sergens de la prevosté de ladicte ville, et autres.

Morice de Plusqualec, escuier, natif de l'éveschié de Triguel [1] et seigneur de Boullac, ou païs de Bretaigne, detenu prisonnier ès prisons du Roy nostre sire en son chastel

---

1. Tréguier.

de ladicte ville de la Rochelle, aagé de trente et cinq ans ou environ, dit qu'il a vingt et trois ans qu'il vint demourer en lad. ville de la Rochelle, avec feu messire Henry de Plusqualec, ch*er*, son oncle par le temps qu'il vivoit, du temps que ledit feu messire Henry estoit gouverneur de lad. ville de la Rochelle, et qu'il demoura avec lui par l'espace de trois ou quatre ans, et à la fin desdiz quatre ans sond. oncle le mist avec le Roy, où il fu paagie [1] cinq ou six ans, et après s'en vint en lad. ville de la Rochelle et se mist en un baleiner appartenant à sond. oncle, appellé le Buzain, ouquel il s'en ala, oultre le gré de sond. oncle, au Mont Sainct Michiel, où il demoura deux ou trois ans, et la vesqui de ce que led. baleiner gaignoit, et dist qu'il se tenoit en la basse ville dud. Mont Sainct Michiel. Et après s'en vint à Taillebourg par devers sond. oncle, qui estoit seigneur dud. lieu de Taillebourg ; et lui estant avec sond. oncle, il envoya ledit qui parle à Thalemond sur Gironde et le fit cappitaine dud. lieu, et ilec garda la place dud. lieu de Thalemond et fit bonne guerre aux Anglois le plus qu'il peut, et n'avoit gaires gens ; et que tantost après sond. oncle le fit cappitaine dud. lieu de Taillebourg, duquel lieu il a esté cappitaine jusques à la mort dud. feu messire Henry.

Interrogé combien il a de temps que lui qui parle fu à Rocheffort, dist qu'il n'en est recors, combien qu'il lui semble qu'il a sept ou huit ans environ que, par l'ordonnance de sond. oncle, il y ala parce que sond. oncle avoit sceu que Guillaume de Coytelles vouloit mener gens en la forteresse dud. lieu de Rocheffort qui ne fussent à la plaisance de mons*gr* le prevost de Paris, et qu'il lui deist qu'il trouvast maniere d'entrer par dedans et se tenist saisi en maniere qu'il ne laissast entrer nulles gens dedans lad. forteresse jusques à ce qu'il sceust la voulenté de mond. s*gr* le

---

1. Sic pour *page* ?

prevost ; et par ce il qui parle et quinze ou seize autres, entre les quelz estoit Jehan Foul et autres, entrerent oud. chastel de Rocheffort. Et dist que en ce faisant les uns amuserent les portiers à jouer aus quartes, et un nommé Bernon, qui estoit nepveu de feu maistre Helies du Chasles, lors lieutenant de Sainct Jehan d'Angeli, ala avec led. de Coytelles jouer aus tables, afin qu'il ne se donnast garde, et [dès] qu'il qui parle vit qu'il eut partie de ses compaignons dedans led. chastel, il entra dedans icellui chastel jusques à la tour, et lui voyant estre le plus fort dist aud. Guillaume de Coytelles que sond. oncle lui avoit commandé qu'il se donnast garde de la place et qu'il se doubtoit que led. de Coytelles fist aucune chose qui fust à la desplaisance dud. prevost de Paris. Et ce fait ilz se appoincterent qu'ilz envoyeroient devers led. prevost de Paris pour savoir à qui demourroit lad. place, et y envoyerent un homme qui leur apporta lettres par lesquelles led. prevost vouloit que lad. place demourast aud. qui parle ; et atant led. de Coytelles s'en ala à Chastelaillon et emporta tous ses biens sans ce que aucune chose y demourast. Et dit qu'il demoura en lad. place environ deux ans et que pendant led. temps il prenoit la revenue de la seigneurie et chastellenie de Rocheffort.

Interrogé quelles gens il tint avec lui pendant led. temps, dist qu'il y tint Jehan Foul, Denis Larchier, un nommé Verdillon Kargastre, qui fu noyé à la Rochelle, et un nommé Helies, qui estoit portier d'Angoulesme, et autres jusques au nombre de douze ou de quinze.

Interrogé si pendant led. temps il oyt point de plainte des exploiz que faisoient lesd. Jehan Foul, Larchier, Verdillon Kargastre et ceulx qui estoient avec lui, dist qu'il a oy bien plaindre des gens dud. Jehan Foul et d'autres dont il n'est recors des noms, et dit qu'il lui souvient bien que deux sergens furent destroussez d'une haquennée, et mesmement de Hervé Taunay, et ne lui souvient s'il vit [la] haquenée ne si elle fu rendue.

Interrogé quelle pugnicion il fit après de ceulz qui firent la destrousse de lad. haquenée, dist qu'il ne lui en souvient, ne des noms de ceulx qui le destrousserent ne comment il en ala, senon qu'il lui souvient bien que Jacques Guiderel s'en plaingny. Et dit qu'il a eu le temps passé plus d'une xii^{ne} de vaisseaux, mais pendant qu'il estoit à Rocheffort qu'il n'avoit que une barche.

Interrogé combien il a vendu et fait vendre de froment, lui estant à Rocheffort, dist qu'il n'en vendi oncques ne n'en laissa oncques passer par argent ne autrement, et dit que pendant le temps qu'il fu à Rocheffort il achapta de Viaut un baleinier.

Interrogé s'il s'est point voulu deffaire d'aucun navire et le vendre, dist que ouy.

Interrogé s'il congneut point un nommé Sanchou, espaigneul, dist que ouy, et dit que led. Sanchou vint aud. lieu de Rocheffort et marchanda avec lui une barche, tant pour lui que pour autres, et après vint en ceste ville de la Rochelle pour querir l'argent, et derriere chaef vint aud. qui parle aud. lieu de Rocheffort, et après retourna et lui dist qu'il ne povoit finer de l'argent qu'il lui avoit promis, et que à l'occasion de ce qu'il ne lui tint pas son marchié, qu'il le mist en prison aud. lieu de Rocheffort et le fit enferrer et mectre en basse fosse. Et dist que led. Sanchou estant en prison, que un pal de la forteresse cheu à terre, tellement qu'il lui fit mal et en fu malade led. Sanchou; et dit que à ceste occasion led. Sanchou fu emporté à Taillebourg, et dit que pendant ce qu'il fu à Taillebourg que led. Sanchou mouru.

Interrogé si pendant le temps qu'il estoit à Rocheffort il eut aucune chose des vaisseaux de la Rochelle qui passoient près led. lieu, dist qu'il est vray qu'il bailla à Tassin Petel une cheyne d'or pour mettre en gaige et achapter une bonnete, et que après il voulu avoir lad. chayne, mais qu'il ne la peut avoir parce que led. Petel la vendit; et dit que afin qu'il laissast passer cinq ou six gabarres de la Rochelle, qu'il en eut de chascune ung royal.

Enquis s'il congnoist point Perrochin Chau, dist que ouy et qu'il n'a riens eu de lui, mais que s'il a riens eu de lui, qu'il l'en veult bien croire.

Interrogé s'il congnoist Colas Girart et un nommé Fromaget, dist que non.

Interrogé quelz gens il a baillé à maroyer ses vaisseaux, dit qu'il bailla à maroyer un sien balenner à un nonmé Jehan Masson, qui en estoit maistre, lequel print un crayer, les marchans et les mariniers estans par dedans, pour ce que l'on lui avoit dit qu'ils estoient de Londres en Angleterre. Et dit que le crayer il fit emmener à Taillebourg, auquel lieu led. crayer mouru, et envoya les mariniers et retint les maistre et marchans dud. crayer, lesquelz demourerent à Rocheffort en prison jusques à ce que il qui parle s'en ala de Rocheffort; et après furent mis dehors lesd. maistre et marchans et s'en vindrent en ceste ville.

Interrogé s'il bailla oncques de seurté à ceulz de Ré, d'Abraam[1] et d'Olonne pour venir à terre, dist qu'il n'est pas recors qu'il baillast oncques seurté à ceulz d'Abraam ne à ceulz[2], mais que pour ce qu'il avoit perdu ung vaisseau, qui lui avoit esté prins pendant qu'il estoit à la Rochelle, que ceulx d'Olonne doubtoient de venir à Taillebourg, que à la requeste de ceulx d'Olonne qu'il leur bailla une cedule qu'ilz venissent seurement et qu'il ne leur feroit nul desplaisir. Et dist aussi qu'il la leur bailla pour ce qu'il ne povoit finer de ce qu'il lui failloit pour faire sa nef.

Interrogé si Seguin, qui lui fit sa nef, fu point maistre d'aucun de ses vaisseaux, dist que ouy du baleiner qu'il eut de Viaut.

---

1. Sic, peut-être pour *d'Oleron?*
2. Manque *de Ré*.

Interrogé si aucuns de ses frères estoient dedans, dist que non.

Interrogé si led. Seguin fit aucune prinse en la Charante, de haranc ne d'autre marchandise, dist que non.

Interrogé qui fu le motif par quoy il qui parle fu mis hors de Rocheffort, dist qu'il ne sçet, senon que ce fu pour la desplaisance que Coytelles avoit dont il y estoit et qu'il en fu mis hors lui estant à Taillebourg.

Interrogé si à l'occasion de ce il fit courir la terre de Rocheffort, dist que non.

Enquis si après lad. course il vit point Yvon de Mele, dist que oüy, mais que pour ce il ne le tint point prisonnier.

Interrogé s'il congnoist point une nommée Jehanne Girarde, qui fu destroussée d'un cheval auprès d'Aytré, dist que non.

Interrogé s'il fu à prandre Estienne Rivere, dit que ouy, et qu'il le print auprès de Saint Xandre, et avoit ung cheval et deux moillerons; et le menna ledit qui parle et ses compaignons au Guécharioux et prindrent sesd. compaignons lesd. deux draps et en furent desrobés. Et dit que avec lui estoient à lad. prinse Jehan Jeudi, Barbiche, Jehan Descuiers et Galardon.

Enquis s'ils trouverent point d'argent èsd. draps, dist que non.

Enquis s'il en lui donna congié de soy en venir, dist que non, et qu'il s'en vint à leur desceu; et dist qu'il congnoist bien que c'estoit mal fait et qu'il n'avoit nul droit de le faire, et dit que en ce voyage il print une haquennée qui appartenoit à sire Colin Langlois. Dist aussi qu'il est bien recors que au lieu de Sainct Savenien furent prins certains paquez de fustaines de draps, et sçet bien que ce fu fait pour sa querelle.

Enquis quelle querelle il povoit avoir, dist qu'il avoit des prisonniers pour lesquelz Henry Lalemant avoit receu les deniers et ne les avoit voulu rendre, et pour ce avoit eu agreable que ce qu'il trouveroient de la Rochelle qu'ilz le preissent.

Enquis que devinrent lesd. pacquez et draps, dist que ses gens en firent ce que bon leur sembla.

Interrogé s'il en eut riens à sa part, dist que non, et qu'il avoit donné à ses compaignons ce que Henry Lalemant lui devoit, et qu'il n'en a riens eu si Barbiche ne l'a eu.

Interrogé combien led. Lalemant lui devoit, dist qu'il lui devoit la rançon de ses prisonniers, cinquante et un noble, sur quoy il a baillé certaines vitailles, et du seurplus n'en a riens eu.

Interrogé qui l'a esmeu de courir souvent devant la Rochelle, dist qu'il ne fu oncques courir devant la Rochelle que une foiz.

Interrogé combien il a de temps qu'il fu cappitaine de Plassac, dist qu'il a trois ans ou environ.

Interrogé si nulz de ses gens ont point esté à Soubize, pendant qu'il estoit aud. lieu de Plassac, faire aucunes courses et s'il fu point à prandre le filz de Cothereau et autres de Soubize, dist que non, mais qu'il oyt bien parler de la destrousse que autres y firent.

Interrogé s'il veult croire Marsault du Chastenet et Loys Morain s'il estoit à la prinse, dist que ouy.

Interrogé s'il a riens prins de ceulz de Ré, dist que non, senon que le passage de Ré fu prins par ses gens et emmenné à Taillebourg et après en Bretaigne, et après le rendirent.

Interrogé, si Henry Lalemant devoit encores l'argent, s'il seroit d'accord qu'il fust baillé à Jamet Barbin, dist que ouy.

Le lundi [1] XIIIe jour dud. mois de mars l'an mil CCCC quarante et ung, par mond. s^r l'accesseur, presens maistres

---

1. Sic.

Pierre Lucas, garde de la prevosté de la Rochelle pour le Roy, Estienne Gilier, licencié en loix, procureur du Roy nostre sire en Xainctonge et à la Rochelle, Jehan Davenel, Denisot de Gragi, Jehan Mosnier, et Jehan Laumosnier, sergens royaulx.

Led. Morice de Plusqualec, enquis si à la prinse de Yvon de Mele lui qui parle estoit seul à lad. prinse, dist qu'il ne fu point à lad. prinse.

Enquis s'il vit point led. de Mele après lad. prinse, dist qu'il le vit à Sainct Jasmes de Sainct Saournin, et dit que à lad. prinse estoit Yvon de Plusqualec, son frère, et qu'il y avoit bien des gens du s^{gr} de Pons, dont l'un estoit cappitaine de la Mothe, qui s'est fait depuis anglois, et que led. Yvon avoit deux ses varletz, dont l'un estoit nommé Henry Guinion, et un autre varlet dont il ne scet le nom, et aussi y estoit un nommé Hanon Lescossoys, qui est maire à Xainctes, et un autre nommé Aygreffueille, un escuier de Bretaigne, Jehan Destuers, nepveu de messire Jehan Destuers; et dit qu'ilz estoient bien en tout environ vingt hommes et autrement n'est recors des noms. Et dit qu'il parla aud. qui parle et avec ce deffendi aux compaignons qu'ilz ne le delivrassent point jusques à ce que led. de Mele eust fait desempescher sa barche, qui estoit empeschée en la Rochelle; lequel de Mele lui promist faire delivrer sad. barche en tant qu'il lui touchoit, moyennant ce que Raymond Baugeys fu plege de lui faire oster l'empeschement que ses amis avoient mis en lad. barche.

Enquis s'il sceut point que led. de Mele paiast aucune chose pour eschapper desd. compaignons, dist qu'il a oy dire qu'il en paia cent cinquante escuz.

Interrogé combien il en eut à sa part, dist qu'il n'en eut riens.

Interrogé combien en eut led. Yvon, son frere, dist qu'il ne scet, mais croit qu'il en eut la plus grant part.

Interrogé s'il croit que son frere se fust avanturé de faire lad. course se ne fust sond. apuy, dist qu'il croit qu'il n'eust point fait lad. course se ne fust sond. apuy.

Interrogé s'il batit point led. de Mele, dist qu'il lui donna un seul cop d'une verge.

Interrogé s'il vit que autres le batissent, dist que non.

Interrogé pourquoy il le batit, dist qu'il le batit pour ce que ses amis avoient fait empescher sad. barche, et qu'il le batit le jour qu'il fu delivré.

Enquis si led. de Mele fu delivré avant qu'il paiast lesd. cent cinquante escuz, dit qu'il croit bien qu'il en paia le tout ou partie ou qu'il en donna plege ; et qu'il ne scet riens autrement, parce qu'il ne s'en donna point garde et qu'il n'en eut riens à sa part.

Enquis si à lad. prinse y avoit nulz de ses gens, dist que non.

Enquis si Charles et Guillaume de Plusqualec furent à lad. prinse, dit qu'il croit bien que led. Charles y estoit.

Enquis s'il vit point un nommé Chappiot et Guillaume Arnault, dist qu'il scet qu'ilz furent prins à lad. course, mais qu'ilz furent baillez à Aygreffueille et à autres gens dud. s^{gr} de Pons ; et après led. s^{gr} de Pons les delivra, ainsi qu'il oyt dire.

Enquis s'il scet point qu'ilz payassent rançon, dist qu'il n'en scet riens, mais qu'il scet bien que Aygreffueille et autres des gens dud. s^{gr} de Pons ne furent pas contens dont led. s^{gr} de Pons les delivra.

Interrogé s'il est bien fait d'avoir fait lad. course par sesd. freres, dist que s'ilz s'en fussent conseilliez à lui qu'ilz ne l'eussent pas fait.

Interrogé s'il congnoist Guillaume Borel, dist qu'il ne le congnoist point.

Interrogé s'il scet riens de la prinse faicte d'un cheval à la femme dud. Borel, près de Tasdon, dist que riens ne s'en scet.

Interrogé si lad. femme fu aud. lieu de Taillebourg pour avoir restitucion dud. cheval, dist que riens n'en scet.

Interrogé qui estoit avec lui quant Estienne Rivere fu destroussé, dist que Barbiche et Galardon, du païs de Bretaigne, Jehan Destuers, cappitaine de Champurus, et lui qui parle y estoient.

Led. jour, par mond. seigneur l'accesseur, presens lesdiz maistres Pierre Lucas et Estienne Gilier, procureur du Roy, Jehan Davenel et Raymond Gandille, sergens royaulx.

Guillaume de Plusqualec, escuier, aagé de vingt cinq à vingt et six ans ou environ, detenu prisonnier ès prisons du Roy nostre sire en son chastel de la Rochelle, dist qu'il a douze ou quatorze ans ou environ qu'il vint de pardeça.

Interrogé combien il a demeuré à Taillebourg, dist qu'il y a demouré cinq ou six ans avec feu messire Henry de Plusqualec, ch^{er}, s^{gr} dud. lieu de Taillebourg et son oncle pour le temps qu'il vivoit.

Interrogé s'il a demeuré avec Morice de Plusqualec, son frere, à Rocheffort, dist que non, mais qu'il est bien alé et venu aucunes foiz à Rocheffort et n'y demouroit aucunes foiz que deux ou trois jours. Et dist qu'il a trois ou quatre ans qu'il demoura avec mons^{gr} le connestable comme pagie, et qu'il s'en departi de lui bien sont quatre ans ou environ.

Interrogé quelz gens il menoit avec lui depuis qu'il a laissé mond. seigneur le connestable, dist que au commencement il estoit tout seul.

Enquis s'il fu oncques en la forest de Tout Foul, dist que non.

Enquis s'il scet où est Chasteau Tibault, dist que ouy, et qu'il n'y fu oncques que une foiz.

Enquis s'il trouva oncques un poissonnier environ Chasteau Thibaut, dist que non.

Enquis s'il s'en veut rapporter au marchant à qui estoit le poisson, dist qu'il l'en croiroit bien, mais que l'on le lui monstrast.

Interrogé quelle querelle il a eu à aucuns de Sainct Jehan d'Angeli, dist qu'il n'en a point eu.

Interrogé quel balenner il a eu, dist qu'il n'en a point eu ne n'est alé ne venu sur mer en navire qui fust sien ne autrement.

Enquis s'il en veult croire ceulz qui furent prins à la course de Mele et autres, dist que ouy.

Enquis en quelle façon Estienne Nicolas vint à Taillebourg, dist que led. Estienne vint avant Noel avec deux chevaulx et avoit une arbaleste d'acier, et fu logié à l'ostel d'un nommé Vachier où il se tenoit; mais il qui parle ne parla oncques à lui et ne scet en quelle maniere il se appoincta de demourer avec led. Morice, et dist qu'il a oy dire que led. Morice lui donna un arnoys.

Enquis en quelle ordonnance devoit vivre led. Estienne, dist qu'il vivoit à l'ostel dud. Vacher; mais au regard de son cheval, il ne scet point quelle ordonnance avoit led. Estienne pour sond. cheval, parce qu'il qui parle n'avoit pas esté aux mestives par avant que led. Estienne venist; mais que les autres compaignons de la garnison dud. lieu de Taillebourg avoient d'ordonnance de prendre de l'avoyne, du froment et du faing en mestives, pour la provision d'eulz et de leurs chevaulx.

Interrogé s'il scet où est Buignays, qui est en la terre de Taillebourg, dist que ouy et qu'il y fu quant il fu ars.

Interrogé pourquoy fu faicte la prinse qui fu faicte aud. lieu de Buignays, dist qu'il avoit la garde de l'église de Buignays pour feu messire Henry de Plusqualec, son oncle, s^{gr} de Taillebourg par le temps qu'il vivoit, et qu'ilz vindrent aud. lieu lesd. Galardon, Barbiche, un nommé Le

Pelat et son filz, un nommé Thomin Lernage [1] et plusieurs autres jusques au nombre de quinze ou seize, lesquels prindrent lad. eglise et se misdrent dedans ; et en ce faisant prindrent le portier et lui mistrent la dague dedans la gorge et le contraignirent à appeller le guet pour ouvrir la porte de lad. église et y entrerent en celle maniere. Et dit qu'ilz demourerent deux jours ou environ à prandre lad. eglise.

Interrogé, il qui parle, si lui et autres alerent pour reprandre lad. eglise, dist que lui qui parle et autres, jusques au nombre de trois cens, tant des gentilz hommes que des hommes de la terre, par le commandement dud. feu messire Henry, alerent pour reprandre lad. eglise, et dit qu'elle fu prinse après mysdi ; et prindrent la basse court et après prindrent la place.

Interrogé qui y mist le feuc, dist qu'il ne scet, et qu'il fut mis auprès de l'eglise ; et dist qu'il n'y ardi que une grange et ne fit pas grant mal.

Interrogé que fu fait des gens qui estoient dedans, dist qu'ilz furent mennez à Taillebourg. Et dist que après Barbiche, par vertu de certaines lettres du Roy, fut amenné prisonnier ou chastel de la Rochelle ; et au regard des autres, ilz s'eschapperent et s'en alerent où bon leur sembla.

CHARLES DE PLUSQUALEC, detenu prisonnier ès prisons du Roy nostre sire en son chastel de la ville de la Rochelle, aagé de trente cinq ans ou environ, dist que le chastel de Rocheffort fu prins sur Yvon, son frere, et que pour ce que l'on avoit retrait les biens dud. Yvon oud. chastel, que led. Yvon pourpensa d'aler prandre merque sur eulx. Et que un jour dont il n'est recors, il s'en venoit de Taillebourg à Sainct Savenien et trouva led. Yvon, son frere, et plusieurs autres sur les champs, et avec lui estoit un nommé Hanon

---

1. Nom douteux.

l'Escossois, le lieutenant de la Mothe, qui depuis s'est fait anglois, et plusieurs autres jusques au nombre de vingt à vingt et deux; et leur demanda où ilz aloient, lequel leur dist qu'ilz aloient à Rocheffort pour prandre des gens pour merque, et dist qu'il ala avec eulz. Et fu prins Yvon de Mele et deux ou trois autres.

Interrogé si à lad. course fu prins aucuns des biens des bonnes gens de Rocheffort, dist qu'il croit bien que ouy.

Enquis où ilz furent butinez, dist qu'il ne scet et qu'il n'en eut rien; et dist que de prime face Yvon de Mele fu prins et qu'il fu amenné à Sainct Saornin.

Interrogé en quel lieu Morice de Plusqualec vit premierement led. Yvon, dist qu'il ne le vit point, qu'il sache.

Interrogé s'il estoit à la prinse de Sainct Savenien, dist que non.

Interrogé combien de balenners il a eu depuis qu'il est à Taillebourg, dist qu'il n'en eut oncques que un balenner de Viaut.

Interrogé s'il estoit à Rocheffort quant il fu prins sur led. Yvon son frere, dist que non et qu'il ne vit point l'espaigneul qui y mourut.

Interrogé s'il fu à Buignays, dist que non.

Le samedi xviiᵉ jour dud. mois de mars oudit an quatre cens quarante et ung, par mond. sᵍʳ l'accesseur, par honnourables hommes et sages maistres Pierre Lucas, garde de la prevosté de la ville de la Rochelle, Pierre Bragier, advocat, Estienne Gilier, procureur, licencié en loix, Bernard Carn, receveur ordinaire du Roy nostre sire ès païs de Xainctonge, lad. ville et gouvernement de la Rochelle, Denisot de Gragy, Jehan Le Mect, Jehan Jennaye, Gonsales Mandes, Jehan Mosnier, Jehan Painparé, Hervé Taunay, Jehan Davenel, Raymond Gandille, sergens generaulx.

Ledit Morice de Plusqualec, detenu prisonnier ès dictes prisons.

Enquis dont il eut la barche qu'il exposa en vente à un nommé Sanchou Vaque, espaigneul, dist qu'elle fu prinse sur les anglois par ceulz de Thalemond.

Enquis si l'an mil CCCC trente et trois il se assoya point d'armer lad. barche ou de la vendre, dist qu'il fist bien diligence de la mectre en armée.

Enquis, quant Maumissert, led. Sanchou Vaque et un nommé Petre Dalibari, espaigneul, alerent à Taillebourg, s'il leur avoit point donné d'asseurance, dist que non, mais qu'il leur avoit bien mandé qu'ilz alassent aud. lieu de Taillebourg.

Enquis où fu fait le marchié de lad. barche, dist qu'il fu fait aud. lieu de Taillebourg, et qu'il la vendi deux cens cinquante royaulx aud. Sanchou.

Enquis s'il eut point de denier à Dieu, dist que ouy.

Enquis s'il eut point d'erres, dist que non, et dist que ou marchié faisant led. Sanchou devoit avoir un cheval, qui estoit au procureur du Roy, pour cinquante royaulx, et que lui qui parle devoit ravoir lad. barche pour le prix que led. Sanchou l'achaptoit dedans ung an après; et de ce rescrivi led. qui parle une cedule aud. procureur du Roy.

Enquis combien de temps il demoura à avoir response de lad. cedule, dist qu'il demoura environ dix jours, qu'il eut response par laquelle il ne pouvoit avoir led. cheval parce qu'il estoit vendu, ne aussi lad. nef pour le prix qu'il la bailleroit; et dit que led. Sanchou lui porta lad. response, et quant lui qui parle vit lad. response, il dist aud. Sanchou telles paroles : « Et bien mais vrayment vous tendrez mon marchié. »

Et dist que pour celle cause il arresta led. Sanchou et lui dit qu'il auroit led. cheval pour cinquante royaulx et rauroit lad. nef pour le prix qu'il la lui avoit vendue; et qu'il fit enferrer led. Sanchou et mettre en la basse fousse en chastel de Rocheffort.

Enquis si led. Sanchou demoura gaires en lad. basse fousse, dist qu'il y demoura environ quinze jours.

Enquis si led. Sanchou demanda point de confesseur, dist que non, ne oncques ne lui en fu parlé par autres pour nom dud. Sanchou.

Enquis s'il ne scet point en quelle maniere il fu trouvé mort, dist que non.

Enquis s'il lui semble que ce fust bien fait de le faire mourir en la fosse et de l'enferjer, dist qu'il scet bien que non.

Enquis s'il bati Yvon de Mele à Grezac, dist que non.

Enquis s'il fu à prendre un balenner appartenant à Sanet[1] de Sainct Jehan, dist que ouy, parce que led. Jehan[2] de Sainct Jehan avoit esté à prandre un sien balenner au Mont Sainct Michiel ; et dist que avec lui à lad. prinse estoient Raymond Grezillon, Guerdon de Marempnes, Jehan Aunet, un nommé Doulas de Bretaigne, demourant à Taillebourg, et autres gens demourans aud. lieu de Taillebourg.

Enquis quel navire il avoit à prandre led. baleiner, dist qu'il avoit la barche de Ardillon de Marempnes, laquelle il lui avoit presté, mais que led. Ardillon ne savoit pas pourquoi il estoit à faire.

Le mardi xxe jour dud. mois de mars oud. an mil CCCC quarante et ung, par led. maistre Pierre Bernart, bachelier en droit canon et civil, accesseur que dessus ; presens led. maistre Pierre Lucas, garde de la prevosté de lad. ville de la Rochelle, Jehan Painparé, Denisot de Gragy, sergens royaulx, et autres.

Ledit Charles de Plusqualec, escuier, detenu prisonnier ès prisons du Roy nostre sire en son chastel de la Rochelle, interrogé s'il congnoist Yvon de Mele, dist que non.

---

1. *Sanet* ou *Savet*.
2. Sic.

Interrogé, quant led. de Mele fu prins, s'il fu à sa maison, *mais* [1] que non, mais qu'il fu à lad. prinse dud. de Mele.

Interrogé, quant il fu au Port Carrillon, s'il sceut point que un bonhomme, nommé Jehan Labbé, s'en ala et s'eschappa, dist qu'il ne le vit point.

Interrogé, quand led. Abbé se fu eschappé, si led. qui parle frappa Yvon de Mele du plat d'une espée, dist que à l'occasion de ce que led. de Mele estoit monté sur un cheval qui avoit uns cros et qu'il ne se vouloit reculer de son chemin et cuida faire cheoir led. qui parle en la riviere, qu'il frappa led. de Mele un cop ou deux du plat de l'espée et non autrement.

Interrogé s'il vit point Morice de Plusqualec à Sainct Jasmes, dist que non.

Interrogé s'il vit point led. Yvon de Mele aud. lieu de Sainct Jasmes ne qu'il lui dist qu'il se confessast, dist qu'il vit bien led. de Mele, mais ne lui dist point qu'il se confessast.

Interrogé qui mist aud. Yvon la corde en coul, dist qu'il ne scet.

Le xxi⁰ jour dud. mois de mars mil CCCC quarante et ung, par noble homme messire Jehan Le Boursier, ch⁰ʳ, conseillier et chambellan du Roy nostre sire, lieutenant general de noble et puissant seigneur monsʳ le gouverneur de la ville de la Rochelle, chastellenie et ressort d'icelle, pour le Roy nostredit seigneur, presens honnourables hommes et sages maistres Pierre Bernart, bachelier en droit canon et civil, accesseur de mond. sʳ le lieutenant, Pierre Lucas, garde de la prevosté de lad. ville de la Rochelle, Jehan Maynart, licencié en loix, juge de la court du seel royal establi aux contraux en lad. ville de la Rochelle, Jehan Painparé, Hervé

---

1. Sic pour *dist*.

Taunay, Jaques Fort, Jehan Marchesseau, Jehan Davenel, sergens royaulx, et autres.

Ledit Morice de Plusqualec dist qu'il congneut bien Bernart de Karkabin.

Interrogé en quelle maniere led. de Karkabin fu mis hors de Rocheffort, dist qu'il ne estoit pas aud. lieu de Rocheffort quant la forteresse dud. lieu fu prinse sur led. Karkabin.

Interrogé s'il eut point oncques de l'un un escu, de l'autre deux escuz, de l'un plus, de l'autre moins, mise sa nef sus, dist que non.

Interrogé combien de temps il avoit que Coytelles avoit esté mis hors de lad. forteresse de Rocheffort, quant led. de Coytelles fut mis en lad. forteresse, dist qu'il avoit deux ans.

Interrogé combien de reparacions led. qui parle mist a Rocheffort, dist qu'il y mist plus de mil escuz sans ce que les bonnes gens en payassent riens, et que du paiement il s'en attendoit à monsʳ le prevost.

Interrogé s'il a point dit aucunes foiz que ceulz de la chastellenie de Rocheffort paieroient lesd. reparacions ne s'il leur a point mandé, dist que non qu'il sache.

Et dist que quant ledit qui parle se sorti hors de lad. forteresse, il se senti injurié d'avoir esté mis hors dud. lieu de Rocheffort.

Enquis s'il a point mis paine de trouver d'iceulz de Rocheffort, dist que non, et qu'il en eust bien trouvé s'il eust voulu.

Interrogé s'il fu cause de la course qui fu faicte en la chastellenie dud. lieu de Rocheffort, dist que non.

Interrogé lequel il sceut plus tost, la course ou la venue, dit que quant lad. course se fit qu'il l'oït bien dire.

Interrogé s'il estoit à Grezac quant ceulx qui furent à la course y arriverent, dist que non, mais que en soy en alant de Taillebourg à Thalemond il passa aud. lieu de Grezac où il les trouva.

Interrogé s'il scet point que le s^gr de Pons fust courouçé de lad. prinse, dist que non ; mais bien dist que lui et ses freres Charles et Yvon de Plusqualec emmenerent Yvon de Mele à Sainct Jasmes de Taillebourg.

Interrogé s'il scet point que l'on demandast aud. de Mele s'il vouloit point estre confessé et qu'il envoyast querir le confesseur de la Magdalenne, dist que non.

Interrogé s'il bati led. de Mele oud. voyage, dist que non que d'une verge.

Interrogé, quant led. de Mele se fist confesser par un chappellain, si ledit qui parle et ses freres renoyerent Dieu que s'il ne se avançoit qu'ilz le tueroient, dist que non.

Interrogé s'il bati led. de Mele d'un gros baston tant qu'il se lassa, dist que non et qu'il en veult croire led. de Mele.

Interrogé s'il vit Babin en la presence dud. de Mele, dist que ouy, et qu'il vint veoir led. de Mele pour ce qu'ilz sont parens.

Interrogé s'il dist oncques aud. de Mele qu'il lui souvenist de l'espaigneul, dist qu'il n'en est recors et qu'il croit qu'il ne lui en dist oncques riens et qu'il s'en rapporte aud. de Mele ; et aussi se rapporte si lui qui parle dist point aud. de Mele qu'il le feroit mourir plus villainement que led. espaigneul.

Interrogé combien de temps led. espaigneul demoura en la basse fosse et en prison, dist qu'il y demoura bien quinze jours ou trois sepmaines, autrement du temps n'est recors ; et quant il y mouru il qui parle estoit à Taillebourg.

Interrogé s'il dist aud. espaigneul, en l'arrestant, qu'il lui feroit la plus male prison qu'il eut oncques, dist que non.

Interrogé, quant led. espaigneul fu en prison, si lui qui parle lui demanda deux cens royaulx et une xiie de pavezines, dist qu'il ne scet et n'en est recors. Et dist que quant il arresta led. espaigneul il l'arresta sur esperance qu'il lui baillast deux cens cinquante royaulx et une aumusse d'escarlate, à cause du marchié qu'il avoit fait avec lui ; et que led. Sanchou disoit tousjours que pour ce que ses compaignons ne vouloient tenir led. marchié qu'il ne le povoit acomplir.

Interrogé combien de temps il sceut la mort dud. espaigneul après qu'il fu mort, dist qu'il n'en est recors. Et dist qu'il eut grant deul dont led. espaigneul mouru et qu'il oy dire la mort dud. espaigneul à Taillebourg, et lui fu dit qu'il estoit en la fosse.

Enquis s'il a point congneu un nommé Peschereau et Jehan Maynart de Taunay Voultonne, dist que non.

Interrogé s'il sceut oncques que ses gens tuassent deux hommes au Port Carrillon, dist que non et qu'il en veult croire le prieur de Soubize.

Interrogé s'il fu point à les tuer environ la feste sainct Jehan Baptiste derr[enier] passée, dist que non.

Interrogé led. Morice de Plusqualec quelle response il fist à Colas Marre, sergent d'armes, quant il ala par devers lui à Taillebourg lui faire commandement, De par le Roy, qu'il rendist la place dud. lieu au Roy nostre sire, dist que de la response qu'il fit aud. Marre il en veult ester et croire à ce que led. Marre en dira. Et pour ce, en la presence dud. Morice, led. Colas Marre, sergent d'armes du Roy nostre sire, a esté interrogé de la maniere de la response à lui sur ce faicte par led. Morice.

Dist qu'il est vray que, par vertu de certaines lettres du Roy nostred. sire, il se transporta aud. lieu de Taillebourg, en la place dud. lieu en laquelle estoit led. Morice, auquel il parla et lui monstra lesd. lettres, lesquelles led. Morice leut. Et après qu'il les eut leues, il fit commandement à icellui Morice de rendre lad. place au Roy; et avec celui dist que lesd. lettres faisoient mencion de menner led. Morice par tout le royaulme de France et dehors devers le Roy sceurement, et que pour ce, s'il vouloit venir devers le Roy, qu'il lui menneroit sceurement et lui tiendroit ce qu'il lui promettoit. Et avec dist aud. Morice qu'il avoit voulenté de repaistre, et lui requist qu'il le fist repaistre, parceque lui et ses chevaulx estoient las et travaillez ; lequel Morice lui dist qu'il alast boire, et après qu'il auroit beu qu'il lui feroit telle response que le Roy et led. Marre seroient contens, et que atant led. Marre s'en ala boyre à l'ostel de [1]. . . . . mareschal dud. lieu de Taillebourg, ou quel hostel led. Morice promit de venir faire lad. response aud. Marre, lequel Morice n'y vint ne y envoya, et l'attendi led. Marre oud. hostel certain longtemps. Et en ce faisant arriva aud. lieu de Taillebourg noble homme Olivier de Coitivi et autres cappitaines de gens d'armes estans avec le Roy, auquel de Coitivi led. Marre dist ce que led. Morice lui avoit dit. Et après led. Colas Marre se transporta en lad. place, en laquelle il fit commandement aud. Morice, lequel estoit armé de tout harnoys fors que de [2]. . . . . qu'il venist parler à lui. Lequel Morice vint à lui. Auquel Morice led. Colas Marre dist qu'il ne lui avoit pas tenu ce qu'il lui avoit promis et qu'il ne lui avoit rendu response au commandement qu'il lui avoit fait ; à quoy led. Morice dist aud. Marre qu'il ne rendroit lad. place sinon qu'il eust bonne seurté et mandement du Roy d'aler par devers lui et de s'en retourner en icelle place, et atant led. Morice se retray arriere sans faire austre response aud. Marre. Amprès laquelle response faicte, led. Marre dist et signiffia à haulte voiz à touz ceulz qui y estoient en lad. place, tellement qu'ilz le pouoient oir, que sur peine de perdre la vie ilz s'en alassent hors de lad. place et en leurs maisons, et que eulz estans en leursd. maisons hors de lad. place, que le Roy nostred. seigneur les tenoit en sa protection et sauvegarde especial, ou que s'ilz ne s'en aloient, que le Roy nostred. seigneur n'en auroit aucune remission d'eulx, et que atant il se departi de lad. place sans avoir autre response dud. Morice.

---

1. *Passage en blanc dans le manuscrit.*
2. *Id.*

Interrogé [led. Morice] s'il fu homme blecé quant le siége fut devant Taillebourg, dist qu'il scet bien que une nuyt des gens de sa maison, mais ne scet lequel, blecierent le bastart de Villeblanche.

Le mardi xxviie jour dud. mois de mars l'an mil iiii^c quarante et deux, par mond. s^{gr} le lieutenant, presens lesd. maistres Pierre Bernart, accesseur que dessus, Pierre Lucas, garde de la prevosté de la Rochelle pour le Roy nostre sire, Bernart Carn, receveur ordinaire du Roy nostred. seigneur ou païs de Xainctonge, lad. ville et gouvernement de la Rochelle, Regnaut Maynart, sergent general du Roy nostred. sire en lad. ville et gouvernement de la Rochelle, Denisot de Gragi, sergent alloué de Jehan Davenel, et autres.

Led. Morice de Plusqualec, interrogé s'il congnoist point Pierre Arragon, dist que ouy.

Interrogé s'il a point prins led. Arragon et eu de lui vingt et quatre royaulx, dist que non; et dist que de tout ce que led. Arragon le charge touchant lesd. xxiiii royaulx, qu'il en veult croire icellui Arragon.

Interrogé s'il veult croire Belineau de Ré s'il fit atacher led. Belineau à la queuhe de son cheval, dist que ouy.

Interrogé du fait de Jehan Grenier et Pierre de Lavau, dist qu'il en veult croire lesd. Grenier et Lavau et estre à leur disposition.

Interrogé s'il congnoist messire Berthomé Gilbert, curé de Sainct Hilaire de Ville Franche, dist que oui, et qu'il eut de lui trente royaulx afin qu'il ne fist desmolir une grange qu'il avoit édiffiée devant l'eglise ; et dist qu'il eut lesd. trente royaulx pour ce que led. curé avoit prins le bois dudit qui parle.

Interrogé s'il congnoist Jehan Painpra et Merien son frere, dist que ouy.

Ledit Guillaume de Plusqualec, interrogé s'il congnoist Gamage Fortin, Aygreffueille et autres, dist que ouy.

Interrogé s'il fu à la prinse de certain bestail prins auprès de Sainct Jehan d'Angeli, dist que non et qu'il estoit à Taillebourg au temps que la course fu faite, et qu'il oyt dire que les gens de Pons avoient couru auprès de Sainct Jehan d'Angeli.

. Le vi^e jour d'avril oud. an mil CCCC quarante et deux, par led. maistre Pierre Bernart, accesseur que dessus, presens maistre Pierre Lucas, garde de la prevosté de lad. ville de la Rochelle pour le Roy nostre sire, Denisot de Gragi, Jacques Fort, Gonsales Mandes, Jehan Mosnier, sergens, et autres.

Led. Morice de Plusqualec, detenu prisonnier èsd. prisons, interrogé s'il congnoist Hannequin Oultrequin, dist que ouy, et qu'il est prevoust de Sainct Saornin de Taillebourg.

Interrogé s'il scet que led. Oultrequin tenoit un pré qu'il disoit estre sien, dist que led. Oultrequin tenoit un pré assis entre la chastellenie de Taillebourg et de St Saornin, lequel il disoit estre sien, et que led. Oultrequin le fit fauscher il a dix ans ou environ, et dist qu'il fit ardoir le fain par le commandement de feu messire Henry de Plusqualec, et fit rendre aud. Oultrequin, pour led. fain qui fu ars, deux ou trois charretées. Et après trouva led. Hannequin à Taillebourg et le fit arrester à l'occasion de ce qu'il avoit fait fauscher led. pré, et qu'il paya, avant qu'il eschappast, lesd. deux charretées de fain, et que led. messire Henry, son oncle, assigna aud. Oultrequin à prandre et fauscher d'autre fain, en lieu de cellui qui avoit esté ars oud. pré que led. Hannequin disoit estre sien, en autres prez où il en eut plus qu'il n'en avoit esté ars.

Interrogé s'il sceut riens que un baleiner appartenant aud. Morice et les gens estans par dedans trouvassent la gabarre de Besson et qu'ilz preissent, il a quatre ans, trois cens de merluz, des espices, comme sucre, ensent commun et autres espices, dist qu'il n'en sceut oncques riens.

Dist qu'il scet bien que, depuis vendenges en ça, Guillaume de Plusqualec et ses gens, estans sur le port de Taillebourg, prindrent certains vins qui estoient en une gabarre appartenant à Regnaut de Lommeau, à maistre Pierre Saulnier, à un nommé Beraut et à Pierre Aubry; et des espices qu'ilz faisoient mener à Xainctes; et que maistre Pierre Saulnier en vint parler audit qui parle aud. lieu de Taillebourg pour en avoir restitucion, auquel il qui parle parla, et lui dist led. Saulnier que le vin estoit à mons^{gr} de Xainctes. Et depuis mond. seigneur de Xainctes envoya une cedule audit qui parle, par laquelle il lui manda qu'il lui feist rendre trois ou [1] quatre pipes et demie de vin; et il qui parle manda aud. seigneur de Xainctes qu'il lui rendroit led. vin ou aussi bon comme il estoit. Et ne scet combien il y avoit de vin enlad. gabarre, et ne sceut riens des espices.

Interrogé s'il doit aud. Aubri cent et dix solz, à cause de drap, dist qu'il n'a riens prins ne tolu aud. Aubri; et que led. Aubri est marchant et que s'il lui doit riens qu'il est content de le paier.

Enquis sur le fait du vin de l'abbaesse de Xainctes, qui fu prins à Taillebourg par Guillaume de Plusqualec, dist que au temps de la prinse il estoit en Bretaigne, et dist que ce fu depuis vendenges; et quant il fu venu, l'abbé de Sainct Jehan d'Angeli s'en dolu à lui et s'en appoincta ledit qui parle avec led. abbé, et donna ledit qui parle une cedule aud. abbé de l'en faire content, pour ce qu'il ne savoit point quelle quantité il y avoit de vin, et que quant il le sauroit il lui en feroit faire restitucion.

Interrogé s'il blasma led. Guillaume de Plusqualec de lad. prinse, dist que non, mais qu'il mist paine, avec led. abbé, de rapaiser led. abbé, tellement qu'il en fu contenté sur l'heure sans en avoir eu depuis restitucion.

---

1. *Sic* pour trois pipes et demie ou quatre pipes de vin.

Le xxe jour d'avril oud. an mil ÇCCC quarante et deux, par mond. sgr l'accesseur, presens maistres Pierre Lucas, garde de la prevosté de la Rochelle, le procureur du Roy, Loys Gaudineau, licencié en loix, commis de maistre Pierre Bragier, aussi licencié en loix, advocat du Roy nostre sire en Xainctonge et à la Rochelle, Jehan Huguet et autres.

Led. MORICE DE PLUSQUALEC, interrogé et enquis s'il lui souvient point de la prinse d'un marchant de Flandres, nommé Dirquelin, par lui faicte, dont il eut IIIIc escuz, dist qu'il scet bien que les gens d'un baleiner de Thalemond, dont estoit maistre Jehan Moreau, qui estoit à Henry Cossoys, trouverent led. Dirquelin en venant de l'Isle d'Ays en ceste ville et le prindrent et l'emmenerent devant Soubize, et là le prindrent et rançonnerent IIIIc escuz. Et dist que après, à sa requeste, led. Dirquelin fu lasché à deux cens royaulx et fu pleige Guillaume de Coytelles, ou queque soit lui fu baillé en garde ; et dit que lui qui parle eut les deux cens royaulx, et les lui bailla feu Guillaume de Coytelles pour bailler aux compaignons. Et dit que ce fu ou temps que le duc de Bourgongne avoit debat avec le Roy et que s'ilz en eussent trouvé des autres qu'ilz les eussent prins.

Interrogé en quel temps ce fu, dist qu'il n'en est autrement recors du temps ; et dist que de tout le cas comment il fu il s'en veult rapporter à Colin Leclerc.

Et sur ce a esté enquis led. Colin Leclerc, à ce present, de la maniere de lad. prinse. Lequel a dit qu'il a douze ans ou environ, et fu ou temps d'esté, led. Dirquelin vint de pardeça pour achapter du sel en Brouage, où il ala, et dit que ainsi que led. Dirquelin vint à la Rochelle, pour querir l'argent qu'il devoit dud. sel, qu'il oit dire à un frere dud. Dirquelin que led. Dirquelin avoit esté prins par un baleiner de Thalemond qui estoit aud. Morice de Plusqualec, et adonc ledit qui parle s'en ala à Taillebourg où il trouva feu messire Henry de Plusqualec, auquel il bailla unes lettres que sire Hugues Gaultier, lors maire de la Rochelle, envoya aud. feu messire Henry à cause de lad. prinse ; lequel lui bailla unes lettres pour porter aud. Morice à Soubize, et en sa compaignie ala, pour la seureté dud. Colin, Morice, bastart dud. feu de Plusqualec. Et quant il fu à Soubize, il trouva led. Morice qui estoit oud. balenier, et led. prisonnier avec lui, près dud. lieu de Soubize ; et s'efforça de parler aud. Morice led. Morice bastart, mais pour ce qu'il y eut un peu de debat, cuiderent tirer les uns contre les autres des ars, et aussi ne voulu oncques laisser parler led. Leclerc aud. marchant. Et à la parfin fu appoincté qu'ilz se rendroient à Rocheffort, par devers feu Guillaume de Coytelles, et s'en vindrent led. Morice, led. Dirquelin avec lui et avec les autres qui l'avoient prins, et se rendirent à Rocheffort, et aussi se y rendirent lesd. Leclerc et Morice bastart. Au quel lieu de Rocheffort il fu composé que led. Dirquelin payeroit deux cens escuz vieilz, pour lesquelz paier demoura pleige pour led. Leclerc led. feu de Coytelles, auquel led. Leclerc promist payer lesd. deux cens escuz dedens viiie ensuivant et emmena led. Dirquelin avec lui à la Rochelle ; et à lad. viiie porta lesd. deux cens escuz d'or, lesquelz il bailla aud. feu de Coytelles, lequel les bailla aud. Morice detenu prisonnier.

Enquis [led. Morice] s'il a point esté à prandre d'autres vaisseaux devant Ré, dist que non.

Enquis s'il eut la pinace de Jehan Belineau, dist qu'il trouva led. Belineau à Taillebourg, et l'arresta et le print pour merque pour trente royaulx que lui devoit Guillaume Gay, et composa que led. Belineau lui amenneroit lad. pinace pour trente royaulx, et de fait la lui amenna ; et dit que depuis, par la vertu de certaines lettres du Roy, led. Belineau l'a eue.

Enquis combien de temps il la detint, dist qu'il ne scet.

Enquis pourquoy led. Guillaume Gay lui devoit lesd. trente royaulx, dist qu'il les lui devoit à cause de prisonniers anglois que lui et led. Gay avoient prins ensemble et lesquelz prisonniers estoient demourez aud. Gay, et lui avoit promis rendre lesd. trente royaulx pour eulx.

Enquis en quelle maniere fut prins le vaissel de l'abbé de Ré, dist qu'il fu prins par les gens dud. qui parle, qui estoient en son anguile, et menné à Taillebourg.

Enquis quelz gens estoient dedans lad. anguille, dist que un nommé Guillaume Le Biscle, de Bretaigne, et autres dont il ne scet les noms : pour ce, qu'il s'en rapportoit au maistre dud. vayssel. Et quant led. vaissel fu à Taillebourg il le presta à Henry, son frere, pour le conduict du convoy, et dist que avant qu'il baillast led. vaissel à sond. frere, qu'il demoura un mois à Taillebourg.

Enquis combien il cousta à l'abbé pour le recouvrer, dist qu'il n'en scet riens.

Enquis s'il sceut point qu'il fust à l'abbé de Ré, et s'il eut oncques priere qu'il rendist led. vaissel, dist qu'il savoit bien que ledit vaissel estoit aud. abbé de Ré, et qu'il en eut aussi lettres pour le rendre, mais n'est recors de qui, et ne le vouli rendre.

Enquis pourquoy il ne le rendoit, dist qu'il le retenoit pour parail argent que lui devoit Guillaume Gay, et que led. Gay lui devoit plus de cinquante escuz.

Interrogé pour quoy il prenoit lesd. deux vaisseaux, qui valoient plus de cent royaulx, pour les cinquante escuz que lui devoit led. Gay, dist qu'il le fit parce qu'il ne povoit pas trouver aucune chose à prandre au juste.

Enquis quelz gens il avoit quant il vint courir à Tasdon, dit qu'il n'y vint courre que une foiz.

Collationné. *Registré.*

CHAUVAIGN.

Le document qui suit, en date du 3 avril 1425, ne se rapporte pas au procès dont il vient d'être question ; mais, comme il met en scène Maurice de Plusqualec, il a paru mériter d'être placé ici en appendice. Nous le publions d'après la copie faite par M. Marchegay sur l'original, qui se trouve aussi aux archives du château de Thouars.

Lettre d'accord fait de certain vaissel par Morice de Plusqualec.

A touz ceulx qui ces presentes lettres verront et orront, Jehan Amat, garde du scel royal establi au contraitz ou bailliage de Saujon pour le Roy de France nostre s^{gr}, salut.

Savoir faisons que par devant Jehan Roux, clerc, notaire juré et auditeur de la court dud. scel, furent presens et personnellement establiz Jehan de Receguy de Sainct Sebastien en Espaingne, maistre du vaissel appelé la barche Saincte Marie de la tenterre d'Oyarson, Domingon Jehan, contremaistre dudit vaissel, Marti de Gornau, Jehan Marti de Granada, Pierro Gabriiolle, Diagou de Sainct Sebastien et Jehan d'Aurete, mariniers dudit vaissel, Marti de Arthevalo, Machin de Laicho et Miquelote, drometz dud. vaissel, du païs d'Espaingne, d'une part ; et Maurice de Ploesquallet, escuyer du païs de Bretaingne, d'autre part ; lequel Maurice dist et exposa que comme il, acompaingné d'autres subzgiez et obeissans du Roy nostred. s^{gr}, eust nagueres trouvé en la riviere de Charante en Xanctonge led. vaissel chargé de blés, de fer et aucun poy de fustennes et autres choses estans par dedans icelui vaissel, et il soit ainxi que il feust deffence faicte par les ordonnances royalles et mandemens sur ce à touz seneschals et autres officiers qu'ilz ne laissent ne souffrent extraire hors du royaume nuls blés ne autres choses illicites ; et led. Maurice eust entendu et feust venu à sa notice que led. vaissel ainxi chargé de blés et autres choses sus dictes vouloit et entendoit aler à descharge ès parties engloises, a prins led. vaissel chargé de blés, de fer et autres choses susd. et l'en a menné au lieu de Thallemon sur Gironde. Et ledit vaissel ainssi estant aud. lieu de Thallemon, les marchans, maistres et mariniers d'iceluisont venuz à accort et appoinctement, en la ville de la Rochelle, avecques Bernard de Kergabyn, escuyer, bailli du Grant Fié d'Aulnis, pour et en nom dud. Maurice de Ploesquellet : parmy le quel accord et appoinctement disoit en son dire led. Maurice de Ploesquellet que led. Bernard de Kergabin leur avoit promis faire rendre et restituer led. vaissel avecques ses appareils et avecques autres choses nommées et declairées ès lettres dud. accord et appoinctement et en certaine forme et maniere contenues ès dittes lettres d'accort. Et pour ce led. Morice, voulens obeir aud. accord et appoinctement fait avecques lesdiz marchans, maistres, mariniers et drometz par led. Bernard de Kergabin pour et en nom dud. Maurice, a baillé et delivré, baille et delivre si et dès jà ausd. maistres, mariniers et drometz led. vaissel avecques ses appareils et marchandises estans pardedens led. vaissel, sauve et excepté le froment estant ond. vaissel, lequel blé disoit led. Maurice que avoit esté avalué à la somme de deux cens cinquante escuz d'or, que led. Bernard de Kergabin leur doit paier pour nom dud. Maurice, comme il disoit apparoistre par les lettres obligatoires sur ce faictes entreulx. Et sur ce les dessus nommés maistres, mariniers et drometz, non circumvenuz, non parforciez, més bien conseillez et avisez de leur fait et de leur droit, si comme ils distrent, ont recogneu et confessé aujourduy, date de ces presentes, en la presence dud. notaire et des tesmoings cy dessoubz nommez, eulx avoir heu et receu dud. Maurice led. vaissel avecques ses appareils et les marchandises, comme fer, fustennes et autres choses estans par dedens led. vaissel prinses par led. Maurice de Ploesquellet et qui estoient ondit vaissel au temps et par le temps de lad. prinse, sauve et excepté le froment et blé estant ond. vaissel, comme dit est, et dud. vaissel et appareils, fer, fustennes et autres choses susd. sauf et excepté dud. blé, les dessus nommés maistres, mariniers et drometz se sont tenuz et tiennent pour bien contens, bien satisfaitz du tout et appaiez, et en ont quipté du tout et encore quiptent led. Maurice, ses compaignons et touz autres auxquels quiptance en porroit et devroit, puet et doit competer et appartenir etc. etc. *(Suivent 21 lignes de formule)*.

Ceu [fut] fait et donné aud. lieu de Thallemon, tesmoings presens ad ce appellez et requis noble homme Tibaut de la Guiblaye, escuyer, cappitaine dud. lieu, messº Aymeri Mesmer, chappellain de l'eglise parrochial de Teuzac, Perrot Gombaut, Jehan Arraut, Jehan Debien, Motin Petavi et Jehan Perier, le tiers jour du moys d'avril l'an mil quatre cens vingt et cinq.

J. Roux.

MÉMOIRES

PRÉSENTÉS AU ROI CHARLES VII

PAR LES DÉLÉGUÉS DE LA VILLE DE POITIERS

POUR LE DÉTOURNER D'ÉTABLIR LA GABELLE EN POITOU ET EN SAINTONGE.

L'impôt du sel connu sous le nom de *gabelle*, créé par Philippe de Valois, n'avait point été établi en Poitou ni en Saintonge, pour des motifs développés dans les Mémoires publiés plus loin. Le fisc royal s'était contenté d'exiger dans ces provinces, sauf dans quelques contrées exemptées par privilége, le quart du prix du sel sur chaque vente ou revente, ce qui constituait une redevance considérable, quoique bien moins lourde que celle de la gabelle proprement dite. Le roi Jean le Bon et son fils le duc de Berry, qui fut longtemps comte de Poitou, songèrent à soumettre ces pays au régime des greniers à sel, c'est-à-dire à la gabelle. Mais les plaintes des habitants, leurs résistances et les enquêtes faites par les princes, notamment par le duc de Berry, qui vint lui-même visiter les côtes et les marais salants du Poitou, firent renoncer complétement à ce projet. Charles VI crut pouvoir alors, par ordonnance de 1383, élever l'ancien impôt du quart du sel à la moitié. Cette aggravation parut tellement écrasante que bon nombre de sauniers poitevins émigrèrent dans le pays de Guérande en Bretagne, et que beaucoup de marais devinrent déserts et improductifs. En présence de ce résultat désastreux, le Conseil royal ramena l'impôt du sel au quart, comme auparavant.

Cependant, malgré cette fâcheuse expérience, le gouvernement de Charles VII, poussé par d'impérieux besoins d'argent et par les nécessités de la guerre contre les Anglais, reprit le projet si souvent caressé d'étendre au Poitou et à la Saintonge le régime de la gabelle. Sous le coup d'une semblable menace, le corps de ville de Poitiers n'hésita pas à prendre en main la défense de la province tout entière. Dès le mois de juillet 1445, il adressa au roi des représentations qui apparemment ne furent point écoutées [1].

Le 16 octobre 1446, le maire de Poitiers, les échevins, l'évêque, les notables de toutes conditions, parmi lesquels le président Jehan Rabateau, se réunirent pour aviser aux moyens d'empêcher l'établissement de la gabelle. Quelques jours après, le 26 octobre, le conseil des échevins décida l'envoi au roi d'une députation composée de Jehan Mourraut, Henri Blandin, Pierre Garnier, Guillaume Vousy et Thomas Boilesve. Il invita par lettres toutes les bonnes villes, tous les nobles, tout le clergé de la province à envoyer des mandataires à Poitiers le 10 novembre suivant, afin de se concerter dans cette importante affaire et de donner plus de poids à leurs démarches en les combinant en commun [2].

Le maire et les échevins ne négligèrent aucuns moyens pour agir avec succès auprès des puissants de l'époque. Ils eurent même recours aux présents. En effet, le même jour, 26 octobre 1446, ils signèrent un mandat de 80 écus d'or pour *une patenôtre d'or avec un gros bouton de perles de comte, pesant ensemble un marc environ, et pour une belle croix d'or garnie de trois rubis, de quatre perles de comte et d'un saphir au milieu, données à la femme de M° Jean Bureau, trésorier de France, afin qu'il soit plus enclin d'avoir la ville et les affaires d'icelle, mesmement touchant le fait de la gabelle, en plus grande recommandation* [3].

---

1. Anciens registres des délibérations du corps de ville de Poitiers, reg. 3, f° 145 et suiv.
2. *Idem*, reg. 3.
3. Inventaire manuscrit des Archives municipales de Poitiers, par M. Rédet. Titres de l'inventaire du XVI° siècle, perdus depuis.

Au mois de novembre 1447, la ville de Poitiers manda de nouveau les bonnes villes, la noblesse et le clergé de la province pour envoyer une ambassade auprès du roi. Vers la fin de l'année 1450, elle leur adressa deux délégués chargés de parcourir le pays et de recueillir les réclamations et les arguments les plus propres à empêcher l'établissement de la gabelle. Le 3 janvier 1451, le conseil des échevins chargea Nicole Acton et Pierre Prévost de réunir tous ces renseignements, afin, sans doute, d'en composer un mémoire. Ce travail fut communiqué le 18 janvier aux délégués de la Rochelle venus pour cette affaire à Poitiers. Mais nous ignorons si on le présenta au roi dès cette époque. Les registres des délibérations du conseil des échevins indiquent bien des réunions et des démarches nouvelles auprès des villes et de la noblesse du Poitou, dans le cours de l'année 1451 ; mais ils ne mentionnent pas encore les remontrances qui durent nécessairement être faites à Charles VII peu de temps après. Toutefois ils donnent, en 1453, une indication précieuse. Le 27 août, les échevins ordonnèrent au receveur de déposer dans *le coffre de la ville*, c'est-à-dire dans le trésor, les *Mémoires autrefois faits pour la gabelle*[1]. Il semble résulter de là que les Poitevins firent au roi, vers cette époque, des représentations infructueuses, à la suite desquelles les Mémoires qui leur avaient servi de base furent mis en réserve dans le trésor pour une occasion plus propice.

En effet, au mois de février 1454, Charles VII étant à Tours, une dernière démarche faite près de lui par les délégués de Poitiers obtint un résultat décisif, car le roi renonça définitivement à la gabelle. Voici comment la raconte une relation contemporaine insérée dans un des registres municipaux :

« Certaine année paravant, des conseillers du Roi par convoitise
« ou autrement s'efforçoient de faire mettre par le Roi les greniers
« à sel en Poictou qui jamais n'y avoient esté. Pour quoi furent
« envoyés vers le Roi à Tours (en février 1454) plusieurs notables
« de Poictiers tant d'église que autres et débattirent la dicte gabelle
« selon *les Mémoires* qui sur ce leur furent baillés, et firent tant

---

1. Anciens registres des délibérations du corps de ville de Poitiers, reg. 3 et 4.

« que les greniers ne furent point mis au dit païs. Et tantost après,
« ceux qui du conseil du Roi ou partie d'iceux qui pourchassoient
« d'y mettre les dits greniers, furent mis hors de la cour du Roi,
« et leur en prinst tres mal, ainsi qu'il doit faire à gens qui veulent
« imposer nouvel subside sur ung pays [1]. »

La dernière phrase de cette note exprime une joie assez aigre et
dure pour les malencontreux auteurs du projet d'établissement de
la gabelle. Elle doit faire allusion, selon toute apparence, à l'injuste disgrâce de Jacques Cœur, le célèbre argentier de Charles VII,
arrêté à la fin de juillet 1451 et condamné le 5 juin 1453, et à celle
de Jean de Xaincoins, trésorier général, arrêté le 16 octobre 1450,
tous deux membres du Conseil royal. Il est fort possible, en effet,
que Jacques Cœur, visiteur général des gabelles en Languedoc
dès 1444, ait songé à faire appliquer cet impôt en Poitou.

Les Mémoires mentionnés par la note transcrite plus haut et par
les anciens registres du corps de ville de Poitiers ne sont autres
assurément que ceux dont le texte va suivre. L'original n'existe
plus ; mais une copie contemporaine du XVe siècle, émanant sans
doute de la plume d'un greffier ou d'un clerc de la ville, se trouve
dans le registre 11, liasse 42, des Archives municipales de Poitiers.
Ce document contient des assertions et des arguments un peu
exagérés pour les besoins de la cause ; mais il renferme des renseignements nouveaux et fort curieux sur l'état de l'agriculture, de
la population, celle des côtes en particulier, du commerce intérieur
et extérieur en Poitou au XVe siècle, sur la fabrication et la consommation du sel, sur son emploi pour la nourriture des bestiaux
dès cette époque. On y trouve aussi quelques faits historiques
locaux demeurés inconnus et des éclaircissements sur la condition
spéciale des marches communes de Poitou et Bretagne. Il se divise
en trois parties : 1º les remontrances des Poitevins ; 2º la réponse
du Conseil du Roi ; 3º la réplique des auteurs du Mémoire. On le
lira avec un très-vif intérêt.

On ne saurait attribuer avec certitude la rédaction de ces
Mémoires à Nicole Acton et Pierre Prévost, échevins désignés par la

---

1. Arch. municipales de Poitiers, liasse 42, reg. 11.

délibération du 3 janvier 1451 pour colliger *les articles de ceux du pays touchant la gabelle*. Mais, d'après l'exposé précédent, il y a toute vraisemblance à l'admettre. Le succès obtenu par les Poitevins, grâce aux raisonnements et aux moyens condensés dans ce *factum*, et qu'ils savent faire valoir auprès du roi, est confirmé par l'état des aides du 1er octobre 1454 au 30 septembre 1455, où figure sous un article le quart du sel de Poitou et Saintonge affermé 8,500 l. pour une année [1].

B. LEDAIN.

---

1. *Jacques Cœur et Charles VII*, par Pierre Clément, T. II, p. 419.

MÉMOIRES

PRESENTÉS AU ROI CHARLES VII

PAR LES DÉLÉGUÉS DE LA VILLE DE POITIERS

POUR LE DÉTOURNER D'ÉTABLIR LA GABELLE EN POITOU ET EN SAINTONGE

(VERS 1451)

Pour monstrer au Roy nostre sire et à messeigneurs de son conseil que mectre sus et ordonner greniers à sel et trehu de gabelle ou païs de Poictou et sur le sel croissant en iceluy païs seroit la destruction du dit païs et du peuple et habitans d'iceluy, est à pressupposer la situation dud. païs et l'abitude et manière de vivre dud. peuple et habitans.

Item c'est assavoir que led. païs est en une des limites et mectes du royaume de France touchant à la mer, la fallaise de laquelle mer est grande et longue de dix huit à vingt lieues tant que dure de large led. païs. Et est lad. fallaise plain païs sans fortifficacion, forteresses de villes ne de chasteaulx. Et si est terre infertille de blez, vins et autres choses necessaires pour vie de homme, fors seulement de sel, qui y fructiffie moult habondentement pour le labour et industrie des habitans sur lad. fallaise, et pour la nature et disposicion de la terre et mer d'ilec, qui à ce sont plus propices que en nulle autre partie du Royaume. Et à l'occasion de laquelle chose, qui est singulière, lad. fallaise est peuplée et habitée de huit et dix mille feufz, lesquelx sont toute la garde et fortifficacion de lad. fallaise contre les ennemis du païs et du royaume, et aussi contre la malice, fluctz et impetueusitez de lad. mer, qui n'est pas mer morte comme en aucuns autres lieux, mais va et vient et est souvent moult impetueuse, enflée et orgueuilleuse. Et tellement qu'il est necessité auxd. habitans en lad. fallaise pourveoir continuellement jour et nuyt et resister contre lad. mer, et aucunes foiz y porter les boys et couvertures de leurs maisons, leurs utencilles, tables, bans, litz et autres choses pour y resister; autrement elle submergeroit tout le pays.

Item que lad. fallaise, qui est toute disposée à maroys salins et à faire sel, comme dit est, appartient en propriété et seigneurie aux esglises et aux seigneurs nobles et vassaulx et autres gens qui les tiennent noblement et par hommage et autrement; et lesquelx prenent les deux pars ou autre grant partie en la façon et prouffit dud. sel que font et labourent lesd. laboureurs tres pauvres gens, car ilz n'ont autre chose ne autres fraiz pour leurs vivres et alimens. Pourquoy les gens marchans et autres habitans et autres parties dud. païs de Poictou esquelles croissent blez, vins, boys, chars et autres provisions les menent à charroys et les eschangent avec lesd. habitans qui font led. sel. Et aussi aucunes foiz lesd. pauvres habitans portent et menent ainsi qu'ils pevent leur sel en autre partie pour en avoir et querir leurs provisions par commutacion ou autrement, aucunes foiz vendent leur dit sel de jour à jour, incontinent qu'ilz l'ont fait et gaigné, aux seigneurs et marchans et autres qui font les grans monceaulx esd. maroys. Et telle est l'abitude et manière de vivre desd. pauvres habitans et laboureurs de la mer et de lad. fallaise, qui sont de huit à dix mille feufz, qui est toute la garde de la mer.

Item que led. sel desd. maroys par les marchans et gens de tout led. païs de Poictou, qui à ce de toute ancienneté sont habituez, est transporté et conduit par tout led. païs, et après tant par les marchans et gens dud. païs que aussi desd. païs voisins, comme Angoulmoys, la Marche, Limosin et autres, est transporté esd. païs voisins, lesquelx marchans pour cause dud. sel amenent ond. païs de Poictou chars, espicerie, cire, gresses, cuyrs, toilles, geme, rousine, cordage, guesdes, garences, merrain, boys à faire vesseaulx, huiles, alemandes, gros bestail et toutes autres choses; car il n'est fourny que de blés, vins; et autrement led. païs, onquel n'a aucune rivière navigable, ne pourroit avoir lesd. choses necessaires sinon par le moyen dud. sel, et des commutacions et eschanges que les marchans font ensemble dud. sel avec les autres marchandies.

Item et sans lesquelles commutacions dud. sel avec autres marchandies l'on ne pourroit bonnement avoir ne recouvrer aucunes marchandies ondit païs, quequesoit que ce ne fust à très grant cherté; car, pour ce que les marchans qui conduisent lesd. marchandises en Poictou se chargent de sel à bon marché, lequel ils vendent cher es autres païs, ils font meilleur marché de leurs marchandies en faisant lesd. commutacions, lesquelles commutacions et marchandises ils ne pourroient faire si les greniers à sel estoient on dit païs de Poictou; car il n'y auroit qui marchandast fors seulement les marchans desd. greniers, et toute marchandie de sel seroit tolue au pauvre peuple et aux marchans, à quoy ilz sont habituez, et par ce seroient renduz oyseulx et destruiz.

Item et aussi en plusieurs parties dud. païs, comme en parties de Montagu et de la Rochesurion et tout environ bien grant païs et ailleurs en Poictou, qui est païs de landes et terre sterile de fruiz, et ilec les pouvres laboureurs cuillent peu de blez, de vins ne autres fruiz; mais pour ce qu'ilz sont près de la mer et qu'ilz ont du bestail, beufz et vaches largement, sont tous communement charretiers de sel et vont querir le sel à charroy sur les maroys à bon marché, et le charroient es parties dud. païs où ils trouvent blez, vins et provisions à bon marché par commutacion du dit sel. Et communement tous les laboureurs qui sont à dix et à quinze lieues de lad. fallaise sont appliquez et habituez, quant ilz ont fait leurs labourages, à gaigner leur vie avec ceulx qui font charroier led. sel, marchans et autres. Et en effect led. sel est toute la chevance dud. païs et par le moyen duquel les marchans estranges et marchandises necessaires habondent en iceluy; et autrement n'y pevent venir ny affluer si non par lesd. marchans tant du païs que estrangiers qui à l'occasion dud. sel amenent les marchandises ond. païs; mesmement car il n'y a point de rivière navigable, ainsi qu'il y a es autres parties du royaume de France, par le moyen des quelles rivières lesd. autres païs sont aisément fourniz de ce qu'il leur convient.

Item et pour ce est il que à cause de la grant connexité desd. marchans et marchandises qui tousjours a convenu et convient estre entre lesd. parties de Poictou, de la Marche, Angoulmois, Limosin et Auvergne, quand lesd. greniers à sel furent mis es autres païs du royaume de France, l'on apperceut clairement qu'ilz ne pourroient estre mis es païs susd. sans la destruction desd. marchandises et convencions. Pourquoy furent laissez sans greniers et en leur liberal usaige. Et semble que autre raison n'y peut l'on assigner pourquoi ilz soient demourans francs de greniers.

Item et convient dire que ceulx qui ordonnèrent lesd. greniers es autres parties du Royaume, voians qu'ils ne povoient avoir lieu es païs susd., y mistrent et imposèrent en lieu desd. greniers le quart du sel, par lequel trehu, toutes et quanttefoiz que led. sel est vendu, revendu ou eschangé ond. païs de Poictou, le quart en est deu au Roy; qui est grant chose à bien considerer, car communement led. sel ond. païs de Poictou est vendu, revendu et eschangé moult de foiz, et plus de trois, de quatre, de six ou de dix foiz. Car premièrement ceulx qui le prennent es marois le transportent les aucuns à Marant et à Fontenay et là environ à x, à xii lieues, les autres à Nyort, à Thouars, à Partenay et autres lieux environs ; et d'ilec les autres marchans les vont querir, achapter ou commuter et les menent à Vivonne, à Poictiers, à Lussac, en la Marche, à Chastellerault et ailleurs; et les autres le menent en Limosin, en Angoulmois, en la Marche et en Auvergne, dont ilz amenent les autres marchandises necessaires aud. païs. Et par chacune foiz que led. sel en chacune ville dud. païs de Poictou est vendu ou commuté, le Roy y a le quart. Et pour ce souventes foiz le prouffit dud. païs monte plus de moult que led. sel n'a valu on premier, second ou tiers pris. Et quant led. quart seroit bien levé à l'estroit, il seroit de moult grand prouffit au Roy et s'en amenderoit grandement, sans faire ceste nouvelleté si desplaisant et si grevable au peuple qui plus ne peut, et laquelle les predecesseurs du Roy n'ont voulu faire pour les causes susdictes, quelques necessités et grans affaires qu'ilz aient eu pour la prinse de leurs personnes ne autrement.

Item et certes, à bien considerer, la chose seroit tant grevable pour le pouvre populaire qu'il ne la pourroit supporter. Car ausd. pouvres gens de labeur et de art mecanique et qui communement ont grant mesnage de femme, d'enffans et autrement, et qui ne usent à leurs alimens pour pitances communement que de chars salées, leur convient plus de sel pour saler leurs chars que aux gens d'eglise, nobles et bourgeois. Et pour ce que le sel leur sera chier par le moien desd. greniers et gabelles, c'est assavoir le boesseau qu'ilz ont pour quinze deniers leur cousteroit xvi ou xviii blancs, ilz ne pourroient et n'auroient de quoy saler souffisante quantité de chars, ainsi qu'ilz ont acoustumé pour faire leurs alimens d'eulx et de leur mesnage, et leur cousteroit plus la moitié et les deux pars lad. gabelle que aux riches, qui ne despendent gueres de sel, car ilz ne usent gueres de chars salées pour leurs pitances.

Item et tous pouvres marchans et vesturiers dud. païs et desd. païs voisins, et aussi les laboureurs et mesmement desd. païs desd. landes esquelles a sterilité de blez et de vins, tous lesquelx ont acoustumé gaigner leurs biens à commuter et charroier led. sel, seroient frustrez de leurs vies et alimens, et parconsequent tout le païs seroit gasté et destruit et toute la marchandise d'iceluy. Pourquoy n'est pas merveille si lad. gabelle n'a esté ne peu estre mis sus par le temps passé ond. païs pareillement que es autres païs du Royaume. Car les autres païs se fournissent bien des provisions et marchandises qui leur sont necessaires par le moien des rivières navigables qui passent par iceulx ou près d'iceulx ou autrement. Et led. païs de Poictou ne pourroit estre fourny des provisions qui lui sont necessaires sans la marchandie liberale dud. sel qui croist en iceluy et qui est la chose propre, dud. païs, qui la produit, fructiffie et porte, et non pas des autres païs. Parquoy doit bien avoir privilége le dit sel ond. païs et es païs voisins, dont iceluy païs ne se peut passer et qui pour occasion du dit sel le fournissent d'autres choses necessaires, comme sont les païs de Limosin, de la Marche et d'Auvergne.

Item et pour ce feu le Roy Jehan et après feu Monsr de Berry, lesquelx aucuns leurs conseillers enortèrent de mectre la dicte gabelle esd. païs, après les plaintes et dolyances dud. païs se informèrent sur ce. Et pour ceste cause descendi Mond. s^r de Berry sur lesd. païs de la mer et jusques à l'abbaye de Saint Michel en lair; et, tout veu et consideré, trouva qu'il ne se pourroit faire que lad. gabelle y eust lieu, et led. peuple et habitans d'iceluy ont tousjours esté et sont francs, quictes et exemps de lad. gabelle et de tout autre trehu sur le dit sel, fors seulement du quart comme dit est.

Item et à bien considerer, si lad. gabelle y estoit mise sus, ce ne seroit pas seulement on detriment dud. païs de Poictou, mais aussi de tout le royaume de France et autres païs esquelx lad. gabelle a lieu, car de tant que led. sel a plaine et franche delivrance par led. païs de Poictou et y est à bon marché, de tant n'est il pas si cher es autres païs de la gabelle qui les viennent querir on dit païs à bon marché; et par le contraire aviendroit quant il y seroit cher.

Item et est certain que quant lad. gabelle y auroit lieu, quelque personne qui soit ne marchanderoit de sel si non certains gros marchans qui seroient pour les greniers ; et pour ce tous les pouvres marchans, vesturiers et laboureurs qui ont acoustumé faire marchandies et charroy de sel, qui sont par aventure de dix à douze mille, seroient destruiz, et si seroit tout le pays de lad. fallaise de mer, qui sont de viii à x^m· feufz, destruit et inhabitable dedans brief temps sans reméde; car, comme dit est, pour leur pouvreté il leur convient par chacun jour et par chacune sepmaine vendre leur partie de sel si tost qu'ilz l'ont fait pour avoir leurs provisions et alimens. Et touteffoiz, pour ce que le temps et les années ne sont pas tousjours acceptables, il convient que lesd. pouvres laboureurs, quant ilz ont mis tout l'yver à curer, labourer et entretenir leurs maroys et contregarder les flutz et submercions de la mer, et que après ce le mars et le temps d'esté est indisposé et en pluye, pourquoy ilz ne pevent faire le sel : il convient que les seigneurs à qui sont les maroys, et les marchans qui ont acoustumé achapter leur sel et faire leur monceau de sel esd. maroys, leur prestent leurs alimens sur leur partie de sel du temps à venir, autrement ilz mourroient de faim. Et par ainsi convient que les seigneurs à qui sont lesd. maroys et les marchans de sel entretiennent ilec lesd.

pouvres laboureurs de sel, qui en effect sont continuellement les plus pouvres gens de tout le païs d'environ.

Item ores quant lad. gabelle aura lieu, les marchans de sel qui font les monceaux de sel sur les maroys ne feront plus; car il n'y aura marchans de sel fors seulement ceulx qui fourniront les greniers du Royaume... ne sauroient despendre de cy a quarente ans. Et en une année on fait plus de sel quand les ditz maroys salent bien que on ne pourroit despendre on royaume de France de cy à bien long temps. Et par ainsi, veu qu'il n'y aura point deliberé marchandie de sel sur les maroys ne ond. païs de Poictou ne païs voisins, convendra que lesd. pouvres laboureurs s'en aillent et desemparent lad. fallaise et aillent vivre ailleurs, comme on païs de Bretaigne, onquel len fait semblablement sel non pas en si grande quantité, et onquel païs de Bretaigne y a grans franchises : parquoy led. païs de Bretaigne seroit grandement augmenté et led. païs de Poictou grandement diminué et apouvry, et lad. fallaise seroit et demourroit inhabitée, dont s'ensuivroit que la mer gaigneroit et submergeroit le païs, et les ennemis à leur plaisir sans resistance y pourroient entrer.

Item mais par autre moyen est à considerer que lad. marchandie liberalle est necessaire on dit païs de Poictou et pour iceluy et que sans icelle le dit païs ne se peut; car en plusieurs parties dud. païs croist grant quantité de blez et de vins dont l'on ne pourroit avoir denier ne descharge sinon par le moyen dud. sel. Car, comme dit est, ceulx qui sont près de la mer et en païs steriles de blés se viennent pourveoir de blez et vins esd. parties fertiles et y amenent le sel, qu'ils commutent avec lesd. blés et vins, dont par le moyen du dit sel qui est de bonne delivrance ils ont meilleur marché. Et aussi ceulx qui prennent led. sel s'en delivrent bien à leur prouffit par deniers et commutacions et y gaignent avec les marchans qui les transportent par led. païs et autres païs susd.; autrement les parties dud. païs fertiles en blez et vins ne se pourroient delivrer; parquoy les vignes et labourages demourroient inculturées.

Item et comme dessus a esté touché, plusieurs eglises tant cathedrales, colegiales, conventuelles, abbaïes, prieurez, cures, chapelles, seigneurs, nobles, vassaulx, qui sont pour la defense du païs, ont de moult grans revenues sur lesd. maroys qu'ilz tiennent du Roy et qui sont leurs domaines et heritages, et que par le moyen de lad. gabelle lesd. eglises et nobles seroient frustrez de leursd. revenues ou de la pluspart, si lad. gabelle avoit lieu, pour ce que led. sel n'auroit pas franche et liberalle delivrance, ainsi qu'il a acoustumé avoir : qui seroit on detriment du divin service et des ames des fondateurs, et les nobles en seroient destituez de leurs estatz.

Item et comme il a esté touché, est à considerer que led. païs est steril et infertil de toutes provisions et marchandies, fors seulement de blez et de vins et du dit sel, et que ond. païs n'y a rivière ny apport de provisions et marchandies necessaires sinon par le moien du dit sel, qui est à très grant peine et labeur de vestures et charroys à bestes. Et touteffoiz tous les autres païs du royaume de France sont fourniz des provisions et marchandies à eulx necessaires ou naturellement ou par moyen desd. rivières navigables qui sont en iceulx ou près d'iceulx.

Item car premièrement à commancer on païs de Languedoc, qui est le plus hault païs dud. Royaume, iceluy païs de soy et de sa nature est fertil et fourny de blez, vins, à très grant habundance et plus qu'il n'en convient pour les habitans dud. pays, et de ce qui surhabonde de blez et vins sont de grans chevances. Et oultre y croissent les huysles d'olyves, les alemandes, les guesdes pour taintures, grene d'escarlate, figues, rasins, laynnes et plusieurs autres choses, qui sont fruiz singuliers qui ne sont pas es autres pays. Et de toutes lesquelles choses led. païs fournist tant le royaume de France et plusieurs autres royaumes et païs. Et par le moien d'icelles choses singulières les marchandies d'espiceries, de draps et autres de estranges regions sont apportées par la mer on dit païs de Languedoc. Pourquoy led. païs est moult marchant et fertil en toutes marchandies : ce que n'est pas led. païs de Poictou, comme dit est.

Item mais encores en oultre led. païs de Languedoc, dont led. païs est fourny de sel, et encores fournist il plusieurs autres païs hors du Royaume, comme le païs de Prouvence, la rivière de Genes, les ysles qui sont sur les parties de midy, et par la rivière du Rosne se menent en Savoye, en la Franche Comté, en Pyémont, jusques en Lombardie. Et par le moien duquel sel vient grant chevance d'or et d'argent on Royaume. Et par le moien de leursd. autres fruitz y viennent aussi les marchandies d'espiceries et autres estranges. Et si le Roy vouloit mectre gabelle ond. païs de Languedoc sur les huysles, alemandes et autres choses croissans ond. païs par le moyen desquelles leur viennent lesd. marchandies estranges, ilz ne souffriroient pour riens, car aussi ce seroit leur destruction. Et aussi ne doivent souffrir ceulx du païs de Poictou que gabelle soit mise sur leur sel, par le moien duquel ilz sont fourniz des chouses à eulx necessaires. Et ne doit le Roy point grever et asservir led. païs plus que les autres, car il l'a loyaulment servy et obéy.

Item et pour ce appert clerement que grande et longue distance et difference est entre led. sel de Languedoc qui est subgiet à gabelle et led. païs de Poictou; car par le moien dud. sel de Languedoc ne viennent point lesd. marchandies d'espiceries et autres d'estranges contrées, mais y viennent par le moyen des huysles, alemandes, guesdes et autres choses, et les marchandies qui viennent ond. païs de Poictou y viennent seulement par le moien du sel.

Item et le païs d'Auvergne et païs d'environ qui sont près du dit païs de Languedoc... des marchandies susd. bien aiséement. Et aussi ond. païs d'Auvergne croissent gemes, rousines, chanvres pour faire cordaiges, et gros bestail, cires et gresses, lesquelles marchandies et aussi les marchandies qu'ilz vont querir ond. païs de Languedoc ilz transportent ond. païs de Poictou par le moien du sel dud. païs qu'ilz y vont querir. Et aussi vivent et ont acoustumé vivre et à ce sont habituez lesd. païs desd. marchandies.

Item et pour ce monstrer estrange de mectre gabelle sur lesd. salines ou maroys de Poictou et de Xainctonge, ce que les predecesseurs qui estoient saiges ne sceurent mectre ne trouver, et seroit la destruction des salines et aussi des marchans du païs, comme il a esté dit, et si seroit de peu de prouffit au Roy, voire et de moins de moult que le droit du quart qu'il prend par led. païs, et seroit en grant detriment des nobles et des esglises qui y sont fondez et entretiennent les maroys, et ne le souffreroient point, et cherroit tout sur les pouvres laboureurs en quelque manière que on veille prandre ou mectre sus trutage ou gabelle sur lesd. maroys.

Item et si on vouloit dire que le Roy y prandroit le quart, fors seulement sur les rousturiers qui font le sel ou qui le vendent ou eschangent et qui veritablement de tout temps en paient le quart : mais au regard des nobles, touchant le quart, ilz n'en paient point ne aussi les gens d'eglises, et sans leur consentement le Roy ne pourroit charger leurs patrimoines et revenues, et pour ce de trouver et mectre sus autre nouvelleté que le quart qui y a acoustumé estre payé par les rousturiers et par les marchans seroit chose prejudiciable au Roy et à ses subgietz.

Item et est certain que quant le pays de la basse Marche, qui est du ressort de Poictou, comme Lussac, Availle, Lisle Jourdain, Charroux, Confolant, Chabanoys et autres, et les païs de Partenay, Fontenay et autres seigneuries de Monseigneur le connestable, paieroient led. quart dont ilz se exemptent, il vauldroit et trouveroit l'on qui en donrroit de dix à douze mille francs, et l'exempcion desd.

lieux destruient led. quart ; car les marchans de Lymosin prennent tout leur sel aud. lieu de Lussac, Availle et autres de la Marche et ne viennent point jusques à Poictiers ne en Poictou, affin de eulx sauver dud. quart. Et les marchans dud. païs de la Marche et aussi de Poictou vont querir à Partenay, à Fontenay et es seigneuries de Monseigneur le connestable, qui sont exemps dud. quart.

Et par ainsi se deppert et est defraudé led. quart au Roy, et si pour obvier au dit inconvenient l'on vouloit dire que l'on mectroit le quart de gabelle sur tout le sel qui est et se fera sur les marois et ouster tout le quart du pays de Poictou, ce seroit le dommaige du Roy tout evident. Car, comme dit est, les nobles et gens d'eglises n'en paieront point, et n'en paient et n'ont acoustumé paier que les pouvres laboureurs et les marchans rousturiers sur les maroys et autrement. Pourquoy led. quart à prandre sur lesd. maroys ne vouldroit que pou de chose, ne semblablement autre trehu ne gabelle que le Roy y vouldroit mectre. Car charge de sel, qui est de iiii^{xx} chevaulx chargez, ne vault sur lesd. maroys à commune estimacion que LX s. ou IIII l., qui n'est que pour charge de cheval que dix deniers ; et à prandre XII deniers pour livre selon la forme des autres imposicions et subsides qui ont cours on royaume de France, ne vauldroient que pou de chose au Roy et moins de moult que le quart levé par tout le païs et ressort de Poictou sans l'exempcion d'aucun. Et certes quelque nouvelle charge que on veille mectre sur les diz maroys, et fust ce de moins que le quart que prenent les diz laboureurs, si leur sembleroit que on les voulist grever pour lors ou pour le temps avenir par creuez de impost ou autrement. Et par ce point lesseroient le païs et lad. fallaise inhabitée comme autrefoiz ont fait. Et s'en pourroient ensuir autres inconveniens de rebellions et desobeissance et homicides, comme autres foiz sont advenuz pour pareil cas que l'on vouloit imposer nouveaux trehuz sur lesd. maroys; et sont dangereuses gens les habitans dessus lad. mer et fallaise, et souventes foiz font desobeissance, comme en fait de taille et autrement, comme l'on diroit bien des cas particuliers se mestier est. Et mesmement nagueres maistre Anthoine Vousy, receveur sur le fait des tailles, y cuida estre grandement invadé. Et à ceste occasion après y mena par mandement du Roy et main armée grant nombre de gens d'armes de feu Jehan de la Roche, mais encores n'y firent ilz riens et y en fut tué l'un d'eulx.

Item mais toutesfoiz lesd. habitans qui sont toute la garde de la mer et des ennemis, qui sont à supporter en leurs usaiges, autrement seroient destruiz, et ne doit on trouver nouvelleté sur eulx, *quia qui nimis emungit elicit sanguinem,* etc.

Item et à bien considerer ceste matière, quant le Roy metroit trehu nouveau sur lesd. maroys, il n'auroit riens fait et ne luy vauldroit riens, car il y a assez sel on païs de Poictou et de la Marche à fournir led. païs et païs d'environ.

Cy après s'ensuit ce qui a esté baillé aux gens du pays par le conseil du Roy au contraire des choses susdictes pour le fait de lad. gabelle.

Pour donner ordre et provision au fait du sel de Poictou et de Xainctonge, et pour obvier au grant interest et dommage que le Roy et toute la chose publique de ce royaume souffre et soubstient à l'occasion du sel desd. païs, et remectre les greniers tant de Languedoil que de Languedoc, lesquelx sont perduz et destruiz par le moyen du sel desd. païs, en valeur convenable et souffisante pour fournir et subvenir aux affaires dud. seigneur, sans ce que dorésnavant luy soit necessaire mectre sus son peuple les tailles si grevables, si nuisables, si prejudiciables et si desplaisantes à Dieu et à tout le pouvre peuple, et par le moien desquelles led. pouvre peuple est de tout point destruit et s'en va et fuit hors de ce royaume pour beaucoup de causes qui longues seroient à escripre, et comme evidemment se voit en tous les païs situez es extrémitez de ced. royaume; et aussi pour ce que le droit du quart sur le sel desd. païs appartiennent aud. seigneur, ne luy vault riens ou autmoins luy est quasi de nulle valeur eu regart à la grande quantité dud. sel qui se vent, distribue, consume et expend parmy tout ce royaume; et que par toute l'obeissance dud. seigneur la gabelle a cours et se lyeve de tout le sel qui y est vendu, excepté esd. païs de Poictou et de Xainctonge : le roy notred. seigneur a esté conseillé mectre lad. gabelle de sel esd. païs de Poictou et de Xainctonge en la forme qui s'ensuit.

Et premièrement le Roy ordonnera certaine somme moderée estre prinse et levée pour le droit de sa gabelle de chacun muy de sel mesure de Paris et au dessoubz pro rata qui sera vendu et achapté esd. païs pour estre amené et distribué par terre; car au regart du sel qui sera mené en aucun païs par mer le Roy n'y prandra riens et ne s'en paiera ilec aucun droit de gabelle.

Item seront ordonnées gardes par led. seigneur sur lesd. salins pour eulx prandre garde qu'on ne emble le sel qui sera ilec, et aussi pour certiffier les grenetiers et contrerouleurs du sel qui sera levé, prins et tiré hors desd. sálins, affin que le Roy ne aussi ceulx à qui sera led. sel ne soient fraudez.

Item ordonnera greniers en certains lieux et villes au plus près des salins ou maroys où se fait le dit sel, ainsi que par ses gens et officiers qui pour ceste cause seront par luy commis et envoiez esd. païs sera advisé, esquelx lieux ceulx qui auront sel et le vouldront mectre hors des salins le feront admener pour estre illec vendu. Et en iceulx lieux seront ordonnez grenetiers, contreroleurs et autres officiers aux gaiges dud. seigneur pour recevoir led. droit de gabelle de ceulx qui ilecques vendront achapter led. sel, et lesquelx achapteurs seront tenuz de le paier.

Item que lesd. achapteurs, en paiant auxd. grenetiers led. droit de gabelle pour le Roy, seront tenuz pour leur seurté prandre cedule desd. grenetier et contrerolleur dud. paiement et du nombre du sel qu'ilz emmenent et pour lequel ilz auront paiée lad. gabelle. Et après ce pourront mener led. sel là où ilz vouldront hors des limites des autres greniers et le vendre à qui leur plaira, sans ce que eulx ne ceulx qui l'achapteront d'eulx soient tenuz d'en plus paier aud. seigneur aucun droit de gabelle.

Item et si aucuns marchans ou autres semble mieulx et pour plus aise pour eulx aler achapter sel sur les lieux desd. salins, ilz le pourront faire, et on dit cas lesd. gardes et officiers ilec ordonnez en certiffieront le grenetier et contrerouleur plus prochains des salins où led. sel sera achapté : ausquelx lesd. achapteurs paieront le droit de la gabelle que montera led. sel par eulx achapté et en prandre cedule dud. paiement comme dessus.

Item ceulx qui auront sel à vendre, soit aux lieux où seront ordonnez lesd. greniers ou es salins où led. sel aura esté fait, ne seront point contrains d'actendre aucun tour de papier, ainçois le pourront vendre et commuter à qui bon leur semblera. Et pareillement les achapteurs pourront achapter de ce qu'ilz vouldront et prandre des vandeurs le meilleur marché qu'ilz pourront ; en paiant lesquelx vendeurs de leur sel et aux grenetiers le droit de la gabelle dud. sel ainsi par eulx achapté et prenant cedule du paiement de lad. gabelle, pourront mener led. sel où bon leur semblera, comme dessus est dit.

Item que s'aucuns marchans ou autres vouloient tirer desd. salins ou greniers grosse quantité de sel pour mener en Poictou, Limosin, la Marche et ailleurs vendre où bon leur sembleroit comme dessus, en baillant bonne caucion du droit de la gabelle dud. sel au grenetier ou contreroulleur du grenier es mectes duquel led. sel sera ainsi plus achapté, auroit quatre mois de terme à venir paier au dit grenetier et contreroulleur led. droit de gabelle, affin que led. temps de quatre moys durant lesd. marchans puissent vendre et despescher leurd. sel et en faire leur prouffit. Parquoy plusieurs marchans pourroient faire lad. marchandise de sel plus aisément et sans ce que la première mise leur soit de trop grant charge.

Item et en mectant lesd. greniers ainsi que dessus est dit, ont esté faiz et conclus certains advis par le Roy, par le moien desquelx se vendra et despeschera esd. païs plus de sel le tiers qu'il ne fit jamais. Et sera la marchandie de sel la meilleur marchandie qui soit esd. païs et de plus grant revenue à ceulx qui ont salins et sel.

Pour monstrer que mectre et ordonner par droit de gabelle ou autrement sur chacun muy de sel mesure de Paris et audessoubz pro rata, qui feroit vendre et achapter es païs de Poictou et de Xainctonge pour estre amené et distribué par terre, certaine somme moderée, avecques grenetiers, contrerolleurs et gardes ordonnées pour recevoir, prandre et lever led. trehu ou devoir, ne seroit chose prouffitable pour le Roy et sesd. païs, ainçois seroit chose inutile pour le Roy et grandement prejudiciable à sesd. païs, et que pour le mieulx le Roy ne doit prandre autre devoir sur led. sel que le quart d'iceluy et par la forme et manière qu'il et ses predecesseurs l'ont acoustumé prandre et lever de grant ancienneté, est à considerer et peut l'en dire ce qui s'ensuit.

Et premièrement est à presupposer l'estat desd. païs tant es parties de la mer esquelles on fait le sel que des autres parties, habitude et commune forme d'en user des habitans en iceulx, et comme la liberale faculté de vendre, permuter et eschanger led. sel est tout l'entretiennement desd. païs et habitans en iceulx, et tout ce qui plus à plain a esté escript en ceste matière.

Item et comme de tout temps et grande ancienneté le Roy n'a acoustumé prendre ne lever sur led. sel autre trehu ne plus grant que le quart d'iceluy toutes et quantesfoiz qu'il est vendu, revendu et eschangé ou exposé en vante, sans autrement y avoir prins ne fait prandre, lever et parcevoir aucun autre droit par forme de gabelle ny autrement.

Item que ce presupposé il est vray que mectre et donner aucun devoir sur led. sel autre que led. quart seroit evidentement endommager et grandement apouvrir ou destruire lesd. pays, par ce que, comme il est contenu et declaré plus applain es autres escriptures, led. sel est esd. païs pour et en lieu de peccune, et en a l'on acoustumé user et use on chacun jour. Et à ce est habitué le peuple d'iceluy de le permuter avecques denrées, marchandies, blés, vins et autres choses necessaires à la substentacion et entretiennement desd. habitans, mesmement de ceulx qui font leur demourance sur la fallaise et font le dit sel; et par moien dud. eschange desd. denrées et marchandies avecques led. sel lesd. païs sont pourveuz des vivres et choses necessaires aux habitans en iceulx, qui autrement ne le sauroient ne pourroient estre, veu l'estat desd. païs et l'infertilité de blé et vin estans en aucune partie d'iceulx, et la souffrecté d'autres choses à eulx necessaires; consideré que esd. pays, mesmement ond. païs de Poictou n'a aucunes rivières navigables, comme autreffoiz a esté touché.

Item car en mectant tribut ou devoir de deniers sur led. sel, *dato casu* qu'il ne excedast la valeur dud. quart, l'on imposeroit necessité ausd. habitans desd. païs et autres voisins d'avoir deniers et chevance en faisant leurs eschanges et permutacions ; parquoy souventesfoiz lesd. habitans, qui ne sont pas fort peccunieux, seroient privez de commuter et eschanger leurs blés, vins et autres denrées et marchandises avec led. sel desd. païs : qui seroit leur tres grant dommage, mesmement des habitans faisans le sel, qui par ce moien seroient empeschez d'en faire telle delivrance qu'il convient pour leurs necessités et affaires.

Item et de tant que led. sel par le moyen dud. trehu de gabelle seroit enchery, de tant en recouvreroient les habitans faisans led. sel leurs vivres et choses à eulx necessaires en plus roide priz et valeur ; parquoy ilz ne pourroient avoir ne recouvrer si aisément leurs necessités.

Item et doncques si ainsi estoit que par moien dud. tribut de gabelle led. sel fait esd. païs fust enchery, comme il seroit mesmement si led. devoir estoit plus grant en valeur que led. quart de sel, de tant en seroit moins consumé esd. païs et es païs voisins ; car chacun n'en useroit ou consumeroit que à son estroicte necessité, comme il est vraysemblable. Et toutesfoiz chacun en a acoustumé user à grande habondance pour le bon marché qui en est ; en plusieurs lieux on en nourrist les bestes aumailles en grant nombre, dont on se delaisseroit pour le grant encherissement qui y seroit, mais en prandroit l'on seulement à son estroicte necessité. Parquoy seroit tousjours faicte moindre delivrance. Et semblablement le païs de Limosin joignant du dit païs d'Auvergne et de Languedoc, ouquel a grant quantité de bestail et de grosses autres choses qui transportent en Poictou pour querir du sel.

Item et quant au regard des autres païs du royaume de France, les rivières de Loire, de Senne, et autres rivières navigables qui passent par lesd. païs et près d'iceulx les fournissent ; mais led. païs de Poictou ou regard des marchandies est ung des pouvres pays du royaume de France ; car il n'y vient marchandie estrange fors seulement par le moien du sel et grant labour de charroy. Parquoy ne doit point estre le sel d'ilec subgiet à gabelle, mais comme sont les huisles et alemandes croissans oud. pays de Languedoc, par le moien desquelles ilz ont les marchandies estranges, comme dit est, de sel, et en seroient grandement endommaigez les habitans faisans le dit sel et autres, qui delaisseroient d'en user à leur prouffit.

Item et singulièrement est à considerer comme la façon du dit sel est avantureuse esd. païs, et comme aucunesfoiz on y en fait en telle habondance qui est à tres petit pris, et aucunesfoiz n'y en fait l'on point par tel temps qu'il devient en grande valeur et extimacion. Parquoy le dit sel est fort marchant esd. païs, qui n'est pas chose commune es parties de Languedoc et ailleurs.

Item et souventesfoiz par grande fertilité et superhabondance de sel lesd. païs et les autres païs voisins esquelx n'a lieu aucune gabelle en sont tellement remplyz et encores le sont à present, *quod est notandum*, qu'il en y a et s'en treuve assez esd. pays pour les fournir d'icy à dix ou à xx ans, sans ce qu'il conveigne en prandre sur les maroys en quelque manière que ce soit. Parquoy le dit trehu ou devoir de gabelle seroit de present de nul effect et decy à bien long temps mesmement. Car à l'occasion du dit trehu, s'il estoit de plus grande charge qu'il n'a acoustumé, les marchans et autres habitans qui en auroient n'en feroient aucune nouvelle provision jusques à ce qu'il leur fust necessité de le faire.

Item et si et quant Dieu donneroit aucune grande exhuberence de sel comme il advient aucunesfoiz, et led. devoir et impost ne fust trop grevable, comme aussi ne le vouldroit faire le Roy pour le bien de son pouvre peuple, les marchans et habitans desd. païs qui auroient puissance de ce faire en feroient telles et si grandes provisions, pour doubte que aucune creue de impost ou devoir y peust survenir, que d'ilec à très longtemps ne seroit besoin d'en aler prandre sur lesd. maroys ne ailleurs que cheuz les marchans desd. païs et es pays voisins. Et par ce moien durant led. temps seroit de nul effect ou prouffit au Roy led. devoir ou impost : à quoy on doit bien avoir regart.

Item et par ce moien durant led. temps ne se feroit aucune vuidange de sel esd. maroys et demourroit tousjours à la charge desd. habitans, qui n'en recouvreroient par ce moien leurs necessités et affaires. Et par ce et les autres moiens dessus touchez leur convendroit de laisser lesd. maroys en fruche et eulx transporter ou païs de Bretaigne prouchain et contigu desd. maroys et autres parties de ce royaume, dont advendroit dommaige irreparable au Roy et à sa seigneurie, et s'ensuivroient la destruction totale desd. païs, et autres inconveniens aucunesfoiz alleguez et escriptz.

Item parquoy n'est besoing ne chose convenable au Roy de mectre autre trehu ou devoir que led. quart dud. sel ainsi et par la forme et manière qu'il a acoustumé d'ancienneté, mesmement car par moien dud. trehu ou devoir ne seroit aucunement pourveu aux fraudes que aucuns veulent dire estre faictes par faulx soniers, et parquoy on veult dire les autres greniers à gabelle de ce royaume estre perduz et destruiz ; mais y pourroit l'on faire autelles et semblables faultes ou plus grandes que l'on a peu faire le temps passé, si non que on y mist meilleurs gardez et par nouvelle manière et bonne forme on y obviast : ce que on pourroit faire semblablement en levant le quart du sel. Parquoy lesd. trehuz ou devoirs sont quant à ce d'un mesme effect et n'en peut rapporter prouffit le Roy plus grant quant à ce de l'un que de l'autre.

Item et par ce, puisque par moien dud. nouvel impost ou devoir ne seroit rapporté aucun avantage ou prouffit au Roy autre ne plus grant que par moien dud. quart de sel, comme non feroit si non que le Roy voulsist mectre et instituer led. impost ou creu de gabelle en plus grande valeur que monte le quart dud. sel : ce qu'il ne vouldroit faire, mais vouldroit mieulx sublegier son peuple de toutes charges et oppressions ; aussi en a il bien besoing, et est de necessité que ainsi ce face pour la tres grande necessité et desolacion en quoy il est pour les grandes et insupportables charges qu'il a souffert le temps passé pour les grandes affaires dud. seigneur et conduite de sa guerre : il s'ensuit clerement qu'il n'est necessité ne chose convenable de immuer led. devoir et creu de sel, mesmement que par ce que dit est le Roy n'en rapporteroit aucun prouffit et lesd. habitans en seroient grandement endommagiez.

Item que led. quart de sel, par quelque quantité ou multiplicacion de foiz qu'il le faillist paier, est beaucoup plus supportable au pouvre peuple et de maindre charge que autre forme de devoir ; car lesd. païs sont tres pouvres de chevance, et plus legièrement pourroient satisfaire le Roy et faire leurs permutacions et eschanges ainsi qu'ilz ont acoustumé de le faire et à ce sont habituez que de paier aucun trehu ou devoir de deniers sur led. sel, qui leur seroit chose comme impossible et par moien de laquelle ilz seroient empeschez d'avoir leurs necessités et l'entretiennement de leurs pouvres vies.

Item et est à considerer le grand nombre de officiers que le Roy mectroit sus à l'occasion dud. nouvel impost et à la quantité des gaiges qu'il leur convendroit avoir pour exercer leurs offices, et des abutz qui soubz umbre de ce se pourroient ensuir, et des travaulx, paines et despenses qu'il convendroit avoir et soustenir à l'occasion de ce à tous ceulx qui vouldroient user et marchander dud. sel, dont lesd. habitans n'ont aucun besoing, comme dessus est dit, et leur imposeroit l'on en ce nécessité insupportable.

Item et pour ce que, comme autresfoiz a esté dit et escript, le sel qui se fait esd. maroys esd païs reçoit de grandes avantures, et convient aux pouvres habitans faisans led. sel qu'ilz en soient très soigneux et qu'ilz y facent gardes et continuelles diligences, soit qu'ilz y facent sel ou non, pour la garde et entretiennement de leurs maroys et obvier aux innondacions de la mer et resister aux anciens ennemis de ce royaume qu'ilz ne descendent en terre, lesd. habitans supportent à l'occasion de ce et pour la sterilité du pays tant de pouvretés, misères et indigences que leur faire et donner aucun pou de necessité ou affliction seroit les habandonner du tout et en despopuler lesd. païs, dont en ung moment s'ensuivroient inconveniens innumerables.

Item et seroit bien chose dure et estrange aux pouvres habitans desd. païs qui vouldroient marchander dud. sel et le conduire et faire porter es autres parties desd. païs ou es païs voisins, qu'ilz fussent contrains de paier le treu ou devoir de gabelle aux grenetiers de lad. gabelle ou leur bailler caucion souffisante de rendre le dit treu ou devoir de gabelle dedans quatre moys ensuivans. Car, veu l'estat et qualité de ceulx qui communement marchandent dud. sel, l'on seroit veu directement ou consequemment les contraindre à paier led. devoir par avant qu'ilz eussent vendu ou transporté led. sel, ou les contraindre d'eulx desister d'en marchander, qui seroit chose tres piteable pour eulx, parce que communement ce sont gens incongneuz et pouvres qui ne pourroient donner telles caucions.

Item et comme autresfoiz a esté dit et remonstré au Roy et à messeigneurs de son conseil, puisque de tout temps et ancienneté le Roy et ses predecesseurs ont acoustumé de prandre et lever sur led. sel le quart, qui est bel et grant devoir, et que en ceste forme en a l'on acoustumé user esd. païs, on ne doit raisonnablement imuer le dit devoir, mesmement que par ce que dit est il n'y a Dieu mercy aucune necessité urgente ne evidente utilité de ce faire; mesmement car lesd. devoirs sont d'un mesme effect, sinon que on y fist crehue comme dit est, et par moien duquel seroient grandement endommaigés les habitans dud. païs, et finablement s'ensuit, comme il est vraysemblable, les inconveniens dessus declairez.

Item et quelque chose que on vueille dire que par certains adviz faiz et concluz sur ce l'on vendroit et despescheroit esd. païs plus de sel le tiers que on ne fit jamais, et en seroit la marchandie meilleur et de plus grande revenue à ceulx qui ont salins et sel; si ce estoit chose possible de faire, lesd. païs en vouldroient trop mieulx, mais ceulx qui scevent l'estat desd. païs et la situacion d'iceulx reputent ce chose impossible à faire, comme ce l'on pourra dire et remonstrer en particulier quant l'on saura la forme et effect desd. advis que l'on dit avoir esté prins sur ce.

Item et pour monstrer clairement que par moien desd. charges les habitans desd. païs se pourroient legièrement aler ond. païs de Bretaigne, est à considerer et savoir que les pays de Poictou et de Bretaigne sont joignans et contiguz l'un de l'autre dès la fallaise de la mer en montant et venant de lad. fallaise en hault dud. païs de Poictou et es pays d'Anjou et Touraine.

Item que entre lesd. pays de Poictou et de Bretaigne sont situées et assises depuis lad. fallaise de mer plusieurs grosses parroisses, comme les ysles de Boing, Boys de Cené, Paulx, la Trinité de Machecoul, la Ganasche, saint Coulombain, Legé, Grant Lande, la Brufflère, Turant[1], Guestigné et autres plusieurs parroisses jusques au nombre de XXV et plus.

Item et lesquelles parroisses s'appellent les parroisses de la Marche commune de Poictou et de Bretaigne, et sont et ont acoustumé de toute ancienneté estre franches, quictes et exemptes de toutes tailles, aides, quars, imposicions et autres subvencions quelxconques mises sus tant es païs de Poictou que de Bretaigne.

Item et la raison si est, car les habitans en icelles pour raison des heritages sont tenuz aux seigneurs tant de Poictou que de Bretaigne en plusieurs grosses rentes; car il n'y a

---

1. Cugand.

seigneur soit du cousté de Poictou ou de Bretaigne à qui ilz ne doyvent rentes, qui anciennement fut cause de les tenir franches, et desd. franchises ont beaux priviléges des roys de France et des ducs de Bretaigne.

Item et sont assises lesd. paroisses es baronies et seigneuries de la Ganasche, Paluyeau, Rochecervière, Montagu et Tiffauges. Lesquelx seigneurs en juridiction ont sur lesd. habitans prevencion seulement, aussi a le Roy à cause de sa conté de Poictou ; et au contraire du cousté de Bretaigne les contes de Nantes, le baron des Rays, le s^r de Chasteaubriant et le s^r de Clisson.

Item et sont lesd. païs de Poictou et de Bretaigne contiguz et joignans l'un de l'autre ; car chacun jour les officiers des seigneurs d'une partie et d'autre ont gros debatz et questions pour les sourprinses qui se font d'une partie et d'autre ; car si tost que on a baillé charge aux habitans desd. Marches es ungs plus que es autres, ilz s'en vont demourer de l'un païs en autre.

Item que depuis ces guerres et divisions aucuns des habitans de Poictou jusques au nombre de mil à XII^c feufz, qui sont joignans et contiguz des parroisses desd. Marches, desirans estre francs comme eulx, se vouldrent atribuer de lad. Marche commune, et soubz ceste couleur ont demouré en franchise de paier tailles de l'an III^c et six jusques à l'an IIII^c XLVII, que par le moien de certain debat qui s'est meu entre le Roy et le duc de Bretaigne à ceste occasion ont esté trouvez les moiens par les officiers du Roy en Poictou que lesd. habitans ont paié et paient tailles.

Item et est à considerer et savoir que esd. paroisses de Bourg, Bois de Cené, le Coustuner, qui sont de la condicion de lad. Marche commune, et aussi en l'isle de Nermoustier nuement en Poictou, qui semblablement est franche de toutes tailles, quars, imposicions et autres subvencions quelxconques, sont faiz chacun an les trois pars du sel qui se fait on païs de Poictou et plus.

Item et si le Roy mectoit de present lesd. greniers à sel et treu de plus grant charge que n'a acoustumé estre le temps passé sur les habitans de son païs de Poictou qui sont contribuables à paier ses tailles, aides, quars, imposicions et autres subventions et qui nuement sont ses subgietz, ce seroit cause de les en faire aler demourer esd. ysles communes et autres qui sont franches, ou ailleurs on païs de Bretaigne où se fait le dit sel, comme dessus a esté touché : dont s'en ensuyvroient les dommaiges et inconveniens autresfoiz declarez. Et est vray que le duc de Bretaigne qui à present est a fait publier par le pays de tenir doresnavant son païs franc de toutes tailles, aides et subsides. Et ainsi se pourroit legièrement depopuler led. païs de Poictou, et demourroient lesd. marois en friche, et en seroit enrechy grandement led. païs de Bretaigne.

Item et pour monstrer clerement que à bailler charges nouvelles seroit la totale destruction du païs, il est vray que en l'an mil III^c IIII^{xx} III le Roy, que Dieu abseuille, fit ses ordonnances et instructions sur le fait du sel des païs de Poictou et de Xainctonge de l'aide qu'il vouloit estre levé en lieu de gabelle, par lesquelles ordonnances il ordonnoit prandre de tout sel qui seroit vendu ou eschangé sur les ports et salins la moitié du pris de la première vente sur le vandeur.

Item ordonnoit oultre que si aucun prenoit ou chargeoit sel sur lesd. païs et salines pour mener au dedans desd. pays ou ailleurs où les gabelles n'ont cours, supposé qu'il ne fust vendu, qu'il en seroit prins et levé pour l'extimacion la moitié du pris que le sel se vendra communement es lieux où iceluy sel sera chargé.

Item et de tout sel qui seroit vendu, revendu ou eschangé, lad. première aide payée, ordonna led. seigneur estre levé sur le vendeur v s. t. pour livre par tant de foiz qu'il seroit vendu, et de plus plus et du moins moins.

Item que led. seigneur s'efforça de faire tenir lad. ordonnance à l'estroit tant sur lesd. pors et salines que ailleurs ond. païs.

Item que à ceste occasion les soniers et autres faisans led. sel qui virent qu'ilz ne povoient supporter lad. charge, se tirèrent par devers le Roy pour cuider obtenir moderacion d'icelle. Et pour ce que on la vouloit lever à l'estroit, la pluspart desd. soniers s'en alèrent en Enguerrande estant en païs de Bretaigne, et illecques firent très grant quantité d'aires de maroys et se logèrent ond. païs, où jamais ne s'estoit fait sel, où aujourduy s'en fait aussi grant quantité que en partie desd. païs de Poictou et de Xainctonge.

Item que à ceste occasion une très grant quantité desd. maroys de Poictou demourèrent en desert et sont encore de present. Et si le Roy et son conseil n'y eussent donné provision, tout le remenant desd. salins s'en feussent alez, et fussent demourez tous lesd. marois de Poictou et de Xainctonge en desert, qui eust esté dommaige inreparable.

Item que led. seigneur et sond. conseil, voians la destruction desd. maroys et par consequant dud. païs de Poictou, moderèrent lesd. charges ; et ne se prend ne lieve aucune chose sur lesd. ports et salines où se fait le dit sel s'il n'est vendu ou eschangé ; encore ne se lieve pas le quart à la rigueur, mais seulement se lyeve ung demy quart sur les gens rousturiers quant ils vendent leurd. sel et non autrement. Et est comme impossible que lesd. soniers puissent porter ne soustenir plus grant charge.

Item et si led. seigneur et son conseil mectoient plus grant charge sur lesd. ports et salines, en verité lesd. soniers ne le pourroient soustenir, et convendroit de pure necessité qu'ils laissassent led. ouvrage et qu'ilz l'abandonnassent et s'en alassent es païs voisins, où ilz trouveroient plus grant franchise.

Item que par ces moyens et raisons et autres que l'on saura mieulx veoir et considerer, il sensuit et appert clerement que pour le bien du Roy et de sa seigneurie l'on ne doit mectre sus le dit treu ou impost nouvel de gabelle, mais se doit l'on arrester aux usaiges anciens et acoustumez, ausquelx en doupte on se doit mieulx arrester que mectre sus led. treu ou nouvel devoir, mesmement en tel gouvernement de païs et de telle et si grande seigneurie ; en gouvernement desquelles, nouvelletez et mutacions sont très dangereuses, et par ce les doit l'on fournir et à icelles obvier tant qu'il est possible.

Item et pour ce ont requis les habitans desd. pays de Poictou et de Xainctonge au Roy nostred. seigneur que, en ayant consideracion aux recueilz et secours tant de gens que de chevance que les habitans desd. païs luy ont fait et donné durant le temps de son adversité, humilité, bonté, amour et fidelité qu'ilz ont eu tousjours à luy sans luy faire faulte, les adversitez que lesd. habitans ont souffert paciemment pour le fait de sa guerre et encores font chacun jour, la prosperité que Dieu de sa grace luy a donné de nouvel, et qu'il a eu de trop plus grandes charges à supporter qu'il n'a de present : que ensuivant les faiz de ses predecesseurs il luy plaise de sa grace tenir lesd. habitans en leurs franchises anciennes qu'ilz ont esté le temps passé, et que, ainsi qu'ilz ont enduré et souffert en son adversité, ilz soient participans en sa prosperité, que par sa grace luy vueille maintenir et luy acroistre et parfaire de mieulx en mieulx *qui sine fine vivit et regnat in secula seculorum, amen.*

MISCELLANÉES.

I.

Plainte des bourgeois de Niort au sujet de la translation des foires et marchés de cette ville en un autre emplacement, faite à leur préjudice par ordre du comte de Poitou. *(Orig. parch. ; arch. nat.* J 190 b 72.*)*

(Vers 1255.)

Dicimus nos de Niorto, quorum erant proventus et redditus mercati et nundinarum de Niorto, quod non licuit domino comiti Pictavensi, salva sua reverencia, dictum mercatum nec nundinas predictas alias transferre nec sibi appropriare, quia locus et platee ubi erant nundine et mercatum predictum ab antiquo fuerunt antecessoribus nostris et heredibus eorumdem concesse a principe terre libere et immunes ad faciendum ibidem mercatum et nundinas, et nichil in eisdem sibi retinuit princeps nisi deffencionem et tuicionem, et vendam et pedagium et alios proventus dicti mercati et nundinarum antecessoribus nostris et nobis post ipsos dimisit et concessit : quod parati sumus probare tam per famam publicam et per explecta nostra et usus nostros quam per longissimam possessionem nostram continuam et pacificam, cum pro diuturnitate temporis aliter per testes probari non possit, et antecessores nostri et nos post ipsos hoc mercato usi fuimus continue et explectavimus pacifice per longissimum tempus, videlicet a tempore Henrici illustris regis Anglie usque ad hec tempora : quod fieri non posset nisi concessione principis hoc factum fuisset ; quia solus princeps mercatum et nundinas predictas constituere potuit in loco ubi erant, et concedere antecessoribus nostris et nobis post ipsos proventus mercati et nundinarum predictarum, prout superius expressum ; quia aliter proventus mercati et nundinarum predictarum non potuissemus percipere vel habere nec nos nec antecessores nostri per tantum tempus nisi hoc principi placuisset. Et etiam antecessores nostri et nos post ipsos hoc mercato usi fuimus, possedimus et explectavimus tempore domini Philippi, illustris regis Francie, tunc domini Pictavie, et per multa tempora ante ipsum et postea usque modo pacifice et quiete. Et si dicatur quod mercatum et nundine predicte erant domini comitis et ideo potuit ea transferre ubi voluit, verum est quod sue erant quantum ad ea que ibidem percipiebat, videlicet quantum ad vendam et pedagium et quantum ad deffencionem. Fundamenta vero et loca et edificia supra posita, in quibus fiebant nundine et mercatum, nostra erant propria et libera, et quicquid ex eis et ex loquacione eorum proveniebat nostrum erat, tam ex concessione principis, ut supra dictum est, quam ex longissima possessione nostra pacifica et continua, et prescriptione et consuetudine approbata. Et sic possedimus et usi fuimus et explectavimus antecessores nostri et nos pacifice et quiete, scientibus dominis Pictavie et baillivis eorum qui antiquitus fuerunt usque ad hec tempora, quia hoc ignorare non potuerunt. Et quia dominus comes ex sua voluntate dictum mercatum et nundinas de novo alias transtulit seu transferri fecit, videlicet in loco in quo modo sunt, nos dampnificati sumus in trecentis libris quolibet anno, de quibus supplicamus et petimus nobis fieri emendam, videlicet cuilibet nostrorum secundum quod ibidem habebat ; maxime quia dominus comes predictus in novitate sua, quando factus fuit comes, et pater suus bone memorie dum viveret, et frater suus qui modo regnat, confirmaverunt et concesserunt antecessoribus nostris et nobis sui gratia omnes usus nostros et consuetudines et libertates et donaciones, prout eas habebamus et tenebamus temporibus domini Henrici et domini Ricardi, illustrium regum Anglie : quod probare possumus per litteras eorumdem.

Similiter nos religiosi et presbiteri et clerici petimus nobis emendam fieri super annuis legatis nobis a decedentibus sive morientibus de Niorto diu est factis, pro anniversariis faciendis quolibet anno pro eis, et missis celebrandis, que legata nobis fuerunt assignata ab eisdem in foro et nundinis supradictis usque ad quadraginta libras annui redditus, quas per longa tempora habuimus et percepimus in mercato et nundinis predictis usque modo, et hec petimus racionibus supradictis.

II.

Fondation par les religieux de Saint-Savin, en faveur d'Alphonse, comte de Poitou, d'une messe quotidienne du Saint-Esprit sa vie durant, et, après sa mort, d'une messe quotidienne des trépassés et d'un anniversaire solennel à perpétuité. *(Orig. parch. muni du sceau de l'abbaye de Saint-Savin, arch. nat. J 190 ^{b} n° 9.)*

Janvier 1267.

Illustrissimo domino patri pariter et patrono domino Alfonso, fratri illustrissimi regis Francie, comiti Pictavie et Tholose, sui in Christo pauperes, devoti pariter et dilecti religiosi viri abbas et conventus Sancti Savini, ordinis sancti Benedicti Pictavensis, salutem cum sincere dilectionis affectu in domino Jhesu Christo. Ne vicio ingratitudinis mereamur fieri exheredes, dignum est ut regum, ducum et principum et etiam ceterorum concessiones, largitates, libertates et munificentias recolamus, ne acceptorum beneficiorum immemores existere videamur; et ideo merita in quantum possumus meritis compensantes, in nostro monasterio provide statutum est ac sic pervigili memoria hactenus observatum, ut missarum sollempniis, vigiliis ac ceteris bonis et orationibus, quorum nobis possibilitas a Domino est concessa, benefactores meritos eterne vite ac celestis patrie coheredes et incolas fieri laboremus. Inde est quod cum nobilitatis discreta prudentia parvitati ac paupertati nostre compaciens rabiem servientium contra nos pluries refrenaverit truculentam, et nobis murus inexpugnabilis clipeusque infaillibilis contra morsus et insidias opprimentium exstiterit, adeo quod si non in sativitate, tamen in securitate pane nostro vesci libere poteramus divinisque obsequiis vacare, prout regularis observancia dogmatizat, nos, tranquillitatis nobis a vobis concesse ac plurium ceterorum virorum beneficiorum memoriam recolentes, de communi assensu et affectu fratrum nostrorum ac spontanea voluntate, vobis misericorditer concedimus ex nunc unam missam Sancti Spiritus qualibet die vite vestre in nostro monasterio per unum ex nostris fratribus celebrandam, ut Spiritus Sancti clemencia vos gratum sibi et longevum esse faciat super terram, et statum et prosperitatem vestram et tranquillitatem vestram et populi vobis subditi consolidet et confirmet. Et quare non solum salutem vite et prosperitatis vestre temporalis, sed et vite perpetue et celestis speciali ac spirituali desiderio affectamur, vobis concedimus communionem ac participationem omnium bonorum que fiunt aut fient in monasterio nostro, tam in capite quam in membris, quantum uni ex nobis, in perpetuum obtinendam; et insuper postquam vos nature debitum contigerit persolvisse, in die obitus vobis concedimus vestrum servicium in nostro monasterio sollempniter et devote; et preterea, ex tunc in perpetuum, unam missam pro defunctis qualibet die in monasterio nostro pro commemoracione anime vestre, ut eternis gaudiis..... inter celestium civium agmina collocetur. Concedimus insuper et vobis anniversarium vestrum semel quolibet anni spacio revoluto in nostro monasterio faciendum sollempniter et devote. Hec etenim bona et alia que fient de cetero in ordinis nostri observantia regulari vobis concedimus perpetuo obtinenda, quod vobiscum desideramus communiter impertiri. In cujus rei memoriam ac etiam firmitatem vobis presentes litteras concedimus sigilli nostri munimine roboratas. Datum mense januarii, anno Domini M° CC° LX^{mo} septimo.

III.

Lettres d'Edouard III, roi d'Angleterre, mandant à Thomas de Felton, sénéchal de Guyenne, Henri Haye, sénéchal d'Angoulême, et autres, de juger définitivement la contestation élevée entre Jean Chauderier, bourgeois de la Rochelle, et Jeanne Parthenay, sa femme, d'une part, et Aimeri, seigneur de Craon, et Pétronille, sa femme, de l'autre, au sujet de la succession de Guy de Thouars, seigneur de Mauléon. *(Rot. Vascon, A 46, Ed. III, n° 10, Bibl. nat. Mss. fonds Moreau, 684; Bréq., 60.)*

18 février 1372-1373.

Rex dilectis et fidelibus Thome de Felton, Vasconie, Henrico Haye, Engolisme, militibus, senescallis, Arnaldo Andree, officiali Burdegalensi, Arnaldo Tyson, decano Engolismensi, et Petro Perceschausces, juris perito, salutem. Dilecti et fidelis nostri Johannis Chauderier, burgensis ville nostre de Rupella, et Johanne Parthenay, ejus uxoris, gravi nobis conquestione percipimus quod, cum nobilis vir dilectus et fidelis noster Guido Archiepiscopi, dominus de Tallebourc, pater ipsius Johanne de Parthenay, legitimus successor in certa parte hereditatis quondam Guidonis de Thoarcio, domini de

Maloleone; que quidem successio et totum jus universaque bona ejusdem idem Guido Archiepiscopi dedit et concessit in augmentum maritagii filie sue predicte; super cujus possessione et ejusdem possessionis debato, ex eo quod nobilis vir Lodewicus, vicecomes Thoarcii, parens ejusdem Guidonis de Thoarcio, et Guido, pater dicte Johanne, occuparunt omnia bona ejusdem successionis, compelli fecerunt eosdem iidem supplicantes, prefatum vicecomitem venire in causam coram gentibus tenentibus magnos dies carissimi primogeniti nostri Edwardi, principis Aquitanie et Wallie; et pendente ibidem contencione et debato idem vicecomes viam universe carnis est ingressus, sicque successio omnis bonorum et rerum ejusdem nuper vicecomitis ad dilectos et fideles nostros nobiles Aymericum, dominum de Credonio, et Petronillam de Thoarcio, filiam primogenitam dicti nuper vicecomitis, uxorem suam, sicut ad heredes principales ejusdem quondam vicecomitis, et ipsos quidem Aymericum et Petronillam ejus uxorem iidem supplicantes adjornari fecerunt ad dictos magnos dies ad resumendum vel repudiandum, resumi vel repudiari videndum processus factos in hoc casu cum dicto quondam vicecomite ; qui quidem dominus de Credonio et Petronilla ejus uxor, tam ex causa guerrarum in partibus istis ingruentium quam pro differendo jure supplicantium predictorum de diebus in dies, ad nos ad parliamentum nostrum hujus appellasse dicuntur : iidem supplicantes nobis humiliter supplicarunt ut providere eis super hoc de opportuno remedio contra maliciam ipsorum appellancium de benignitate regia favorabiliter dignaremur. Nos itaque, qui ex cordis intimis lites qualescumque inter subditos nostros abbreviari cupimus, non extendi, vobis quinque, quatuor et tribus vestrum tenore presencium committimus et mandamus quatenus, vocatis coram nobis quinque, quatuor aut tribus vestrum, partibus supradictis et aliis qui de jure fuerunt evocandi ad locum insignem ubi commodius haberi poterit copia peritorum, et auditis et intellectis juribus et racionibus earumdem, faciatis super omnibus et singulis supradictis et eorum dependenciis et connexis dictis partibus, secundum leges, foros et consuetudines ipsarum parcium, celeris justicie complementum, ne super hiis clamor ad nos perveniat iteratus ; volentes et de gracia nostra speciali concedentes quod quicquid per vos quinque, quatuor aut tres vestrum, ut premittitur, actum, sentenciatum, judicatum aut deffinitum fuerit in hac parte, unius vigorem et affectum habeat arresti in supremo parliamento vostro prolati, a quo nunquam poterit amplius appellari, et per vos aut deputatos vestros execucioni debite demandetur, reclamacione seu appellacione nonobstante qualicumque. Datum in palacio nostro Westm., sub magni sigilli nostri testimonio, xviii die februari anno Nativitatis dominice millesimo trescentesimo septuagesimo secundo, et regnorum nostrorum Francie tricesimo tercio et Anglie quadragesimo sexto [1].

IV.

Lettres de Charles, dauphin, régent du royaume, mandant à Henri de Pluscallet, gouverneur de la Rochelle, et à Jean de Villebrême, secrétaire du roi et du régent, de se faire remettre tous les papiers qui se trouveraient à la Rochelle, au domicile de Guillaume Boucher, prisonnier des Anglais, concernant l'armée qui devait être levée en Ecosse, et de les apporter à ce prince avec une somme d'or que le même Guillaume Boucher avait envoyée à la Rochelle. (*Arch. nat. J.* 475. 98.)

16 septembre 1422.

Charles, filz du Roy de France, regent le roiaume, daulphin de Viennois, duc de Berry et de Touraine et conte de Poictou. A nos amez et feaulx Henry de Pluscallet, gouver-

---

[1]. Voir ci-après la pièce n° IX.

neur de la Rochelle, et maistre Jehan de Villebresme, secretaire de mon dit seigneur et le nostre, salut et dilection. Pour ce que Guillaume Bouchier estoit prisonnier et s'est entremis du fait de l'armée que darrenierement avons ordonnée faire venir du païs d'Escoce au secours de mon dit seigneur et nostre, duquel fait nous voulons veoir et savoir l'estat et despense, nous vous mandons et expressement commandons et commettons et à chacun de vous que vous vous transportez en l'ostel dudit Guillaume Boucher à la Rochelle, et à sa femme et serviteurs faites exprès commandement de par nous que tous les papiers, comptes et escriptures qu'ilz ont ilz vous exhibent et demonstrent, et tout ce que vous trouverez touchant le dit fait prenez par bon et loial inventaire, avecques la somme de deux cens escus et quatre cens moutons d'or que le dit Guillaume dit avoir envoié à sa femme de l'argent par lui receu dudit fait. Et icelles escriptures et comptes avecques le dit or apportez par devers nous pour en estre ordonné comme nous verrons que à faire sera. Et ou cas que de ce on vous feroit aucun reffus ou contredit, procedez y par voye de fait, en prenant et mettant reaument et de fait par bon et loial inventaire en la main de mondit seigneur et nostre tous les biens dudit Guillaume, lesquelz vous baillez en garde à certaines bonnes personnes qui en puissent et saichent respondre toutes foiz que le besoing sera. De ce faire vous donnons povoir, mandons et commandons à tous les justiciers, officiers et subgez de mon dict seigneur et nostres que à vous et chacun de vous et à voz commis et deputez en ce faisant obéissent et entendent diligemment, et vous prestent et donnent conseil, confort et aide et prisons, se mestier en avez et requis en sont. Donné à Celles en Berry le xvime jour de septembre l'an de grace mil CCCC vint et deux.

Par Monseigneur le Regent, daulphin, vous le mareschal de mon dict seigneur, le bailli de Tourraine, le sire de Mirandol et autres presens.   Le Picart.

V.

Procès-verbal, dressé en conséquence des lettres qui précèdent, de la déclaration de Jean du Puismarquet, serviteur de Guillaume Boucher, et de la remise faite par la femme de ce dernier à Jean de Villebrême des papiers et de l'or que ledit Jean du Puismarquet avait été chargé par son maître de transporter à la Rochelle. *(Arch. nat. J. 475. 98)* [1].

22 septembre 1422.

Le xxiie jour de septembre l'an mil CCCC et vint et deux fut mandé venir en l'ostel du bailli du grant fief d'Aulnys en la ville de la Rochelle Jehan du Puismarquet, natif du païs de Normandie à IIII lieues de Harefleu, de l'aage de xxII ans ou environ, lequel fut interrogué par maistre Jehan Labbe, licencié en lois, lieutenant du gouverneur de la Rochelle, en la presence de Lancelot Rogre et maistre Jehan de Villebresme, secretaire de monseigneur le Regent. Et a dit et deposé par son serement que en ce voiage darrier d'Escosse il estoit en la compaignie Guillaume le Boucher comme son

---

1. Ce procès-verbal est accompagné de celui qui fut dressé à Niort le jour précédent :

« Le lundi xxie jour de septembre l'an mil CCCC et vingt deux, en la pre-
« sence de honnestes hommes et sages maistre Jehan de Villebresme, secre-
« taire de monseigneur le regent, sire Pierre Bennez, maire de Nyort, mais-
« tre Guilleaume Pignon, Jehan d'Ymbernac, Lancellot Rogre, escuier, et
« autres, fu trouvé en l'ostel sire Jehan Chardon, bourgois dudit lieu de
« Nyort et la present, les chouses qui s'ensuivent, lesquelles lui avoient
« esté baillées par Guillame Bouchier, Jehan d'Aucerre, serviteurs de
« Jehan de Contes dit Minguet et P..... serviteur de Bertram Campion.

(Suit l'énumération répétée dans les lettres du xx *octobre* 1422.)

« Item deux boestes de cuir carrées, esquelles sont les lettres de l'am-
« baxade que mondit seigneur le Regent avoit en escrit. Garrigue, pour
« avoir esté present aux choses susdictes comme notaire. »

serviteur, et fut present pendant que Minguet de Contes, Bertran Campion et messire Parceval de Boulanvillier furent prins sur mer par les Anglois. Et dit que son maistre recueilli en un baleiner qu'il avoit, la chevance et autres choses qui estoient en la nef dudit Minguet, et en icelui baleiner s'en vint en l'achenau de Marent, auquel lieu il prinst un vaisseau ouquel il mist ce qu'il avoit recouvert et par eaue le mena à Nyort, fors excepté qu'il dit que dudit lieu de Marent il qui depose s'en vint à la Rochelle par terre et apporta les robes de son maistre et les papiers et avec II^c escus d'or, xiii moins, et cinquante escuz d'or rompuz et mil v^e moutonneaux : lesquelles choses il dit avoir baillées à la femme dudit Boucher, sa maistresse; laquelle sur ce interroguée par serement, voulentiers et liberalment feit demonstrance des choses que lui avoit baillées et apportées le dit Jehan de par le dit Boucher son maistre. Entre lesquelles ont esté trouvez certains papiers, lettres et escriptures que le dit Villebresme a prinses et mises en un sac.

Item en un petit sac de toille ix^{xx} vii escuz d'or.

Item en ung autre sac IIII^c xxiiii moutons d'or que le dit Villebresme a semblablement prins.   J. LABBE.

VI.

Autres lettres du régent, donnant décharge à Jean de Villebrême d'un fleuron de la couronne de France et d'une partie de l'or qui avaient été confiés à Parceval de Boulainvilliers, Jean de Contes dit Minguet et autres, pour aller lever en Ecosse une armée de huit mille hommes contre les Anglais, et qui, après la déroute de la flotte, avaient été apportés à Niort et à la Rochelle. (*Arch. nat.* J. 475. 98.)

20 octobre 1422.

Charles, filz du Roy de France, regent le roiaume, daulphin de Viennois, duc de Berry et de Touraine et conte de

Poictou, à tous ceuls qui ces presentes lettres verront, salut. Comme nous eussions nagaires ordonné faire venir au secours de mon dit seigneur et nostre, certaine grant armée du païs d'Escoce, de laquelle chose se feust chargié nostre amé et feal conseiller Jehan de Contes dit Minguet et avec lui Guillaume Boucher, Jehan Go et Perrot de Saint Malo, moiennant certaine grant somme d'or qu'ilz ont pour ce eue de nous tant pour le frait des navires neccessaires à porter jusques à viii^m combatans dudit païs d'Escoce comme pour leurs vivres d'un mois; et en leur compaignie envoiessions ou dit païs noz amez et feaulx messires Parceval de Boulanvillier, chevalier, nostre chambellan, et Bertran Campion, escuier, nostre maistre d'ostel; ausquelx Boulanvillier, Minguet et Campion eussions fait bailler et delivrer, oultre ce que dit est, la somme de ix^m iii^c escus d'or et un des fleurons de la bonne coronne de mon dit seigneur pour icelui engaigier jusques à une autre certaine somme, pour icelles sommes bailler et delivrer pour le soldoiement des gens ordonnez venir en ladicte armée; en faisant lequel voiage aucuns des vaisseaulx qui menoient les diz Minguet et ses compaignons pour apporter les gens de la dicte armée, comme dit est, aient este ruez sus et destroussez, et en iceulx prins les diz Boulanvillier, Minguet, Campion et autres en leur compaignie par certains navires d'Angleterre : pourquoy la dicte armée ne s'est peu ne puet de present acomplir. Et pour ce qu'il estoit venu à nostre congnoissance et par le dit et rapport mesmes dudit Guillaume Le Boucher et d'aucun des serviteurs des ditz Minguet et Campion que le dit fleuron et partie de l'or dessus dit avoient par eulx esté rapportez et laissiez en garde en nostre ville de Nyort, en l'ostel de Jehan Chardon l'aïnsné, voulans de ce savoir la verité, aions nagaires envoié audit lieu de Nyort et de là à la Rochelle nostre amé et feal secretaire de mon dit seigneur et le nostre, maistre Jehan de Villebresme, lequel a trouvé es hostelz desditz Chardon et Boucher les choses et parties qui s'ensuivent et lesqueles il a apportées par devers nous, ainsi que comandé et enchargié le lui avions. C'est assavoir : en un grant sac de toile quatre mille trois cens escuz; item, en un autre sac de toile trois mille cinquante deux escuz; item, en un autre sac neuf cens soixante deux escuz ; item, en un autre petit sac de toile quatre cens trente quatre moutons et trente neuf escus neufz envelopez en un peu de papier ; item, en ung petit coffret ferré, fermé à clef et scellé, lequel est audit Minguet, fut trouvé ce qui s'ensuit : premièrement, en un sac mille quarante deux escuz ; item, en un autre sac fut trouvé quatre cens trente neuf escuz, compté un noble pour deux escuz ; item, en un autre petit sac fut trouvé, que nobles que demis nobles, soixante quatre nobles, comptez deux demis nobles pour ung ; item, en ung autre petit sac fut trouvé quatre cens quatre vins treize moutons et cinquante frans vieilz; item, en ung autre petit sac de cuir fut trouvé deux cens sept escuz ; item, en ung autre petit sac de toile cinquante neuf nobles ; item, en un autre petit sachet de toille soixante nobles; item, en une petite bourse de viel drap d'or fut trouvé trente deux escus, vint et ung nobles et trois demis nobles. Item, en unes bouges appartenant à Bertran Campion fut trouvé ce qui s'ensuit : premièrement en ung petit sac huit vins dix escus; item, en une vielle bourse de cuir six vins deux nobles et cinquante neuf moutons. Item, en une boeste de cuir quarrée fut trouvé un fleuron de la bonne coronne de mon dit seigneur tout garny, fors d'un balay qui default ou hault dudit fleuron. Item, en l'ostel de Guillaume Boucher à la Rochelle fut trouvée en ung sac de toile cent quatre vins sept escus ; item, en ung autre sac quatre cens trente quatre moutons. — Savoir faisons que les choses et parties dessusdictes nous avons fait par nostre dit secretaire bailler et delivrer, c'est à assavoir : à nostre amé et feal conseiller Macé Heron, tresorier des guerres de mondit seigneur et nostres, toutes les sommes d'or dessusdictes, montans à dix mille quatre cens trente escuz, quatorze cens vint petitz moutons, trois cent vint sept nobles et demi et cinquante vielz frans, et à nostre bien amé varlet de chambre et garde de noz joiaulx et des deniers de noz coffres, Jehan Pargant, le dit fleuron. Et pour ce avons des choses dessusdictes quittié et deschargié, quittons et deschargons du tout par ces presentes ledit Villebresme et l'en promettons garentir, acquictier et deschargier envers tous qui pour le temps à venir lui en vouldroient ou pourroient aucune chose demander. Donné à Poictiers le xx° jour d'octobre l'an de grace mil CCCC vint et deux, soubz nostre seel ordonné en l'absence du grant.

Par monseigneur le Regent, dauphin, son mareschal des guerres et le sire de Mirandol presens.   Le Picart.

(Trace de sceau pendant sur simple queue.)

Et au dos est escript :

Je Macé Heron, tresorier des guerres nommé au blanc, confesse avoir eu et receu de maistre Jehan de Vilebresme, secretaire du Roy et de Monseigneur le Regent, les sommes contenues ou dit blanc, montans en somme dix mil quatre cens trente escus d'or, quatorze cens dix petis moutons, trois cens vint sept nobles et demi et cinquante vielx frans à pié. Tesmoing mon sing manuel ci mis le xx° jour d'octobre l'an mil CCCCXXII.   M. Heron.

Je Jehan Pergant, varlet de chambre et garde de joyaux et des deniers des coffres de Monseigneur le Regent, daulphin, congnoiz et confesse avoir eu et receu le fleuron dont ou blanc de ces presentes est faicte mencion. Tesmoing mon seing manuel ci mis le xx° jour doctobre lan mil CCCC et vingt deux.   J. Pargant.

VII.

Inventaire des joyaux du roi. (*Arch. nat. J*, 475. 98.)

31 juillet 1424.

C'est l'inventoire des joyaulx du Roy nostre sire, lequel inventoire icellui seigneur en la presence d'aucuns de messeigneurs de son conseil et de sa chambre des comptes a ce jourduy commandé et ordonné à moi Jehan Pargant, son varlet de chambre et garde de ses coffres et joyaulx, mettre et bailler de par lui en sa dicte chambre des comptes ; desquelz joyaulx la declaracion sensuit :

Premièrement un grant fleuron d'or appelé le quart grant fleuron de la bonne couronne du Roy nostre sire, garny icellui fleuron de ce qui s'ensuit. C'est assavoir d'un gros balay sur le plat en maniere de losangez, percié de petiz troz aux deux boux, pesant CLIX caraz et demi.

Item un autre balay plat, plus large à un des costez que de l'autre, pesant IIII^{xx} II caraz.

Item un autre balay cabochon, percié tout au long et aux deux boux, pesant XXXIX caraz et demi.

Item un autre balay cabochon de semblable façon, percié aux deux boux, pesant XXXVII caraz et demi.

Item un autre balay cabochon, percié tout au long, pesant XLII caraz et demi.

Item un autre balay cabochon de semblable façon, percié tout au long, pesant XXXII caraz et 1 quart.

Item un autre balay cabochon sur le plat, non percié, pesant XXIX caraz et demi.

Item un autre balay cabochon sur le plat, a tout un petit trou à l'un des bouz, pesant XXI caraz III quars.

Item un autre balay quarré glasseux, pesant xxviii caraz et demi.

Item un autre balay quarré mendre net, pesant xvii caraz.

Item un autre balay de semblable façon, pesant xviii caraz et un quart.

Item un gros saffir à viii costés, pesant vi^{xx} v caraz.

Item un autre saffir à viii costés, pesant iiii^{xx} xiiii caraz.

Item un autre saffir à viii costés, percié au long, pesant iiii^{xx} caraz.

Item deux dyamans pointuz nayfz pareulx, pesans ensemble ii caraz et demi.

Item quatre autres dyamans nayfz pareulx, pesans ensemble environ un carat et un quart.

Item deux autres dyamans l'un grant et l'autre petit, pesans ensemble v caraz.

Item vint neuf grosses perles avecques l'or dudit fleuron, en l'espy duquel fleuron fault un gros balay que l'en dit estre à Jennes.

Item et un autre fleuron appellé le premier fleuron de la couronne du Roy nostre dit seigneur, garny de ce qui s'ensuit :

Premièrement un balay cabochon glasseux, percié tout au long, pesant lxxiiii caraz.

Item un autre balay cabochon, percé au long comme dessus, pesant xxvi caraz et demi.

Item un autre balay cabochon, percié au long semblable à peu près au dessus ditz, pesant xxvi caraz et demi.

Item un autre balay cabochon, percié au long sur long, pesant xxix caraz iii quars.

Item un autre balay cabochon mendre, percié au long et sur le plat, pesant xiii caraz et demi.

Item un autre balay quarré à manière de table, rompu à l'un des coingz, pesant xxiiii caraz et demi.

Item un gros saffir sur le rond, moucheté et glacié à l'un des costez, pesant c caraz.

Item un autre saffir à viii costez, mendre, pesant LX caraz eschars.

Item un autre saffir rond glasseux, au costé a une petite fosse au milieu, pesant XLIX caraz et demi.

Item un autre saffir mendre, aussi sur le rond, de mendre couleur, pesant XXXVI caraz et demi.

Item un dyamant à pointe nayf, pesant environ le tiers d'un carat.

Item neuf grosses perles avecques l'or dudit fleuron.

Escript à Bourges soubz le seing manuel de moy Jehan Pargant, varlet de chambre et garde des coffres et joyaulx dessusdiz, en tesmoing de ce, le derrenier jour de juillet l'an mil CCCC vint et quatre. J. PARGANT.

VIII.

LA COMPAGNIE D'ORDONNANCE DU SÉNÉCHAL DE POITOU EN 1470.

A la suite de la création par Charles VII de l'armée permanente et régulière, une ordonnance royale du 26 mai 1445 [1] fixa la garnison du Poitou « à IX××X lances et les archers, c'est assavoir soubz « nostre amé et feal le seneschal du dict Poictou cent lances, sous « le mareschal de Loheac, ou bas Poitou, LX lances, et XXX lances « du nombre de Floquet ».

Une compagnie de cent lances des ordonnances du Roi représentait exactement alors un de nos régiments de cavalerie actuels, c'est-à-dire 600 combattants ; car la lance fournie comprenait un homme d'armes, deux archers et trois cavaliers de leur suite. D'après le document ci-dessus, qui rappelle des dispositions contenues dans de précédentes ordonnances, avaient « chascun homme d'ar-« mes un coustillier, un paige et trois chevaulx, et deux archers « un paige ou ung varlet de guerre et trois chevaulx ».

Sans doute la compagnie du sénéchal de 1445 [2] est la même que

---

1. Archives nationales, série K. carton 68.
2. Pierre de Brezé.

commanda quelques années plus tard Loys de Crussol, l'un des serviteurs les plus fidèles et affectionnés du Roi Louis XI, son sénéchal en Poitou de 1416 à 1473. N'y aurait-il pas lieu par suite d'examiner minutieusement la composition de cette compagnie en 1470? Ne ressortirait-il pas de ce petit travail généalogique quelques conclusions d'une certaine valeur pour l'histoire d'une transformation militaire plus importante que bien connue? Ce n'est pas ici le lieu de le faire. On se bornera donc à remarquer : 1° que sur 286 noms dont se compose la liste suivante, cent cinquante et quelques sont ceux de gentilshommes de toutes les provinces, moins la nôtre, qui composaient alors la France, une centaine ceux de Poitevins, et une trentaine qui semblent ceux de véritables condottieri, cachant pour une raison ou pour une autre leur extraction sous des surnoms les uns assez significatifs, comme l'Enragé, Malegouverne, Maletaverne, Sans-Raison, etc. ; les autres empruntés à leur pays natal, comme le Biarnoys, le Bourdeloys, le petit Breton, le Normant, le Picart, de Mez, de Paris, de la Rochelle, de Strasbourg, d'Escosse, d'Espaigne, etc. ; 2° que c'est surtout à cause de l'intérêt que pourrait présenter un semblable travail qu'on a publé ici ce document, d'après l'original sur parchemin, jadis scellé, appartenant à M. Beauchet-Filleau.

L. DE LA BOUTETIÈRE.

C'est le roolle de la monstre et reveue faicte à Poictiers le cincquesme jour de may l'an mil quatre cens soixante et dix des quatre vings seze hommes d'armes et neuf vings dix archiers estans soubz la charge et retenue de Monsr de Crussol, seneschal de Poictou, sa personne en ce comprinse, par moy Jehan Raymond, seigneur de Riberay, escuier d'escuierie du Roy nostre sire et commissaire ordonné de par luy au fait des monstres et reveues d'aucuns gens de guerre de son ordonnance, comme par ces lettres de commission peut plus à plain apparoir ; icelle monstre servant à sire Noel le Barge, conseiller et tresorier des guerres du Roy nostredit sire, pour ung quartier d'an entier commainçant le premier jour de janvier dernièrement passé et finissant le dernier jour de mars ensuivant. Desquelz hommes d'armes et archiers les noms et surnoms s'ensuivent.

Et premièrement :

HOMMES D'ARMES.

Mon dict S^r le Seneschal,
Raoullet de Valpergue,
le bastart de Bloc,
Jehan de Vaulx,
Jehan de Maugiron,
le bastart de Brom,
le bastart de Lestre,
Guillaume de Thories,
Pollite Duchastel,
Yvonnet de Lestrange,
Monsr d'Aynac,
Mathieu de Valpergue,
Janot de Boursignac,
Jehannet de Valpergue,
Pierre Roullin dict Moustarde,
Martin Petit,
Gabriel Gambe,
Anthoyne de Mohet,
Jehan du Monnestier,
Dymenche de Regnier,
Adam de Copaincourt,
Kathelin de Mathefelon,
Anthoine de Montgirault,
Loys Gaultier,
Jehan Vachon,
Pierre de Paris,
Raymonnet Mothe,
Jacques Furet,
Mess^{re} Jehan Vidal,
Peroton de Comerques,

Conil Polo,
François Brezille,
Pierre de Sainsequet,
Georges de la Rochelle,
Glaude de Baumes,
Perot Belle,
Loys de Vernous,
Jacques de Guiorlay,
Ector de Fay,
Raymond Durant,
Jehan Morin,
Pierre de Quincieu,
Guillaume de Carrion,
Guillaume Quieret,
Baugoys de Copaincourt,
Estienne Guiller,
Daulphin Savary,
Perrequin le Fe
Pierre de la Baume,
La Marche,
Anthoyne Pontrain,
Fynet,
Jehan Chauvet,
Aubert de Boullieu,
Francoys Latier,
Berthelemy Gallien,
Loys de Saint Vidal,
Jehan de Grisle,
Jehan de Varigny,
Jehan du Bourdet,
Olivier Guy,
Maletaverne,
Jacques Chambon,
Oraconas,
Janot de la Fraizie,

Bertrand de Boligny
Lebourg de Chailly
Jacques Parceval,
Anthoine de Montesquiou
Pierre de la Tousche,
Poton Vidal,
Georges de Fretin,
Nicolas de la Rochelle,
Guillaume Durant,
Poussart du Fay,
Guyon de Montchauveau,
Ymbert de Bloc,
Hugues de Loras,
le bastart de la Roche,
Jehan de Baude,
Guiot Ectore,
Denys le Noir
Robinet de de St Germain,
Glaude de Chasteauneuf,
Pierre de Carrière,
le Picart Jousselin,
Philippes Gambe,
Robinet Gallehault,
Loys de Bloc,
James Jourdain,
Cheusson,
Joachin Sangler,
Philippe de Camp Remy,
Ythier Bellon,
Binet du Val,
le petit Foudras.   Somme IIII^{xx} XVI hommes
                        d'armes.

ARCHIERS.

Baudet de Caffiers,
Guillemin de Caffiers,
Martin Chevalier,
Robinet de Capennes,
Jacotin de Mez,
Jehan Delorme,
Pierre Lenragé,
Binet le Prevost,
Pierre de Rilhac,
Perrinet de Fay,
Phelippot Potier,
Pasquier Regnart,
Gomion de Bennac,
Jehan Guetin,
Girault Rochete,
Jehan de Maleville,
Mathieu le Sueur,
Guillaume Cocherel,
Jehanin Herguille,
Phelippot Bout,
Loyset Trasset,
Pierre le Bouteiller,
le petit Breton,
Jehan Dazien,
Robinet Pennage,
Georges Lecompte,
Guillaume Gibault,
Estienne de Poligny,
Pierre le Vasseur,
Henrry le Normant,
Guillemin Aubry,
Jehan d'Escosse,

Pierre du Clou,
Jehan de Maubry,
Pierre Silve,
André Talembert,
Pierre de Remy,
Anthoine de Presques,
Martin de Strabourg,
Pierre de la Tousche,
Jehan Petit,
Perrin Romain,
Guillaume le Roy,
Jehan de Bombel,
Ysaac Renyaulme,
Jehan Moege,
Jacotin de Remy,
Bonifort Bourgoys,
Forcoussy,
Martin de Chantelle,
Janot de Locat,
Merigot Peloquin,
Anthoine Poisson,
Jehan Guoguyneau,
Jehanin Pecart,
le bastart de Mohy,
Jehan de la Barre,
Raymonnet de Salles,
Julien Moreau,
Bernart de la Tousche,
Regnault de la Roche,
Jehan d'Aubigny,
Phelippot Bouquet,
Benoist de la Salecte,
Guillemin de Cordes.
Petit Jehan Finet,
Dyago de Jousseville,

Mery Lambert,
Rollequin de Loy,
Jehan le Breton de Vendosme,
Huguet Mohe,
Perrequin de Bizemont,
Chastellet de Remy,
Hence Themery,
Tristan de Beaumont,
Pierre Quieret,
Legier Boucher,
Guillaume Savary,
Guillaume Bourdet,
Jacotin Baudequier,
Dymenche,
Verigneau,
Barrion,
Bertrand,
Toustin Huart,
Anthoine de Rioux,
Macé Sans Raison,
Drouet Picart,
Malgouverne,
Anthoine des Moustiers,
Nicolas de Mathefelon,
Simonnet Rousselet,
Jehan d'Espaigne,
Marin Labarde,
Parceval Galehault,
Amé du Rocher,
Gracien Navarre,
Jehan de Berry,
Jehan Gazeau,
Pierre de Beauchamp,
Jehan de Graville,
Vincent de la Tour,

Macé Seres,
Philebert Mangy,
Perrequin Huart,
Bouillon,
Jehan Prevost,
Jamesson,
Jehan Simonnet,
Flocquet,
Jehan de Montmalet,
Jehan de la Viole,
Grant Jehan,
Pierre d'Usès,
Amanion de Langlade,
Jehan d'Usès
Guynet de Vers,
Berthelemy Vax,
Jehan Leroux
Pierre de Quengo
Guillaume de Pennac
Jehan de Caronne,
Jehan de Rioux,
Pierre Gayn,
Notinet Coppe,
Jehanin Lermite,
Gardon de Castelnau,
Jehan Gapillon,
Jehan de Londres,
Mathurin Brizart,
Jehanin de Faye,
Jehan de Fournom,
Lyonnet Sandras,
Jehan Sauveterre,
Pierre Langloys,
Anthoine de Mas,
Simonnet Marlot,

Jehan Quisarme,
Denis de Luze,
le bastart de la Tour,
Glaude Petit,
Jehan de Maranges,
Simonnet de Bleville,
Guillaume Bourgoys
Heliot le Bourdeloys.
Thomas Brezille
Jehan Broyn
André de Saint Seguet
Jehan de Rioux
Rogeron
Glaude Maubouyer
Jehan Guerin
Jehan Rouillon
le Biarnoys
Olivier Ogier.
le grant Pierre
Hullequin Carré
Pierre Maillart
Pierre Fillon
Jehan Herberge
Jehan le Duc
Henrry de Fontaynes
Jehan Roussel
Perrequin Delaye
Jehan Bellonay
Pierre de la Houssaye
Jehan d'Escosse
Mathelin de Couhé,
Henrry le Picart,
Estienne Rochecte,
Olivier de Sandre,
Loys Vidal,

Raymonnet de Lestang,
Colas Avril,
Henry Fourneart,
Guillaume le Picart,
Pierre de Haytaux,
François Roche,
Thibaut Bastart,
hector de Fourneaux
Bernart le Biarnoys,
Jehan Charrier,
Jacques Choune,
Jehan de la Fourest,
Guillaume Maubry,
Jehanin Dutée,
Henry Havet,
Guillaume Peret,
Jehanin Cholet,
Guillaume Berault. Somme IX^{xx}X archiers.

Je Jehan Raymond, seigneur de Riberay, escuier d'escuierie du Roy nostre sire et commissaire dessus nommé, certiffie à messeigneurs de la chambre des comptes et autres qu'il appartiendra que j'ai veu et diligemment advisé par forme et manière de monstre et reveue tous les hommes d'armes et archiers cy dessus nommés et escriptz, estans soubz la charge et retenue de mons^r de Crussol, seneschal de Poictou, lesquelx sont en bon et suffisant habillement, suffisans et habilles de leurs personnes pour servir le Roy nostre dit sire au fait de ses guerres, et dignes d'avoir et recevoir les gaiges à eulx par le dit sire ordonnez. En tesmoing de ce j'ay signé cest present roolle de monstre et reveue de ma main et fait sceller du scel de mes armes les jour et an dessusdiz.

Jehan Remund.

En la presence de moy André Rogier, notaire ordonné soubz le scel estably aux contraictz à Poictiers pour le Roy nostre sire, tous les quatre vings seze hommes d'armes et neuf vings dix archiers cy dessus nommez et escriptz ont cogneu et confessé avoir eu et receu de sire Noel le Barge, conseiller et tresorier des guerres du Roy nostre dit sire, la somme de huit mil cincq cens quatre vings quinze livres tournois à eulx ordonnée par le dit sire pour leurs gaiges et souldes de troys moys entiers, commainçans le premier jour de janvier dernièrement passé et finissant le dernier jour de mars ensuivant, qui est pour chacun des dix hommes d'armes quinze livres tournois par moys et pour chacun des dix archiers sept livres dix sols tournois; de la quelle somme dessusdicte de VIII^m V^c IIII^{xx} XV^{lt} tous les dessusd. hommes d'armes et archiers et chacun d'eulx particulièrement s'en sont tenuz et tiennent pour contens et bien paiez et en ont quicté et quictent led. tresorier et tous autres par ces presentes, signées à leur requeste demon seing manuel et scellées dud. scel le cincquesme jour de may l'an mil quatre cens soixante dix.

A. Rogier.

IX.

Hommage rendu à René Du Bellay, baron de la Forest, par Louis Ronsard, chevalier, seigneur de la Possonnière, pour l'hôtel de Noireterre, à cause de Jeanne Chaudrier, sa femme [1]. (*Orig., parch., muni du sceau de René Du Bellay, appartenant à M. de Talhouet-Boishorand, et communiqué par M. Bardonnet.*)

17 mai 1515.

René du Bellay, baron de la Forest et de Commequiers, seigneur du Plessis Macé, de la Fougereuse et de Riblères,

---

1. Ce document complétant celui qui a été imprimé ci-avant, page 289,

à tous ceulx qui ces presentes verront, salut. Sçavoir faisons que aujourd'huy est venu par devers nous messire Loys Ronsart, chevalier, seigneur de la Possonnière, de Sirières et de Noyreterre, lequel nous a offert faire et faict la foy et hommaige plain, baiser et serment de fidelité en tel cas apartenant, qu'il nous estoit tenu faire à cause de nostre terre et seigneurie dud. lieu de la Fourest, à cause de dame Jehanne Chaudrier, sa femme, dame desd. lieux de Cyrières et de Noyreterre, pour raison de partie de son hostel dud. lieu de Noyreterre et autres choses dont lad. dame et ses predecesseurs ont acoustumé estre en l'hommaige envers nous et nos predecesseurs, seigneurs dud. lieu de la Fourest. Ausquelx foy et hommaige commandé et enjoinct bailler son fief ou adveu par escript dedans nostre prochaine assise dud. lieu de la Fourest et donné les droictz de mutacion en quoy il nous estoit tenu par le mariaige de luy et de lad. dame Jehanne Chaudrier, sa femme, et sy aulcunement les choses avoient esté saisies, nous les avons mises à plaine delivrance. Donné en nostre chastel de la Fourest le xviime jour de may l'an mil cincq cens quinze.

DUBELLAY.

---

nous explique cette assertion de Ronsard, que sa mère était de l'échevinage

X.

Inventaire des calices, joyaux et ornements de l'église de la Maison-Dieu de Montmorillon. *(Orig. pap.; arch. du département de la Vienne, Maison-Dieu de Montmorillon.)*

2 mai 1525.

L'an de grace mil cinq cens cinquante et deulx et le second jour de may, par devant moy notaire soubz le scel establly aux contractz à Montmorilhon pour le Roy nostre sire et des tesmoings cy soubzscriptz et mis, estans en l'église de la maisondieu de ceste ville de Montmorilhon et au son de la cloche d'icelle, se sont congregez et assemblez en lad. eglise Reverend pere en Dieu frere André Manes, prieur du prieuré de lad. maisondieu, frere Gabriel Estourneau, René Agenet, Henry Vaillant, religieulx dud. prieuré; lequel dict prieur en presence des dessusd. a sommé et requis frere Jehan de la Trimouille, religieulx de lad. maisondieu, ayant la garde et administration des calisses, joyaulx et ornemens,

---

de la Rochelle, point resté obscur jusqu'à ce jour pour les biographes. De plus, il nous apprend que des liens étroits rattachaient ce célèbre poète au Poitou. En effet, Jean Chaudrier fut anobli par Edouard III, roi d'Angleterre, lorsqu'en 1360 une députation de Rochelais dont il faisait partie se rendit à Calais auprès de ce roi. Il est à croire qu'en 1373 il gagna son procès et que les domaines de Cirières et de Noireterre tombèrent dans le lot de sa femme. Ils échurent à Jeanne Chaudrier, qui épousa d'abord Guyot des Roches, et, en secondes noces, Louis de Ronsard, père du poète. En 1542, Jeanne Chaudrier vivait encore, et Louis Ronsard son mari, qui rend pour elle un nouvel hommage de Noireterre à François Du Bellay, prend le titre de seigneur de la Ratellerye, la Possonnière et Noireterre, et de maître d'hôtel ordinaire de Monseigneur le Dauphin; elle meurt en 1546, et Noireterre passe en la possession de Denis des Roches, son petit-fils, qui en rend hommage le 24 juin de cette année au seigneur de la Forêt. Ronsard eut-il pour sa part Cirières? Nous l'ignorons. Toujours est-il qu'en 1605 cette terre était entre les mains de Jean Reveau.

de les mectre en evidance et s'enpurger par serment suivant la commission donnée et octroyée de l'auctorité du Roy et de Reverend pere en Dieu messire Jehan Damoncourt, evesque de Poictiers, de laquelle a informé du dacte du huict" jour d'apvril dernier, signée Fumeron, et que led. de la Trimouille aye à s'en purger par serment, pour du tout faire inventaire scelon et suivant ladicte commission, en obeissant à icelled. commission et sommation susd.; led. de la Trimouille, après serment par luy faict *in verbo sacerdotis*, a mis en evidance en la presence de tous les dessusd. les calisses, joyaulx et ornemens cy après declarés et desquelz a esté faict led. inventaire en la forme et manière qui s'ensuict en presence de Guillaume Pellyot, messaigier dud. Montmorilhon, Jehan Mauduyct, marchant aud. lieu.

Premierement ung calice d'argent seurdoré avec sa platenne d'argent seurdorée, led. calice ayant les apostres enlevés; et au pied d'icelluy y a ung crusifix d'argent seurdoré, qui a esté le tout poysé par led. Mauduict, marchant susdict, en la presence de tous lesdessusd., troys mars deux onces et demye ou environ.

Plus ung aultre calice d'argent seurdoré, ayant sa platenne aussi d'argent seurdoré, au pied duquel y a ung escusson audedans duquel y a ung beuf rouge et ung crusifix, qui a esté poysé par led. Mauduict troys mars troys onces.

Plus ung aultre calice d'argent seurdoré, ayant sa platenne aussi d'argent seurdorée, au pied duquel y a ung crusifix, poysé par led. Mauduict deulx mars et quatre onces.

Plus ung aultre calice d'argent seurdoré, ayant sa platenne aussi d'argent seurdoré, au pied duquel il y a ung crusifix, poysé par led. Mauduict deulx mars quatre onces et demye.

Plus ung reliquaire d'argent, auquel y a une coste enchassée de mons^{gr} Sainct Laurens, poysant le tout six onces.

Plus ung assansouer d'argent, onquel y a une platenne de fer, le tout poysant troys mars et une once.

Plus ung petit reliquaire d'argent, onquel sont les reliques de mons^{gr} St Mandé et Sainct Suplice, poysant deulx onces et demye.

Plus ung evangeliste couvert de feuilles d'argent les aisses et onquel y a ung crusifix, une Notre Dame et Sainct Jehan, de longueur de demy pied quatre doibs et de largeur de demi pied deulx doibs.

Plus ung bras de boys de la longueur d'un pied et demi ou environ et couvert de feuilles d'argent, onquel sont les reliques de mons^{gr} Sainct Vincent et aultres Sainctz.

Plus ung image de boys de Nostre Dame, couvert de feuilles d'argent, de la longueur de demi pied ou environ.

Plus une crois de boys de la longueur d'ung pied et demi ou environ, couverte de feuilles d'argent, en laquelle i a ung crucifix d'argent seurdoré, et au pied et pomme d'icelled. croix est de leton.

Plus une aultre croix de la longueur de demi pied ou environ, coverte de feuille d'argent.

Plus une chasse de boys de la longueur d'ung pied ou environ et de demi pied troys doibs d'auteur, couverte la pluspart d'icelle de feuille d'argent, et en laquelle i a des relicques des Innocens et plusieurs aultres relicquaires.

Plus le chef de monseigneur Sainct Valentyn estant enchassé de leton.

Plus ung aultre petit relicquaire aussi de leton, auquel sont les relicquaires de messeigneurs Sainct Silvain et aultres Sainctz.

Plus une croix appellée le Bourdon de mons^r le prieur, de la longueur de six piedz ou environ, estant le tout de leton seurdoré, fors deulx pierres blanches de cristal.

Plus ung pavillon de taffetas de plusieurs couleurs pour porter le corpus *domini*, demi eusé, ouquel peult avoir de cinq à six ausnes de tafetas.

Plus deulx chappes, une chezuble, deulx cortibaulx avec les offroys convenables, le tout de velours viollet.

Plus une chappe de velours cramoysi ayant les offroys de fil d'or.

Plus une chappe de damars bleuf avecque l'offroy convenable.

Plus une chappe de velours cramoysi avec l'offroy convenable.

Plus une chappe de toille dorée figurée, fort usée.

Plus une aultre chappe de satin ruze avec les offroys adce convenables.

Plus une chappe de velours cramoysi fort usée.

Plus deulx chappes de damas blanc avec une chezuble aussi de damas ayant les offroys convenables.

Plus une chappe de satin blanc de Bruges, demye usée, ayant les offroys adce convenables.

Plus une chappelle des trepassés de demye ostade noyre.

Plus deulx chandeliers de cuivre de la longueur d'ung pied ou environ.

Et est tout ce que led. de la Trimouille a exibé et mis en evidance en presence des dessusd.

Aussi ont dict et declaré les dictz prieur et religieulx susdictz qu'il n'y a aucune fabrice en lad. eglise ne confrairies, fors la confrairie de mons^r Sainct Jehan et de Nostre Dame de Gesine, et qu'il n'y a aucuns denyers esdictes confrairies ne aultres choses qu'ilz saichent. L. VEZIEN, notaire royal.

XI.

Lettres de Jeanne d'Albret, reine de Navarre, Henri, prince de Navarre, et Henri de Bourbon, prince de Condé, déclarant de bonne prise les armes capturées pendant les troubles de 1568 par Jean de Saint-Hermine, commandant à la Rochelle en l'absence du feu prince de Condé, et promettant de garantir et défendre ce commandant et les maire, échevins et pairs de la Rochelle contre toutes les recherches et répétitions qui pourraient être faites à ce sujet. *(Orig. parch. jadis muni de trois sceaux dont il ne reste que celui du prince de Navarre; Bibl. nat. Mss. fonds latin, 9232; chartæ diæc. Rupellensis.)*

9 avril 1569.

Jehanne, par la grace de Dieu royne de Navarre, dame souveraine de Bearn, duchesse d'Albret, comtesse de Foix, d'Armagnac, de Bigorre, de Perigort et Rodez, vicomtesse de Limoges, Marsan, Tursan, Gavardan, Nebouzan, Lautrec, Villemur, Allias, Tartas et Marennes; Henry, prince de Navarre, duc de Vendosmoys et de Beaumont, comte de Marle, premier pair de France, gouverneur, admiral et lieutenant general pour le Roy en ses pays et duché de Guienne, et Henry de Bourbon, prince de Condé, duc d'Anguien, aussi pair de france, à tous ceux qui ces presentes verront salut. Sur la requeste à nous presentée par Jehan de St Hermine, escuier, s^r du Fa, et les maire, eschevins et pairs de la ville de la Rochelle, remonstrans que es troubles commencez en l'an MV^c soixante sept le dit de St Hermine, commendant à la dicte Rochelle soubz l'auctorité du Roy en l'absence de feu tres heureuse memoire nostre tres cher frere, oncle et pere Monsieur le prince de Condé, sur la fin du moys de janvier MV^c soixante huict, adverty de quelque quantité d'armes, buffles et autres choses arrivées au havre du Plomb près la dite Rochelle en ung navire nommé le Theulle de Benaudet en Bretaigne, lesquelz il feit saisir et vendre en son hostel en ladicte ville de la Rochelle, dont il feit depuis vendre une partie pour la solde et entretenement des gens de guerre et le sur plus distribua et despartit à plusieurs bons gentilz-hommes, cappitaines et soldatz s'estans rendus en la dicte Rochelle pour le service de Dieu, du Roy et de la cause generalle et commune, sellon que le devoir de sa charge luy commendoit; laquelle prinse, combien qu'elle soit de bonne guerre et sur les ennemis et adversaires de la vraye pieté et religion, neanmoins ung nommé Jehan de Gamoy, marchand de Tholose, pretendant lesdictes armes luy appartenir et les avoir vendues aux cappitolz de Tholose pour la somme de dix sept mil six cens livres, encores qu'elles ne valussent moitié de la dicte somme, a voullu, au moys de juillet dernier passé qu'il apparoissoit quelque paciffication, faire recherche de ladicte prinse contre quelques particuliers de ladicte ville de la Rochelle qui pour ce faict auroient esté emploiez par ledit sieur de St Hermine, et mesmes contre lesditz maire, eschevins et pairs. Pourquoy doubtent lesditz supplians que à l'advenir on leur fit une plus aspre porsuite, nonobstant le commendement et charge dudit s^r de St Hermine et qu'il n'en soit aucune chose parvenu es mains desditz maire, eschevins et pairs ny autres particuliers habitans de ladicte ville de la Rochelle : ce qui torneroit à leur grande oppresse s'il ne nous plaisoit de nostre grace y pourvoir et advoer la dicte prinse et leur en donner noz lettres de declaration et adveu, defendant à toutes personnes de ne les inquieter ne molester pour raison d'icelle soit en general ou particulier, dont ilz nous ont requis et suppliez très humblement.

Nous, après avoir veu et faict veoir en nostre conseil la charge de commandement donné audit sieur de St Hermine par nostre dit feu frere, oncle et pere mons^r le prince de Condé, l'adveu d'icelluy dudit an MV^c soixante huict, le congnoissement de la cargaison des dictes armes et choses prinses faict en la ville d'Anvers le vingt neufviesme jour de decembre oudit an MV^c soixante sept par Jehan de Berendy, marchant de Tholose, pour porter à Bourdeaux et delivrer à Jehan de Biarotte, la requeste presentée par ledit de Gamoy en la ceur (sic) du gouvernement de la Rochelle contre aucuns particuliers habitans de la dicte ville le cinqiesme dudit moys de juillet dernier passé pour raison des choses susdictes ; et après avoir sur ce amplement ouy ledit s^r de St Hermine et lesditz maire, eschevins et pairs : avons declairé et declairons la prinse bonne et juste, et en avons advoué et advouons ledit s^r de St Hermine et, par tant que besoing est, lesditz maire, eschevins et pairs de la Rochelle, comme de biens prins par droit de guerre et hostillité et pendant lesditz troubles ; et en avons pour ce regard iceux s^r de St Hermine, maire, eschevin et pairs et autres particuliers qui ont esté emploiez pour ce faict par leurs commendemens, deschargez et deschargeons par ces presentes, ne voullans que pour ledit faict eulx ne aucuns d'eulx soient aucunement recherchés et molestez, ains les en avons deschargez et deschargeons, comme dit est, promettans les en garentir et deffendre envers tous par ces presentes, sauf toutesfois à nous faire rendre compte par ledit sieur de St Hermine de la vente et distribution desdictes choses prinses par cy après comme de raison. Et pour perpetuelle memoire avons signé ces presentes de noz seings et scellées du scel de noz armes, et commandé signer nostre feal secretaire soubzsigné. Le neufiesme jour d'avril mil cinq cens soixante neuf.

JEHANNE, HENRY, HENRY DE BOURBON.

Par la Royne de Navarre et messeigneurs les princes de Navarre et de Condé,

C. PELLETIER.

XII.

RAPPORTS DES ROCHELAIS AVEC HENRI Ier DE BOURBON, PRINCE DE CONDÉ.

1576 et 1577.

L'importance, la célébrité, les malheurs de la ville de la Rochelle tiennent en grande partie à ce qu'elle était, comme le disait et le sentait trop bien le premier Condé, *l'une des portes principales de la France, où l'étranger pourroit aussi tôt attenter une entrée*. De là l'intérêt que ses historiens ont toujours mis à montrer avec quelles réserves, même en combattant pour sa légitime défense, elle s'était liée soit à la cause protestante, soit à des auxiliaires étrangers.

Les pièces qui suivent sont de nature à jeter du jour sur cette question. Il ne s'agit pas ici de les commenter; elles doivent parler d'elles-mêmes. Il faut seulement rappeler dans quelles circonstances elles ont été écrites.

Des fils du prince de Condé assassiné à Jarnac, l'aîné seul, Henri de Bourbon, resta attaché au parti protestant, dont, à dix-sept ans, il était proclamé l'un des chefs. Attiré, malgré des soupçons trop justifiés, à Paris par les instances mêmes de Jeanne d'Albret, après la Saint-Barthélemy, il résista bien plus que son cousin le jeune roi de Navarre aux menaces de Charles IX; mais il y céda enfin et dut revenir, lui aussi, devant la Rochelle, non pas en ennemi, mais dans une armée ennemie. Il en partit plus tôt et revint au culte réformé plus tôt que Henri de Navarre. Son dernier historien en a conclu qu'il était mieux vu que lui à la Rochelle. Condé, dit-il, avait tous les droits aux sympathies des protestants. Soit; mais les peuples sentent plus qu'ils ne jugent: auprès d'eux, bien des qualités nuisent, bien des défauts servent, et Condé avait moins que Henri de Navarre de ces défauts qui servent. Il avait moins longtemps supporté le catholicisme, mais il avait été vivre à l'étranger; il semblait parfois appeler les Rochelais comme auxiliaires de l'étranger plutôt que celui-ci comme auxiliaire de la cause. Le secours de l'étranger perd aisément un parti : l'appui de l'Espagnol est ce qui a le plus nui à la Ligue, et si Élisabeth eût été moins parcimonieuse dans l'aide qu'elle accorda à Henri de Navarre, il n'eût peut-être jamais été Henri IV.

Condé était encore en Allemagne lorsque, en 1574, désigné par l'assemblée de Milhau comme chef du parti, il demanda de l'argent aux Rochelais. Lanoue, en son nom, s'adressa directement à l'assemblée populaire, qu'il savait bien plus facile à entraîner que le corps de l'échevinage ; et, en effet, il en obtint un engagement de cent mille écus ; mais il était difficile à tenir. Il le devint plus encore par les mauvaises récoltes de vin et de sel, si bien que, en mai 1576, on n'avait encore payé que 3,550 livres, et qu'alors on ne promettait plus que le dixième de ce qu'on avait d'abord accordé, trente mille livres, et il fallait que les ambassadeurs des princes allemands et de Condé s'en contentassent, renvoyés, du reste, avec de grands honneurs et des présents. C'est l'objet de la première des pièces que nous publions.

Dans ce même mois, le prince de Condé rentrait en France et obtenait le cinquième édit de pacification.

Lorsqu'au mois de novembre suivant il voulut venir à la Rochelle, les Rochelais lui imposèrent, comme ils l'avaient fait cinq mois auparavant pour Henri de Navarre, des conditions qu'il dut subir aussi complétement, bien que de moins bonne grâce. Nous n'avons pas le texte de ces *remonstrances*, comme ils les appelaient ; mais comme il résulte de l'analyse qu'en donnent les chroniqueurs qu'elles étaient les mêmes que celles qu'on avait présentées au roi de Navarre, nous donnons celles-ci. Elles sont intéressantes par elles-mêmes, et on verra facilement ce qui ne pouvait pas s'appliquer au prince de Condé. C'est notre seconde pièce.

Condé venait à la Rochelle animé d'intentions hostiles au maire ; celui-ci, qui le savait, exposa au conseil qu'il *avoit quelque doute qu'aulcuns personnages vouloient attenter à sa personne*, et le conseil lui donna une garde de vingt hommes. Le prince eut recours au peuple contre ses magistrats : il obtint que le maire et plusieurs échevins fussent mis en jugement ; mais, quelque éloquence qu'il déployât, quelque appui qu'il pût trouver dans le consistoire, il était bien impossible qu'il amenât des Rochelais à remettre la Rochelle entre ses mains. Il y avait là des difficultés que ne comprenaient bien ni lui ni les gentilshommes qui ont écrit son histoire. Quand le conseil, constitué en tribunal, eut écouté l'accusation, il déclara qu'elle était sans fondement ; et ce jugement, dûment publié, put faire comprendre à Condé le mot de Henri de Navarre, qui s'y entendait mieux : Je puis tout ce que je veux à la Rochelle, parce que je n'y veux que ce que je dois.

Il fallut donc en revenir à ce qu'on pourrait appeler un traité d'alliance. Condé ne subit pas sans doute les conditions des Rochelais : personne à cette époque n'eût songé à parler ainsi ; mais il leur accorda les vingt-deux articles que contient notre troisième pièce.

Condé ne put même pas faire nommer à la Rochelle le maire qu'il voulait. Il appuyait Gargoulleau, et on lui promettait de le choisir s'il était un des trois élus; mais il ne le fut pas, et il fallut se résigner à accepter Bobineau, qui, du reste, n'avait jamais été compté parmi les adversaires du prince. Le nouveau maire mit beaucoup d'activité à faire lever des fonds qui permissent à Condé de faire venir des vaisseaux de Flandre. Nous donnons, sous les nos IV et V, deux pièces relatives à cette négociation, émanant du corps de ville. On y voit que les Rochelais avisent au moyen de lever à l'étranger des troupes mercenaires, qu'ils paieront en argent, non en influence politique. M. le duc d'Aumale a publié (*Histoire des princes de Condé*, t. 2, p. 417) les lettres de Condé aux ministres d'Elisabeth, pendant qu'il implorait les secours de cette reine. On pourra comparer et dire qui, du prince ou des bourgeois, montrait le plus de dignité et d'intelligence.

Ces cinq pièces sont données ici d'après une copie prise par le chroniqueur sur les expéditions qui étaient aux archives du corps de ville. Ces expéditions et les originaux sont perdus. On n'aperçoit aucune raison de révoquer en doute leur authenticité.

On peut en rapprocher les pièces antérieures relatives aux relations des Rochelais avec Louis de Bourbon, prince de Condé, conservées par Amos Barbot, et les articles accordés par M. le Prince à ceux de la Rochelle, le 11 décembre 1615, qui se trouvent à la Bibliothèque nationale, n° 1395 du fonds Saint-Germain.

L. DELAYANT.

I.

Réponse remise, au nom du corps de ville de la Rochelle, aux envoyés du prince de Condé et des princes allemands, sur leur demande d'une contribution de cent mille écus.

Le cinquième jour de mai mil cinq cent soixante seize, sur ce que les ambassadeurs de Monseigneur le Duc, de Messeigneurs le duc de Cazimyr et prince de Condé (*sic*) demandent leur réponse pour eux retourner vers son Altesse, a été ordonné qu'il sera fait remonstrance aux dits sieurs ambassadeurs et délivrée telle réponse, dont présentement a été fait lecture, présents Messieurs les maire, échevins, pairs, bourgeois, manants et habitants de cette ville de la Rochelle, et couchée par les commissaires par eux ci-devant députés; laquelle ils ont eue pour agréable, contenant la grande calamité et perte insupportable advenue ces jours derniers par la gelée des vignes en ce pays, qui auroit avec les autres maux passés causé et apporté auxdits habitants une grande extrémité et comble de leur ruine, sans espoir de ressource ; et pour ce par une juste condoléance pourroient à bon droit être soulagé de toute contribution à la solde des reistres, toutefois ne s'en veulent entièrement excuser, ains excéder plutôt leur pouvoir, par quoi y sera fait offre de la somme de vingt mille livres, au cas que d'ailleurs il n'y fût satisfait par la Majesté, et aussi moyennant icelle somme ils ne soient plus par ci-après inquiétés aucunement de la somme de cent mille écus en laquelle ils se pourroient être obligés avec plusieurs autres, et que pour le regard de la somme de dix mille livres parfaisant avec la somme de vingt mille livres la somme de trente mille livres ci-devant ordonnée être levée, de laquelle avoit jà été payé et avancé à Monseigneur la somme de trois mille cinq cent cinquante livres, est aussi ordonné qu'elle sera achevée de lever, pour le surplus et restant être employé aux frais de la guerre qui presse de présent cette dite ville, étant destitués de tous autres moyens et que pour le présent l'exécution de l'amas de vingt mille livres surseoira attendant autre temps [1].

II.

Articles et remonstrances requises par les maire. échevins et pairs de la Rochelle être signés par la Majesté du roi de Navarre pour faire son entrée en ladite ville, sur la remonstrance et requête des bourgeois, manants et habitants d'icelle, à eux faite après avoir ouy la lecture de la lettre de sadite Majesté adressée auxdits maire, échevins, pairs, bourgeois, manants et habitants.

(19 juin 1576.)

Les bourgeois, manants et habitants de la Rochelle desireroient supplier humblement la Majesté du roi de Navarre de différer et remettre son entrée en ladite ville pour autre fois, vu la pauvreté du pays, mesmement des pauvres habitants desquels le trafic a cessé déjà sept ou huit ans et n'ont aucun moyen de lui faire réception digne de sa Majesté; aussi que le commencement du petit trafic pourra cesser ou être interrompu par le moyen de ladite entrée, de façon qu'ils se trouveront encore tout dénués de moyens lorsqu'il leur conviendra payer leur part des taxes qui se préparent pour satisfaire à l'édit de pacification : toutefois, si ladite Majesté a résolu d'y venir maintenant, la supplient humblement leur accorder et signer les conditions et articles qui s'ensuivent :

Premièrement que sa Majesté promettra et signera de n'entrer en cette ville de la Rochelle en qualité de gouverneur

---

1. Mss. Baudoin, à la Bibliothèque de la Rochelle, p. 1040.

lieutenant de roi en ladite ville et gouvernement et de n'en y établir aucun ; ains qu'il nous maintiendra en ce que le Roi nous a accordé par les articles secrets portant exemption de gouverneur et garnisons, fors du sénéchal à la justice.

Secondement qu'il aura pour agréable et ne trouvera mauvais que les clés de ladite ville ne lui soient présentées, encore que par ci devant on les ait présentées tant à lui que à ses prédécesseurs, vu que nos priviléges anciens, esquels nous avons été remis, portent notamment que nous ne baillerons lesdites clés sinon au Roi et à son hoir mâle, et que ledit privilége comme tous autres nous ont été confirmés par l'édit de la paix, signé et juré de sadite Majesté, joint que ladite confirmation de nosdits priviléges a été par tous Messeigneurs les princes et autres seigneurs et députés des églises unanimement poursuivie et obtenue par l'une des assurances de ladite paix, et sans avoir pris ni requis autre sureté pour tous les pays de deça.

Tiercement que sadite Majesté n'entrera en ladite ville sinon avec sa maison, laquelle ils la supplient restreindre au plus petit nombre que faire se pourra, renvoyant hors ce gouvernement le surplus de ses gardes et compagnies, sauf s'il lui plait amener quelques gentilshommes de la religion et non suspects, avec sa garde de suisses, et ce pour plusieurs avertissements d'entreprises sur ladite ville, qu'aucuns prétendent exécuter sous couverture de ladite entrée, offrant faire faire telle garde pour la personne de sa Majesté qu'elle avisera.

Sera suppliée sa Majesté que, son entrée faite en ladite ville, ne trouve mauvais de congédier tous ceux qui, de quelque état et condition qu'ils soient, voudront entrer en ladite ville, vu le peu de séjour que sadite Majesté entend faire en icelle [1].

---

1. Mss. Baudoin, p. 1052.

III.

Articles accordés par Monseigneur le prince de Condé aux maire, échevins, pairs, bourgeois, manants et habitants de la ville de la Rochelle, le 23ᵉ jour de janvier 1577.

Henry de Bourbon, prince de Condé, pair de France, lieutenant général pour le roi de Navarre, protecteur et défenseur des églises réformées et catholiques associés de ce royaume, tant pour le service de Dieu que pour la conservation de cet état et manutention de l'édit de pacification, après avoir solennellement juré devant Dieu de maintenir par armes et autres légitimes moyens lesdites églises et catholiques associés, et que les maire, échevins et pairs, bourgeois, manants et habitants de la ville de la Rochelle nous ont juré pareillement ne se départir jamais de cette tant sainte association, ains obéir et se conformer durant cette guerre au commandement dudit sieur roi et de nous, son lieutenant, leur avons promis, juré et accordé ce qui s'ensuit :

1. Que au conseil dudit sieur prince établi près sa personne pour la conduite des affaires générales assistera et aura séance ledit sieur maire de la Rochelle avec trois autres notables personnages du conseil établi près la personne dudit sieur maire, qui y auront voix délibérative, n'entendant toutefois ledit sieur prince empêcher les autres conseils tant ordinaires que extraordinaires qu'ils voudront tenir et établir en ladite ville pour les affaires particulières d'icelle et tout ce qui en pourra dépendre.

2. Les priviléges, franchises, libertés, immunités et longues observances tant anciennes que modernes de ladite ville seront entretenues, maintenues, gardées et observées de point en point ; à quoi lesdits sieurs roi de Navarre et prince

protestent employer tous leurs moyens, comme aussi font tous les seigneurs et gentilshommes de ce parti.

3. Ne sera mise aucune imposition ou charge sur lesdits habitants que par leur propre vouloir et consentement, et ne logeront en ladite ville aucuns forains survenant par fourriers, ains de gré à gré en payant.

4. Et parce que lesdits seigneurs roi de Navarre et prince de Condé entendent établir le bureau général de leurs finances en cette dite ville, laisseront en icelle un gentilhomme agréable aux dits habitants, tant pour la conduite de la guerre hors ladite ville que desdites finances, auquel assistera pour lesdites finances un notable personnage de ladite ville, nommé par ledit sieur maire et son conseil, pour subvenir, aider et assister aux officiers établis pour le maniement d'icelles, qui aura état suffisant pour son entretenement; auquel conseil ne se traitera d'aucunes affaires qui touchent le particulier de ladite ville, et, pour celles qui concernent le gouvernement hors la ville, par mandements et rescriptions desdits seigneurs roi de Navarre et prince de Condé, ledit gentilhomme appellera ledit sieur maire et trois personnages de son conseil pour en délibérer et résoudre, sans que ledit gentilhomme et conseil des finances puisse entreprendre aucun commandement ne jurisdiction en ladite ville ne sur les bourgeois et habitants d'icelle.

5. Les mandements, ordonnances et exécutions duquel dit conseil des finances seront renvoyés au conseil dudit sieur maire pour, avec son attache, être exécutés par les premiers sergents sur ce requis.

6. Et pour recueillir les deniers desquelles finances sera mis un receveur et contrôleur, l'un desquels sera habitant d'icelle ville et nommé par ledit sieur maire et son conseil.

7. Du droit des prises de mer qui viendront en ce hâvre, en prendront lesdits maire, échevins et pairs la moitié du quint, et tous les bénéfices étant dans l'enclos de ladite ville,

ensemble tous les deniers royaux d'icelle, sans rien excepter, lesquels seront reçus par leurs mains ou receveur par eux commis pour être employés tant aux fortifications de ladite ville que autres choses y nécessaires.

8. Tous congés pour faire la guerre sur mer et passeports seront donnés par Monseigneur le prince de Condé, en absence dudit seigneur roi de Navarre, en baillant par les capitaines suffisante caution et certificateurs qui seront présentés audit sieur maire et receveur par les juge et officiers de l'amirauté de ladite ville, et lesdits passeports seront contrôlés par ledit conseil des finances, qui en fera taxe, si faire n'avoit été, sauf des passeports que prendront les bourgeois, pour lesquels ils ne paieront aucune finance, ains seulement deux testons pour la façon dudit passeport.

9. Que le trafic et commerce de toutes marchandises non défendues sera libre aux dits bourgeois, comme aussi à tous étrangers qui viendront trafiquer librement en ladite ville, et ne seront les fruits et denrées desdits bourgeois de la ville, quelque part qu'elles puissent être, chargées d'aucune taxe ne subsides, le tout selon leurs dits priviléges et sans en abuser; et paieront seulement les étrangers qui y trafiqueront librement un écu sol pour la façon du passeport qu'il leur conviendroit pour cet effet.

10. Et où quelques navires et marchandises appartenant auxdits bourgeois et habitants de cette dite ville seroient pris par aucuns capitaines ou autres personnes de ce parti, lesdits preneurs seront tenus représenter et amener lesdits navires et marchandises en cette dite ville, et exhiber le tout par devant lesdits juge et officiers de l'amirauté, pour l'adjudication et délivrance desdites prises, sans que les habitants soient tenus poursuivre leurs droits ailleurs ne pardevant autres juges que ceux de cette dite ville, tant en demandant que en défendant, et seront tenus les autres juges les renvoyer audit lieu de la Rochelle à la première réquisition, à peine de

nullité, et pour cet effet les cautions pour ce reçues seront tenues en répondre; lesquelles cautions et capitaines éliront domicile en cette dite ville en présentant leurs dites cautions.

11. Que tous navires de guerre qui s'avitailleront en cette ville ou coutumaux d'icelle seront tenus y faire leur retour, et y amener leurs prises.

12. Seront établis deux commissaires de la marine, l'un par ledit sieur prince et l'autre par ledit sieur maire, pour avoir l'œil et prendre garde sur les prises qui seront amenées en ladite ville et éviter toute fraude et abus.

13. Lesdits juges et officiers de l'amirauté établis par ledit sieur roi de Navarre jugeront et connaitront de toutes lesdites prises et autres droits concernant ledit fait d'amirauté, comme ils faisoient auparavant, avec lesquels assisteront deux commissaires, l'un nommé par ledit sieur prince et l'autre par ledit sieur maire.

14. La justice tant civile que criminelle sera exercée comme elle a été ci-devant en temps de paix, sans rien innover, tant sur lesdits bourgeois et habitants de ladite ville et gouvernement d'icelle que forains et survenants.

15. Les forains survenants, tant gentilshommes que autres, qui feront ordinaire résidence en cette ville, s'emploieront pour la conservation d'icelle et du pays à toutes les occasions qui s'offriront et à y faire gardes tant de jour que de nuit, et notamment ceux qui n'iront point à la guerre hors icelle ville.

16. Tous catholiques paisibles, n'étant factieux, résidant en ladite ville et gouvernement, seront tenus sous la sauvegarde publique, eux et leurs biens, en portant les charges nécessaires.

17. Les laboureurs et habitants de ce gouvernement, tant d'une que d'autre religion, ne seront troublés ni molestés au fait de leur labourage, et ne pourront être retenus prisonniers sous couleur de la présente guerre, ne leur bétail pris

ne retenu, sous quelque prétexte que ce soit; ains dès à présent sont pris et reçus sous la protection et sauvegarde dudit sieur roi de Navarre et prince de Condé.

18. Ne pourront les capitaines et garnisons de cedit gouvernement empêcher le droit de levées d'hommes, biens, corvées et autres droits que ladite ville a sur les habitants dudit gouvernement.

19. Son Excellence fera de tout son pouvoir de faire jouir les acquéreurs de biens ecclésiastiques vendus par de louable mémoire la reine de Navarre et la Majesté du roi de Navarre, son fils, ensemble de sadite Excellence, comme chose très équitable et promise de bonne foi par contrats authentiques.

20. Promettent lesdits sieurs roi de Navarre et prince de Condé ne traiter aucune chose avec les ennemis du parti sans la communiquer audit sieur maire, échevins, pairs, bourgeois, manants et habitants de ladite ville de la Rochelle, et en ce cas seront admis les députés de ladite ville audit traité.

21. Les maire, échevins et pairs de cette ville de la Rochelle promettent aux dits sieurs roi de Navarre et prince de Condé de leur prêter de l'artillerie de ladite ville, sans toutefois la dégarnir de celle qui lui est nécessaire pour sa garde, laquelle artillerie lesdits sieurs roi et prince promettent rendre ou payer en cas qu'elle ne fût rendue; ensemble lesdits maire, échevins, pairs et bourgeois leur feront délivrer des poudres et munitions qui seront en icelle, en les payant raisonnablement à ceux qui les auront.

22. Toutes lesquelles choses ci dessus accordées promet ledit sieur prince observer et entretenir et faire ratifier et approuver audit sieur roi de Navarre.

Fait à la Rochelle, le 23ᵉ jour de janvier 1577.

Signé Henry de Bourbon et Guillaume Gendrault [1].

---

[1]. G. Gendrault est le maire de la Rochelle pour cette année-là. — Mss. Baudoin, p. 1062.

IV.

Capitulation Monseigneur le prince de Condé pour Flandres.

Aujourd'hui sixième jour de juin mil cinq cent soixante dix sept, Monseigneur le prince de Condé étant en son conseil, traitant des affaires concernant l'armée navale étrangère de Hollande et Zélande, Monsieur le maire de la Rochelle assisté des sieurs de Coureilles, de la Jarrie, de Lalande et de Labes, au nom des échevins, pairs, bourgeois, manants et habitants de ladite ville, ont convenu et accordé avec mondit sieur le prince ce qui s'ensuit :

1. Que son Excellence fera traiter par ses agents avec les capitaines et conducteurs de ladite armée de équiper et armer en guerre ès dits pays jusques au nombre de huit grands vaisseaux ronds et quatre autres qu'ils appellent cormisteures, bien et duement garnis d'artillerie de bronze et de fer, de poudre, boulets et autres munitions et artifices convenables à une armée de mer, avec les vivres et boissons nécessaires, et le nombre de mariniers et soldats qui y seront requis.

2. Pour ladite armée, composée dudit nombre de vaisseaux, amener et conduire, du premier temps acceptable que Dieu donnera, à la rade de Chef-de-bois [1] de cette dite ville et là recevoir les commandements de mondit sieur le Prince ou de ses lieutenants pour le bien et service de ce parti et iceux exécuter.

3. Et, moyennant ce, ont les dits sieurs maire et dessus dits, ou dit nom, promis de faire fournir aux agents de sa dite Excellence audit pays de Hollande ou Zélande, sitôt que

---

1. Cette appellation est fréquemment employée autrefois : on ne dit plus que *Chef-de-baie*.

ladite armée sera prête à faire voile pour se rendre à ladite rade de Chef-de-bois, la somme de dix mille livres tournois en paiement ayant cours et poids en ce royaume.

4. Et outre de fournir et délivrer auxdits capitaines de ladite armée pareille somme de dix mille livres tournois après qu'elle sera arrivée à ladite rade de Chef-de-bois, faisant par eux le service qu'ils seront tenus audit parti, en combattant l'armée ennemie, la trouvant en ladite rade de Chef-de-bois ou autre rade près ladite ville, tant et si longuement que le besoin le requerra ; de laquelle somme de vingt mille livres tournois les agents de mondit sieur le Prince, capitaines et chefs de ladite armée se contenteront jusques à la fin de la guerre, sans qu'ils puissent demander plus grande somme, victuailles ou munitions de guerre auxdits maire, échevins, pairs et habitants susdits.

5. Et au cas que mondit sieur le Prince ait moyen de faire venir ladite armée sans ladite somme de dix mille livres d'avance, lesdits maire et dessus dits ou dit nom consentent que ceux qui auront charge d'eux la fournissent audit sieur Prince ou à ses agents ayant charge et procuration spéciale de son Excellence pour être employée à la levée des réistres.

6. Le tout, faisant et accomplissant par les chefs et capitaines de ladite armée le contenu ci-dessus.

7. Demeurants néanmoins les accords et capitulations ci-devant faits entre sa dite Excellence et lesdits maire, échevins et pairs en leur entier, selon leur forme et teneur et sans à icelles déroger.

8. Et advenant que ladite armée navale fît aucune prise de grand'valeur, son Excellence accorde que ladite somme de vingt mille livres ainsi fournie sera payée et remboursée auxdits maire, échevins et pairs sur les droits du quint desdites prises, et, là où cela ne se pourroit trouver, promet sadite Excellence icelle somme faire passer à la fin des présentes guerres, avec les autres frais faits pour les armées

étrangères, pour en être lesdits maire, échevins et pairs remboursés et satisfaits comme des autres deniers levés et empruntés pour le bien des présentes guerres.

Fait en ladite ville de la Rochelle, le sixième jour de juin 1577 [1].

V.

Instructions et mémoires que Messieurs les maire, échevins, conseillers, pairs, bourgeois, manants et habitants de la ville de la Rochelle baillent à sire Pierre Chastaigner et Michel Réau, pairs de ladite ville, ou l'un d'eux pour l'absence ou maladie de l'autre, sur la négociation de l'armée navale que mesdits sieurs entendent que lesdits Chastaigner et Réau fassent au pays de Hollande ou Zélande, comme s'ensuit :

1. Premièrement, s'adresseront au sieur de Malroy ou autre qui négociera les affaires de Monseigneur le prince de Condé, pour les avertir de pourvoir à ce que mondit sieur le Prince nous a promis de faire venir à la rade de Chef-de-bois une armée navale de huit grands vaisseaux ronds et de quatre cormisteures, garnis de toute sorte d'artillerie tant de bronze que de fer, poudre, boulets et de toutes autres sortes de munitions de guerre, avec l'équipage tant de mariniers que de soldats, pour, avec l'aide de Dieu, faire voile et venir se rendre à la rade de Chef-de-bois, et illec faire la guerre contre les ennemis de notre parti, et, partant qu'il leur seroit commandé par Monseigneur le prince ou son lieutenant, combattre l'armée desdits ennemis soit en la rade ou autres endroits d'ici autour.

2. Ce que lesdits Chastaigner ou Reau, ou l'un d'eux, comme dit est, solliciteront et pourchasseront au mieux et le plus diligemment qu'ils pourront, et de fait leur feront faire

---

1. Mss. Baudoin, p. 1100.

voile, et, ce faisant et voyant qu'ils seront en cette délibération et qu'ils connoîtront que pour ce faire lesdits capitaines desdits douze vaisseaux se soient obligés à Monseigneur le prince ou ses agents, et qu'ils s'acheminent à venir comme dessus est dit, ils fourniront comptant, soit audit agent dudit sieur Prince ou ès capitaines mêmes, la somme de dix mille livres tournois, de laquelle ils prendront acquit valable, savoir est, s'ils le baillent aux dits agents, ils retireront néantmoins les obligations desdits capitaines.

3. Et outre ce, voyant lesdits Chastaigner et Reau que tout va de bonne foi et que lesdits capitaines avec ladite armée soient prêts à faire voile, et que de fait il soit ainsi, ils leur promettront de leur payer comptant pareille somme de dix mille livres tournois, et le tout en paiement ayant cours en ce royaume, huit jours après leur arrivée en ladite rade de Chef-de-bois.

4. Et pour ce faire et plus claire instruction dudit affaire leur a été délivré copie de la transaction et capitulation faite entre mondit seigneur le prince et lesdits sieurs maire, échevins et pairs, suivant laquelle ils se pourront entièrement régler en ladite négociation.

5. Et advenant que les agents de mondit seigneur le prince ne pussent ou ne voulussent effectuer le contenu de ladite transaction ou capitulation, en ce cas ils travailleront et procureront envers Monseigneur le prince d'Orange, les états ou autres chefs et gens de guerre desdits pays de faire venir une armée de la qualité susdite, et fourniront et emploieront par avance la même somme de dix mille livres à payer par deça, comme est porté par les articles ci-dessus, et, ne pouvant ès dits pays, le pourront faire en Angleterre.

6. Et en cas qu'aucun des points ci-dessus ne se pourroit exécuter, ils layrront par de là ès mains de Jacques Mousnereau et Bernard Delastes, facteurs de messieurs Bobineau,

de Haraneder et Esprinchard [1], le provenu des marchandises à eux baillées et mises entre leurs mains par lesdits maire, échevins, pairs, bourgeois et habitants, et chargées cejourd'hui dans la Fleur-de-lys de cette ville, dont est maître Jean Douin, et dans le Pélican, de la Chaume d'Olonne, dont est maître Jean Morisson.

7. Et généralement feront lesdits Chastaigner et Reau, ou l'un d'eux, comme dit est, en ce que dessus ce que gens d'honneur et bons citoyens peuvent et doivent faire, s'en rapportant à leur fidélité et prudhomie, promettants lesdits maire, échevins, pairs, bourgeois et habitants que là où, que Dieu ne veuille! ils seroient pris prisonniers, ou l'un d'eux, par les ennemis de ce parti, tant allant que venant, de les désintéresser et décharger entièrement de tout ce que leur pourroit coûter tant en dépens, paiement de rançon que autres dépens, dommages et intérêts qu'ils feront à leur dit voyage, et ensemble leur allouer leur dépense, frais et mises ordinaires de leur dit voyage.

Fait au conseil tenu en l'échevinage, le sixième jour de juin 1577. (Signé) Pierre Bobineau, maire; J. Nicolas, H. Phelippes.

Et leur fut passée procuration par mesdits sieurs, avec pouvoir d'employer quatre mille livres davantage qu'il n'est porté par les instructions ci-dessus pour ladite négociation [2].

---

1. Bobineau était maire, Esprinchard un des coélus cette année-là.
2. Mss. Baudoin, p. 1102.

XIII.

Lettre de Philippe Desportes au duc de Joyeuse, l'avertissant de ce qui se passe à la cour, tandis qu'il tient en échec l'armée du roi de Navarre et cherche à l'éloigner du Poitou. *(Copie du temps, pap., appartenant à M. B. Fillon.)*

11 août 1587.

« Monsieur de Joyeuse partit de Paris environ le mois de mai mil cinq cent quatre vingt sept, pour aller porter secours à ville de Fontenay en Poictou, assiegée par le Roy de Navarre, lequel avoit mis une assez forte armée aux champs pour estendre plus avant ses conquestes sur ledit pays de Poictou, que n'avoient encore pû faire, luy, ny ses partisans, depuis certains temps qu'ils avoient levé les armes, sur le pretexte de la religion prétendue réformée. Mais estant arrivé mondit Sr de Joyeuse à Saumur, lieu qu'il avoit destiné pour faire son corps d'armée, eut advis que Fontenay avoit esté rendue au Roy de Navarre par composition par le sieur de la Roussière, qui en estoit gouverneur, et autres serviteurs du Roy, et que le Roy de Navarre, suivant son progrez avoit encore, du depuis, mis en son obéissance la ville de Sainct-Maixent, isles et abbaye de Maillezais, Mauléon et quelques autres places, avec peu de résistance de ses adversaires, et puis s'estoit retiré à la Rochelle, ayant licencié presque toute sa cavalerie, et épars par la campagne et en divers lieux ses régiments de gens de pied, pour les faire vivre et raffraîchir, attendant l'occasion de les employer [1]. »

Telles furent les circonstances qui amenèrent Joyeuse de Paris en Poitou. Tandis qu'il y employait ses jours en des marches et contre-marches assez mal combinées, le poëte Philippe Desportes, son

---

1. *Voyage de Monsieur le duc de Joyeuse en Poictou, et sa mort en l'année* 1587, imprimé à la suite des *Mémoires des troubles arrivés en France*, par Villegomblain, Paris, Jean Guignard, 1667, in-12.

confident et son conseil [1], le tenait au courant de ce qui se passait, en son absence, à la cour. La lettre qui va suivre fut interceptée par les calvinistes, et c'est à cette circonstance qu'on doit la conservation de son texte, dont une copie a été retrouvée dans les papiers de Duplessis-Mornay [2]. Les lettres de Desportes étant d'une excessive rareté, il est bon de sauver celle-ci de l'oubli.

B. FILLON.

Monseigneur, Encores que l'événement du combat dont vous donnez espérance avec le roy de Navarre soit doubteux pour estre ses forces plus grandes que les vostres, [tous] ont grandement loué vostre haut courage et estimé vostre belle résolution, tellement que leurs Majestés ont dit tout haut que vous pouvez estre aujourd'huy tenu pour celuy qui conservoit l'estat, et si Dieu vous faisoit tant de grace que d'avoir la victoire, qu'ils vous devroient, et la France, leur entier repos. Le roy envoya à l'instant par toutes les églises à ce qu'on se mist en prières et oraisons pour vous, ce qui a esté faict et publiquement avec une très grande exclamation d'un chacun.

J'ay poursuivy tant qu'il m'a esté possible pour vous faire envoyer argent et gens : tant de belles parolles que vous voudrez, mais ny de l'un ny de l'autre. Il n'en faut poinct parler pour l'amour de M*r d'Espernon* [3], qui vous porte la plus grande envye du monde, et a une telle domination sur *le roy* qu'il n'oseroit, se semble, faire ce qu'il désireroit. Et pour l'argent la nésessité est telle, au moins pour ce qui est utile, et se soucie aussi peu de l'estat que l'on n'estime à rien la

---

1. Tallemant des Réaux, *Historiette* VIII.
2. *Histoire de la vie de messire Philippe de Mornay* (par de Licques). Leyde, B. et A. Elzevier, 1647, in-4°, p. 104.
3. J. L. de Nogaret de la Valette, duc d'Epernon, favori de Henri III, alors colonel général de l'infanterie.

Les mots imprimés en italiques étaient écrits en chiffres ; la traduction en a été donnée en marge de la lettre.

perte d'une province. *Villeroy* [1] ne s'est peu tenir de me dire sur ce qu'ayant esté ordonné au conseil qu'on adviseroit par tous moyens à vous secourir et que luy d'autant et moy [2] voir et qui ne voulut aucunement entendre à nous, s'excusant en sa maladye que le temps viendroit que le monde rendroit gorge ; pour toutes choses je n'ay faict qu'asseurer l'assignation première qui vous avoit esté ordonnée pour une monstre seullement, et à cause que l'on doubtoit des deniers du quartier d'avril, et qu'il n'y eust fonds pour l'acquitter.

J'ay faict dépescher une patente pour faire acquitter entièrement lad. assignation par préférance à toutes autres assignations, mais vous n'en pouvez faire estat à mon jugement qu'à la fin de ce mois. Quand je l'ay remonstré, on m'a dit qu'on vous donne le payement de six compaignyes de gensdarmes nouvelles, qu'elles ne seront à l'armée d'un moys, et que c'est justement le temps où les deniers vous seront rendus ; quant à l'infanterie, que Monsr Desbarreaux doibt avoir xxix^M escus, n'ayant reçu que x^M escus de Tours ; depuis il en a encor receu autres x^M escus; plus xii^c escus du trésorier de l'artillerie au lieu de quarante chevaux qui vous debvoyent estre envoyés. Bref vous avez le payement d'un moys pour vostre armée quant elle seroit composée de xxxviii enseignes de gens de pied, de dix compaignyes de chevaux légers, avec le payement de tous vos officiers.

Mon frère vous aura peu escrire qu'au lieu de vous faire du bien, on vous auroit retranché de vostre assignation, disant que l'on avoit employé le payement pour un mois du régiment de Descluseaux et des huict compaignyes de Picardye avec les advances, qu'elles estoient ordonnées ailleurs, qu'il en falloit reprendre le payement, joinct que Mr Desbarreaux

---

1. N. de Neufville, s^r de Villeroy, secrétaire d'Etat.
2. Le sens de cette phrase étant inintelligible, il est à supposer qu'il y a en cet endroit une ligne de sautée.

escrivoit qu'il n'avoit esté receu sur la première assignation de Tours montant xxx^M escus que xx^M escus, qu'estant fournie il avoit de quoy faire ung mois avec les vi^M escus dont Monsr de Chenailles[1] s'estoit mésarité, qu'en tout il ne falloit que xvi^M escus et que le reste de Tours montoit xviiii. Sur quoy en la présance de mond. frère je leurs dis qu'ils estoient bien loing de leurs comptes, car ne vous falloit-il rien pour les charges du mois de juillet, assavoir les vivres, l'artillerie et les officiers de l'armée ? Tellement qu'après plusieurs contestations vous avez toute lad. assignation et non plus; encores pense on vous faire une grace, et n'en espérez rien davantage. Dispercez tant bien qu'il vous plaira pour toutes choses, vous n'avez eu que cvi^M escus.

Monsr le mareschal de Biron[2] désire estre fort bien avec vous, et ne sauriez croire combien il en parle dignement, et dit que vostre fortune n'est point appuyée sur la faveur, mais en chose qui est bien asseurée. Il congnoist bien la court et que *le grand prieur*[3] apportera du refroidissement à M^r *d'Espernon*. *Villeroy* me dit qu'il estoit fort en peine, qu'ayant déchiffré ce que vous luy aviez envoyé il avoit congneu que vous estiez fort mal assisté; qu'encores que je l'eusse assés représenté, il n'en avoit voulu rien croire, mais qu'à présent il voyoit assez clairement que vous ne pouviez plus rien faire, et l'avoit remonstré au Conseil, où tout le monde avoit respondu qu'avec rien vous aviez faict plus que l'on ne se fust seu promettre, et qu'il vous failloit laisser faire seulement; que vous serviez si passionnément que vous feriez de rien toutes choses, et mesmes des miracles en un besoing; que l'on pouvoit appeler vos actes passemerveilles; que *Biron* s'en estoit mis en cholère et avoit dit que sy c'estoit ainsy,

---

1. Trésorier de France à Paris. V. la cxlv^e *Historiette* de Tallemant des Réaux, qui le concerne.
2. Armand de Gontaut, baron de Biron, maréchal de France.
3. Antoine-Scipion de Joyeuse, grand-prieur de Toulouse.

qu'il failloit désespérer les gens de bien ; qu'il vous estoit impossible de toute impossibilité de pouvoir servir sans hommes et argent ; que pour assiéger *Fontenay* il vous failloit nécessairement des forces, soit de cavallerie et d'infanterye, plus que vous n'en avez. Il savoyt ce que vouloit dire une armée qui avoit tantost servy troys moys sans avoir esté payée, qu'avec tout cela ils n'auroient seu rien advancer sinon que plusieurs pionniers ; qu'il est d'advis qu'encor qu'on vous ayt mandé d'assiéger, que vous faciez résolument entendre que vous n'en ferez rien sans les moyens qui vous sont nécessaires, dont vous envoyerez un estat ; aussy qu'il avoit parlé *au roy* sur ce qu'un chacun prenoit quelque place et quelque authorité *en l'armée des reistres ;* que l'on ne parloit point de vous ; que *le roy* avoit respondu qu'il le désiroit, mais qu'il n'en avoit rien résolu et ne pouvoit rien penser qu'un régiment, car les chevaux légiers estoient destinez ailleurs; *d'Espernon,* outre sa charge, avoit encor des reistres françoys, et qu'il ne voyoit rien digne de vous au respect de ce qu'il se promettoit où on eust changé le premier desseing que l'on avoit pensé ; qu'il est aussi d'advis que vous escriviez bien au long de ce subject. Mais je me suis pensé d'une autre chose : c'est qu'il faut de nécessité *que les reistres* aillent prendre *le roy de Navarre* où vous estes, que plustost vous attendissiez que les forces vous allassent joindre. Ne vous attendez à rien davantage qu'à ce que je vous mande.

Je vous envoye un mémoire que la *royne mère* m'a baillé, par lequel vous verrez que vostre maison n'en est aucunement brouillée; elle m'a expressément chargé de vous dire que vous n'en fassiez nul semblant et que cela ne vous touche aucunement, que le but de la guerre, c'est la paix, qu'enfin *le roy* ne veut passer tout son aage parmy les troubles et dissentions et qu'il faut qu'un chacun commande à ses passions. Je luy ay respondu que ceux de vostre maison n'en avoient point d'autres que les leurs, et que *M. le Mares-*

chal quitteroit toutes choses quant M*r* *de Montmorency* [1] ne feroit autres actes que de leur serviteur et qu'il se comporteroit comme un bon et fidelle subject; que de vous j'avoys commandement de l'asseurer que vous n'estiez que ce qu'elle désiroit et n'avez point autre desseing que de vous conformer tousjours à ses volontez, estant né seulement pour elle. — Sa response a esté que vous luy escriviez tousjours ces mesmes choses, et qu'elle s'en asseuroit aussi; qu'elle n'avoit jamais plus aymé un de ses enfans qu'elle vous aymoit, et desiroit avoir un tel soing de vous et de vostre mayson que vous ne perdiez jamais l'envye de l'aymer; que depuis *la mort de Madame du Bouchage* [2] elle estoit advisée d'un moyen (attendu qu'il n'y avoit point eu de meurtres, ny de parolles entre vos deux maisons qui peussent empescher une réconciliation) de pouvoir faire un mariage de la seconde fille de M. *de Montmorency* [3] avec M. *du Bouchage* [4], qui ne pouvoit faillir qu'il n'eust de grands biens, veu que vous n'avez point d'enfans [5]. S'il ne vouloit se remarier, à cause de son humeur, que l'on pourroit advencer vostre petit... [6], et, par ce moien, traicter la mesme chose. Depuis deux jours, elle a escrit à M. *de Montmorency,* avec le consentement du Roy, et s'est servie d'une occasion d'un sien gentilhomme servant, lequel a un sien frère avec M. *de Montmorency,* et qui a fort son oreille. Elle luy mande les premières protestations de son amityé; que, le voyant perdu, ou en estat de se per-

---

1. Henri, duc de Montmorency, plus tard connétable de France.
2. Catherine de Nogaret-la-Vallette, morte le 12 août 1587.
3. Marguerite de Montmorency, mariée le 26 juin 1593 à Anne de Lévis, duc de Vantadour.
4. Henri de Joyeuse, comte du Bouchage, duc de Joyeuse après le trépas de son frère, se fit capucin le 4 septembre 1587, et prit le nom de *Frère Ange,* sous lequel il est plus généralement connu.
5. De son mariage avec Marguerite de Lorraine-Vaudemont, sœur puînée de Louise de Lorraine, épouse de Henri III.
6. Claude de Joyeuse, seigneur de Saint-Saùveur, le plus jeune des frères du duc de Joyeuse, tué avec lui à Coutras.

dre, elle luy avoit voulu encores une fois mander de ses nouvelles à ce qu'il reconnust son debvoir ; que le Roy estoit bon et pardonnoit aysément ; quand il s'humillieroit, outre que c'estoit son debvoir, encores se pouvoit-il promettre tout bien et advancement, estant la première personne de son royaume et le plus antien officier ; qu'il avoit des enfans, et qu'il falloit qu'il en eust pitié.

Soudain qu'elle en aura responce, elle m'a promis de me le dire, et me despescher vers vous. Le subject de la lettre, à ce qu'elle m'a dit, est qu'il est venu nouvelles que les *reistres* ne veullent point passer la frontière, s'il ne s'oblige à eux de leur payement, et ne veullent point le *Roy de Navarre*. Bref, on veut la paix, nonobstant *la Ligue* et *M. de Guyse*, qui est allé avec deux chevaux de poste seulement à la frontière, pour empescher le passage aux reistres avec les forces de *M. de Lorraine*, attendant les siennes, qui ne sont pas grandes ; mais le peuple est tant animé et veut tant la guerre, que, pour le contenter, on est contrainct d'envoyer des forces à M. de Guyse, tellement qu'il est résolu de hasarder. *M. d'Espernon* est extrêmement mal avec le peuple et ne fut jamais tant hay. Au contraire, vous estes adoré en ceste ville, et ne se passe feste que l'on ne vous presche. Si Dieu vous faisoit tant de grâce que de pouvoir avoir quelque nouvelle victoire, j'estime que l'on vous canoniseroit ; mais croyez, s'il vous plaist, ce que je vous dis, et que je ne suis autre que vostre serviteur, qui ferois des fautes par imprudence, mais non point de malice, ni manquement d'affection.

L'on parle que, si la passion se met plus grande et plus véhémente, encores qu'elle soit desja bien forte, envers *M. le Grand Prieur*, qu'il pourroit bien vuider nos differends et venir à la succession. Vous prenez un chemin pour estre convié à son establissement, *le Roy* n'osant et ne pouvant bonnement faire eslection d'autre que de vous ; car *la Reyne mère* m'a dit que, si Dieu vous faisoit la grace de vivre, vous avez la plus belle fortune en main qu'aucun autre seigneur de ce royaume. Elle est consentente à ce que dessus, comme je croy.

Nous avions commencé les affaires de la petite pour la mettre hors de ses dernières promesses, à quoi *le Roy* estoit le plus résolu du monde ; mais ainsy que l'on estoit sur les termes de l'en mettre hors, ils sont allez appeller de l'emprisonnement de Saluttes, et prendre à partie *le Cardinal de Bourbon* [1] et ses officiers, qui s'en est tenu le plus offencé du monde, en sorte qu'il a renvoyé demander au Roy les charges et informations qu'il avoit faict faire, et que *le Roy* avoit envoyé demander. On n'a seu les luy refuser. Sur quoy, par une autre voye, nous avions encore pensé la faire sortir. C'estoit de présenter une requeste donnant à entendre qu'elle estoit sa femme, et qu'elle luy avoit promis du consentement de tous ses parents, et qu'il demandoit la sollempnisation du mariage en face la Ste Eglise. A quoy *la Reyne mère* s'est entièrement randue, et a dit qu'il failloit faire faire le procez à Saluttes, et que, pour son regard, il la failloit mettre aux filles repenties, où *le Roy* se trouve bien empesché, si *le Cardinal de Bourbon* n'oppère.

Il se trouve un autre moien, que nous tenterons, mais elle sera tousjours misérable, et, quand je luy en ay parlé, elle m'a dit mille sortes de belles raisons, que, si elles estoient véritables, je ne saurois plus que juger ; mais remetz le tout jusqu'à ce que je vous puisse parler à bouche, encores qu'il n'y ait rien qui me déplaise plus que les rapports et causeries. Toutesfois mon humeur est toute libre, franche et entièrement dédiée à vous, non seulement pour ce que vous estes mon maistre, mais que je vous ayme plus que je ne feray jamais maistresse, ny autre sorte de passion. Il est vray que mon debvoir veut ressentiment aux choses qui me touchent de sy près.

---

1. Plus tard roi de la Ligue, sous le nom de *Charles X*.

Les présidens des élections ne sont encores vériffiez ; on y travaille tout ce que l'on peut. Et, pour le faict de madame de Luppé, c'est un trompeur que celuy qui a donné ceste affaire en main, ainsy que je l'ay faict connoistre à vostre Conseil, en sa présence. Si j'estois creu, je feroys un tel traictement à telles gens qu'ils serviroient d'exemple aux autres. Il est tantost temps que vous tiriez quelque chose des assesseurs et commissaires des autres affaires, sans plus demeurer en telle nécessité. Monsieur le Premier Président de Rouen est venu, suivant ce qui luy avoit esté commandé. M. de Villeroy luy a esté bon amy, et est sorty des malveillances, dont je ne me promettoys pas qu'il y eust tant de facilité. Vostre nom luy a apporté beaucoup de support. Il m'a promis de faire passer les marchands forrains, s'il est possible, avec les commissaires et les assesseurs : vous en avez bien besoing. Pour le domaine de M. de Souvray [1]. il est besoing d'une lettre à M. de Motheville, et, pour la rente, d'une autre lettre à M. le Président de Neully.

Quatre mille Suisses passent en Languedoc, et, si on n'augmente d'aucune force *M. le Maréchal*, on pourvoye au Dauphiné au moings ; si ce n'est en forces, c'est en argent. — N.... soit tant qu'il voudra vostre amy, mais il ne marche pas si vite en voz affaires qu'en celles d'autres. Je ne say s'il n'y a point du gaing.

J'envoye des commissions pour lever des pionniers, et des lettres pour des compaignyes de gensdarmes, qui sont celles de M. de Souvré, de Villequier l'aisné [2], St Luc [3], La Roche du Maine [4], vicomte de la Guierche [5], et de Mortemar [6], et de Montigny, qui sera près de vous dans douze jours.

---

1. Gilles de Souvré, marquis de Courtanvaux, maréchal de France.
2. Claude, baron de Villequier, dit l'aîné.
3. François d'Espinay, sr de Saint-Luc.
4. Charles d'Appelvoisin-Tiercelin, sr de la Roche du Maine.
5. Georges de Villequier, vicomte de la Guierche, fils de Claude, susmentionné.
6. René de Rochechouart, baron de Mortemar.

Monseigneur, je supplie le Créateur vous donner, en très parfaicte santé, très heureuse et très longue vye.

De Paris, ce xie jour d'aoust 1587.

Vostre tres humble, tres obeissant
et tres obligé serviteur.

Desportes.

XIV.

Bulle du pape Urbain VIII, qui transfère à Fontenay-le-Comte le siége épiscopal de Maillezais. *(Orig. parch., jadis scellé, appartenant à M. B. Fillon.)*

22 avril 1630.

Urbanus, episcopus, servus servorum Dei, venerabili fratri nostro Henrico Ludovico, episcopo Pictavensi, salutem et apostolicam benedictionem. In supremo apostolice potestatis culmine et potestatis plenitudine a Domino constituti, inter ceteras humeris nostris incumbentes curas illam libenter amplectimur, per quam nostre dispositionis ope singule ecclesie, presertim cathedrales, in locis humilibus et insalubribus collocate, ne propter incolarum infrequentiam et aeris intemperiem detrimenta sustineant, ad loca ampliora et salubriora transferantur, ut per hujusmodi translationem populorum augeatur devotio, divinus cultus effloreat, animarum salus subsequatur, locaque insignia dignioribus titulis attollantur et majoribus honoribus decorentur, et cum a nobis christiani principes id exposcunt, pia illorum vota ad exauditionis gratiam admittimus, aliasque desuper disponi mandamus prout, locorum, rerum, temporum et personarum qualitate debite pensata, id in Domino conspicimus salubriter expedire. Exponi siquidem nobis fecit charissimus in Christo filius noster Ludovicus, Francorum et Navarre rex christianissimus, et non ita pridem dictus Ludovicus rex, quampluribus rebus Dei religionisque causa terra marique preclare gestis, ad ecclesiarum rerumque ecclesiasticarum in locis temporali suo dominio subjectis constitutarum, quarum potissimam semper rationem sibi habendam esse censuit, statum vigiles regie sue sollicitudinis oculos circumferens, compertum habuit civitatem Malleacensem, in provincia Pictavensi et insula de Maillesais nuncupata, ob varias paludes quas quotidianus maris fluxus atque refluxus inficit insaluberrima, sitam, angustissimam, undequaque patentem et menibus destitutam, paucas habitationum domos, easque hereticorum, qui eam civitatem multorum annorum spatio occuparunt, injuria devastatas continere, et majori ex parte ab agricultoribus et infime conditionis hominibus habitatam, ecclesiam vero cathedralem, cujus capitulum regulare est et monachis ordinem sancti Benedicti expresse professis constat, plane ruinosam esse, et in ipsa civitate nullam adesse episcopo neque capitulo comodam habitationem; quo fit ut dilecti filii monachi capitulum ipsum constituentes seorsum unus ab alio in privatis domibus cum manifesta regularitatis et debite conventualitatis inobservantia habitare cogantur; episcopi vero, tum ob defectum comode habitationis, tum ob loci insalubritatem, nunquam fere ibi resederint; proindeque opportunum, imo etiam necessarium esse his incomodis atque etiam divini cultus augmento per oportunam sedis episcopalis Malleacensis ad comodiorem locum translationem providere; considerans etiam oppidum Fonteniaci Comitis, Malleacensis diocesis, non longe ab ipsa civitate distans, in ameno salubrique loco, sub felici celo situm, satis amplum, muris cinctum, numeroso populo opulentisque mercatoribus ac regis officiariis ibi residere solitis refertum, et ab alienigenis ob mercature inibi vigentis exercitium assidue frequentatum, sedi episcopali constituende aptissimum esse illudque civitatis; ecclesiam vero parochialem beatissime Virginis ejusdem oppidi cathedralis ecclesie titulo merito decorari posse : hujusce translationis gratie a sede apostolica reportande spe fretus, regiis suis diplomatibus universitati et hominibus dicti oppidi dedit in mandatis ut in eodem oppido de loco ad comodam episcopi et capituli habitationem convenienti providerent; cumque premissis attentis certum sit quod de dicta translatione, si fiat, maxima universe diocesi spiritualia et temporalia comoda prouenient : quare pro parte dicti Ludovici regis nobis fuit humiliter supplicatum quatenus in premissis opportune providere de benignitate apostolica dignaremur. Nos igitur, qui principum votis quantum cum Deo possumus benigne annuimus, venerabilem fratrem nostrum modernum episcopum Malleacensem et singulares personas capituli et conventus ecclesie Malleacensis ac rectorem dicte ecclesie beate Marie a quibusvis excommunicationis, suspensionis et interdicti aliisque ecclesiasticis sententiis, censuris et penis a jure vel ab homine quavis occasione vel causa latis, si quibus quomodolibet innodati existunt, ad effectum presentium duntaxat consequendum, harum serie absolventes et absolutos fore censentes, ac illorum nomina et cognomina presentibus pro expressis habentes, hujusmodi supplicationibus inclinati, fraternitati tue per apostolica scripta mandamus ut in dicta ecclesia Malleacensi titulum ecclesie cathedralis, constito tibi de consensu tam episcopi quam capituli ecclesie Malleacensis ac rectoris dicte ecclesie beate Marie, quodque hujusmodi ecclesia beate Marie capax et decens sit, in qua ecclesia cathedralis erigatur rebusque ad cathedralem ecclesiam necessariis sit instructa, domusque competentes pro habitatione episcopi et capituli predictorum in eodem oppido Fonteniaci ab illius universitate juxta dicti Ludovici regis mandatum vel alias perpetuo valide assignate sint, dimissoque in majori ecclesia Malleacensi uno seu pluribus presbyteris qui necessarii fuerint ad illius onera supportanda cum sufficienti reditu pro illorum sustentatione et ecclesie manutentione, dummodo ad hoc episcopi et capituli ac rectoris predictorum respective accedat assensus, auctoritate nostra perpetuo supprimas et extinguas, ac oppidum predictum civitatis titulo insingnias, ipsumque oppidum in civitatem Fonteniacensem nuncupandam, cum juribus, privilegiis et prerogativis quibus alie civitates illarum partium utuntur, potiuntur et gaudent, ac uti, potiri et gaudere possunt et poterunt quomodolibet in futurum ; necnon predictam ecclesiam beate Marie, previa nominis et denominationis rectoris illius suppressione, et erectione perpetue vicarie secularis in eadem pro uno presbytero seculari, qui curam animarum illius parochianorum exerceat, et applicatione omnium bonorum, rerum et proprietatum, fructuumque et emolumentorum quorumcumque ad dictam ecclesiam beate Marie de presenti spectantium pro dote ejusdem vicarie, quam modernus rector predictus vigore provisionis sibi de eadem ecclesia canonice facte absque alia sibi desuper facienda provisione retinere libere et licite possit et valeat, in cathedralem ecclesiam Fonteniacensem nuncupandam, cum insigniis et juribus episcopalibus ad instar aliarum circumvicinarum ecclesiarum cathedralium ; ita quod episcopus Malleacencis, sicut hactenus dicte ecclesie Malleacensi prefuit, ita ecclesie Fonteniacensi erigende in vim litterarum apostolicarum provisione de ejus persona ecclesie Malleacensis et illius prefectionis in episcopum expeditarum, absque .... [1] de ejus persona ecclesie erigende Fonteniacensis facienda provisione, presit et illius verus pastor existat, et tam ipse quam ejus successores dicte ecclesie erigende Fonteniacensis presules Malleacenses Fonteniacenses episcopi denominari, ipsique se ita subscribere et inscribere possint et valeant, et archiepiscopo Burdegalensi, sicut hactenus episcopus Malleacensis fuit, suffraganei sint et pro talibus habeantur, ipsique archiepiscopo Burdegalensi metropolitano jure subsint, dicta auctoritate nostra etiam perpetuo erigas et instituas, ac sedem episcopalem,

---

1. Mot effacé.

necnon capitulum et conventum dicte ecclesie Malleacensis, ipsorumque capituli et conventus monachorum et personarum capitularium residentiam, cum omnibus eorum honoribus, oneribus, juribus, prerogativis et pertinentiis, ac bonis, fructibus, reditibus et introitibus, ad ecclesiam Fouteniacensem erigendam auctoritate nostra similiter perpetuo transferas; ita quod deinceps capitulum et conventus transferendi hujusmodi, postquam translati fuerint, eorumque successores apud dictam ecclesiam Fonteniacensem erigendam, non autem apud ecclesiam Malleacensem, residere teneantur; et cum hoc quod pro tempore existens ecclesie erigende Fonteniacensis presul privilegiis, facultatibus, juribus, preeminentiis, libertatibus, honoribus, indultis episcopis Malleacensibus competentibus debitis et concessis uti debeat, ac ecclesia, civitas et diocesis Malleacensis, ipsarumque ecclesie, civitatis et diocesis clerus et populus ordinarie jurisdictioni futurorum episcoporum Malleacensium Fonteniacensium subsint et subesse intelligantur, prout hactenus episcopis Malleacensibus ante translationem et erectionem faciendas hujusmodi suberant, et prout subessent in futurum, si erectio et translatio faciende hujusmodi non fierent; et insuper, ut eidem ecclesie Malleacensi per unum seu plures presbyteros, prout illi expediens videbitur, assignatis et sufficientibus reditibus deserviatur et ejus onera debite supportentur, eadem auctoritate nostra pariter perpetuo provideas, omniaque et singula que circa erectionem et translationem hujusmodi et inde dependentia, illorumque occasione necessaria et opportuna esse judicaveris, simili auctoritate nostra itidem perpetuo mandes, ordines et exequaris. Nos enim tibi ad id amplam, liberam et omnimodam facultatem et auctoritatem concedimus. Necnon si suppressionem et extinctionem, ac erectionem et institutionem, ac translationem et provisionem predictas per te vigore earumdem presentium fieri contigerit, ut predicitur, omnimodam exequutionem earumdem presentium et illarum vigore per te facienda, gerenda, mandanda, ordinanda et exequenda, licita tamen et honesta, ex nunc prout ex tunc et e contra apostolica auctoritate tenore earumdem presentium approbamus et confirmamus, rataque et grata habemus, easdemque presentes, ex eo quo alii forsan interesse habentes seu habere pretendentes ad hoc vocati non fuerint nec vocentur et premissis non consenserint neque consentiant, et causa seu cause propter quas premissa fiant justificate vel verificate non fuerint, vel etiam ex eo quod nulla seu saltem minus legitima subsistente causa fiant, seu quibusvis aliis ex causis, subreptionis vel obreptionis vitio, aut intentionis nostre, vel quovis alias etiam consensus defectu, notari seu impugnari non posse, omnesque ad quos spectat et spectabit quomodolibet in futurum, ad omnium et singulorum per te in vim commissionis et facultatis predictarum faciendorum et ordinandorum, dummodo tamen licita et honesta sint, observationem perpetuo obligatos esse et fore, sicque per quoscunque judices ordinarios vel delegatos quavis auctoritate fungentes judicari et diffiniri debere, et si secus super his a quoque quavis auctoritate scienter vel ignoranter contigerit attentari, irritum et inane decernimus; non obstantibus premissis ac Lateranensis concilii novissime celebrati et quibusvis aliis apostolicis ac in provincialibus et synodalibus conciliis editis et edendis, specialibus vel generalibus constitutionibus et ordinationibus, dictarumque ecclesie et civitatis Malleacensis juramento, confirmatione apostolica vel quavis firmitate alia roboratis statutis et consuetudinibus, privilegiis quoque, indultis et litteris apostolicis eidem civitati illiusque populo et incolis sub quibuscunque tenoribus et formis, etiam quibuscunque derogatoriarum derogatoriis, aliisque efficacioribus, efficacissimis et insolitis clausis irritantibusque et aliis decretis in contrarium forsan quomodolibet concessis : quibus omnibus, etsi de illis illorumque totis tenoribus specialis, specifica, individua et expressa ac de verbo ad verbum, non autem per clausas generales idem importantes, mentio seu quevis alia expressio habenda foret, specialiter et expresse derogamus ceterisque contrariis quibuscunque. Volumus autem quod de cetero episcopi Malleacenses Fonteniacenses conjunctim appellentur. Datum Rome apud Sanctam Mariam Majorem anno Incarnationis Dominice millesimo sexcentesimo trigesimo, decimo Kalendas maii, pontificatus nostri anno septimo.

Signé sur le repli : G. Montanus [1].

XV.

LIVRES ET MANUSCRITS DE DU PLESSIS-MORNAY.

25 décembre 1630.

Du Plessis-Mornay avait, au dire de ses contemporains, une des plus riches bibliothèques de France. Il la légua, en 1606, à l'église réformée de Saumur, voulant ainsi éviter qu'elle ne fût un jour partagée et dispersée. Cette précaution ne l'a pas sauvée, et Mornay lui-même a eu la douleur d'assister aux premières vicissitudes de sa précieuse collection. Dépossédé de son gouvernement, au mois de mai 1621, il quitta Saumur sans emporter ses meubles, et à peine les gardes du roi furent-ils installés au château qu'ils mirent sens dessus dessous les papiers et les livres.

Les événements qui suivirent donnèrent aux protestants les plus vives craintes pour l'avenir de leurs églises. Par un codicile, en date du 23 octobre 1623, Mornay ordonna que, dans le cas où, au jour de son décès, celle de Saumur serait dispersée, ses héritiers

---

[1]. Cette bulle a été imprimée lors de son apparition par Pierre Petitjan, imprimeur à Fontenay, in-4º de 6 feuillets, plaquette devenue introuvable ; elle ne figure pas dans les deux éditions publiées à la Rochelle en 1665 et 1721 du *Recueil des bulles, lettres patentes et arrests pour l'establissement du chapitre de l'église cathédrale de la Rochelle*. On sait que la bulle d'Urbain VIII n'a pas été suivie d'exécution, et que le siége épiscopal de Maillezais fut transféré à la Rochelle en 1648.

disposeraient conjointement de sa bibliothèque, de manière à ce qu'elle fût « conservée en son entier ». Il s'occupa en même temps de la faire transporter au château de la Forêt-sur-Sèvre, où, depuis deux ans, il s'était retiré et où il s'éteignit un mois après.

Nous ignorons ce qu'on fit alors de ses livres. Il est cependant une partie des richesses de son cabinet dont nous pouvons suivre les destinées ; c'est la plus petite, mais aussi la plus précieuse. Lorsque les meubles de Mornay, restés à Saumur, furent saccagés, ce qui affecta le plus l'illustre vieillard, ce fut, d'après De Licques, son biographe, le dégât commis dans « une grande armoire, au bout de la galerie par lui construite au château, qu'il appelait sa petite bibliothèque, en laquelle étaient gardés tous ses œuvres, écrits pour la plupart de sa main ou imprimés en parchemin avec les additions en marge, reliés, tout d'une façon, en maroquin du Levant, avec armes dedans et dehors, de partie desquels on n'eut point honte d'arracher les fermoirs d'argent, même d'en jeter quelques-uns dans les fossés ». Les imprimés que contenait cette partie de la bibliothèque furent, par une clause du codicile de 1623, légués à M. Paul Bernard, sieur de Bouilly, conseiller du roi et son avocat au siége de Saumur ; mais sept ans après la mort de Du Plessis-Mornay, la plupart des volumes se trouvaient encore avec ses manuscrits au château de la Forêt-sur-Sèvre. Depuis, livres et manuscrits ont eu le sort que l'auteur redoutait pour eux : ils ont peu à peu été dispersés. A la fin du siècle dernier, le propriétaire de la Forêt, M. Audoyer, remit à D. Mazet un certain nombre de volumes et une partie de la correspondance de Mornay. Vers la même époque, la famille Audoyer, qui possédait aussi le château de la Maisonneuve-Montournais, y fit transporter le reste des papiers. Ils y ont été découverts, il y a une quinzaine d'années, par M. Léon Audé, secrétaire général de la préfecture de la Vendée, et ils sont aujourd'hui la propriété de M. Benjamin Fillon, qui a bien voulu en extraire pour nos Archives la pièce suivante.

A. Lièvre.

Inventaire de ce qui est dans le Thrésor touchant les Livres et Manuscripts de M. du Plessis à la Forest [1].

Manuscript du Traicté de l'Eglise de la main propre de M. du Plessis, l'an 1578 [2].

Manuscript de la Traduction du Traicté de l'Eglise en italien par le sieur de Mezière.

Traicté de l'Eglise en françois, imprimé à la Rochelle par Hierosme Haultin, 1599, en papier, relié en marroquin rouge avec les armes et agraffes.

Traicté de l'Eglise en latin, traduit par Robert Masson, imprimé par Jean le Preux, 1599, en papier, relié en marroquin rouge avec les armes et une aggraffe [3].

Manuscripts de la Vérité de la Religion chrestienne, l'un françois, l'autre latin, de la main propre de M. du Plessis, reliés en marroquin rouge avec les armes, le françois n'aiant qu'une aggraffe [4].

---

1. Le manuscrit forme six pages et demie petit in-folio, écrit de deux mains différentes. Au verso du dernier feuillet se trouve cette suscription : « C'est le Brouillas de l'Inventaire que nous avons fait faire ce 25e décemb. 1630 et jours suyvans par nostre fils Jaucourt et Mr. de la Boutetière nostre gendre de tous les livres et manuscrits de feu Monsr. du Plessis dont nous nous sommes chargés vers nos cohéritiers, en ayant donné un semblable à Monsr. de la Tabarière signé de moy et une copie de la vie dudit sr. nostre père, le tout laissé dans nostre trésor de ce lieu de la Forest, d'où nous partons ce 26e. janvier 1631. Que Dieu soit nostre garde et conduite et de tous les nostres. *Signé* : VILLARNOUL. »
Jean de Jaucourt-Villarnoul avait épousé Marthe de Mornay, fille de Philippe de Mornay et de Charlotte Arbaleste, par contrat du 18 mars 1599, passé à Paris, François Prévost, sr de la Boutetière, fut marié à Bénigne de Jaucourt, par contrat en date du 24 décembre 1624, passé à la Forêt-sur-Sèvre.

2. En marge se trouve cette autre mention : Manuscript en deux parties du traicté de l'Église reveu par M. du Plessis avec les additions de sa main.

3. Cet exemplaire a fait partie du cabinet de D. Mazet.

4. Le manuscrit français figure dans le catalogue de la vente de M. Auguis, 1827 ; le manuscrit latin a fait partie du cabinet de D. Mazet.

La Vérité de la Religion chrestienne en françois, imprimé à Anvers par Plantin, 1581, en papier, relié en maroquin rouge avec les armes et sans aggraffes [1].

La Vérité de la Religion chrestienne en latin, imprimé à Anvers par Plantin, 1583, en papier, relié en maroquin rouge avec les aggraffes.

Vérité de la Religion chrestienne en italien par François Perrot, sieur de Mezières, imprimé à Saumur, 1612, en parchemin, relié en maroquin rouge, avec les aggraffes [2].

Vérité de la Religion chrestienne en flamand, imprimé à Amsterdam, 1602, relié en maroquin rouge avec les armes et aggraffes [3].

Vérité de la religion chrestienne en anglois par Sydney, à Londres, 1587, relié en maroquin rouge, avec les aggraffes [4].

Onze petits livrets manuscripts de la main de Mr du Plessis, d'un cahier chacun, du Livre de l'Eucharistie.

Livre de l'Eucharistie, imprimé à la Rochelle par Haultin, 1598, en papier, relié en maroquin rouge sans aggraffes.

Divers cahiers de la main de M. du Plessis concernant la vérification des passages allégués en son livre de l'Eucharistie.

Livre de l'Eucharistie en françois, imprimé à Saumur par Portau, 1604, en parchemin, relié en deux tomes en maroquin rouge avec les armes, l'un n'ayant qu'une aggraffe.

Livre de l'Eucharistie en latin, imprimé à Hanau [5], 1605, en papier, relié en parchemin carton.

---

1. Est aujourd'hui à la bibliothèque de Fontainebleau.
2. A fait partie du cabinet de D. Mazet.
3. *Idem.*
4. *Idem.*
5. L'*u* qui termine le mot *Hanau*, ici et plus loin, est accompagné d'un signe d'abréviation ; il faudrait donc lire : *Hanovre*, ce qui s'accorderait avec les indications données par les bibliographes.

Un autre en latin, imprimé à Francfort, 1606, en parchemin, relié en maroquin rouge avec armes et aggraffes [1].

L'Eucharistie en latin en deux tomes, imprimés à Hanau, 1605, en papier avec les armes et des aggraffes à un.

De l'Eucharistie en françois, en petit volume, imprimé à la Rochelle, 1599, en papier, relié en velin blanc avec les armes sans aggraffes.

Responses aux théologiens de Bourdeaux, du Puy et Boulenger, relié en velin blanc avec les armes sans aggraffes, imprimé en papier, à la Rochelle, 1600 [2].

Response à Richeome, imprimé en papier, à Saumur, 1601, relié en maroquin rouge avec les armes et sans aggraffes [3].

Deux copies du Discours de la Conférence de Fontainebleau, qui ne sont de la main de M. du Plessis, avec la minute de sa main.

Discours véritables de la Conférence de Fontainebleau en françois, imprimé en parchemin, relié en maroquin rouge avec les armes et sans aggraffes.

Un mesme discours latin imprimé en parchemin, en blanc [4].

Une copie de la Response à l'évesque d'Evreux, en 9 cahiers, dont la minute de la main de Mr du Plessis est imparfaite.

La minute de la Response à l'évesque d'Evreux de la main de M. du Plessis, qui est le livre imprimé en papier à Sau-

---

1. A fait partie du cabinet de D. Mazet.
2. Haag, *France protest.*, cite une Réponse de Mornay à Bulenger, laquelle eut deux éditions en 1599; mais le titre diffère beaucoup de celui qui est mentionné ici. L'ouvrage qui se trouvait à la Forêt avec ceux de Mornay pouvait n'être pas de lui; c'était peut-être celui de Montigny, qui prit part à la polémique soulevée par le livre de l'Eucharistie, et publia une Réponse à Bulenger, dont on ne connaît pas le titre exact.
3. Cet ouvrage, qui figure parmi ceux de Mornay et qui paraît être de lui, n'est pas mentionné par Haag.
4. Cette traduction n'est pas indiquée par Haag.

mur, 1602, relié en maroquin rouge avec les armes sans aggraffe.

La mesme response à l'évesque d'Evreux en latin, imprimée en parchemin, à Hanau, 1607 [1].

Seconde édition de la mesme response françoise, imprimée en parchemin à Saumur, 1603, relié en maroquin rouge, avec les armes sans aggraffes.

Minute latine des préfaces à la Response de l'évesque d'Evreux de la main de M. du Plessis.

Minute françoise du Mistère d'iniquité, d'autre main que de l'autheur avec la conclusion de sa main.

Une copie du Mistère d'iniquité imparfaite.

Deux Mistères d'iniquité, l'un latin, l'autre françois, imprimés en parchemin, à Saumur, 1611, avec les armes et sans aggraffes [2].

Défense des deux epistres et de la préface du Mistère d'iniquité par M⁽ʳ⁾ Rivet, imprimé à Saumur, en papier, relié en velin blanc sans armes et aggraffes.

Response de M⁽ʳ⁾ Rivet à Coeffeteau sur le Mistère d'iniquité.

Minute de la main de monsieur du Plessis de l'advertissement qu'il a mis au commencement dudict livre de monsieur Rivet.

La minute latine, et une copie d'icelle, de l'Advertissement aux Juifs, qui ne sont de la main de l'autheur.

Plus la minute françoise, de la main de l'autheur.

Un escrit à la main en hébreü de Laurent, juif.

Advertissement aux Juifs, en françois, imprimé en parche-

---

1. C'est probablement l'exemplaire sur vélin, relié en maroquin, aux armes, qui a fait partie du cabinet de D. Mazet.
2. L'exemplaire latin a fait partie du cabinet de D. Mazet, et l'exemplaire français est aujourd'hui à la bibliothèque Mazarine.

min, à Saumur, 1607, relié en marroquin bleu avec les armes et aggraffes [1].

Deux Advertissements aux Juifs, imprimés à Hanau, en allemand, 1611, en papier, reliés en velin blanc avec les armes et sans aggraffes [2].

Minutes de la Méditation sur la 2ᵉ à Timothée : *J'ay combattu*, de la main de Mʳ du Plessis, avec une copie de la mesme méditation.

Minute de celle sur le Psal. 130, de la main de Mʳ du Plessis.

Deux minutes de celle sur le Psal. 51, de sa main.

Minute de sa main de celle sur le 7 Sᵗ Jean, v. 37.

Minute de sa main sur le 3ᵉ ch., v. 11 et 12 des Proverbes.

Minute de sa main sur le 11 Sᵗ Matt., v. 28 et une copie d'une aultre main.

Minute de sa main sur le Psal. 101.

Minute de sa main sur la Iʳᵉ aux Cor., ch. 2, v. 9.

Deux minutes de sa main sur le 16 des Prov., v. 4.

Minute de sa main sur le chap. 11 de la 1ᵉʳᵉ aux Corinth., v. 24.

Minute de sa main sur le premier aux Philippiens, v. 23.

Minute de sa main sur le Pseau. 6.

Minute de sa main sur le Pseau 25.

Minute de sa main de la méditation sur le 15 de Genèse, v. 1, mais deffectueuse sur la fin de quelques lignes.

Coppie, au lieu de la minute de monsieur du Plessis, de la méditation sur le Pseau 32.

Coppie, de mesme au lieu de la minute, sur le Pseaume 30.

Minute de sa main du Traité du Concile [3].

---

1. Probablement l'exemplaire qui est aujourd'hui à la bibliothèque Mazarine.
2. Traduction non mentionnée par Haag.
3. Probablement l'Advertissement sur la réception et publication du concile de Trente, imprimé en 1583.

Minute de sa main du Traitté de la mesure de la foi[1].

Deux copies, qui ne sont de la main de M. du Plessis, de la méditation du 18 de l'Apoca., v. 4.

Coppie de l'homélie : *Rejette ta charge sur l'Éternel*, fort incommodée.

Minute de l'homélie sur Jean 14, v. 27, de la main de l'autheur.

Coppie de l'homélie sur ces mots *Gaudete, esjouissez-vous*, escripte d'aultre main que de l'autheur [2].

Minute de la main de l'autheur sur ces mots : *Tu es Petrus*.

Minute de sa main sur ces mots : *non sic fuit ab initio*.

Minute de sa main de la méditation sur ces mots : *Hunc audite*.

Minute de sa main de l'homélie : *Unum est necessarium*.

Minute de la main de l'autheur sur le Pseaume 25.

Minute de sa main du traité du Caresme [3].

Minute du traité du Baptesme, de sa main, mais deffectueuse de quelques lignes [4].

Minutes des Larmes en la fin, et une copie d'autre main.

Observations escriptes de la main de M. du Plessis sur plusieurs mots de l'Escripture.

Un thome de méditations, imprimé l'an 1605[5], en parchemin, relié en marroquin rouge avec les armes et sans agrafes.

Un aultre volume de mesme, imprimé l'an 1610, avec les agrafes [6].

---

1. On ne connaît pas ce traité de Du Plessis-Mornay.
2. A été imprimé à la Forêt, 1617, in-12.
3. On ne connaît pas ce traité de Du Plessis-Mornay.
4. On ne connaît pas ce traité.
5. Non mentionné par Haag.
6. A fait partie du cabinet de D. Mazet.

Un volume de méditations, imprimé l'an 1609, en parchemin, à Saumur, relié en marroquin avec les armes et agrafes.

Un aultre, imprimé aussi en parchemin, l'an 1611 [1], relié en marroquin avec les armes et agraphes.

Deux aultres volumes, imprimés en marroquin, contenant les homélies sur ces mots : *Tu es Petrus; Rejette ta charge sur l'Éternel; Je vous laisse ma paix; Une chose est nécessaire*; reliés en marroquin avec les armes sans agrafes.

Un petit livret imprimé, l'an 1612, en parchemin et relié de velin sans armes et agrafes, contenant deux homélies, l'une sur ces mots: *Hunc audite*, et l'aultre sur ceux-cy : *Non sic fuit ab initio*.

Un aultre de mesme, contenant seulement l'homélie sur ces mots : *Gaudete*, esjouissez-vous [3].

Un livre, escript partie de la main de madame du Plessis et achevé de celle de madame de Villarnoul, de la Vie de monsieur du Plessis, relié en marroquin et avec les armes et agrafes. Il y en avoit un aultre tome de la main de madame du Plessis, relié de mesme, que madame de la Tabarière a chez elle [4].

Plus 3 livres de receptes, un à cadenat, et deux couverts de bazane verte.

Sept volumes manuscripts contenans lettres et mémoires, reliés de veau rouge avec les armes sans agrafes [5].

---

1. Non mentionné par Haag.
2. Non mentionné par Haag ; l'exemplaire dont il s'agit a fait partie du cabinet de D. Mazet.
3. A été imprimé à la Forêt, 1617 ; cet exemplaire a fait partie du cabinet de D. Mazet.
4. En 1861, la Bibliothèque nationale acheta à la vente Monmerqué les *Mémoires de Charlotte Arbaleste*, manuscrit sur papier, in-folio, veau rouge, avec armoiries. Ce signalement ne répond pas exactement à celui qui est donné ici.
5. Le manuscrit des *Mémoires de du Plessis-Mornay*, qui est à la bibliothèque de la Sorbonne, est in-folio et relié en marroquin rouge. Il se com-

Huit aultres grands volumes manuscripts reliés de veau rouge avec armes sans agrafes, contenans lettres et mémoires depuis l'an 1609 jusques à 1617.

Vingt et neuf caiers contenans les lettres escriptes et repceues l'an 1618.

Plusieurs caiers contenans toutes les lettres tant escrittes que repceues par M. du Plessis depuis le commencement de 1619 jusques au 30 de mars 1621.

Remontrance à Messieurs de Parlement de Paris sur le parricide du roy Henri 4, imprimé en parchemin, l'an 1610, relié en velin avec armes sans agrafes.

Index expurgatorius, imprimé à Madrit, l'an 1584, couvert de parchemin.

Le livre du roy d'Angleterre intitulé Apologia pro juramento fidelitatis.

Deux volumes de l'Histoire de M. de Thou avec quelques annotations à la main mises en marge par M. du Plessis [1].

Plus six vingt caiers contenans le choix des lettres escriptes et repceues par M. du Plessis, faict par ses deux secrétaires et M. Daillé pour estre imprimées, qui sera le tome troisiesme de ses Mémoires.

Sac de papiers concernants les affaires de l'Eglise.

Sac contenant divers mémoires.

Papiers laissés de l'Assemblée à M. du Plessis.

Papiers touchant l'assassinat de St Phal.

Sac de papiers de divers traités théologiques.

Un sac où sont papiers de divers païs.

Un sac plein de lettres à Madame du Plessis.

---

pose actuellement de 11 volumes ; les tomes 1, 2 et 4 manquent, ainsi que tout ce qui dépassait le 14, lequel comprend l'année 1616.

1. Un de ces volumes, contenant le règne de Charles IX, a fait partie du cabinet de D. Mazet.

Sac des pièces du procès du moine Anastase.

Quantité de lettres et mémoires qui sont contenues dans les volumes et caiers ci-dessus escripts [1].

Trente trois cahiers de la vie de M. du Plessis en françois et la mesme en latin, mais non encore achevée.

---

1. D. Mazet reçut de M. Audoyer 400 lettres originales adressées à Du Plessis-Mornay par Henri IV et autres personnages. On en trouve une partie dans le tome LXXIII de la collection de D. Fonteneau.

Le directeur du Bulletin monumental ayant demandé à la Société des Archives historiques du Poitou l'autorisation de reproduire l'inscription de Gunter, publiée dans notre premier volume, l'interprétation de M. Bonsergent a paru dans cette publication, tome 39, page 300, avec une modification apportée par l'auteur à son explication première.

Se fondant sur ce que la forme de l'abréviation qui surmonte le T, lettre qui termine la première ligne de l'inscription, devait plutôt signifier *ens* que *it*, M. Bonsergent a été logiquement amené à supposer que le graveur avait oublié le mot *sum* après *hic*, plutôt qu'*est* avant ; de sorte que Gunter se trouvera parler à la première personne dans le premier comme dans le second vers, et qu'on doit lire :

Gunterius repetens signum crucis ecce quis hic sum ;
Ugo meus nepos grammas composuit istas.

TABLE

DES NOMS DE PERSONNES

ET DE LIEUX.

A

Aales, uxor P. de Lunoneres, p. 195.
Aalines, uxor J. des Vilestes, 192.
Aalo, V. Alo.
Abietus, 129; Abietates, 132.
Abraam, locus, 227.
Acairies, al. Acharias (Willelmus), 154, 184.
Aceia (Petrus de), 77.
Acelin (Johannes), canonicus Nannetensis, 177, 188.
Acfredus, vicecomes, 87.
Achardus, 11, 12, 47.
— Toarcensis incola, 53.
— Leira, 111.
Acton (Nicole), 255, 256.
Ada, 107.
Adabertus, 47.
Adalbero, 9.
Adalgerius, 47.
Adalgrinus, 47.
Adam, monachus Trenorciensis, 35.
Addertus, 9.
Adelardus, 11.
Adelelmi (Willelmus), archidiaconus Pictavensis, 56.

Adelelmus, monachus S. Florentii, 35.
— presbiter, 76, 77.
— de Doado, 106.
Adelinus de Chaillo, 39.
Ademarus, Adhemarus, 50.
— filius Guinebaldi, 122.
— frater G. de Rupe Fulcaldi, 108.
— frater Widdonis, 96, 98.
— nepos Willelmi Buca Uncta, 114.
— nepos Constancii, 60.
— presbiter, 115.
— de Cameris, 101; al. de Comeris, 104.
— Crassus, monachus S. Florentii, 98, 101, 104, 105, 106, 107, 111, 112, 121, 122, 123, 127.
— de Cursai, 109.
— Gerardus, 98.
— Mala Capsa, 109.
— Marscalthaica, 123.
— Palestels, 109.
— Qui non ridet, 110, 112, 115.
— de Rocha, 102, 103, 112.

— 364 —

Ademarus de Sancto Germano, 110.
Adenordis, vicecomitissa Castri Arraldi, 108.
Adhemarus, V. Ademarus.
Adhenor, sanctimonialis Sanctæ Crucis, 87.
Adifardus, 47.
Adraldus, vicecomes, 11, 12.
Adrianus papa IV, 35.
Advisis (Gofridus), 69.
Agenet (René), religieux de la Maison-Dieu de Montmorillon, 313.
Agennensis (Christianus), 129.
Agnes, alias Agna, comitissa Pictavensis et Andegavensis, 44, 84, 86, 87, 89, 90, 91, 93, 94.
— soror P. Leevini, 170, 171.
— uxor Petri III de Gasnapia, 164, 166.
— uxor R. Querail, 192.
— uxor O. de Ruge, 170.
— de Penboef, 191.
— (Goffredus), 79.
— (Paganus), 76, 78, 79.
Aico, 9.
Aiglant (terra quæ vocatur Lo Boisson), 169; c^e de Fresnay, c^{on} de Bourgneuf, Loire-Inférieure.
— (Philippus d'), 168.
Aiglaudus (Petrus), 133.
Aiglaut (molendinum de), 133; peut-être Anglas, sur la Boutonne, c^{ne} de Nuaillé, c^{on} d'Aunay, Charente-Inférieure.
Aigrefeuille (un nommé), 230, 231, 243.
Aimericus, Aymericus, Haimericus, 11, 48, 50, 59, 63, 90.
— filius Bosonis, vicecomitis Castri Arraldi, 108.
— filius David, 58.
— filius Giraldi, 59.
— filius Isembardi, 22.
— filius Lomni, 36.
— filius Stephani, 21.
— frater Chimene, 67.
— frater Potosi, 38.
— pater Uzbaldi, 68.
— abbas de Piglers, 174.
— canonicus, 31.
— decanus Pictavensis, 42, 56, 128.

Aimericus, famulus, 38, 69, 70.
— monachus S. Florentii, 62, 68, 69, 70, 79.
— presbiter, 112.
— prior de Pilmil, 177, 188.
— vicarius de Aisincis, 179.
— vicecomes Thoarcensis, 47, 48, 49, 50, 51, 174, 175.
— Albus, 105.
— Ardre, 81.
— Arnaldus, 114.
— de Belluc (frater), templarius, 174, 180.
— Benedicti, 200.
— de Bernezai, 39, 40, 46.
— li Blois, 175.
— Bochardea, 199.
— Bodoflus, 72.
— de Brullo, 71.
— Carrucellus, monachus S. Florentii, 21.
— de Chillo, 38.
— de Clicho, 184.
— Cornilla, 168.
— de Faia, 18, 20, 21.
— Farferas, sacerdos, 199.
— Gauter, 81.
— Kavallen, 171.
— Loellus, 74, 182.
— de Luens, 109.
— Meschinus, 72, 73.
— de Metla, 122, 123.
— Mieta, 39.
— de Mota, 98.
— de Oironio, canonicus S. Launi, 56.
— de Pairé, 167.
— Passa Solium, al. Passa Soil seu Passa Limen, 107, 111, 112, 114, 115.
— Plancardus, clericus, 82.
— de Planchis, 126.
— Rabaste, 39.
— Raimundus, 121, 123, 126.
— de Rancon, 87, 90.
— Rigaldus, miles, 36.
— de Sanciaco, 69.
— Saporellus, 36.
— Soldanus, burgensis, 182.
— Tam Magnus, 114, 115.
— de Vallibus, 36, 37, 38, 45.

Aimericus de Varezia, 44.
— de Veeria, 200.
— de Volorto, 21.
Aimo, frater Gaufridi Tronel, 130, 131.
— Frogerius, 114.
— Tronellus, 126.
Ainbertus, 63.
Ainulfus, famulus, 55.
Airaldus de Balgentiaco, 37.
— Extraneus, 107, 115.
— de Faia, 107.
Airaudi seu Airaut (Willelmus), 199, 200, 209.
Airaudus de Marendaeria, 164.
Airaut, 158.
Airicus, 42.
Aisineis, 179 ; Asenes, 194 ; *Aizenay*, c^{on} *du Poiré-sous-la-Roche, Vendée.*
Aix (île d'), 246 ; c^{on} *de Rochefort, Charente-Inférieure.*
Akelmus, monachus S. Florentii, 55.
Alaardus, presbyter, 104.
Alaelmus de Dohec, 111, 112.
Alanus de Valle, 190, 191.
Albaldus, monachus S. Florentii, 20.
Albaterra (Giraldus de), 107.
Albericus de Faiola, 131.
— Monte Johannis, 17.
Albertus, monachus S. Florentii, 99, 101.
Albino (Willelmus), 177.
Albinus (frater), templarius, 166, 168.
— homo de Rihe, 183.
Alboinus, 68.
Albuinus de Graibe, 37.
Albus (Aimericus), 105.
Alcherius, 63.
— de Longo Rete, 113.
Aldeardis, uxor Goffredi de Trochea, 65.
Aldebertus, filius G. de Trochea, 65.
Aldoinus de Roifec, al. de Rofiaco, 107, 112.
Alduinus, 111.
— de Capite Vultone, 114, 123.
Alelmus de Doe, 121, 123.
Alexander, filius W. de Valcolor, 61, 62.

Alexander, laicus, 82.
— nepos Ubelini, 72.
— papa II, 116.
— vicarius Radesiensis, 169.
— de Bram, 180.
— Sancti Vincentii, 185.
Alfridus, 9.
Algerius de Paizaco, 104, 112, 114.
Alo, monachus S. Florentii, 56.
— de Losduno, 21, 38.
— Silvanus, 18.
Aloadis, 100, 101.
Alphonse, comte de Poitou, 287.
Amanerius (Willelmus), vicecomes Oenacensis, 134, 135.
Amat (Jean), garde du scel aux contrats à Saujon, 249.
Amblarderia, 159.
Amelius, 11.
— (frater), templarius, 199.
Americus (frater), templarius, 166.
— de Anchirer, 160.
— Graphium, 190, 191.
— Moraut, 188.
— Prezeinent, 154.
Amsterdam, 354.
An, al. Han villa, 15, 50 ; *Ham,* c^{ne} *de Richelieu, Indre-et-Loire.*
Anardus, episcopus Cenomannensis, 24.
Anastase, moine, 361.
Anchirer (Americus de), 160.
Andegavensis (Guibertus), 26.
Andegavia, 174 ; *l'Anjou.* — Pagus Andegavensis seu Andegavus, 7, 13, 86, 87, 89, 99, 101. — Andegavenses comites, V. Fulco, Gaufridus.
Andegavis, 24 ; *Angers.* — Andegavenses episcopi, V. Eusebius, Matheus. — Andegavensis archidiaconus, V. G. Gaudis.
Andoart exartus, 200.
Andreas, 20.
— filius Calmæ, 77.
— prior de S. Clementino, 81.
— Auchais, al. Aucais, 160, 161, 162, 163.
— Benedicti, 199.
— Cheat, 168.
— Guier, prior de Ardilere, 160.

Anczon mansus, 8.
Anglais (les), 224, 294.
Angleterre (l'), 295, 234 ; le roi d'—, 360.
Angoulême, 225, 289 ; évêques d'—, V. Girardus, Guillelmus.
Angoumois (l'), 260, 261, 262.
Anjou (l'), 280. V. Andegavia.
Annulfus de Riveria, 129.
Ansegisus, abbas S. Cypriani, 87.
Anter (Raginaldus), 160.
Anvers, 319, 354.
Aquilaudus (Bernardus), 131.
Aquitaniæ ducatus, 86 ; duces, V. Guido, Guillelmus.
Arableæ domus, 77 ; les Rablais, c^{no} de Saint-Clémentin, c^{on} d'Argenton-Château, Deux-Sèvres.
Arbaleste (Charlotte), 353, 359.
Arbertus, frater B. de Quimequerio, 154.
— capellanus, 157.
— capellanus Gasnapie, 159.
— capellanus de Pornic, 174.
— capellanus de Tollovia, 187.
— monachus S. Florentii, 110, 112.
— Bernoinus, 72.
— Bosum, 134.
— de Castro Muro, 72, 73, 74.
— Clerebaut, 156, 161.
— Gorda, miles, 180.
— Hilduinus, 126.
— Moraut, capellanus de Tollevia, 188.
— Normandellus, 112.
— Roericos, 123.
— de Rufet, 132.
— de Vaz, 114.
Arbrissello (Robertus de), 57.
Archambant Maceaere, 199.
Archembaldus, 71.
— archiepiscopus Burdegalensis, 93, 95.
— famulus, 98, 101.
— de Gregolia, 112.
Archevêque (Guy l'), seigneur de Taillebourg, 289, 290.
Archodius, dominus Regisheremi, al. Harchodius de Radesio, Harcoet, dominus de Rays, 172, 173, 174, 176, 177.

Arcot, filius G. de Macheco, 154 ;
Arcozius, 156.
Ardilere (Andreas Guier, prior de), 160:
Ardillon de Marennes, 237.
Ardoinus, capellanus de Passavanto, 56.
Ardre (Aimericus), 81.
Arenbors (Guilermus), 133.
Arengerius, famulus, 67.
Argacho (boscus de), 102 ; V Argentium silva.
Argentaria villa, 61.
Argentium silva, 106 ; forêt près Couture d'Argenson, dont faisait probablement partie celle qu'on appelle aujourd'hui forêt d'Aunay.
Argenton vel de Pino (Samuel de), 69.
Argentone (Goffredus de), 72.
Argentus fluvius, 58 ; l'Argenton, affluent du Thouet.
— furnum, 68.
Armenarius, 9.
Armenbertus, 47.
Arnaldus, 60, 63, 96.
— filius Widdonis, 98.
— abbas S. Leodegarii, 180.
— (Aimericus), 114.
— (Willelmus), 123.
— Campio, 69.
— Chinnis, 131.
— Crispinus, presbiter, 21.
— Gissaldus, 105.
— de Loberiaco, 113.
Arnaud (André), official de Bordeaux, 289.
Arnaudi (Willelmus), 126.
Arnaudus (Stephanus), 156.
— de Blancharderia, 161.
— de Breteschia, 156.
— de Villa Nova, 159.
Arnault (Guillaume), 231.
Arnoldus Jugulator Venti, 104.
Arnulfus, 9, 46.
— decanus Clicionis, 188. V. Ranulphus.
Arnulphus, prepositus monachorum de Onaio, 129.
Arnustus, abbas, 11.

— 367 —

Arragon (Pierre), 243.
Arraldus, præpositus, 68, 70.
— Mainardi, 131.
Arraut (Jean), 231.
Arrivalus (Paganus), canonicus S. Launi, 56.
Arsendis, uxor Berardi, 132.
Artaldus, 112.
Arthevalo (Marti de), Espagnol, 249.
Artusus, filius Algerii, 38.
Arveus, capellanus Sancti Philiberti de Grandi Loco, 199.
— Fortis, archidiaconus Pictavensis, 56.
— Golart, 178, 183, 188, 198, 199.
Ascelin (Johannes), 188.
Asper Mons, 194, 195, 196, 197; *Apremont*, c^{on} de *Palluau*, *Vendée*.
Aspero Monte (Robertus de), 194.
— (Willelmus de), dominus de Rihe et de Peiros, 183, 184, 193.
Assalli (Willelmus), vicecomes Oeneiaci, 131.
Atto, 9.
Aubertus, miles, 154.
Aubigny (Jehan d'), archer, 306.
Aubin (David), 191.
Aubinus Gaudechel 174.
— de Lagullo, 174.
Aubry (Guillemin), archer, 305
— (Pierre), 245.

Aucerre (Jean d'), 293.
Aucha, 115.
Auchais, al. Aucais (Andreas), 160, 161, 162, 163.
Audebertus, subdecanus Pictavensis, 42
— de Silviniaco, 105.
Audehaudus (Goffredus), 72.
Audoinus, filius Calmæ, 77.
Audoyer (M^r), 361.
Auduinus Ferronus, 37.
Aufredi (Paganus), 39.
— campus, 39.
Auguis (M^r), 353.
Aunay, V. Oenacus.
Aunet (Jean), 237.
— de Marcise, 41.
Aunis (le grand fief d'), 250, 293.
Aureæ Vallis (Sanctus Petrus), 58; *Airvault*, *Deux-Sèvres*.
Aurete (Jean d'), marinier, 249.
Autisiodorensis episcopus, V. Hugo.
Auvergne (l'), 261, 262, 263, 267, 275.
Auvronius (Fulcherius), 174.
Auxiensis archiepiscopus, V. Bernardus.
Availle - Limousine, 268, 269; *Vienne*.
Avril (Colas), archer, 310.
Aymericus, V. Aimericus.
Aynac (d'), homme d'armes, 302.
Aytré, 228; c^{on} de la Rochelle.

B

B. prior Hermonasterii, 188, 189.
Babin, 240.
Balbus (Ramnulfus), 117, 118, 121, 122.
Balducia (pratum de), 73.
Baivel (Lorenz), 182.
Balgentiaco (Airaldus de), 37.
Balgiaco (Johannes de), 46, 109.
Banastia (frater Mattheus de), templarius, preceptor de Cosdria, 164, 166.
Barba (Giraudus), 133.

Barbastrum, 158; *Barbastre*, c^{on} de *Noirmoutier*, *Vendée*.
Barba Torta (Frotgerius), 21, 44, 45.
Barbebunta (Girbertus), prepositus, 71, 72.
Barbiche, 228, 229, 232, 233, 234.
Barbin (Jamet), 229.
Bardo de Lubiliaco, 105.
Bardunus (Hugo), 108, 109.
Barge (Noël le), conseiller et tréso-

rier des guerres du roi Louis XI, 301.
Baria Hymbert (terra de), 162.
Bariller (Gaufridus), 35.
Barnil (Willelmus), 182.
Barre (Jehan de la), archer, 306.
Barretus (Constantinus), 130.
Barrion, archer, 307.
Bartholomeus, 63, 105, 112, 114, 115.
— frater A. Rigaldi, 36.
— famulus, 107.
Barun (Johannes), 160.
— (Petrus), 159.
Basile (Goffredus), 81.
Bastardus (Johannes), miles, 113, 178, 181, 183.
Bastart (Rainaudus), 72.
— (Thibaut), archer, 310.
Batalliaco (molendinum de), 130; *Bataillé*, c^{ne} de *Saint-Georges-de-Longuepierre*, c^{on} d'*Aunay*, *Charente-Inférieure*.
Batchilde, al. Bathebildis, 38.
Baude (Jehan de), homme d'armes, 304.
Baudequier (Jacotin), archer, 307.
Baudin (Rollandus), 39.
Baudoini (Girardus), 40.
Baugeys (Raymond), 230.
Baume (Pierre de la), homme d'armes, 303.
Baumes (Glaude de), homme d'armes, 303.
Bauter, 170.
Beatrix, uxor G. de Macheco, 154.
Beauchamp (Pierre de), archer, 307.
Beaumont (Tristan de), archer, 307.
Becagu (Giraldus), burgensis, 182.
Beelverium, Belveerium, Belverium, Belloveer, Belvearium, Belvcarum, 153, 155, 156, 157, 163, 164, 167, 201, 204; *Beauvoir-sur-Mer*, *Vendée*.
Beliardère (la), 207, 208.
Beliart (Johannes), 207.
Belineau de Ré, 243.
— (Jean), 257.

Bellay (François du), 313.
— (René du), baron de la Forest et de Commequiers, 311.
Belle (Pérot), homme d'armes, 303.
Belloloco (Raginaudus de), 158.
Bellon (Ythier), homme d'armes, 304.
Bellonay (Jehan), archer, 309.
Belluc (frater Aimericus de), templarius, 174, 180.
— (Brolium Renaudi de), 183.
Beltronum, alias Bethronum, Bethronnum, 86, 87, 89, 91, 94. V. Fossæ.
Bencelinus, cellerarius S. Florentii, 19.
Benedicti (Andreas), 199.
— (Aimericus), 200.
Benedictus, 67.
— camerarius, 121, 130.
— lo Chamberlain, 39.
— famulus, 55.
— monachus S. Florentii, 76.
— Cothon, 112.
— Isnel, 21.
Beneventum, 27; *Bénévent*, *ville d'Italie*.
Benevenuta, uxor W. de Leigne, 208.
Bennac (Gobion de), archer, 305.
Bennet (Pierre), maire de Niort, 293.
Beraldaria, terra, 67.
Berardus, 132.
Beraudera (terra de la), 178.
Beraudi pratum, 40.
Berault (Guillaume), archer, 310.
Berchinnot (Erfridus), 21.
Berchot (Gosfredus), 121, 122, 131.
Bergeria (Johannes), 35.
Beritaudus (Gaufridus), al. Bretaudus, Bertaut, Bertaudus, 167, 175, 185, 186.
Berlaius, miles, 84, 85, 87.
— de Mosterolo, 67.
Bernardus, 85.
— (Gausfredus), 82, 126.
— (Willelmus), 127.
— archiepiscopus Auxiensis, 26.
— capellanus Sancti Justi, 133.

Bernardus, dominus Machecolli, 167, 177, 178, 181, 185.
— famulus, 37.
— monachus S. Florentii, 98, 101.
— (Petrus), monachus S. Florentii, 31.
— presbiter, 17 ; — de Ozenaco, 116, 117, 120, 121.
— (frater), templarius, 170.
— vicarius de Maitacio, 133.
— Aquilaudus, 130, 131.
— Bostellus, 130.
— Bucardus, 132.
— Caracte, 205.
— Caude de Vacca, 21.
— Charder, 182.
— Lemovicensis, 121.
— Mactator Bovis, 21.
— Malscheptals, 109.
— Taslai, 118, 122.
Bernart (Pierre), bachelier en droit canon et civil, 223, 237, 238, 243, 244.
Bernearius, 38.
Bernegarius, monachus S. Florentii, 20.
Bernegonno (alodus de), 13 ; peut-être *Berthegon*, c^{on} *de Monts-sur-Guesne, Vienne*.
Bernerius, prior S. Florentii, 82.
Bernezai, al. de Bernazeio (Aimericus de), 39, 40, 46.
Bernezaico (Rotgerius de), 44.
Bernoinus (Arbertus), 72.
Bernon, 225.
Bernuinus (Tetbaldus), 36, 41.
Beroldus, 9.
Berrendy (Jean de), marchand de Toulouse, 319.
Berrer (Gaufridus), 194.
Berry (le), 291, 294. — Jean, duc de Berry, 263.
Berry (Jehan de), archer, 307.
Berta, uxor Achardi, 53.
— — Rigaldi, 36.
Bertaldus, 9.
— (Fulcaldus), 113.
— monachus S. Florentii, 107.
Bertarius, vicarius, 47.
Bertramnus, monachus, cellerarius de Buzeio, 165.
Bertrand, archer, 307.
Bertrandus Varerie, 133.
Bertrannus, 15.
— frater A. de Lausduno, 38.
— frater Christiani Agennensis, 129.
— de Busseria, 65.
— Dagini, 130.
Besson, 244.
Biarnoys (le), archer, 309.
— (Bernart le), id., 310.
Biarotte (Jean de), 319.
Bierz (domus dau), 173 ; *les Biers, c^{ne} de Saint-Père-en-Retz, Loire-Inférieure*.
Bigorrensis episcopus, V. Gregorius.
Biron (le maréchal de), 339.
Bischet (Willelmus), 170.
Biscle (Guillaume Le), de Bretagne, 248.
Bisquettem (lo cloitiz de la), 168.
Bituricenses archiepiscopi, V. Leodegarius, Petrus. — Bituricensis archidiaconus, V. Caleardus.
Bizemont (Perrequin de), archer, 307.
Blaelai (Odo de), 109.
Blanc (frater Gaufridus lo), templarius, præceptor Sancti Salvatoris, 179.
Blancharderia (Arnaudus de), 161.
Blanchardi (Giraudus), 157.
Blandin (Henri), 254.
Bléville (Simonnet de), archer, 309.
Bloc (le bastard de), homme d'armes, 302.
— (Loys de), id., 304.
— (Ymbert de), id., 304.
Blois (Aimericus li), 175.
Boac (Henricus de), 175.
Bobineau (Pierre), maire de la Rochelle, 334, 335.
Bocharda, uxor G. Bertandi, 185.
Bochardea (Aimericus), 199.
Bochardere (la), de feodo Tavea, 196, 197 ; *c^{ne} de Sallertaine, c^{on} de Challans, Vendée*.
Bochardus, 166.
Bocheeria, 200.

Bocher (Johannes), miles, 179.
Bodinus, præpositus, 46.
Bodoflus (Aimericus), 72.
Boet (Jobers), 158.
Boetus, 175.
Boidan (domus de). al. Bordan, 159.
Boilesve (Thomas), 254.
Bois-de-Céné, 280, 281 ; c^{on} de Challans, Vendée.
Boligny (Bertrand de), homme d'armes, 304.
Bologna (domina), 166, 167.
Bombel (Jehan de), archer, 306.
Bong, V. Bugnum.
Boninus, 196.
Bordeaux, 289, 319, 355.
Borel (Guillaume), 231.
Borius (Petrus), 76.
Borna (l'umau dou), 166.
Bornam, 190; Bournan, c^{on} des Trois-Moutiers, Vienne.
Borne Novo (Petrus de), 166.
Borre (Petrus), 81.
Boschet (Clerebaudus), 172.
Bos Cholfer, 109.
Bosculo (Sanctus-Petrus de), 36 ; le Bouchet, c^{on}deMonts-s.-G., Vienne.
Boscum villa, in vicecomitatu Toarcensi, 46.
Boso, 26.
— canonicus, 31.
— presbiter, 129.
— presul Santonensis, 116.
— vicecomes Castelli Airaudi, al. Castri Arraldi, 102, 103 ; 108, 109.
— filius ejus, 109.
— de Furnolis, 21.
— de Rocha, 38.
— de Signi, 39, al. de Signeio, 40, 41.
— Rabastatus, 44.
Bostellus (Bernardus), 130.
Bosum (Arbertus), 134.
Bosza villa, 16.
Boterius, 39.
— (Ledevinus), 109.
Boters (frater Hymbertus), magister de Pictavia, 164.
Botinart (Landet), 158.

Bouchage (M. du), 341.
— (Madame du), 341.
Boucher (Guillaume), 292, 293, 294, 295, 296.
— (Legier), archer, 307.
Bouillon, archer, 308.
Bouin (l'île de), 280, 281 ; c^{on} de Beauvoir-sur-Mer, Vendée.
Boulanvillier (Parceval de), chevalier, 294, 295.
Boulenger, 355.
Boullac en Bretagne, 223.
Boullieu (Aubert de), homme d'armes, 303.
Bouquet (Phelippot), archer, 306.
Bourbon (le cardinal de), 343.
Bourdeloys (Héliot le), archer, 309.
Bourdet (Jehan du), homme d'armes, 303.
— (Guillaume), archer, 307.
Bourg de Chailly (le), homme d'armes, 304.
Bourges, 300.
Bourgogne (le duc de), 246.
Bourgoys (Bonifort), archer, 306.
— (Guillaume, id., 309.
Boursignac (Janot de), homme d'armes, 302.
Bout (Phelippot), archer, 305.
Bouteiller (Pierre le), archer, 305.
Boutetière (François Prévost, s^r de la), 353.
Boys (Willelmus), 158.
Brachoneria, 209.
Bragier (Pierre), avocat du roi en Saintonge, 235, 246.
Braiosa (Golcelmus Guillelmus de), 35.
Bram (Alexander de), 180.
Breent, 170 ; Brains, c^{on} de Bouaye, Loire-Inférieure.
Breies, al. Breres (Girardus de), prœceptor militiæ Templi in Aquitania, 206, 207.
Bretagne (la), 173, 223, 230, 232, 237, 245, 248, 265, 280, 281, 282, 318.
Bretelera (terra de la), 180 ; les Bretellières, c^{no} de Challans, Vendée.

Breteschia (Arnaudus de), 156.
Brethel (Gaufridus), 35.
Breton (Galton), 171.
— (Jean le), de Vendôme, archer, 307.
— (le petit), archer, 305.
Brezé (Pierre de), sénéchal de Poitou, 300.
Brezille (François), homme d'armes, 303.
— (Thomas), archer, 309.
Brient (Hamericus de), 170.
— Rabel, 163.
Brientius de Quimequerio, 154, al. Montis Acuti, dominus Quemiquerii, 179, 180, 199, 200.
Briesensis, Brigisensis pagus, 97, 100, 168; *de Brioux, Deux-Sèvres.*
Briinellus (Felicius), 157.
Brito (Rainaldus), clericus, 55.
Brittegnole (parrochia de), 185; *Bretignolles, c^{on} de Saint-Gilles-sur-Vie, Vendée.*
Brizart (Mathurin), archer, 308.
Broces, 198, alias feodum dau Broceis, 199.
Brocis (terra de), 129.
Brolium, 76.
— Fogeros, 182.
— Renaudi, 183.
Brom (le bâtard de), homme d'armes, 302.
Brouage, 246; *c^{on} de Marennes, Charente-Inférieure.*
Broyn (Jehan), archer, 309.
Bruffière (la), 280; *c^{on} de Montaigu, Vendée.*
Bruges, 316.
Brullo (Aimericus de), 71.
Brunellus (Hubertus), 82.
— (Walterius), 101.
Brunera (terra de la), 179; *les Brunières, c^{no} de Challans, Vendée.*

Brunet (Petrus), sacerdos, 178.
Bruno, episcopus Signinus, legatus Romanus, 26.
Brunus, abbas Insulæ Calveti, 156, 162.
— (Eusebius), episcopus Andegavensis, 101.
Bucardus (Bernardus), 132.
Bucarellus (Constantinus), 112, 113.
— (Guillelmus), 106, 111, 112.
Buca Uncta (Willelmus), 114.
Buccæ (Tetbaudus), 126.
Budez (Johannes), 181.
Bugnum, al. Buginum, 154, 158; Bong, 173; *Bouin, c^{on} de Beauvoir-sur-Mer, Vendée.*
Buignays en la châtellenie de Taillebourg, 233, 235; *Bignay, c^{on} de Saint-Jean-d'Angély, Charente-Inférieure.*
Buin, al. Bun (Gauterius de), 113, 114, 121.
Bulseria, 106.
Burdegalensis archiepiscopus, V. Archembaldus.
Bureau (Jean), trésorier de France, 254.
Burellus, 158, 200.
— Guerris, 174.
Burgum Novum, 213, 214; *Bourgneuf, Loire-Inférieure.*
Busseria, al. Buxeria (Bertrannus de), 65.
Buterius (frater Ymbertus), templarius, 162.
Buttarius (Mainardus), 131.
Buxeria (terra de), 129.
Buxia (Mauricius de), presbiter, 75.
Buzeio (monasterium de), 165; *Buzay, c^{on} de Saint-Père-en-Retz, Loire-Inférieure.* — Abbates, V. Guillelmus, Mannus, Radulfus.

C

C. cantor Nannetensis, 177.
Cadei (Petrus le), burgensis, 182.
Cadelo, Cadalo, Cadilo, Kadelo, 113, 130.

Cadelo, etc., vicarius, 106.
— vicecomes Oenai, 117, 118, 119, 120, 121, 123, 125, 126, 127, 129, 131.
Caffiers (Baudet de), archer, 305.
— (Guillemin de), id., 305.
Cainonensis vicaria, 15; *Chinon, Indre-et-Loire.*
Calcegros (Constancius), 107.
Caleardus (magister), archidiaconus Bituricensis, 56.
Calixtus papa II, 27, 28, 29, 32.
Calma, uxor S. Hunbar, 77.
Calo, 156.
— thesaurarius, 135.
Calot (Giraudus), 74.
Cameris, al. Comeris (Adhemarus de), 101, 104.
Campion (Bertram), écuyer, 293, 294, 295, 296.
Campis (Hubertus de), 59.
Camp Remy (Philippe de), homme d'armes, 304.
Campus Penduti vel Suspensi, 106.
Canbruiz (Guido de), 172.
Canda (Gaidonus de), 41.
Candida, uxor A. Nanmandelli, 112.
Caninus (Willelmus), 107.
Capellanus (frater Petrus), templarius, 163.
Capennes (Robinet de), archer, 305.
Capite Vultone (Alduinus de), 114, 123
Caput de Lupo, al. Caput Lupi (Iterius), 117, 121, 127.
— (Petrus), 122.
Caracte (Bernardus), 205.
Carn (Bernard), receveur en Saintonge, 235, 243.
Caronne (Jehan de), archer, 308.
Carracellus (Aimericus), monachus S. Florentii, 21.
Carré (Hullequin), archer, 309.
Carrière (Pierre de), homme d'armes, 304.
Carrion (Guillaume de), homme d'armes, 303.
Casa Dei, monasterium, 83; *la Chaise-Dieu, Haute-Loire.*
Casa Vicecomitis, 4, 5; *la Chaise-le-Vicomte, c^{on} de la Roche-sur-Yon, Vendée.*

Casiacus castrum, 104; *Chizé, c^{on} de Brioux, Deux-Sèvres.*
Castello Novo (Guilermus de), prior Oenaici, 133.
Castelnau (Gardon de), archer, 308.
Castri Arraldi vicecomes, V. Boso.
Castri Carnonis vicaria, in pago Andegavo, 8.
Castro Alienoris (Isembertus de), 126.
Castro Muro (Arbertus de), 72, 73, 74.
Catuis, al. Catus (Johannes), 169.
— (Mauricius), 164, 167, 175, 180, 202.
— (Willelmus), 169, 202.
Catver (insula nuncupata), 8.
Caude de Vacca (Bernardus), 21.
Cavalen (Oliverius), 205.
Cazimyr (le duc de), 323.
Celles en Berry, 292.
Celsis (de), 21; *Ceaux, c^{on} de Loudun, Vienne.*
Cenomannensis episcopus, V. Anardus.
Ceoche (Oliverius de), 209.
Chabanais, 268; *Charente.*
Chabot (Gaudinus), 155.
— (Girardus), 210, 212, 213.
— (Teobaldus), 160.
Chaceius, 155, 156.
Chaillo (Adelinus de), 39.
Chairanz (Willelmus), 166, 167.
Chalans, Challanz, 200, 202; *Challans, Vendée.*
Chales Gorde, 203.
Chalo, filius Petri III Gasnapie, 167.
Chalot (Rainaudus), 35.
Chambon (Jacques), homme d'armes, 303.
Champurus (capitaine de), 232.
Chantelle (Martin de), archer, 305.
Chappiot (un nommé), 231.
Chapusel (Johannes), 166.
Charde villa, in parochia Venecii, 23.
Charder (Bernardus), 182.
Chardon (Jean), bourgeois de Niort, 293, 295.
Charente (la), fleuve, 228, 249.

Charles, dauphin, régent du royaume, 291, 294
— VII, roi de France, 258.
— IX, roi de France, 360.
Charrier (Jehan), archer, 310.
Charroux, 268; *Vienne*.
Charuellus (Andreas), 155, 157.
Chasles (Hélie du), lieutenant de Saint-Jean-d'Angély, 225.
Chasseriau (Hemericus), 158.
Chastaigner (Pierre), pair de la ville de la Rochelle, 333, 334, 335.
Chasteauneuf (Claude de), homme d'armes, 304.
Chastenet (Marsault du), 229.
Châteaubriant (le s^r de), 281.
Château-Thibault, 232; c^on *de Vertou, Loire-Inférieure*.
Châtelaillon, 225; c^ne *d'Angoulins,* c^on *de la Rochelle*.
Châtellerault, 262; *Vienne*. — Vicomte de Châtellerault, V. Boso.
Chatuis (Guillermus), 168.
Chau (Perrochin), 227.
Chaudrier (Jean), bourgeois de la Rochelle, 289, 313.
— (Jeanne), femme de Louis Ronsart, 312.
Chauma de Machecollis, 188; *la Chaume, ancienne abbaye de Bénédictins, près Machecoul.* — Abbas, V. Petrus.
Chaume d'Olonne (la), 335.
Chauvaign, 248.
Chauveium, 190, 191; *Chauvé,* c^on *de Saint-Père-en-Retz, Loire-Inférieure*.
Chauvet (Jehan), homme d'armes, 303.
Chavallen (Giraudus), 165.
Chavanac (magister Petrus de), 164.
Cheat (Andreas), 168.
Chef-de-Baie (rade de), 331, 332, 333, 334; c^ne *de la Rochelle*.
Chemeré, 191; c^on *de Bourgneuf, Loire-Inférieure*.
Chenailles (de), trésorier de France à Paris, 339.
Chervi (Paganus), 191.
Cheusson, homme d'armes, 304.
Chevalier (Martin), archer, 305.

Chillo (Aimericus de), 38.
Chimene (Girardus), 67.
Chinec, 111; *peut-être au lieu de Chissec. V. ce mot*.
Chiniaci (Petrus), 133.
Chinniaco (silva de), 119; *forêt de Chizé,* c^on *de Brioux, Deux-Sèvres*.
Chinnis (Arnaldus), 131.
Chirol (Gosfridus de), 69.
Chissec, 122, 123; *Chizé,* c^on *de Brioux, Deux-Sèvres*.
Chivarda (Maria), 166.
Chocot (Petrus), 195.
Cholet (Jehanin), archer, 310.
Cholfer (Bos), 109.
Choune (Jacques), archer, 310.
Christianus, frater Bertranni Dagini, 130.
— Agennensis, 129.
Christophorus, clericus, 38.
Ciconia masus, 106.
Ciconiis (David de), 121.
Cinomanne (Elimannus de), 18.
Cirières, seign^rie, 312, 313; c^on *de Cerizay, Deux-Sèvres*.
Clœnai (Goslenus de), 21.
Clara, uxor W. de Roallene, 156.
Clareto (Goffredus de), 68.
— (Guillermus de), 73.
Clemens, 158.
Cleopas presbiter, 129.
Cleophas, filius Bernardi, 116, 121.
Clerebaudus Boschet, 172.
Clerebaut (Arbertus), 156, 161.
— (Renaudus), 156.
Cleres (Goffredus de), 67.
Clicheon, al. Clicho, al. Clichon (Willelmus de), 175, 178, 183, 184, 185.
— (Aimericus de), 184.
Clisson, 188, 281; *Loire-Inférieure*.
Clocarius (Radulfus), 101.
Clou (Pierre du), archer, 306.
Coche (Robertus de), 81.
Cocheio (Fulcho de), 165.
Cocherel (Guillaume), archer, 305.
Codre (Guillermus de la), 81.
Codrei (Simon de), 198.
Coeffeteau, 356.
Cœur (Jacques), 256.
Coiaco (Rorigon de), 126.

Coiron (terra de), 177 ; *Couëron*, c^on *de Saint-Etienne-de-Montluc, Loire-Inférieure.*
Coitivy (Olivier de), 242.
Coldra, 71 ; *la Coudre*, c^on *d'Argenton-Château, Deux-Sèvres.*
Colora, uxor G. Panet, 78.
Combrennio (ecclesia S. Johannis de), 4 ; *Combrand*, c^on *de Cerizay, Deux-Sèvres.*
Comerques (Peroton de), homme d'armes, 302.
Commequiers, bar^ie, 311 ; c^on *de Saint-Gilles-sur-Vie, Vendée.*
Concho (David), burgensis de Pornic, 173.
Condé (Henri de Bourbon, prince de), 317, 323, 326 à 334.
Conducto, al. de Conduictu (Ivo de), 36, 45.
Confolens, 268 ; *Charente.*
Constancia, comitissa Britanniæ, 173.
— Filesac, 74.
Constancius, 59.
— Calcegros, 107.
Constantinus, 106.
— filius Adhemari, 115.
— monachus de Castro Casiaco, 104.
— prior de Gasnapia, 154.
— vicarius Metulensis, 89, 90, 92, 94.
— Barretus, 130.
— Bucarellus, 112, 113.
— Jaius, 107, 112.
— de Faia seu Fagia, 104, 115.
— Maigot, 132.
— Malecarnes, 117, 118, 122.
— de Mello, 87.
— de Tremusiaco, 107.
Contes (Minguet de), 293, 294, 295.
Contré, 122 ; c^on *d'Aunay, Charente-Inférieure.*
Copaincourt (Adam de), homme d'armes, 302.
— (Baugoys de), id., 303.
Coppe (Notinet), archer, 308.
Corbæ Arcol, 154.
Corco (Willelmus de), 164.
Cordes (Guillemin de), archer, 306.
Cornilla (Aimericus), 168.

Cosdreio (Oliverius de), 154.
Cosdria, 149 à 215 ; *Coudrie*, c^ne *de Challans, Vendée*. — Commandeurs, V. Mattheus de Banastia, Mannus, Martinus, Rigaudus, Petrus de Roerta, Stephanus.
Cossoys (Henri), 246.
Costucius, serviens, 102, 103.
Cothereau, 229.
Cothon (Benedictus), 112.
Cotins (Petrus), 1.
Coudrie, V. Cosdria.
Couhé (Mathelin de), archer, 309.
Coureilles (le s^r de), à la Rochelle, 331.
Coustuner (le), 281 ; *le Coutumier, près le Bois-de-Céné*, c^on *de Challans, Vendée.*
Coytelles (Guillaume de), 224, 225, 228, 239, 246, 247.
Craon (Aimeri, seig^r de), 290.
Crassus (Adhemarus), monachus S. Florentii, 98, 101, 104, 105, 106, 107, 111, 112, 121, 122, 123, 127.
Crassus Lepus (Hugo), 21.
Credonio (Aymericus, dominus de), 290.
Criptas (ecclesia S. Hilarii que vocatur), 7, 8. *V. la note 2, page* 7.
Crispinus (Arnaldus), presbiter, 21.
Cruce (borderia de), 106.
— Taniam (boscus de), 154, 155.
Crussol (Loys de), sénéchal de Poitou, 301, 302, 310. (Par suite d'une erreur typographique, p. 301, porté sénéchal de 1416 au lieu de 1461 à 1473.)
Crux Boet, 200.
— Bonini, 200.
Cugand, 280 ; c^on *de Montaigu, Vendée.*
Culturis (Sanctus Georgius de), 97, 100, 102, 103, 108 ; prioratus Sancti Nicholai, 4, 5 ; *Couture-d'Argenson*, c^on *de Chef-Boutonne, Deux-Sèvres.*
— (Guillelmus de), 41.
Cunaudi (Hugo, prior), 35 ; *Cunault*, c^ne *de Trèves*, c^on *de Gennes, Maine-et-Loire.*
Cursai (Adhemarus de), 109.

D

Dagini (Bertrannus), 130.
Daillé (M^r), 360.
Dalibari (Petre), Espagnol, 236.
Dalmacius de Monte Berulfi, 110.
Damoncourt (Jean), évêque de Poitiers, 314.
Danazeio (Sanctus Johannes de), 34, 35 ; *Denezé, c^{on} de Doué, Maine-et-Loire.*
Daniel, 51, 52.
— faber, 68.
— monachus S. Florentii, 35.
— prior de Belloveer, 167.
— (Paganus), 73, 74, 78.
— Extraneus, 104.
Dauphiné (le), 344.
Davenel (Jehan), sergent royal, 230, 232, 235, 239, 243.
David, monachus S. Florentii, 31, 127.
— presbiter, 58.
— (Paganus), 39.
— Aubin, 191.
— de Ciconiis, 121.
— Concho, burgensis de Pornic, 173.
— Extraneus, 111, 115.
— Osbertus, 106, 107, 111, 112, 113, 114, 115.
— Sathanas, sacerdos de Breent, 170.
Dazien (Jehan), archer, 305.
Debien (Jehan), 251.
Delastes (Bernard), 334.
Delaye (Perrequin), archer, 309.
Delorme (Jehan), archer, 305.
Dent (Willelmus de), 158.
Deodatus, al. Deodadus, 46, 47.
— monachus S. Florentii, 82, 127.
Desbarreaux, 338.
Descluseaux, 338.

Descuiers ou Destuers (Jean), 228, 230, 232.
Desportes (Philippe), 336.
Dinannensis (Petrus), monachus S. Florentii, 31.
Dionisius, 164.
Dirquelin, marchand de Flandre, 246, 247.
Diva fluviolus, 10, 11 ; *la Dive, rivière, affluent du Thouet.*
Doado (Adelelmus de), 106.
Dodinus, 201.
Doe (Aleelmus de), 121, 123 ; — de Dohec, 111, 112.
Dolo (Hameno de), 61.
Douin (Jean), maître du navire la Fleur-de-Lis, 335.
Doulas, de Bretagne, 237.
Draglen villa, 114.
Droco, frater Robonis, 13, 14.
Drogo, 7, 9, 59.
— canonicus, 31.
— monachus S. Florentii, 55, 128.
Duc (Jehan le), archer, 309.
Duchastel (Pollite), homme d'armes, 302.
Du Puy, 355.
Durandus, nepos Othbaldi, 17.
— filius Bertæ, 53.
— de Liners, 68.
— Guinebaldus, 122.
— senescallus, 157.
Durant (Guillaume), homme d'armes, 304.
— (Raymond), homme d'armes, 303.
— Rossel (frater), templarius, 180.
— Tinela, burgensis, 182.
Durontia Ferronella, 172.
Dutée (Jehanin), archer, 310.
Dutulguš, 9.
Dymenche, archer, 307.

E

Ebbo, al. Ebo, 11, 12, 90, 106.
— de Faia, 103, 107.
— dominus Veteris Partiniaci, 83.
Ebraldus, 71.
Ebroinus, monachus S. Florentii, 62.
Ecclesiola (frostus de), 106.
Ecosse (l'), 292, 293, 295.
Ectore (Guiot), homme d'armes, 304.
Edouard, prince d'Aquitaine et de Galles, 290.
— III, roi d'Angleterre, 289.
Eet (M.), 202.
Effredus, 38.
— de Vallibus, 45.
— monachus S. Florentii, 82.
Elias, canonicus, 31.
Elimannus de Cinomanne, 18.
Eluis, uxor A. vicecomitis Toarcensis, 48.
Empuret (Stephanus de), 113, 114.
Enardus de Monte Sorello, 39.
Engelbodus, 11.
Engelinus (frater), templarius, 161.
Engolisma, 26. V. Angoulême. — Engolismenses episcopi, V. Girardus, Guillelmus.
Engressus, 35.
Enguerrande, V. Guérande.
Enisan, canonicus Nannetensis, 177.
Epernon (le duc d'), 337, 339, 340, 342.
Episcopo (frater P.), magister Templi in Pictavia, 161.
Erfridus Berchinnot, 21.
Ermengardis seu Hermengardis, filia G. de Valcolor, 73.

Ermengardis, uxor W. de Aspero Monte, 183, 184.
— uxor W. de Valcolor, 52, 61, 62, 65, 70.
— domina S. Clementini, 68.
Ermenjardis Extranea, 115.
Ermentrudis, al. Hermentrudis, uxor Manegaudi, 10, 11, 12.
Ernaldus Rufus, 160.
Escosse (Jehan d'), archer, 3 5, 309.
Escossois (Hanon l'), maire à Saintes, 230, 235.
Esirart (Petrus), 156, 157, 158.
Espagne (l'), 249.
Espaigne (Jehan d'), archer, 307.
Esprinchard, à la Rochelle, 335.
Estormid (G.), 171.
Estourneau (Gabriel), religieux de la Maison-Dieu de Montmorillon, 303.
Estragotius (Otjerius), 105.
Estuchon (nemus d'), 73 ; *Etusson*, c^{on} *d'Argenton-Château, Deux-Sèvres.*
Eufemia, sanctimonialis Sanctæ Crucis, 87.
Eugenius papa III, 33.
Eusebius, episcopus Andegavensis, 24, 101.
Enstachia, uxor G. Chabot, 212.
— uxor A. Graphium, 190, 191.
Eventius, al. Evautius, prior S. Florentii, 98, 101, 103.
Evreux (l'évêque d'), 355, 356.
Extranea (Ermenjardis), 115.
Extraneus (Airaldus), 107, 115.
— Daniel, 104.
— (David), 111, 145.

F

Fa (s^r du), 317.
Fabri (P.), 198.
Fabricis (terra de), 34, 35.
Fagia, 112; *la Faye*, c^{on} *de Villefagnan, Charente.*
— (Constantinus de), 115.
Faia (Aimericus de), 18, 21.
— — junior, 20.
— — senior, 20.
— (Airaudus de), 107.
— (Constantinus de), 104.
— (Ebbo de), 103, 107.
— (Willelmus de), 104.
Faia (boscus de), 102.
Faio (Rainaldus de), canonicus Pictavensis, 128.
Faiola (Albericus de), 131.
Falero, 187; *Falleron*, c^{on} *de Palluau, Vendée.*
Fantin (Mathæus), 40.
Farferas (Aimericus), sacerdos, 199.
Faschau pratum, 72.
Fatot (Seibrannus), 67.
Fay (Ector de), homme d'armes, 303.
— (Perrinet de), archer, 305.
— (Poussart du), homme d'armes, 304.
Faye (Jehanin de), archer, 308.
Fé (Fulcherius dau), 159.
— (Perrequin le), homme d'armes, 303.
Felicius, 156.
— Brimellus, 157.
Felton (Thomas de), sénéchal de Guyenne, 289.
Fenestra (terra de la), 188; c^{ne} *de la Marne,* c^{on} *de Machecoul, Loire-Inférieure.*
Fenils villa, 71. V. *Finiacum.*
Feodum Tavea, al. Tavel, 196, 197; *le Fief-Taveau,* c^{ne} *de Soullans,* c^{on} *de Saint-Jean-de-Monts, Vendée.*

Ferrer (Johannes), clericus, 199.
Ferreria (Petrus de), 191.
Ferronella (Durontia), 172.
Ferronus (Auduinus), 37.
Ficariis (molendinum de), 130.
Filesac (Constancia), 74.
Fillon (Pierre), archer, 309.
Finet (Petit Jehan), archer, 306.
Finiacum, 83; Fenils, 71; *Fenioux,* c^{on} *de Coulonges, Deux-Sèvres.*
Flandre (la), 246.
Flocea (Petrus), 199.
Flocquet, archer, 308.
Florentia, uxor Cadelonis, vicecomitis Oenacensis, 117.
Florentinus (Radulfus), 67.
Foacon, prior de Pornit, 191.
Focaut, al. Fucaut (Renaudus), 155, 158.
— (Raginaudus), 159.
Folosia, 102.
Fons Clusa, in vicaria Lauzdunensi, 13; *Foncluse,* c^{ne} *de Roiffé,* c^{on} *des Trois-Moutiers, Vienne.*
Fontainebleau, 354.
Fontaynnes (Henry de), archer, 309.
Font Closa, 181; c^{ne} *de la Garnache,* c^{on} *de Challans, Vendée.*
Fontenay, 262, 268, 269, 336, 340, 345; *Vendée.*
Fonteneau (dom), 361.
Fonteniis (Garinus de), 18.
Forcoussy, archer, 306.
Forest (la), bar^{ie}, 311, 312, 313.
Forêt-sur-Sèvre (la), 353, 355, 359; c^{on} *de Cerizay, Vendée.*
Formioso (Rodulfus de), 93, 95.
Fornerii (Michael), 193.
Fort (Jacques), serg. royal, 239, 244.
Fortin (Gamage), 243.
Fortis (Arveus), archidiaconus Pictavensis, 56.
— (Renaudus), 193.
Fossæ, antiquitus Beltronum, 86,

87, 89, 91, 94, 119; *les Fosses*, c^on *de Brioux, Deux-Sèvres.*

Foudras (le petit), homme d'armes, 304.

Fougereuse (la), seign^ie, 311; c^on *d'Argenton-Château, Deux-Sèvres.*

Foul (Jehan), 225.

Fourest (Jehan de la), archer, 310.

Fourneart (Henry), archer, 310.

Fourneaux (Hector de), archer, 310.

Fournom (Jehan de), archer, 308.

Fradet, 155.

Fradonel (Willelmus), 180.

Frainel (terra de), 113.

Fraizie (Janot de la), homme d'armes, 303.

Francechia, filia M. MontisAcuti, 195, 196; al. Francesche, 197.

Francfort, 355.

Franche-Comté (la), 267.

Franco, abbas Trenorciensis, 25.

Frasnei (Nicolaus de), 169.

Fraunerius, 9.

Fredaldus, collibertus, 19, 20.

Fredericus, 23, 24.

— abbas S. Florentii, 19, 44, 52, 59, 84, 87, 89.

— monachus S. Florentii, 98; 101.

Frenicardus (Petrus), 105, 110, 111, 114, 115.

Fretin (Georges de), homme d'armes, 304.

Frigidus Fons, 155; *Froidfond*, c^on *de Challans, Vendée.*

Frocaio (parrochia de), 209; *Frossay,* c^on *de Saint-Père-en-Retz, Loire-Inférieure.*

Froceai (Thomas de), 165.

Froces (Gaufridus de), 191.

Frodmundus (Stephanus), 164.

Frogerius (Aimo), 114.

Froinus, 90.

Fromaget, 227.

Frotgerius, al. Frogerius Barba Torta, 21, 44, 45.

Frutinus, 9.

Fucaut (frater Paganus), templarius, 159. V. Focaut.

Fulbertus de Luens, 109.

Fulcaldus, filius Alaodis, 100, 101.

— filius P. Frenicardi, 105.

— monachus S. Florentii, 107, 111, 112, 114, 115.

— Bertaldus, 113.

— (Willelmus), 129.

Fulcherius, nepos Gaufridi, 65.

— presbiter de Contre, 122.

— (Petrus), 113.

— Auvronius, 174.

— dau Fe, 159.

— de Maximiaco, monachus S. Florentii, 21, 22.

— Sore, 80.

— de Vallibus, 36, 38.

— Vulceginus, 81.

Fulcho de Cocheio, 165.

— de Sancto Michaele, prœceptor militiæ Templi in Aquitania, 210, 212.

Fulco, 11.

— comes Andegavensis, 17, 18, 31, 39.

— filiaster G. de Fonteniis, 18.

— filius vicecomitis Oenacensis, 133.

— monachus S. Florentii, 63.

— Malricus, clericus, 82.

— Normannus, 20.

Fulcodius, monachus S. Florentii, 19.

— monachus S. Martini, 44.

Fulculdus, 9.

Fulgerius, monachus S. Florentii, 40.

Fumeron, 314.

Furet (Jacques), homme d'armes, 302.

Furnolis (Boso de), 21.

Fynet, homme d'armes, 303.

G

G., abbas Insulæ Calveti, 188.
G. prior Salarteniæ, 188, 189.
Gabart (Johannes), 199.
Gabriel, 40.
Gabriiolle (Petro), marinier, 249.
Gagatus (Willelmus), monachus S. Florentii, 127.
Gaidonus de Canda, 41.
Gaignardel (Stephanus), 179.
Gaius (Haimo), 119.
— (Willelmus), monachus S. Florentii, 105, 106, 118, 119, 120, 121, 122, 123.
Galardon, du pays de Bretagne, 228, 232, 233.
Galfridus Marie, 159.
— Rater, 160.
— Veer, miles, 170, 179.
Galiene (Girart), 158.
Gallehault (Robinet), homme d'armes, 304.
— (Parceval), archer, 307.
Galles (Edouard, prince de), 290.
Gallien (Berthélemy), homme d'armes, 303.
Galterius, filius Gerorii, 36.
— de Monte Sorel, 37.
— Sancti Generosi, 21.
— venator, 131.
Galton Breton, 171.
Gambe (Gabriel), homme d'armes, 302.
— (Philippe), id., 304.
Gamoy (Jean de), marchand de Toulouse, 318, 319.
Gandille (Raymond), sergent royal, 232, 235.
Ganilo, filius Lisabet, 37.
Gannardea (Ganfridus), 199.
Gapillon (Jehan), archer, 308.
Garini (Thebaudus), 73.
Garinus, 35.
— de Fonteniis, 18.
— de Sancto Lupantio, 109.

Garinus, serviens domini Gasnapiæ, 165, 166, 167.
Garnache (la), 280, 281. V. Gasnapia.
Garnaldus, 104.
— (Petrus), 114.
— (Willelmus), 106, 114.
Garnerius, abbas S. Mariæ, 57, 128.
— (frater), templarius, 166.
— de Lespei, 158.
Garnier (Pierre), 254.
Garranda (Petrus de), 164.
Garrigue, 293.
Garsadonius, capellanus de Machecollio, 157.
Garsendis, uxor C. Jaii, 107.
Garsirius de Macheco, 154, dominus Machecolli, 174; al. Garsirius de Radesio, dominus Machecollii, 176; dominus Radesii et Tolleviæ, 187, 206, 207.
Gartsenlon, al. Garsenlon, Garsenlun (Rainaldus), 111, 112, 114, 115.
Gas (Henricus li), 154.
Gaschet (Theobaudus), miles, 80.
Gascon (Willelmus le), 190.
Gasnapia, al. la Gasnache, 154, 155, 156, 157, 159, 167, 175, 186, 192, 193, 200, 202, 203, 204; la Garnache, c^{on} de Challans, Vendée.
— (Gaufridus de), 153, 156.
— (Kalo seu Chalo de), 164, 167.
— (Petronillus de), 201.
— (Petrus I de), 153, 154, 155.
— (Petrus II de), 153, 155, 156, 157, 158, 160, 161, 162, 163.
— (Petrus III de), 162, 163, 164; cognomine li Meschin, 165, 166.
— (Petrus IV de), 164, 167.
— (Petrus V de), 174, 175.
Gaudechel (Aubinus), 174.

Gaudicus, 65.
Gaudineau (Loys), commis de Pierre Bragier, avocat du roi en Saintonge, 246.
Gaudinus Chabot, 155.
— Gurda, 156.
Gaudis (Willelmus), archidiaconus Andegavensis, 56.
Gaufredus, Gaufridus, Gausfredus, Gauzfridus, 63, 90.
— frater A. vicecomitis Toarcensis, 48.
— frater Guillelmi, comitis Pictavensis, 87.
— pater G. de Trochea, 65.
— comes Andegavensis, 87, 93, 101.
— comes Pictavensis, 44, 87, 89, 90, 91, 94.
— episcopus Carnotensis, apostolicæ sedis legatus, 31, 33.
— episcopus Nannetensis, 170, 176.
— marescallus, 39.
— monachus S. Florentii, 98, 101.
— monachus Trenorciensis, 35.
— præcentor Pictavensis, 128.
— (frater), templarius, 174, 177 ; præceptor de Luce Ferri, 172.
— Bariller, 35.
— Beritaudus, al. Bertaudus, al. Bretaudus, 167, 175, 185, 186.
— Bernardus, 82, 126.
— Berrer, 194.
— Brethel, 35.
— de Froces, 191.
— Gannardea, 199.
— de Gasnapia, 153, 156.
— Gobiel, 174, 178, 181, 183.
— Guinebert, 207.
— Henter, 181.
— Johea, 182.
— Loblanc (frater), templarius, præceptor Sancti Salvatoris, 179.
— de Loira, 40.
— Loquu, 181.
— Maceaere, clericus, 199.
— Maias, 157.
 - Mascet, 157.
 - Mathin, 163.
 - Menfredus, 154.

Gaufredus de Molendinis, 113.
— Nero, 40.
— Olerius, 133.
— de Pornic, 166.
— de Portu Nicci, 164.
— de Presmart, 79.
— de Riperia, 98, 101.
— de Rochis, monachus Trenorciensis, 35.
— Tronel, 123, 130, 131.
— de Vado, 194.
— Vitalis, 182.
— Voro, 111.
Gaultier (Hugues), maire de la Rochelle, 246.
— (Loys), homme d'armes, 302.
Gausfredus, V. Gaufredus.
Gauter (Aimericus), 81.
Gauterius, al. Galterius, 37, 65.
— filius G. Panet, 78.
— capellanus de Chauveio, 191.
— cordoanarius, 126.
— presbiter, 65, 68, 69, 70.
— de Buin, al. de Bun, 113, 114, 121.
— de Guardo Blancardo, 154.
— Morin, 191.
— Prezement (frater), templarius, 157.
— de Sancto Loencio, 133.
— de Valcolor, 79.
Gauteron, 194.
Gauthenocus, monachus S. Florentii, 107.
Gauz (Petrus), 167.
Gauzbertus, monachus S. Florentii, 82.
Gauzfridus, V. Gaufredus.
Gauzlenus, 71.
Gay (Guillaume), 247, 248.
Gayn (Pierre), archer, 308.
Gazeau (Jehan), archer, 307.
Geibo, 9.
Gelasius papa II, 27, 29.
Geldoinus, dominus Parteniaci, 83.
Gelodoie (Josbertus), 81.
Gelosa, uxor Petri II de Gasnapia, 155, 156.
Gendrannus, 47.
Gendrault (Guillaume), maire de la Rochelle, 330.

Gènes, 267, 299.
Geraldus, V. Giraldus.
Gerardus (Adhemarus), 98.
Gerbertus, abbas, 11.
Gerorius, V. Girorius.
Gervasius, 35.
Gétigné, 280 ; c^{on} de Clisson, Loire-Inférieure.
Gibault (Guillaume), archer, 305.
Gilbert (Berthomé), curé de Saint-Hilaire de Villefranche, 243.
Gilenivene boscus, 102.
Gilier (Etienne), procureur du roi à la Rochelle, 223, 230, 232, 233.
Gilio, 62.
Giraldus, 48 ; V. Giraudus.
— filius Harmandi, 110.
— monachus S. Florentii, 35, 62.
— de Albaterra, 107.
— Becagu, burgensis, 182.
— de la Landa, 182.
— de Rancone, 126.
— de Toraico, 98.
— de Trelemnis, 107.
— Trualdus, 109.
Girard (Colas), 227.
— Galiene, 158.
Girarde (Jehanne), 228.
Girardus, 62, 111.
— episcopus Engolismensis, apostolicæ sedis legatus, 25, 26, 27, 29, 87,
— famulus, 72, 73.
— presbiter, 76.
— Baudoini, 40.
— de Breies, al. Breres, præceptor militiæ Templi in Aquitania, 206, 207.
— Chabot, 210, 212, 213.
— Chimene, 67.
— lo mercer, 166.
— Nosils, 77.
— Otran, 112.
— Rastel, 67.
— Vitrarius, 82.
Giraudi (Guillelmus), 35.
Giraudus, famulus, 73.
— filius Calmæ, 77.
— sacerdos de Cosdria, 166.
— Barba, 133.
— Blanchardi, 157.

Giraudus Calot, 74.
— Chavallen, 165.
— de Landa, 199.
— Rozelinus, 157.
Giraut (Toselin), 158.
Girberga, uxor David, 58.
Girbertus Barbebunta, prepositus, 71, 72.
— Guttur Rasum, 107.
— de Lubiliaco, 114.
— de Mello, 126.
— Tetfredi, 111.
Girere (maresium de la), 168 ; de Giroere, 208.
Girorii (Petrus), 39.
Girorius, 67.
— filius Goscelini, 18.
— miles, 19, 43, 44.
— de Lausduno, 39.
Gisleberti (Willelmus), archidiaconus Toarcensis, 56.
Gislebertus, frater A. de Losduno, 38.
— archiepiscopus Turonensis, 26.
— episcopus Pictavensis, 18.
— miles, 87.
— monachus S. Florentii, 31.
— de Talniaco, 93, 95.
Gissaldus (Arnaldus), 105.
— (Willelmus), 105, 106, 119.
Glomna, 46 ; Saint-Florent du Mont-Glonne ou Saint-Florent-le-Vieil, Maine-et-Loire.
Go (Jean), 295.
Gobertus, prior Oenai, 132.
Gobiel (Gaufridus), 174, 178, 181, 183.
Gofredus, Goffredus, Goffridus, filius A. de Monte Johannis, 17.
— filius David, 58.
— filius Fulconis comitis, 17.
— monachus S. Florentii, 70, 72.
— præcentor B. Petri Pictavensis, 56.
— Advisis, 69.
— Agnes, 79.
— de Argentone, 72.
— Audehaudus, 72.
— Basile, 81.
— Berchot, 131.
— de Clareto, 68 ; de Clereo, 67.

Gofredus Landri:i, 67.
— Malumminat, 37.
— de Nigraterra, 70, 73.
— Panet, 78.
— Pauper, 78.
— de Rocha, 73, 76, 79.
— Roscelini, 67.
— de Rupe, 67, 78.
— de Trochea, 64, 65, 77, 80.
— de Verrun, 41.
Goffredus (Tancredus), capellanus, 135.
Gognardus, 156, 157.
Golart (Arveus), 178, 183, 188, 198, 199.
Golcelmus Guillelmus de Braiosa, 35.
Gombaut (Perrot), 251.
Gorda (Arbertus), miles, 180.
Gorde (Chales), 203.
— (Oliverius), 167.
Gordoneriis (nemus de), 203.
Gornau (Marti de), marinier, 249.
Gosbertus, archipresbiter Toarcensis, 56.
— presbiter, 35.
— de Montello, 40.
— Terram Tenet, 37.
Goscelinus, al. Gauscelinus, Gauzcelinus, 85, 107, 119.
— filius Otbranni, 65.
— præpositus, 109.
— vicarius de Chissec, 122, 123.
— Male Carnes, 118, 122.
— de Marnis, 59.
Goscelmus, presbiter, 135.
Gosfredús, Gosfridus, clericus, 20.
— monachus S. Florentii, 19.
— Berchot, 121, 122.
— de Chirol, 69.
— Litgerius, 126.
— Popardus, 128.
— de Profundo Rivo, 75, 76.
— de Roca, 84, 85.
— Rufus, 20.
— Tale Peitit, monachus S. Florentii, 22.
— Tronellus, 126.
Goslenus, filius A. Ferroni, 37.
— de Clœnai, 21.
— prefectus, 36.

Gosthonel molendinum, 106.
Gozbertus (Hugo), 107.
Gragi (Denisot de), sergent royal, 230, 235, 237, 243, 244.
Graibe (Albuinus de), 37.
Grand-Lande, 280; c^{on} *de Palluau, Vendée.*
Grant-Jehan, archer, 308.
Grant-Pierre (le), archer, 309.
Graphium (Americus), 190, 191.
Graville (Jehan de), archer, 307.
Gregolia (Archembaldus de), 112.
Gregorius, episcopus Begorrensis, 26.
Grenier (Jehan), 243.
Grezac, 237, 239; c^{on} *de Cozes, Charente-Inférieure.*
Grezillon (Raymond), 237.
Grifferius (Rossellus), 157.
Grimaud (Petrus), 170, 174.
Grinbaldus, 9.
Grineriis (Robertus), archidiaconus, 161.
Grisart (frater Hugo), præceptor militiæ templi in Aquitania, 212, 213, 215.
Grisle (Jehan de), homme d'armes, 303.
Grola, uxor P. Aufredi, 39.
Grosset (Stephanus), 179.
Grosseteria, 200.
Guagnarderia, 199.
Guardo Blancardo (Gauterius de), 154.
Gue (Stephanus dau), 133.
Gué-Charioux (le), 228; *le Gué-Charreau*, c^{ne} *de Landrais*, c^{on} *d'Aigrefeuille, Charente-Inférieure.*
Gué le Peleter, 158.
Guérande, 283; *Loire-Inférieure.*
Guerchea (Simon de la), 174; de Guirchia, 191.
Guerdon de Marennes, 237.
Guérin (Jehan), archer, 309.
Guerri, al. Guerricus, 157; Guerris, 159.
— (Petrus), 81.
— (Willelmus), 159.
Guerris Burellus, 174.
Guétin (Jehan), archer, 305.

Guibertus Andegavensis, 26.
Guiblaye (Thibault de la), capitaine de Talmond-sur-Gironde, 251.
Guichardus, monachus Trenorciensis, 35.
Guiderel (Jacques), 226.
Guido, Wido, Widdo, 96, 98. 106.
— filius Widdonis, 61, 62, 66, 67, 70, 98. V. Guido de Rocha.
— canonicus Sanctæ Crucis, 83.
— dux Aquitanorum, 116, 126.
— laicus, 82.
— miles, 59.
— monachus S. Florentii, 76.
— oppidanus Toarcensis, 52.
— (frater), templarius, 163, 174, 177.
— (Ramnulfus), 122.
— de Canbruiz, 172.
— de Rocha, 102, 103.
— de Rupe Fulcaldi, 108.
— de Valle Coloris, miles, 61, 62, 63, 64, 65, 66, 67, 69, 70, 71, 72, 78, 83.
Guier (Andreas), prior de Ardillère, 160.
Guierche (Georges de Villequier, vicomte de la), 344.
Guietera, 181 ; la Guitière, c^{ne} de Bois-de-Céné, c^{on} de Challans, Vendée.
Guigo, 130.
Guillardus Sollens, 35.
Guillelmus, Guillermus, Willelmus, 42, 90.
— filius G. de Monte Sorel, 37.
— filius Simonis, 83.
— nepos A. de Roifec, 107.
— abbas de Buzeio, 170.
— abbas Insulæ Calvet, 180.
— abbas S. Florentii, 22, 45, 55, 56, 65, 82, 108, 109, 119, 127, 128.
— archidiaconus Petragoricensis, 26.
— canonicus, 31.
— cellerarius S. Florentii, 35.
— comes Pictavensis (dux Aquitanorum, II), 11, 12, (V), 87.
— IV, dux Aquitanorum, 91, 92, 93.

Guillelmus V, dux Aquitanorum, 89. 90, 94, 95.
— VII, dux Aquitanorum, 55, 58, 118, 128.
— VIII, dux Aquitanorum, 76.
— episcopus Engolismensis, 93, 95.
— episcopus Petragoricensis, 26.
— I, episcopus Pictavensis, 26, 41, 42, 134.
— IV, episcopus Pictavensis, 200.
— magister scolarum Pictav. 56.
— monachus S. Florentii, 105, 128.
— monachus Trenorciensis, 35.
— prior S. Florentii, 35.
— prior S. Radegundis, 56.
— serviens, 171.
— thesaurarius S. Hilarii, 57.
— vicarius de Celsis, 21.
— vicecomes Oenaci, 121.
— Acharias, al. Acairies, 154, 184.
— Adelelmi, archidiaconus Pictavensis, 56.
— Airaudi, al. Airaut, 199, 200, 209.
— Albino, 177.
— Amanerius, vicecomes Oenacensis, 134, 135.
— Arenbors, 133.
— Arnaudus, 123, 126.
— de Aspero Monte, dominus de Rihe et de Peiros, 183, 184, 193.
— Assalli, vicecomes, 131.
— Barnil, 182.
— Bernardus, 127.
— Bischet, 170.
— Boys, 158.
— Buca Uncta, 114.
— Bucarellus, 106, 111, 112.
— Caninus, 107.
— de Castello Novo, prior Oenaici, 133.
— Catuis, 169, 202.
— Chairanz, 166, 167.
— Chatuis, 168.
— de Clareto, 73.
— de Clicheon, al. Clicho, Clichon, 175, 178, 183, 184, 185.
— de la Codre, 81.

— 384 —

Guillelmus de Corcó, 164.
— de Culturis, 41.
— de Dent, 158.
— de Faia, 104.
— Fradonel, 180.
— Fulcaldus, 129.
— Gagatus, monachus S. Florentii, 127.
— Gaius, monachus S. Florentii, 105, 106, 118, 119, 120, 121.
— Garnaldus, 106, 114.
— le Gascon, 190.
— Gaudis, archidiaconus Andegavensis, 56.
— Girardi Halabraum, 40.
— Giraudi, 35.
— Gislebertus, archidiaconus Toarcensis, 56.
— Gissaldus, 105, 106, 119.
— Guerris, 159.
— Guillotus, canonicus S. Launi, 56.
— Guinart, 178, 183.
— Hacumus, 195.
— Jaius, 111, 122, 123.
— Lagaita (frater), templarius, 179.
— de Leigne, 208.
— Litgerius, 126.
— de Luens, 109.
— Lumbardi presbiter, 75.
— Magnes, 133.
— de Malo Leone, 178, 182.
— Mareschal, 41.
— Masellus, al. de Masellis, 104, 106, 111, 112.
— Maucium, clericus, 168.
— de Mause, 175.
— Merla, al. Merlet, 180, 195.
— Meschin, 158.
— Meslamal, 123.
— de Mirenbello, canonicus Pictavensis, 128.
— de Morton, monachus S. Florentii, 38, 40.
— de Mortuo Mari, canonicus, 57.
— Mulart, 158.
— Normannigena, 80.
— Oculus Bovis, magister domorum Templi cis mare, 173, 174.
— Oilet, 160.
— Osmundus, 129.

Guillelmus Parentea, 199.
— de Partanio, 93, 95.
— de Passavant, 82.
— Pavet (frater), minister Templi in Aquitania, 163.
— Peloquin, 194.
— Pictus, 160
— Piorget, 171.
— Raimundus, 113.
— de Roallene, 156.
— Roboam, 79.
— de Roca, 93, 95.
— Rosseaus, al. Rossellus, 175.
— de Salinis, 175.
— de Sancto Medardo, 178, 181, 183, 188.
— Sechelinus, 81.
— de Silva Argentium, 106.
— Travail, 77.
— Troquerellus, 154, 157.
— de Vado, 194.
— de Veon, 41.
— de Vieriis, 44.
— de Vitraico, 98.
— de Voone, 40.
Guiller (Estienne), homme d'armes, 303.
Guillotus (Willelmus), canonicus S. Launi, 56.
Guilloz (Petrus), 175.
Guinart (Willelmus), 178, 183.
Guinebaldus (Durandus), 122.
Guinebert (Gaufridus), 207.
Guinion (Henri), valet d'Yvon de Plusqualec, 230.
Guiomar Mercer, 171.
Guiorlay (Jacques de), homme d'armes, 303.
Guischardi (P.), 172.
Guischia, 132.
Guise (M. de), 342.
Guitbertus, coquus, 109.
Guler (Petrus de), 168.
Gumbertus, monachus S. Florentii, 62.
Gunduinus, monachus S. Florentii, 19.
Guntarius, 9.
Gunthardus (Petrus), 105.
Guoguyneau (Jehan), archer, 306.

Gurda (Gaudinus), 156.
Gurgitibus (Hugo de), 113.
Guttur Rasum (Girbertus), 107.

Guy (Olivier), homme d'armes, 303.
Guyenne (la), 289, 317.

H

Haag, 355, 357, 358, 359.
Hacumus (Willelmus), 195.
Hademar Mala Capsa, 87.
Haimericus, V. Aimericus.
Haimo, 63.
— Gaius, 119.
— Tronellus, al. Tronerellus, 118, 119, 121, 122.
Hainricus, rex Francorum, 90, 95, 98, 101.
Halabraum (Guillelmus Girardi), 40.
Hameno de Dolo, 61.
Hamericus de Brient, 170.
Hamo, 47.
Han, V. An.
Hanau, 354, 355, 356, 357; *ville d'Allemagne.*
Hanovre, 354; *idem.*
Haraneder (le s^r de), à la Rochelle, 335.
Harduinus, monachus S. Florentii, 90, 98, 101.
Harfleur en Normandie, 293.
Haultin (Hiérosme), imprimeur, 353, 354.
Havet (Henry), archer, 310.
Haye (Henri), sénéchal d'Angoulême, 289.
Haytaux (Pierre de), archer, 310.
Hecfridus, abbas S. Florentii, 8.
Hector, canonicus, 42
Hélie, portier d'Angoulême, 225.
Hemericus Chasseriau, 158.
Henri II, roi d'Angleterre, 35, 286, 287.
— Ier, roi de France, 90, 95, 98, 101.
— IV, roi de France, 360, 361.
Henricus de Boac, 175.
— li Gas, 154.
Henter (Gaufridus), 181.
Heraut (Johannes), 191.

Herbert (Petrus), decanus Asianensis, 193, 194.
Herberge (Jehan), archer, 309.
Herbertus seu Arbertus, 14.
— clericus, 119, 121.
— famulus, 98, 101.
— Passerellus, 39.
— de Trementinis, 65.
Herguille (Jehanin), archer, 305.
Hermonasterium, 188; Hereii monasterium, 189; *Noirmoutier, Vendée.*
Héron (Macé), trésorier des guerres, 296, 297.
Herricus (frater), templarius, 155, 156.
Herveus, presbiter, 40, 41.
Hervisius, 37.
Hilaria, 159.
— uxor A. Golart, 198.
— uxor Ubelini, 72.
— domina de Veeria, 199, 200.
Hilarius, 164.
— canonicus B. Petri Pictavensis, 56.
— capicerius B. Petri Pictav., 42.
Hildebertus, comes, 93, 95.
— de Roca Matildis, 87.
Hildegardis, mater A. vicecomitis Toarcensis, 48.
— soror Constancii, 60.
Hildricus, collibertus, 52.
Hilduinus, monachus S. Florentii, 63.
— (Arbertus), 126.
— Viridunellus, 60.
Hollande (la), 331, 333.
Honorius papa III, 200.
Houssaye (Pierre de la), archer, 309.
Huart (Perrequin), archer, 308.
— (Toustin), archer, 307.

Hubertus, 18.
— monachus S. Florentii, 38.
— sacerdos, 90.
— Brunellus, 82.
— de Campis, 59.
— de Silinniaco, 22.
Hugo seu Ugo, 11, 50, 131, 132.
— filius Alaodis, 100, 101.
— filius Widdonis, 61, 62, 70.
— frater B. de Quimequerio, 154.
— frater Bartholomæi, 36.
— frater comitis, 133.
— frater Ermentrudis, 11, 12.
— episcopus Autisiodorensis, 32, 33.
— prior Cunaudi, 35.
— prior de Varezio, 40.
— rex Francorum, 48.
— villicus, 18.
— Bardunus, 108, 109.
— Crassus Lepus, 21.
— Gozbertus, 107.
— Grisart (frater), præceptor militiæ templi in Aquitania, 212, 213, 215.

Hugo de Gurgitibus, 113.
— de Lavarzino, 26.
— de Liziniaco, 126.
— de Morton, monachus S. Florentii, 38.
— de Paganis (magister), 155, 158.
— Rabiola, 132, 133.
— Rigaldus, 7.
— de Thoarcio, dominus Montis Acuti, 172, 186, 198, et Gasnapiæ et Paludelli, 201, 202, 203, 204.
— Vaslin, 39.
— de Vaus, 39.
— de Vone, 40.
Huguet (Jean), 246.
Humbertus, decanus Pictavensis, 126.
Hunbar (Stephanus), 77.
Hunbertus, 62.
Hylaria, V. Hilaria.
Hylarius, V. Hilarius.
Hymbertus Boters (frater), magister de Pictavia, 164.

I

Ile-Jourdain (l'), 268; *Vienne.*
Imbertus (frater), templarius, 159.
Ingelbaldus de Metla, 122.
Ingelbertus, 11.
— de Villa Faniam, 104.
Ingelelmus de Mortuo Mare, 93, 95.
Ingenulfus, monachus S. Florentii, 55, 128.
Innocentius papa II, 31, 32.
Insulæ Calveti abbatia, 156, 162; *l'Ile Chauvet, c^ne de Bois-de-Céné, c^on de Challans, Vendée.* — Abbates, V. Brunus, G., Willelmus.
Insulæ Dei abbas, V. Johannes. *Monastère de l'Ile-Dieu ou de Notre-Dame-la-Blanche, en l'île de Noirmoutier.*

Isamberdus Limocen, 73.
Isembardus, miles, 22, 23.
— monachus S. Florentii, 55.
Isembertus, abbas, 126.
— I, episcopus Pictavensis, 18, 57. 87.
— II, episcopus Pictavensis, 57, 81, 82, 126.
— presbiter, 17.
— de Castro Alienoris, 126.
Isnel (Benedictus), 21.
Iterius, filius Senegundis, 110, 111.
— episcopus Lemovicensis, 93, 95.
— Caput Lupi, 117, 121, 127.
Ivo, 26.
— de Conducto, 36, 45.

J

Jacob, monachus Majoris Monasterii, 109.
Jacobus, canonicus, 46.
Jaius (Constantinus), 107, 112.
— (Guillelmus), 111, 122.
Jamesson, archer, 308.
Jaquelinus Rou, 167.
Jarrie (le sr de la), 331.
Jaucourt (Bénigne de), 353.
Jaucourt-Villarnoul (Jean de), 353.
Jean, roi d'Angleterre, V. Johannes.
— roi de France, 263.
Jeanne d'Albret, reine de Navarre, 317, 320.
Jehan (Domingon), marinier, 249.
Jennaye (Jehan), sergent royal, 235.
Jeudi (Jehan), 228.
Jobers Boet, 158.
Jocerandus, prior Sancti Philiberti de Grandi Loco, 199.
Johanna, uxor W. Airaut, 209.
— uxor W. Troquerelli, 157.
Johannes, 20.
— filius Ingelbaldi, 65.
— frater Bodini, 46.
— abbas de Insula Dei, 189.
— archiepiscopus Turonensis, 176.
— camerarius, 109.
— canonicus, 31.
— clericus, 126.
— episcopus Pictavensis, 210, 212.
— laicus, 35.
— monachus S. Florentii, 31, 90.
— presbiter, 20, 21, 105, 130, 131.
— presbiter de S. Clementino, 81.
— prior S. Mariæ de Veneto, 21, 22.
— rex Anglorum, 166.
— senescallus de Gasnapia, 163.
— subprior S. Florentii, 35.
— Acelin (magister), canonicus Nannetensis, 177, 188.
— de Balgiaco, 46, 109.

Johannes Barum, 160.
— Bastardus, 113, 178, 181, 183.
— Beliart, 207.
— Bergeria, 35.
— Bocher, miles, 179.
— Budez, 181.
— Catuis, 169.
— Chapusel, 166.
— Ferrer, clericus, 199.
— Gabart, 199.
— Heraut, 191.
— Mannardus, 155.
— Mercer, 171.
— Meschinus, canonicus, 56.
— Moraut, 188.
— Ramfre, 163.
— Resteraut, 167, 193.
— Rigaut, vicarius Asianensis, 179, 191; al. Rigot, 192, 195, 203.
— de Sancto Vitale, 179.
— de Vilestes, 192.
Johea (Gaufridus), 182.
Johelinus, laicus, 82.
Josbertus Gelodoie, 81.
— de Rupe, 39.
Josmer, 81.
Josmerius, 74.
Jourdain (James), homme d'armes, 304.
Jousselin (le Picart), homme d'armes, 304.
Jousseville (Dyago de), archer, 306.
Joyeuse (le duc de), 336.
— (Antoine-Scipion de)., grand prieur de Toulouse, 339, 342.
Judicael, homo S. Florentii, 104.
Judicael (Raul), 191.
Jugulator Venti (Arnoldus), 104.
Jukael, monachus de Buzeio, 171.
Juliana, uxor A. de Balgentiaco, 38.

K

Kadalo seu Kadilo, V. Cadelo.
Kalo, filius Petri III de Gasnapia, 164.
Karkabin (Bernard de), 239.

Kergabin (Bernard de), bailli du grand fief d'Aunis, 250.
Kargastre (Verdillon), 225.
Kavallen (Aimericus), 171.

L

Labbe (Jean), 238; lieutenant du gouverneur de La Rochelle, 293, 294.
Labes (le s^r de), 331.
Laborde (Marin), archer, 307.
Lagaita (frater Willelmus), templarius, 179.
Lagullo (Aubinus de), 174.
Laicho (Machin de), Espagnol, 249.
Lalande (le s^r de), 331.
Lalemant (Henri), 228, 229.
Lambert (Méry), archer, 307.
Lambertus, 40, 59.
— major de Saugreio, 35.
Lamprementaria (terra de), 162.
Landa, monasterium Landæ monialium, 179, 193, 201; *la Lande en Beauchéne, c^{ne} de Sallertaine, c^{on} de Challans, Vendée.*
Landa (Geraldus de la), 182, 199.
Landarum terra, 156, 160, 161, 166; *c^{ne} de Soulans, c^{on} de Saint-Jean-de-Monts, Vendée.*
Landepère, 209.
Landet Botinart, 158.
Landrici (Goffredus), 67.
Langlade (Amaniou de), archer, 308.
Langleia, al. Langlea (Paganus de), pretor, 77, 79.
Langlois (Colin), 228.
Langloys (Pierre), archer, 308.
Languedoc (le), 266, 267, 268, 270, 275, 276, 344.

Languedoïl (pays de), 270.
Laquadei (Petrus), 181. V. Cadei (Petrus le).
Larchier (Denis), 225.
Lateranum, 29, 32, 33, 34; *palais de Latran à Rome.*
Latier (Françoys), homme d'armes, 303.
Laumosnier (Jehan), sergent royal, 230.
Laurent, juif, 356.
Laurentius, laicus, 35.
— monachus S. Florentii, 20, 35.
— cellararius S. Florentii, 65.
Lauriaci terra, 132, 135; *Loiré, c^{on} d'Aunay, Charente-Inférieure.*
Lauriera (terra de), 170, 171, 182; *c^{ne} de Saint-Père-en-Retz, Loire-Inférieure.*
Lausbertus, 9.
Lausduno (Alo de), 38, 91.
— (Girorius de), 39.
— (Longo de), 22, 44.
Lausdunum castrum, 16, 18, 23; *Loudun, Vienne.* — Laudunensis seu Lausdunensis vicaria, 8, 10, 11, 13, 15. — Ecclesiæ : Sanctæ Crucis, 28, 29, 30, 31, 32, 34; — Sancti Leodegarii, 16; — Sanctæ Mariæ, 16; — Sancti Nicholai, 25, 26, 27, 28, 29, 32, 34 ; — Sancti Petri, 26.
Lavarzino (Ugo de), 26.
Lavau (Pierre de), 243.

Lcagardus, filius Bernardi Caude de Vacca, 21.
Leboursier (Jehan), lieutenant général du gouverneur de la Rochelle, 223, 238.
Leclerc (Colin), 246, 247.
Lecompte (Georges), archer, 305.
Ledevinus Boterius, 109.
Leevinus (Petrus), 170.
Légé, 280; *Loire-Inférieure.*
Lehildis, uxor Bertranni, 16.
Leige (Radulphus de), sacerdos, 174.
Leigne (Willelmus de), 208.
Leira (Achardus), 111.
Leitgerius de Turre, clericus, 55.
Le Mect (Jehan), sergent royal, 235.
Lemovicensis (Bernardus), 121.
Lemozinère (la), 189; *la Limouzinière*, c^on *de Saint-Philbert-de-Grandlieu, Loire-Inférieure.*
Lenragé (Pierre), archer, 305.
Leodegarius, archiepiscopus Bituricensis, 57.
Leotbertus, 47.
Lermite (Jehanin), archer, 308.
Lernage (Thomin), 234.
Leroux (Jehan), archer, 308.
Leschacerie terra, 194.
Lesimbaudera (terra de), 178.
Lespei (Garnerius de), 158.
Lestang (Raymonnet de), archer, 310.
Lestrange (Yvonnet de), homme d'armes, 302.
Lestre (le bâtard de), homme d'armes, 302.
Letardi (Petrus), 39, 41.
Letardus, prior S. Florentii, 19, 44.
Leticia, uxor P. Letardi, 39.
Leulfus de Volorto, 20, 21.
Ligue (la), 342.
Limocen (Isamberdus), 73.
Limoges, 317. — Evêque de —, V. Iterius.
Limousin (le), 260, 261, 262, 263, 269, 272, 275.
Linariis (Mainardus de), 69.
Line (Mauricius de), 166.
Liners (Durandus de), 68.
Lisabeth, uxor Hervisii, 37.
Litgerius (Gosfredus), 126.
— (Willelmus), 126.
Liziniaco (Hugo de), 126.
Loberiaco (Arnaldus de), 113.
Locat (Janot de), archer, 306.
Loellus (Aimericus), 74, 182.
Loira (Gaufridus de), 40.
Loire (la), fleuve, 275.
Lombardie (la), 267.
Lommeau (Regnaud de), 245.
Londres, 227, 354.
— (Jehan de), archer, 308.
Longa Villa, 183; *Longeville*, c^on *de Talmond, Vendée.*
Longo, al. Longus de Lausduno, 22, 44.
Longo Rete (villa et ecclesia de), 4, 110, 111, 112, 113; *Longré*, c^on *de Villefagnan, Charente.*
— (Rainaldus de), 113.
— (Alcherius de), 113.
Loquu (Gaufridus), 181.
Loras (Hugues de), homme d'armes, 304.
Lorenz Baivel, 182.
Lorraine (M. de), 342.
Losdunum, V. Lausdunum.
Lotarius seu Hlotarius, rex Francorum, 11, 12.
Louis XIII, roi de France, 345, 347. V. Ludovicus.
Loy (Rollequin de), archer, 307.
Lozelerem (nemus de), 209.
Lubiliaco (Bardo de), 103.
— (Girbertus de), 114.
Lucas (Pierre), garde de la prévôté de la Rochelle, 223, 230, 232, 233, 237, 238, 243, 244, 246.
Lucus Ferri, 172; *Boisferré*, c^no *de Gesté*, c^on *de Beaupreau, Maine-et-Loire*, 172.
Ludovicus VI, rex Francorum, 26, 31, 76.
— VII, rex Francorum, 35.
— seu Lodevicus, vicecomes Thoarcii, 290.
Luens (Aimericus de), 109.
— (Fulbertus de), 109.
— (Willelmus de), 109.
Lumbardi (Guillermus), presbiter, 75.
Luneaus (Petrus de), clericus, 168.

Lunoncres (Samson de), 195.
Lupa, uxor P. Maingodi, 117, 121.
Luppé (Madame de), 344.
Lussac, 262, 268, 269; *Vienne*.
Luze (Denis de), archer, 309.

M

Mabon (Thomas), 170.
Maceaere (Archambaut), 199.
— (Gaufridus), clericus, 199.
Macheco (Garsirius de), 154, 174.
Machecol (Bernardus de), 167, 177, 178, 181, 185.
— (Radulphus de), 178, 181, 182, 185.
Machecollum, Machecollium, Machecol, Machacollum, 167, 178, 181, 182, 184, 185, 280; *Machecoul*, *Loire-Inférieure*.
Mactator Bovis (Bernardus), 21.
Madingaldus, 104.
Madrid, 360.
Maengon, frater R. Rapiolæ, 126.
Magnes (Guilermus), 133.
Maguntia, al. Magontia, al. Maguncia, uxor Widdonis, 96, 98, 102, 103.
Maias (Gaufridus), 157.
Maigot (Constantinus), 132.
Maillart (Pierre), archer, 309.
Maillezais, 336, 345; *Vendée*.
Mainardi (Arraldus), 131.
Mainardus, monachus S. Florentii, 59, 60, 98, 101.
— rusticus, 154.
— Buttarius, 131.
— de Linariis, 69.
— Rufus, 67.
— Tornans, 105.
Mainerius, monachus S. Florentii, 31, 79.
Maingodus, al. Maingo, al. Manegaudus (Petrus), 117, 121.
— juvenis, 117.
Maingotus, archidiaconus, 82.
Mainnus Surdus, 157, 158.
Mainus, al. Main (frater), templarius, commendator de Cosdria, 161, 162, 165.

Maire (salinæ de), 174; c^{ne} *des Moutiers*, c^{on} *de Bourgneuf*, *Loire-Inférieure*.
Maisnile, 65, 70, 78.
Maitacio (de), 133; *Matha*, *Charente-Inférieure*.
Mala Capsa (Hademar), 87, 109.
Male Carnes (Constantinus), 117, 118, 122.
— (Goscelinus), 118, 122.
Maletaverne, homme d'armes, 303.
Maleville (Jehan de), archer, 305.
Malgouverne, archer, 307.
Mali Candidi massum, 134.
Malleacensis abbas, V. Teodelinus.
Maloleone (Guido de Thoarcio, dominus de), 289, 290.
— (Willelmus de), 178, 182.
Malricus (Fulco), clericus, 82.
Malroy (le s^r de), 333.
Malscheptals (Bernardus), 109.
Malum Minat (Goffridus), 37.
Malus Albus (Ricardus), 122, 132.
Mandes (Gonsales), sergent royal, 235, 244.
Mandironera, 182; c^{ne} *de Vue*, c^{on} *de Paimbœuf*, *Loire-Inférieure*.
Manegaudus, 10, 11, 110.
Manes (André), prieur de la Maison-Dieu de Montmorillon, 313.
Mangy (Philebert), archer, 308.
Mannardus (Johannes), 155.
Mannus, abbas de Buzeio, 165.
Maranges (Jehan de), archer, 309.
Marans, 262, 294; *Charente-Inférieure*.
Marcauchana (Petrus de), 134.
Marchais, 180.
Marche (la), 260, 261, 262, 263, 269, 270, 272.
— (la basse), 268.

Marche, commune de Poitou et de Bretagne, 280, 281.
Marche (la), homme d'armes, 303.
Marcheaucia, 168.
Marcheillio (Rosellus de), 157.
Marcherius, abbas Novi Monasterii, 57.
Marchesseau (Jehan), sergent royal, 239.
Marcilliaci castrum, 105 ; *Marcillac*, c^on *de Rouillac, Charente.*
Marcise (Aunet de), 41.
Marennes, 317; *Charente-Inférieure.*
— (Ardillon de), 237.
— (Guerdon de), 237.
Mareschal (Guillelmus), 41.
Maresium Dulci, 168.
Margad (G. de), 172.
Margarita, 167.
— uxor H. de Thoarcio, 172, 186, 201, 204.
Maria, uxor G. de Trochia, 80.
— Chivarda, 166.
Marie (Galfridus), 159.
Marlot (Simonnet), archer, 308.
Marnis (Gauzcelinus de), 59.
Marolio (Urson de), 158.
Marre (Colas), sergent d'armes, 241, 242.
Marscalthaica (Adhemarus), 123.
Marti de Grenada (Jean), marinier, 249.
Martinus, presbiter, 130.
— (frater), templarius, preceptor Cosdrie, 171, 172, 174, 177, 178, 179, 180, 181, 182, 183, 184, 185, 186, 187, 194, 202.
— Peletarius, 131.
— de Venezo, 21.
Mas (Anthoine de), archer, 308.
Mascet (Gaufridus), 157.
Masellis, al. de Masels (Willelmus de), 104, 106, 111, 112.
Masson (Jehan), 227.
— (Robert), 353.
Massus Frealdli, al. Fredaldi, 116, 117, 120, 121.
— Mali Albi, 122.
Masura Balduini, 104.
— Constancii, 104.
— Mainerii, 104.

Masura Johannis, 104.
— Rotberti, 104.
Masus Agradi, 106.
— Ciconie, 102, 106.
— Garnerii, 106.
Matarat, al. Materac, 74, 78.
Mathefelon (Kathelin de), homm d'armes, 302.
— (Nicolas de), archer, 307.
Matheus, filius Goscelini, 107.
— abbas S. Florentii, 32, 33, 40, 41, 134.
— abbas Sancti Georgii, 172, 174, 176.
— episcopus Andegavensis, 35.
— monachus, 169 ; — S. Florentii, 72, 73, 74.
— prior S. Florentii, 39.
— de Banastia (frater), templarius, preceptor de Cosdria, 164, 166.
— Fantin, 40.
— Mernus, monachus S. Florentii, 73.
— Potosus, 38.
— Rex, 174.
— Soldans, 35.
Mathin (Gaufridus), 163.
Maubert (Stephanus), 157.
Maubouyer (Glaude), archer, 309.
Maubry (Jehan de), archer, 306.
— (Guillaume), archer, 310.
Maucionerere (saline de la), 168.
Maucium (Guillermus), clericus, 168.
Mauduit (Jean), marchand à Montmorillon, 314.
Maugiron (Jehan de), homme d'armes, 302.
Mauléon, auj. Châtillon-sur-Sèvre, 336. V. Maloleone.
Maumissert, 336.
Mauricius, cellararius, 55, 65.
— clericus, 128.
— episcopus Pictavensis, 166.
— monachus S. Florentii, 31, 73, 76, 77, 78, 79, 82.
— de Buxia, presbiter, 75, 76.
— Catnis, 164, 167, 175, 180, 202.
— de Line, 166.
— Montis Acuti, 179, 195, 197, 201.

Mauricius Oiet, clericus, 168.
— Rotundardus, 67.
Mause (Portaclie de), 175.
— Willelmus de), 175.
Maximiaco (Fulcherius de), monachus S. Florentii, 21, 22.
Maximilla, uxor S. de Empuret, 113.
Maynart (Jehan), juge de la cour du scel aux contrats à la Rochelle, 238; — de Tonnay-Boutonne, 241.
— (Regnaut), sergent royal, 243.
Mazarine (bibliothèque), 356, 357.
Mazet (dom), 353, 354, 355, 356, 358, 359, 360, 361.
Mazon (Paganus), 156.
Mehenfredi (Petrus), 157,
Meichinot (Petrus), 183.
Mele (Yvon de), 228, 230, 231, 233, 235, 237, 238, 240.
Mello (Constantinus de), 87.
— Girbertus de), 126.
Menentis (M.), 172.
Menfredus (Gaufredus), 154.
Menois (Savaricus li), 156.
Mercer (Girardus lo), 166.
— (Guiomar), 171.
— (Johannes), 171.
Merien, frère de Jean Painpra, 243.
Merla, al. Merlet (Willelmus), 180, 193.
Mernus (Matheus), monachus S. Florentii, 73.
Meschin (Guillermus), 168.
Meschinus (Aimericus), 72, 73.
— (Johannes), canonicus B. Petri Pictavensis, 56.
Meslamal (Willelmus), 123.
Mesmer (Aimeri), curé de Teuzac, 251.
Metla (Aimericus de), 122, 123.
— (Ingelbaldus de), 122.
Metulum castellum, sive Mella, 114; *Melle*, *Deux-Sèvres*. — Metulicensis seu Metulinsis vicaria, 84, 86, 89, 91, 94.
Mez (Jacotin de), archer, 305.
Mezière (le s^r de), 353, 354.
Michael Fornerii, 193.
Micia, uxor Hugonis, 131.
Mies (prior de), 172, 174.

Micta (Aimericus), 39.
Milesendis, uxor Alberici Monte Johannis, 17.
Minguet (Jean de Contes dit), 293, 294, 295, 296.
Miquelote, Espagnol, 249.
Mirandol (le sire de), 292, 297.
Mirenbello (Willelmus de), canonicus Pictavensis, 128.
Miron in vicaria Laudunensi, 8; *Méron*, c^{on} de *Montreuil-Bellay*, *Maine-et-Loire*.
Moege (Jehan), archer, 306.
Mohe (Huguet), archer, 307.
Mohet (Anthoine de), homme d'armes, 302.
Mohy (le bâtard de), archer, 306.
Molendinis (Gaufredus de), 113.
Mollicampo (Petrus de), 209.
Monachus (Mattheus), 169.
Monasterii Novi abbas, V. Marcherius.
Monasteriolum castrum, 53; *Montreuil-Bellay*, *Maine-et-Loire*.
Monbrim mons et terra, in vicaria Toarcinse, 48; *Saint-Léger de Montbrun*, c^{on} de *Thouars*, *Deux-Sèvres*.
Monmerqué (M^r), 359.
Monnestier (Jehan du), homme d'armes, 302.
Mons Acutus, 172; *Montaigu*, *Vendée*. — Brient Montis Acuti, dominus Quemiquerii, 179, 180, 199, 200. — Mauricius Montis Acuti, 179, 195, 197, 201.
Mons Alfredi, 13; *Montfray*, c^{ne} des *Trois-Moutiers*, *Vienne*..
Mons de Serre, 193.
Mons Ecclesiasticus, 82.
Montaigu, 260, 281; *Vendée*. V. Mons Acutus.
Montanus (G.), 351.
Montchauveau (Guyon de), homme d'armes, 304.
Monte Berulfi (Dalmacius de), 110.
Monte Johannis (Albericus), 17.
Montello (Gosbertus de), 40.
Monte Revello (Rotgerius de), 20.
Monte Sorello (Enardus de), 39.
— (Galterius de), 37.

Montesquiou (Anthoine de), homme d'armes, 304.
Montgirault (Anthoine de), homme d'armes, 302.
Montiglesii prior, 76.
Montigny, 344, 355.
Montmalet (Jehan de), archer, 308.
Montmorency (Henri, duc de), 341.
Montmorillon, Maison-Dieu, 313.
Mont-Saint-Michel (le), 224, 237; c^{on} de Pontorson, Manche.
Morain (Loys), 229.
Morarii olea, 132, 135.
Moraut (Aimericus), 188.
— (Arbertus), 188.
— (Johannes), 188.
Moreau (Jean), maître d'un baleinier de Talmond, 246.
— (Julien), archer, 306.
Moric (Radulphus de), 196.
Morin (Gauterius), 191.
— (Jehan), homme d'armes, 303.
Morinus, 20, 60.
Morisson (Jean), maître du navire le Pélican, 335.
Mornay (Marthe de), 353.
— (Philippe de), 353, 355.

Mortemar (René de Rochechouart, baron de), 344.
Morton, al. Mortum, 5, 37, 41; c^{on} des Trois-Moutiers, Vienne.
— (Guillelmus de), 38; monachus S. Florentii, 38, 40.
— (Hugo de), id., 38.
Mortuo Mare (Guillelmus de), canonicus B. Petri Pictavensis, 57.
— (Ingelelmus de), 93, 95.
Mosnier (Jean), sergent royal, 223, 230, 235, 244.
Mosnil (Rainaldus), 78.
Mosterolo (Berlaius de), 67.
Mota (Aimericus de), 98.
Mothe (Raymonnet), homme d'armes, 302.
Mothe (le capitaine de la), 230, 235.
Motheville (M. de), 344.
Mourraut (Jean), 254.
Mousnereau (Jacques), 334.
Moustiers (Anthoine des), archer, 307.
Mulart (Willelmus), 158.
Munhnu prata, 118.
Murendaeria (Airaudus de), 161.
Muschonius (Radulphus), 157.
Musquen (Radulphus), 154.

N

Nanmandellus (Arbertus), 112.
Nannetæ, 176, 177, 205; Nantes, Loire-Inférieure. — Nannetensis episcopus, V. Stephanus. — Les comtes de Nantes, 281.
Natalis, monachus S. Florentii, 127, 130.
Navarre (Henri, prince de), 317, 321; roi de Navarre, 324, 326, 327, 328, 329, 330, 336, 337, 340, 342.
— (Jeanne d'Albret, reine de), 317.
— (Gracien), archer, 307.
Nero (Gaufridus), 40.
Neuilly (le président de), 344.
Nicolas (Etienne), 233.
— (J.), à la Rochelle, 335.

Nicolaus (magister), decanus Asianensis, 186.
— de Frasnei, 169.
Niel (Savaricus), 129, 131.
Nigraterra (Goifredus de), 70, 73.
Nigrum Monasterium, 155, 158; Noirmoutier, Vendée.
Niort, 262, 285, 293, 294, 295, 296, 313.
Noariis (terra de), 170.
Nobiliacensis abbas, V. Petrus.
Noir (Denys le), homme d'armes, 304.
Noireterre, seig^{ie}, 312, 313; c^{on} de Bressuire, Deux-Sèvres.
Noirmoutier (île de), 281; Vendée. V. Nigrum Monasterium.

Normandus de Voone, 40.
Normannigena (Guillelmus), 80.
Normannus, frater Aufredi, 39.
Normannus, forestarius, 80.

Normannus (Fulco), 20.
Normant (Henry le), archer, 305.
Nosils (Girardus), 77.

O

Obelinus, miles, 164, 166.
Oculus Bovis (Willelmus), magister domorum Templi cis marc, 173, 174.
Odda, mater David, 58.
Odo, 9, 38.
— filius Drogonis, 8, 9.
— camerarius, 21.
— subdecanus Pictavensis, 128.
— de Blaelai, 109.
Oenacus castrum, 125; Oenai, 127, 132, 134; Oenciacum, 131; Onaium, 129; Ozenacum, 116. *Aunay, Charente-Inférieure.* — Ecclesiæ : S. Petri de Turre, 134; — S. Justi, 4, 118, 125, 128, 133, 134; — S. Martini, 134. — Vicecomites, V. Amanerius, Assalli, Cadelo, Guillelmus.
Ogier (Olivier), archer, 309.
Oias, 155, 156; *Ile d'Yeu, Vendée.*
Oidelardus, 59.
Oiet (Mauricius), clericus, 168.
Oilet (Willelmus, 160.
Oironio (Aimericus de), canonicus S. Launi, 36.
Olerius (Gaufridus), 133.
Olifandus, 158.
Oliphet, 209.
Oliverius, 104.

Oliverius, frater P. Borii, 76.
— Cavalen, 205.
— de Ceoche, 209.
— de Cosdreio, 154.
— Gorde, 167.
— de Ruge, 170.
Olonne, 227; c^on *des Sables-d'Olonne, Vendée.*
Oraconas, homme d'armes, 303.
Orange (le prince d'), 334.
Orbeiaco (Reginaudus de), canonicus S. Launi, 56.
Origniaco (villa de), 22.
Orson (Stephanus), 183.
Osbertus (David), 106, 107, 111, 112, 113, 114, 115.
Osmundus (Willelmus), 129.
Ostencus de castro Oenaco, 105, 106.
— de castro Vertello, 105.
Ostensus, filius Goscelini, 119.
Otgerius, prior S. Florentii, 31.
Othbaldus, presbiter, 17.
Othgerius, monachus S. Florentii, 19.
Otjerius, 105.
— Estragotius, 105.
Otran (Girardus), 112.
Oultrequin (Hannequin), 244.
Ozenacum, V. Oenacus.

P

P. abbas Trenorciensis, 35.
Paganis (magister Ugo de), 155, 158.
Paganus Agnes, 76, 78, 79.
— Arrivaldus, canonicus S. Launi, 56.

Paganus Aufredi, 39.
— Chervi, 191.
— Daniel, 73, 74, 78.
— David, 39.
— Fucaut (frater), templarius, 159.
— de Langleia, pretor, 77, 79.

Paganus Mazon, 156.
— Perche, 35.
Paire (Aimericus de), 167.
Painparé (Jehan), sergent royal, 235, 237, 238.
Painpra (Jehan), 243.
Paizaco (Algerius de), 104, 112, 114.
Palestels (Adhemarus), 109.
Palluau, 281 ; V. Paludellum.
Palnoe (Airaudus), 182.
Paludellum, 154, 198; *Palluau, Vendée.*
Paluiau (Raginaldus de), 160.
Panet (Goffredus), 78.
Pantaira (terra de), 122.
Papoz (Rainaldus), 67.
Parceval (Jacques), homme d'armes, 304.
Parentea (Willelmus), 199.
Pargant (Jean), valet de chambre et garde des joyaux du régent, fils de Charles VI, 297, 298, 300.
Paris, 345 ; parlement, 360 ; prévôt, 224, 225.
— (Pierre de), homme d'armes, 302.
Parteniaco (Willelmus de), 93, 95;
— de Partanio, 87.
Parthenay, Parteniacum, 83, 262, 268, 269; *Deux-Sèvres.*
— (Jeanne), femme de Jean Chaudrier, 289.
Pascalis papa II, 57.
Passa Solium, al. Passa Limen, Passa Soil (Aimericus), 107, 111, 112, 114, 115.
Passavant, 56.
— (Willelmus de), 82.
Passerellus (Herbertus), 39.
Passu (Petrus de), 180.
Passus Bertuelli, 199, 200.
— Merderelli, 200.
Paulinus, monachus S. Florentii, 98.
Paulx, 280 ; c^{on} *de Machecoul, Loire-Inférieure.*
Pauper (Goffredus), 78.
Pavet (frater Willelmus), minister Templi in Aquitania, 163.
Pecart (Jehanin), archer, 306.
Peirose (salinæ de la), 165; c^{ne} *de Soullans*, c^{on} *de Saint-Jean-des-Monts, Vendée.*
Pelat (le), 234.
Peletarius (Martinus), 131.
Pelletier (C.), 319.
Peloquin (Mérigot), archer, 306.
— (Willelmus), 194.
Pellyot (Guillaume), messager de Montmorillon, 314.
Penboef (Agnès de), 191.
Pennac (Guillaume de), archer, 308.
Pennage (Robinet), archer, 305.
Penrot domus, 209.
Perceschausses (Petrus), jurisperitus, 289.
Perche (Paganus), 35.
Perer (maresium dau), 180 ; *le Perrier,* c^{on} *de Saint-Jean-de-Monts, Vendée.*
Peret (Guillaume), archer, 310.
Périer (Jean), 251.
Peros, 196; *le Poiroux,* c^{on} *de Talmond, Vendée.*
Perrot (François), s^r de Mézières, 354.
Peschereau, 241.
Petavi (Motin), 251.
Petel (Tassin), 226.
Petit (Claude), archer, 309.
— (Jehan), id., 306.
— (Martin), homme d'armes, 302.
Petragoricensis episcopus, V. Guillelmus.
Petrina domus, 166 ; c^{ne} *de la Garnache,* c^{on} *de Challans, Vendée.*
Petronilla, uxor W. Acairies, 184.
— uxor O. de Ceoche, 210.
— abbatissa S. Crucis Pictavensis, 86, 87, 88, 91, 94.
Petronillus de Gasnapia, 201.
Petronus, 46.
Petrus, 154.
— filius Adhemari, 115.
— filius A. de Castro Muro, 74.
— filius Harmandi, 110.
— filius G. Menfredi, 154, 157.
— filius A. Monte Johannis, 17.
— filius G. de Pornic, 166.
— abbas de Chauma, 178, 181, 182, 188.
— Abbas [Nobiliacensis], 87.

Petrus, archidiaconus Pictavensis, 55, 128.
— archiepiscopus Bituricensis, 33.
— II, episcopus Pictavensis, 25, 54, 55, 56, 58, 83, 118, 128.
— ferrarius, 172.
— monachus S. Roberti Finiaci, 83.
— prior de Losduno, 35.
— de Accia, 77.
— Aiglaudus, 133.
— Barun, 159.
— Bernardus, monachus S. Florentii, 31.
— Borius, 76 ; Borre, 81.
— de Borne Novo, 166.
— Brunet, sacerdos, 178,
— le Cadei, burgensis, 182.
— Capellanus (frater), templarius, 163.
— Caput Lupi, 122.
— de Chavanac (magister), 164.
— Chiniaci, 133.
— Chocot, 195.
— Cotins, 154.
— Dinannensis, monachus S. Florentii, 31.
— Esirart, 156, 157, 158.
— de Ferreria, 191.
— Flocea, 199.
— Frenicardus, 103, 110, 111, 114, 115.
— Fulcherius, 113.
— Garnaldus, 114.
— de Garranda, 164.
— I de Gasnapia, 153, 154, 155.
— II de Gasnapia, 153, 155, 156, 157, 158, 160, 161, 162, 163.
— III de Gasnapia, 62, 163, 164, li Meschins, 165, 166.
— IV de Gasnapia, 164, 166, 167.
— V de Gasnapia, 174, 175.
— Gauz, 167.
— Girorii, 39.
— Grimaud, 170, 174.
— Guerri, 81.
— Guilloz, 175.
— de Guler, 168.
— Gunthardus, 21.
— Herbert, decanus Asianensis, 193, 194.

Petrus Laquadei, 181. V. Petrus le Cadei.
— Leevinus, 170.
— Letardi, 39, 41.
— de Luneaus, clericus, 168.
— Maingodus, al. Maingo, Mancgaudus, 117, 121.
— Mehenfredi, 157.
— Meichinot, 183.
— de Mollicampo, 209.
— de Passu, 180.
— Ramnulfus, 123.
— de Roerta (frater), templarius, præceptor Cosdriæ, 167, 170, 174, 180.
— Roho, canonicus Pictavensis, 128.
— Rufus, 159.
— Samuel, monachus S. Jovini, 55.
— Salvagiis, 166.
— de Sancto Sabino, 126.
— de Sancto Saturnino, canonicus, 56.
— de Sancto Vitale, 178.
— Silvaticus, 164.
— de Toca, 78.
— de Trochia, 80.
— de Valle, 191.
— Vendarius, 135.
— Vigerius, 135.
— de Vitveona, 126.
Philippes (H.), à la Rochelle, 335.
Philippus, abbas S. Florentii, 35.
— I, rex Francorum, 55, 58, 116, 118, 128.
— II, rex Francorum, 166, 200, 286.
— d'Aiglant, 168.
Picart (le), 292, 297.
— (Guillaume le), archer, 310.
— (Henry), archer, 309.
— (Drouet), archer, 307.
Pictavis, urbs Pictava seu Pictavensis, 11, 12, 42, 57, 95, 108 ;
Poitiers. — Pictavensis ecclesia, 134 ; — archidiaconi, V. Adelelmi (Willelmus), Fortis (Arveus) ; — decani, V. Aimericus, Humbertus, Radulphus. — V. Sancta Crux, Sancta Maria, Sancta Radegundis,

Sanctus Cyprianus, Sanctus Hilarius.
Pictus (Willelmus), 160.
Piémont (le), 267.
Piglers (abbas de), V. Aimericus. — *Monastère du Pilier ou l'Ile-Dieu.* V. Insula Dei.
Pignon (Guillaume), à Niort, 293.
Pilamil, 188; *Pirmil, à Nantes.*
Piloardere (campus de la), 190.
Pinata (terra de), 79.
Pinellus, nepos Ubelini, 72.
Pinus (ecclesia quæ dicitur), 4, 5, 82; *le Pin, c^{on} de Cerizay, Deux-Sèvres.*
Piorget (Willelmus), 171.
Piru (maresium de), 193.
Pirus Bosleni, alodus, 50.
Plancardus (Aimericus), clericus, 82.
Planchis (Aimericus de), 126.
Plantin, imprimeur, 354.
Plantiva, 200.
Plassac, 229; *c^{on} de Saint-Genis, Charente-Inférieure.*
Plesseium Raffini, 210, 213, 214.
Plessis (Mme du), 359, 360, V. Arbaleste (Charlotte).
Plessis-Macé (le), seigneurie, 311.
Plessis-Mornay (Du), 337, 351 à 361.
Plomb (hâvre du), 317, *c^{ne} de l'Houmeau, c^{on} de la Rochelle.*
Plusqualec (Charles de), 231, 234, 237, 240.
— (Guillaume de), 231, 232, 243, 245.
— (Henri de), 224, 232, 233, 234, 244, 246, 247, 248; Maurice, son fils bâtard, 247.
— (Maurice de), 223, 230, 232, 233, 235, 238, 239, 241, 242, 243, 244, 246, 247, 249.
— (Yvon de), 230, 234, 235, 240.
Podium Griferii, 119.
— Oriol, 106.
Poi Potet (terra de), 114.
Poisson (Anthoine), archer, 306.
Poitiers, 297. V. Pictavis. — Evêques, *V.* Damoncourt, Gislebertus, Guillelmus, Isembertus, Johannes, Mauricius, Petrus, Roche-Posay.

Poitou (le), 258, 291, 294, 336. Pictavus, pagus, 10, 11, 15, 46, 50, 84, 86, 87, 89, 91, 94. — Comtes de Poitou, V. Agnès, Alphonse, Gaufridus, Guillelmus.
Poligny (Estienne de), archer, 305.
Polo (Conil), homme d'armes, 303.
Poncia, uxor G. de Valcolor, 73.
Pons, 244; le seig^r de —, 230, 231, 240; *Charente-Inférieure.*
Ponti domus, 166; *c^{ne} de la Garnache, c^{on} de Challans, Vendée.*
Pontrain (Anthoyne), homme d'armes, 303.
Pontus Daberti, al. Pons Herbert, 156, 161, 163; *Pont-Habert, c^{ne} de Sallertaine, c^{on} de Challans, Vendée.*
Popardus, frater Gaufridi, 39.
— (Gosfredus), 128.
Pornic, Pornit, Pornidium, 154, 174, 206, 207; *Pornic, Loire-Inférieure.*
— (Gaufridus de), 166.
Portaclie de Mausé, 175.
Port-Carrillon (le), 238, 241; *c^{ne} de Bords, c^{on} de Saint-Savinien, Charente-Inférieure.*
Porteau, imprimeur, 354.
Portu Nicci (Gaufridus de), 164.
Portus Sancti Petri parrochia, 182; *le Port-Saint-Père, c^{on} du Pellerin, Loire-Inférieure.*
Possonnière (la), seig^{ie}, 312, 313; *c^{on} de Saint-Georges-sur-Loire, Maine-et-Loire.*
Potier (Phelippot), archer, 305.
Potosus (Mathæus), 38.
Prata (locus qui dicitur ad), super fluvium Tounerii, 51.
Presmart (Gaufridus de), 79.
Presques (Anthoine de), archer, 306.
Preux (Jean le), imprimeur, 353.
Prevereria seu Prederia (terra de la), 157, 174.
Prevost (Binet le), archer, 305.
— (François), s^r de la Boutetière, 353.
— (Jehan), archer, 308.
— (Pierre), 255, 256.

Prezeinent (Americus), 154.
— (frater Gauterius), templarius, 157.
Prezeinenteria, 154.
Profundo Rivo (Gosfredus de), 75, 76.
— (Savaricus de), 78.
Profundus Rivus, 68.

Provence (la), 267.
Pugnet (Rainaudus), 72.
Puicho (Renardus), 182.
Puismarquet (Jean du), 293, 294.
Pulchra Vallis, 112, 113.
Puscelot (Richerius), 167, 168; al. Richerz Puiceloz, 182.
Puteo (hortus de), 106.

Q

Quarterius, 40.
Quengo (Pierre de), archer, 308.
Querail (Raginaudus), 192.
Quicret (Guillaume), homme d'armes, 303.
— (Pierre), archer, 307.
Quimequerio (Brientius de), 154.
Quimequerium, al. Quemiquerium, 154, 200, 202; *Commequiers*, c^{on} de *Saint-Gilles-sur-Vie*, *Vendée*.
Quincieu (Pierre de), homme d'armes, 303.
Qui non ridet (Adhemarus), 110, 112, 115.
Quinquenlavant (prior de), 178, 183.
Quisarme (Jehan), archer, 309.

R

Rabalanderia, 199.
Rabastatus (Boso), 44.
Rabaste (Aimericus), 39.
Rabateau (le président Jean), 254.
Rabel (Brient), 163.
Rabellus, 158.
Rabiola (Hugo), 132, 133.
— (Ramnulfus), 104, 110, 123.
Radegundis (sanctimoniales beatæ), 84.
Radesiensis vicarius, V. Alexander.
Radesio (Garsirius de), 176, 187, 206, 207.
— (Harchodius de), 172, 173, 174, 176, 177.
— (Radulfus de), 212.
Radulfus, Radulphus, 35.
— filius Geldoini, 83.
— filius Girorii, 21. V. Rodulfus.
— frater A. vicecomitis Toarcensis, 48.
— abbas de Buzeio, 178, 182.

Radulfus, archidiaconus Pictavensis, 128.
— clericus, 21, 22.
— decanus Pictavensis, 212.
— forestarius, 73. 74.
— monachus S. Florentii, 38, 40.
— (frater), templarius, 174.
— Clocarius, 101.
— Florentinus, 67.
— de Leige, sacerdos, 174.
— de Machecol, 178, 181, 182, 185.
— de Moric, 196.
— Muschonius, 157.
— Musquen, 154.
— de Rays, 212.
— de Ripa, 80.
— de la Veerie, al. de Vecria, 199, 200.
— Veher, miles, 187.
Raemondorum closdicium, 158.
Raginaldus de Paluiau, 160.

Raginaudus de Bello Loco, 158.
— Querail, 192.
— Rotureas, 208.
— Tuzonius (frater), templarius, 157.
Raimo, 90.
Raimundus, 107.
— (Aimericus), 121, 123, 126.
— (Willelmus), 113.
Rainaldus, 48, 106.
— filius Vilaniæ, 76.
— famulus, 55.
— medietarius, 68.
— presbiter, 112, 131.
— prior Montiglesii, 76.
— Brito, clericus, 55.
— de Faio, canonicus Pictavensis, 128.
— Gartsenlon, 111, 112, 114, 115.
— de Longo Rete, 113.
— Mosnil, 78.
— Papoz, 67.
— de Ripa, 37, 38.
— Ruil, 65.
— de Sancto Clementino, 61.
— Scolarius, 104, 105, 106, 113.
— de Vaucolor, 81.
Rainarrius, 9.
Rainaudus, abbas S. Cypriani, 82.
— Bastart, 72.
— Chalot, 35.
— de Seuaco, 72.
— Pugnet, 72.
Raincrius, capicerius B. Petri Pictavensis, 56.
Rainsendis, sanctimonialis Sanctæ Crucis, 87.
Raiolis (Rannulfus), 87.
Ramelinus, filius Lisabet, 37.
Ramfre (Johannes), 163.
Ramnulfus (Petrus), 123.
— Balbus, 117, 118, 121, 122.
— Guido, 122.
— Rabiola, 104, 110, 123.
Ranaldus, vicarius de Paludello, 164.
Rancon (Aimericus de), 87, 90.
Rancone (Giraldus de), 126.
Rannulfus, 47.
— Raiolis, 87 ; — Rapiola, 126.
— de Riperia, 131, 132.

Rannulfus Tronellus, 133.
Ranulphus, decanus Clicii, 177. V. Arnulfus.
Rao, abbas de Talemondo, 180.
Rapiolæ (Rannulfus), 126.
Rastel (Girardus), 67.
Ratcardus, 47.
Ratellerie (la), seign[ie], 313.
Rater (Galfridus), 160.
Ratonello (molendinum de), 63, 69.
Raul Judicael, 191.
Ravardus, senescallus Montis Acuti, 172.
Raymond (Jehan), seigneur de Riberay, escuyer d'escurie du roi Louis XI, 301, 310.
Raynaldus, filiaster A. de Balgentiaco, 38.
Rays (le baron de), 281. Seigneurs de Rays, V. Archodius, Garsirius, Stephana, Radulphus. — V. Radesio.
Ré (ile de), 227, 229, 247. — L'abbé de Ré, 248 ; *Charente-Inférieure.*
Reau (Michel), pair de la ville de la Rochelle, 333, 334, 335.
Receguy (Jean), de Saint-Sébastien en Espagne, 249.
Rechigneus, 158.
Rechinez (Simon), 163.
Reginaldus, clericus, 175.
— Anter, 160.
— de Sanzay, 73, 74, 78.
— Talpæ, canonicus B. Petri Pictavensis, 56.
Reginaudus, archipresbiter, 133.
— de Orbeiaco, canonicus S. Launi, 56.
Regisheremi domini, V. Rays.
Regnart (Pasquier), archer, 305.
Regnier (Dymanche de), homme d'armes, 302.
Reine-mère (la), Catherine de Médicis, 340, 342, 343.
Remangères (les), 199 ; c[ne] *de Saint-Philbert-de-Grandlieu, Loire-Inférieure.*
Remy (Pierre de), archer, 306.
— (Jacotin de), id., 306.
— (Chastellet de), id., 307.

Renardus Puicho, 182.
Renaudus Clerebaut, 156.
— Focaut, al. Raginaudus Fucaut, 155, 158, 159.
— Fortis, 193.
Rentia, uxor B. de Signeio, 41.
Renyaulme (Ysaac), archer, 306.
Rerobe feodum, 213, 214.
Resteraut, al. Resteraudus, 159.
— (Johannes), 167, 193.
Reveau (Jean), 343.
Rex (Matheus), 174.
Rhône (le), fleuve, 267.
Riblères, seign^{ie}, 311.
Ricardus, 9.
— Malus Albus, 122.
Riccia, uxor W. Chairanz, 167.
Richard I, roi d'Angleterre, 287.
Richarderia, 76.
Richardus, butellerius, 76.
— episcopus Albanensis, legatus Romanus, 26.
Richeita, uxor P. de Mollicampo, 209.
Richcome, 355.
Richerius Puscelot, 167, 168; al. Richerz Puiccloz, 182.
Rigaldus (Aimericus), miles, 36.
— (Hugo), 36.
— paterterus A. Rigaldi, 36.
Rigaudus (frater), templarius, 161, 162, al. Rigaut, præceptor domus de Cosdria, 163.
Rigaut, al. Rigotus (Johannes), vicarius Asianensis, 179, 191, 192, 195, 203.
Rihé, 183, 184; *Riez, c^{on} de Saint-Gilles-sur-Vie, Vendée.*
Rilhac (Pierre de), archer, 305.
Rioux (Anthoine de), id., 307.
— (Jehan de) id., 308, 309.
Ripa (Radulfus de), 80.
— Rainaldus de), 37, 38.
Ripaudus, 35.
Riperia, al. de Riveria (Aimericus de), 98.
— (Gauzfridus de), 98, 101.
— (Rannulfus de), 131, 132.
Riveria (Annulfus de), 129.
Rivet (M^r), 356.
Rivière (Etienne), 228, 232.

Rixendis, uxor R. Balbi, 121.
Roallene (Willelmus de), 156.
Roaudus de Valle, 190.
Robelinus (Rotbertus), 21.
Robertus, Rotbertus, filius A. de Balgentiaco, 38.
— privignus Josmer, 81.
— abbas S. Florentii, 14, 47.
— capellanus Sancti Stephani, 137.
— monachus S. Florentii, 76, 77, 82.
— presbiter S. Clementini, 65, 67, 68, 69, 70.
— rex Francorum, 18.
— de Arbrissello, 57.
— de Aspero Monte, 194.
— de Coche, 81.
— Grineriis, archidiaconus, 161.
— Robelinus, 21.
— Wittonus, 82.
Roboam (Guillermus), 79.
Roca, Rocha (Adhemarus de), 102, 112.
— (Boso de), 38.
— (Goffredus de), 73, 76, 79.
— (Gosfridus de), 84, 85.
— (Guido de), 102, 103.
— (Willelmus de), 93, 95.
Roca Matildis (Hildebertus de), 37.
Roche (François), archer, 310.
— (Regnault de), id., 306.
— (le bâtard de la), homme d'armes, 304.
— (Jean de la), 270.
Roche-du-Maine (Charles d'Appelvoisin-Tiercelin de la), 344.
Rochefort, 224, 225, 226, 227, 228, 232, 234, 235, 236, 239, 247; *Charente-Inférieure.*
Rochelle (la), 223, 224, 225, 226, 227, 229, 230, 232, 234, 237, 238, 244, 246, 250, 292, 293, 294, 295, 317 à 336, 353, 354, 355.
— (Georges de la), homme d'armes, 303.
— (Nicolas de la), id., 304.
Roche-Posay (Henri-Louis de la), évêque de Poitiers, 345.
Rocher (Amé du), archer, 307.
Rocheria, 169.

Roches (Denis des), 313.
— (Guyot des), 313.
Rocheservière, 281 ; *Vendée.*
Roche-sur-Yon (la), 260.
Rochette (Estienne), archer, 309.
— (Girault), id., 305.
Rochis (Gaufridus de), monachus Trenorciensis, 35.
Rodulfus, filius Girorii, 19, 44 ; V. Radulfus.
— cellerarius, 109.
— monachus S. Florentii, 98, 101.
— prior, 131.
— de Formioso, 93, 95.
Roerici boscus, 123.
Roericos (Arbertus), 123.
Roerta (frater Petrus de), templarius, præceptor Cosdriæ, 167, 170, 174, 180.
Rofiacum castrum, 105; Ruifec, 114; *Ruffec,* Charente.
Rogeron, archer, 309.
Rogier (André), notaire à Poitiers, 311.
Rogre (Lancelot), écuyer, 293.
Roho, filius Rohonis, 13, 14.
— (Petrus), canonicus Pictavensis, 128.
Roifec (Aldoinus de), al. de Rofiaco, 107, 112.
— — juvenis, 107.
Roiffet, frater R. de Sanzay, 74.
Roilec (terra de), 107.
Rollandus Baudin, 39.
Rolliacum, 104 ; *Rouillac, Charente.*
Romain (Perrin), archer, 306.
Roncineria, al. Runcineria, Roncinera, 161, 181, 182 ; cne *de Machecoul, Loire-Inférieure.*
Ronsart (Louis), chev., seigr de la Possonnière, 312.
Rorigon de Coiaco, 126.
Roscelini (Gofredus), 67.
Rosel (Vivianus), 39.
Rosellus de Marcheillio, 157.

Rossea, al. Rosseaus, Rosselli (Stephanus, 175.
— (Willelmus), sacerdos, 175.
Rossel (frater Durant), templarius, 180.
Rossellus Grifferius, 157.
Rotæ abbas, V. Thomas.
Rotbertus, V. Robertus.
Rotgerius, frater Aimerici, 36.
— de Bernezaico, 44.
— de Monte Revello, 20.
Rotholandus, monachus Trenorciensis, 35.
Rotrodus, monachus S. Florentii, 76.
Rotundardus (Mauricius), 67.
Rotureas (Raginaudus), 208.
Rou (Jaquelinus), 167.
Rouen (le premier président de), 344.
Rouillon (Jehan), archer, 309.
Roullin (Pierre) , dit Moutarde , homme d'armes, 302.
Roussel (Jehan), archer, 309.
Rousselet (Simonnet), archer, 307.
Roussière (le sr de la), 336.
Roux (Jean), notaire à Saujon, 249, 251.
Roy (Guillaume le), archer, 306.
Rozelinus (Giraudus), 157.
Ruben (Savaricus), 63.
Rufet (Arbertus de), 132.
Rufiense castellum, id est Ruifec, 114 ; V. Rofiacum.
Rufus (Ernaldus), 160.
— (Gosfredus), 20.
— (Mainardus), 67.
— (Petrus), 159.
— (Stephanus), 131.
Ruge (Oliverius de), 170.
Ruil (Rainaldus), 65.
Rupe (Goffredus de), 67, 78.
— (Josbertus de), 39.
— Fulcaldi (Guido de), 108.
Ruxaudeau (Pierre), sergent de la prévôté de la Rochelle, 223.

S

Sainardus, 47.
Saint-Colombin, 280; c^{on} *de Saint-Philbert-de-Grand-Lieu, Loire-Inférieure.*
Saint-Germain (Robinet de), homme d'armes, 304.
Saint-Hermine (Jean de), écuyer, s^r du Fa, 317, 318, 319.
Saint-Hilaire-de-Villefranche, 243; *Charente-Inférieure.*
Saint-Jean-d'Angély, 225, 233, 244; *Charente-Inférieure.* — L'abbé de Saint-Jean-d'Angély, 245.
Saint-Luc (François d'Espinay, sr de), 344.
Saint-Maixent, 336; *Deux-Sèvres.*
Saint-Malo (Perrot de), 295.
Saint-Michel-en-l'Herm (abbaye de), 263; c^{on} *de Luçon, Vendée.*
Saint-Saornin, 235; Saint-James de Saint-Saournin, 230; Saint-Jasmes, 238; Saint-James de Taillebourg, 244; *Saint-Saturnin-de-Séchaud,* c^{ne} *de Port-d'Envaux,* c^{on} *de Saint-Porchaire, Charente-Inférieure.*
Saint-Seguet, al. Sainsequet (André), archer, 309.
— (Pierre), homme d'armes, 303.
Saint-Savin, abbaye, 287; *Vienne.*
Saint-Savinien, 228, 234, 235, *Charente-Inférieure.*
Saint-Sébastien, en Espagne, 249.
Saint-Vidal (Loys de), homme d'armes, 303.
Saint-Xandre, 228; c^{on} *de la Rochelle.*
Saintes ou Xaintes, 230, 245; l'abbesse de —, 245; l'évêque de —, 245.
Saintonge (la), 235, 246, 249, 258.
Salartena, 156, al. Salaterina, Salarteina, 158, 163, 188, 189; *Sallertaine,* c^{on} *de Challans, Vendée.*
Salecte (Benoist de la), archer, 306.

Salinis (Willelmus de), 175.
Saliques, 111.
Salles (Raymonnet de), archer, 306.
Salmurum, 91, 94, 99, 101, 128; *Saumur, Maine-et-Loire.* —Vicaria Salmurensis, 13. — Salmurense monasterium, V. Sanctus Florentius monasterium.
Salomon, 196, 197.
Saluttes, 343.
Salvagiis (Petrus), 166.
Samarcholia (S. Petrus de), 4, 42; *Sanimarçolles,* c^{on} *de Loudun.*
Samson de Lunoneres, 195.
Samuel, monachus S. Florentii, 109.
— (Petrus), monachus S. Jovini, 55.
— prior S. Florentii, 55, 65.
— de Argenton vel de Pino, 69.
Sanchou, Espagnol, 226.
Sanciaco (Aimericus de), 69.
Sancta Crux de Lausduno, 28, 29, 30, 31, 32, 34.
Sancta Crux Pictavensis, 86, 87, 88, 91, 92, 94. — Abbatissa, V. Petronilla.
Sancta Maria Pictavensis; abbas, V. Garnerius.
Sancta Mora (heredes de), 169.
Sancta Radegundis Pictavensis; prior, V. Guillelmus.
Sanctenou, al. Sanctenous villa in vicaria Lausdunensi, 10, 11.
Sancti Cesareii capella in villula Miron, 8.
Sancti Generosi (Galterius), 21.
Sancti Michaelis ecclesia prope castrum Marcilliaci, 105.
Sancti Petri de Turre ecclesia, 134; V. Oenacus.
Sancti Salvatoris præceptor, V. Petrus.
Sancti Vincentii (Alexander), 185.
Sanctia, al. Sanctiana, uxor Drogonis, 7, 9.

Sancto Clementino (Rainaldus de), 61.
Sancto Germano (Adhemarus de), 110.
Sancto Jovino (Herbertus de), 21.
Sancto Loencio (Gauterius de), 133.
Sancto Lupantio (Garinus de), 109.
Sancto Medardo (Willelmus de), 178, 181, 183, 188.
Sancto Michaele (Fulcho de), præceptor militiæ Templi in Aquitania, 210, 212.
Sancto Sabino (Petrus de), 126.
Sancto Saturnino (Petrus de), canonicus B. Petri Pictavensis, 56.
Sancto Stephano (O. de), 177.
Sancto Vitale (G. de), 177.
— (Johannes de), 179.
— (Petrus de), 178.
Sanctus Albinus, 81 ; *Saint-Aubin-du-Plain*, c^{on} *d'Argenton-Château, Deux-Sèvres.*
Sanctus Christophorus, 186 ; *Saint-Christophe-du-Ligneron*, c^{on} *de Palluau, Vendée.*
Sanctus Citronius, 4, 5. 43, 44, 45 ; *Saint-Citroine*, c^{ne} *de Véziers*, c^{on} *des Trois-Moutiers, Vienne.*
Sanctus Clementinus, 4, 5, 58, 59, 61, 62, 63, 64, 66, 67, 68, 69, 70, 72, 73, 75, 76, 77, 78, 79, 80 ; *Saint-Clémentin*, c^{on} *d'Argenton-Château, Deux-Sèvres.*
Sanctus Cyprianus Pictavensis ; abbates, V. Ansegisus, Rainaudus.
Sanctus Cyricus, 182 ; *Saint-Cyr*, c^{on} *de Bourgneuf, Loire-Inférieure.*
Sanctus Florentius, monasterium, 1 à 148 ; *Saint-Florent, près Saumur.*
— Abbates, V. Fredericus, Guillelmus, Hecfridus, Mathæus, Philippus, Rotbertus, Sigo, Stephanus. — Priores, V. Bernerius, Guillelmus, Letardus, Otgerius, Stephanus, Eventius. — Subpriores, V. Johannes, Samuel. — Cellerarii, V. Bencelinus, Guillelmus, Laurentius, Mauricius, Rodulfus.

Sanctus Florentius, qui dicitur Vetus, 20 ; *Saint-Florent-le-Vieil, Maine-et-Loire.*
Sanctus Georgius ; *Saint-Georges-sur-Loire, Maine-et-Loire.* — Matheus abbas, 172, 174, 176.
Sanctus Georgius de Culturis, V. Culturis.
Sanctus Hilarius ad Criptas, V. Criptas.
Sanctus Hilarius Pictavensis ; subcantor, V. Vivianus ; — thesaurarius, V. Guillelmus.
Sanctus Johannes de Danazeio, V. Danazeio.
Sanctus Justus de Oencaco, V. Oenacus.
Sanctus Launus Toarcensis, 54, 55, 56, 57 ; *Saint-Laon de Thouars, abbaye, Deux-Sèvres.*
Sanctus Leodegarius ; *Saint-Liguaire*, c^{on} *de Niort* ; abbas, V. Arn.
— Lausduni, 16 ; *Saint-Léger de Loudun.*
Sanctus Nicholaus de Lausduno, 25, 26, 27, 28, 29, 32, 34.
Sanctus Petrus, 191 ; *Saint-Père-en-Retz, Loire-Inférieure.*
Sanctus Philibertus de Grandi Loco, 182, 199 ; *Saint-Philbert-de-Grandlieu, Loire-Inférieure.*
Sandras (Lyonnet), archer, 308.
Sandre (Olivier de), archer, 309.
Sanet de Saint-Jean, 237.
Sanglier (Joachim), homme d'armes, 304.
Sans raison (Macé), archer, 307.
Santonensis episcopus, V. Boso.
Sanzay, al. Sanziaco (Reginaldus de), 73, 74, 78.
Saporellus (Aimericus), 36.
Sarracenus, frater P. Aufredi, 39.
Sathanas (David), sacerdos de Breent, 170.
Saturninus, laicus, 82.
Saugreium, 35 ; *Saugré*, c^{ne} *de Denezé*, c^{on} *de Doué, Maine-et-Loire.*
Saujon, 249 ; *Charente-Inférieure.*
Saulnier (Pierre), 245.
Saumur, 336, 354, 355, 356, 357,

358 ; *Maine-et-Loire.* V. Salmurum.

Sauveterre (Jehan), archer, 308.

Sauzeia (vinea de la), 185 ; c^no de *Bretignolles*, c^on *de Saint-Gilles-sur-Vie, Vendée.*

Savagia, uxor R. de Rays, 212.

Savaricus, 48.

— avunculus A. vicecomitis Toarcensis, 48.

— filius G. de Profundo Rivo, 76.

— frater A. vicecomitis Toarcensis, 48.

— juvenis, 166.

— monachus S. Florentii, 31.

— vicecomes Toarcensis, 51, 52, 93, 95.

— li Menois, 156.

— Niel, 129.

— de Profundo Rivo, 78.

— Ruben, 63.

Savary (Daulphin). homme d'armes, 303.

— (Guillaume), archer, 307.

Savoie (la), 267.

Sayniacus, 13.

Scolarius, al. Escolarius (Rainaldus), 104, 105, 106, 113.

Sechelinus (Guillermus), 8 .

Seguin, 227, 228.

Seguinus, capellanus Gasnapiæ, 166.

Seibrannus Fatot, 67.

Seine (la), fleuve, 275.

Senegundis, uxor A. de Roifec, 107, 110.

Septem Fontes, 4, 5, 116, 117, 118, 120 ; *Sept-Fonts*, c^ne *d'Aunay, Charente-Inférieure.*

Seres (Macé), archer, 308.

Seuaco (Rainaudus de), 72.

Siccus (Stephanus), clericus, 55 ; canonicus Pictavensis, 128.

Sicmarius, canonicus B. Petri Pictavensis, 56.

Signi, al. de Signcio (Boso de), 39, 40, 41.

Sigo, abbas S. Florentii, 20, 24, 25. 53, 62, 97, 98, 100, 101, 103, 105.

Silinniaco (Hubertus de), 22.

Silva Argentium (Willelmus de),106.

Silvanus (Alo), 18.

Silvaticus (Petrus), 164.

Silve (Pierre), archer, 306.

Silvester, monachus S. Florentii, 31.

Silviniaco (Audebertus de), 105.

Simeo, monachus S. Florentii, 106, 127, 130.

Simon, 48.

— frater Willelmi, 83.

— de Codrei, 198.

— de la Guerchea, 174 ; al. de Guirchia, 191.

— Rechinez, 163.

— de Valle, miles, 187.

Simonnet (Jehan), archer, 308.

Solantium, al. Solanz, 184; al. Solans, 166, 167, 202 ; *Soullans*, c^on *de Saint-Jean-de-Monts, Vendée.*

Soldans (Mathæus), 35.

Soldanus (Aimericus), burgensis, 182.

Soldonius, frater Gaufridi Maias,157.

Sollens (Guillardus), 35.

Solomé, 190 ; c^ne *de Saix*, c^on *des Trois-Moutiers, Vienne.*

Sore (Fulcherius), 80.

Soubise, 229, 246, 247 ; le prieur de —, 241 ; c^on *de Saint-Agnan-des-Marais, Charente-Inférieure.*

Souvré (Gilles de), maréchal de France, 344.

Spinata terra, 71, 72.

Stephana, uxor Arcoet, domina de Rays, 177.

— uxor P. Barun, 160.

— uxor O. Cavallen, 205.

Stephanus, 67.

— consobrinus Durandi, 53.

— filius Alberti, 82.

— frater Rainaldi, 104.

— frater C. de Tremutiaco, 107.

— abbas S. Florentii, 25, 31, 39, 41, 42.

— aurifaber, 175.

— canonicus, 31.

— cantor Nannetensis, 205.

— decanus Asianensis, 161.

— episcopus Nannetensis, 205.

— famulus, 73.

— prior Oenaici, 134.

Stephanus, prior Sancti Florentii, 40, 41.
— senescallus seu dapifer, 21.
— (frater), templarius, præceptor de Cosdria, 203, 207, 208, 209.
— Arnaudus, 156.
— de Empuret, 113, 114.
— Frodmundus, 164.
— Gaignardel, 179.
— Grosset, 179.
— dau Gue, 133.
— Hunbar, 77.

Stephanus Maubert, 157.
— Orson, 183.
— Rossea, 175.
— Rufus, 131.
— Siccus, clericus, 55 ; canonicus Pictavensis, 128.
— Vetus Tunica, 200.
Strasbourg (Martin de), archer, 306.
Sueur (Mathieu le), archer, 305.
Surdus (Mainnus), 157, 158.
Sydney, 354.

T.

Tabarière (M^r de la), 353.
— (Mme de la), 359. V. Mornay (Bénigne de).
Taillebourg, 224, 226, 227, 228, 229, 232, 233, 234, 235, 236, 237, 239, 240, 241, 242, 243, 244, 245, 246, 247, 248, 289 ; *Charente-Inférieure.*
Talembert (André), archer, 306.
Talemondi abbas, V. Rao ; *Talmond, Vendée.*
Tale Peitit (Gosfridus), monachus S. Florentii, 22.
Talmond-sur-Gironde, 224, 236, 239, 246, 250, 251 ; c^{on} *de Cozes, Charente-Inférieure.*
Talniaco (Gislebertus de), 93, 95.
Talpæ (Reginaldus), canonicus B. Petri Pictavensis, 56.
Tam Magnus (Aimericus), 114, 115.
Tancredus Goffredus, capellanus, 135
Tasdon, 231, 248 ; c^{ne} *d'Aytré*, c^{on} *de la Rochelle.*
Taslai (Bernardus), 118, 122.
Taunay (Hervé), sergent royal, 225, 235, 239.
Tedbertus, al. Tetbertus, 118, 122.
Temple (maîtres des chevaliers du) en Aquitaine, 151. V. Hymbertus Boters, Girardus de Breies, P. Episcope, Hugo Grisart, Willelmus Pavet, Fulcho de Sancto Michaele.

Teobaldus Chaboz, 160.
Teodelinus, abbas [Malleacensis], 87.
Teodemarus, 48.
Terram Tenet (Gosbertus), 37.
Tescelinus, 63.
— clericus, 19.
Tesiaco (alodus de), 43.
Tetbaldus, canonicus, 31.
— monachus S. Florentii, 20.
— Bernuinus, 26.
Tetbaudus Buccæ, 126.
Tetboldus, frater A. vicecomitis Toarcensis, 48.
Tetfredi (Girbertus), 111.
Teuzac, paroisse, 231 ; *Thézac*, c^{on} *de Saujon, Charente-Inférieure.*
Thebaudus Garini, 73.
Themery (Hence), archer, 307.
Theobaudus Bernoinus, archipresbiter, 41.
— Gaschet, miles, 90.
Thetmarus, 71.
Thoarcio (Guido de), dominus de Maloleone, 289.
— (Hugo de), dominus Montis Acuti, 172, 186, 198, et Gasnapiæ et Paludelli, 201, 202, 203, 204.
— (Petronilla de), 290.
Thomas, abbas Rotæ, 172, 174.
— de Froceai, 165.
— Mabon, 170.

Thories (Guillaume de), homme d'armes, 302.
Thou (M^r de), 360.
Thouars, 262 ; *Deux-Sèvres.* V. Toarcium.
Tiffauges, 281 ; c^{on} *de Mortagne, Vendée.*
Tinela (Durant), burgensis, 182.
Toarcium, 51, 54, 59 ; V. Thouars.
— Toarcensis pagus, 48, 50 ; — vicaria, 48 ; — vicecomitatus, 47, 51. V. Aimericus, Ludovicus, Savaricus. — Toarcensis archidiaconus, V. Gisleberti (Willelmus). — V. Sanctus Launus.
Toarus, fluvius, 8 ; *le Thouet, rivière qui se jette dans la Loire près Saumur.*
Toca (Petrus de), 78.
Tollevia, al. Tollovia, 187 ; *Touvois,* c^{on} *de Légé, Loire-Inférieure.*
Tonnay-Boutonne, 241 ; *Charente-Inférieure.*
Toraico (Geraldus de), 98.
Tornans (Mainardus), 105.
Tornotiense Monasterium, al. Tornocense, Trenorciense, Trenortiense, Trenorchiense, 24, 25, 26, 27, 28, 29, 30, 32, 33, 34, 35 ; *Tournus, Saône-et-Loire.* — Abbates, V. Franco, P.
Tortiniacus villa, in pago Toarcensi, 50 ; *Tourtenay,* c^{on} *de Thouars, Deux-Sèvres.*
Toselin (Giraut), 158.
Toulouse, 318, 319.
Tour (Vincent de la), archer, 307.
— (le bastard de la), id., 309.
Touraine (la), 280, 291, 292, 294.
— Turonicus pagus, 15.

Tours, 338, 339. — Archevêques, V. Gislebertus, Johannes.
Tousche (Bernart de la), archer, 306.
— (Pierre de la), id., 306.
— id., homme d'armes, 304.
Tout-Foul (forêt de), 232.
Touuerii fluvius, 51 ; *le Thouet.* V. Toarus.
Trasset (Loyset), archer, 305.
Travail (Guillelmus), 77.
Trecheaere (terra de la), 208.
Tréguier (évêché de), en Bretagne, 223.
Trelemnis (Giraldus de), 107.
Trementinis (Herbertus de), 65.
Tremusiaco (Constantinus de), 107.
Trenorciense monasterium, V. Tornotiense.
Trente (concile de), 357.
Trilemniis, vel Tribus Lempniis (villa de), 111, 112.
Trimouille (Jean de la), religieux de la Maison-Dieu de Montmorillon, 313, 314. 316.
Trochea, al. Trochia (Goffredus de), 64, 65, 77, 80.
— (Petrus de), 80.
Tronellus, al. Tronerellus (Aimo), 118, 119, 121, 122, 126.
— (Gaufredus), 123, 126, 130, 131.
— (Rainnulfus), 133.
Troquerellus (Willelmus), 154, 157.
Trualdus (Giraldus), 109.
Turonicus pagus, 15 ; *la Touraine.*
Turre (Leitgerius de), 55.
Tuzonius (frater Raginaudus), templarius, 157.
Tyson (Arnault), doyen d'Angoulême, 289.

U

Ubelinus, 71, 72.
— monachus S. Florentii, 72.
Ulgerius (magister), 56.
— præpositus, 114.

Ulmols (faia de), 123.
Ulricus, 111.
Uncbaldus, monachus S. Florentii, 73.

— 407 —

Urbanus papa II, 28, 29.
— papa VIII, 345.
Ursio, 67.
Urson de Marolio, 158.

Usès (Pierre d'), archer, 308.
— (Jehan d'), id., 308.
Uzbaldus, 68.

V

Vachier (un nommé), 233.
Vachon (Jehan), homme d'armes, 302.
Vado (Gaufridus de), 194.
— (Willelmus de), 194.
Vaillant (Henri), religieux de la Maison-Dieu de Montmorillon, 313.
Val (Binet du), homme d'armes, 304.
Valencia, uxor W. Gissaldi, 106.
Valentinus, monachus S. Florentii, 31.
Valle (Alanus de), 190, 191.
— (G. de), 191.
— (Petrus de), 191.
— (Roaudus de), 190, 191.
— (Simon de), miles, 187.
Valle Coloris, al. Valle Color, al. Valcolor, al. Vaucolor (Gualterius de), 72, 79.
— (Rainaldus de), 81.
— (Widdo de), miles, 61, 62, 63, 64, 65, 66, 67, 69, 70, 71, 72, 78, 83.
Vallibus (Aimericus de), monachus S. Florentii, 36 37, 38, 45.
— (Effredus de), 45.
— (Fulcherius de), 38.
Valpergue (Jehannet de), homme d'armes, 301.
— (Matthieu de), id., 301.
— (Raoullet de), 301.
Vaque (Sanchou), Espagnol, 236, 237, 240.
Var (Arbertus de), 114.
Varerie (Bertrandus), 133.
Vareza (S. Petrus de), 43, 44, 45; *Véziers, c^{on} des Trois-Moutiers, Vienne.*
Varezia (Aimericus de), 44.

Varigny (Jehan de), homme d'armes, 303.
Vaslin (Hugo), 39.
Vaslinus, pretor, 73.
Vasseur (Pierre le), archer, 305.
Vaulx (Jehan de), homme d'armes, 302.
Vaus (Hugo de), 39.
Vax (Berthélemy), archer, 308.
Veer (Galfridus), miles, 170, 179.
Veeria (Radulphus de), 199, 200.
— (Aimericus de), 200.
Veher (Radulphus), miles, 187.
Vendarius (Petrus), 135.
Venezo, al. Veneto, Venecio, Ventium, Venez, Veneiz, Veneth, Venezia (S. Maria de), 4, 5, 20, 21, 23, 25, 26, 28, 30, 32, 33, 35; *Veniers, c^{on} de Loudun, Vienne.*
— (Martinus de), 21.
Veon (Guillelmus de), 41.
Verdillon Kargastre, 225.
Verigneau, archer, 307.
Verneia, soror Gaufridi Mehenfridi, 157.
Vernous (Loys de), homme d'armes, 303.
Verrun (Goffridus de), 41.
Vers (Guynet de), archer, 308.
Vertellum castrum. 105; *Verteuil, c^{on} de Ruffec, Charente.*
Vetus Tunica (Stephanus), 200.
Veuz (parrochia de), 205; *Vue, c^{on} du Pellerin, Loire-Inférieure.*
Vezien (L.), notaire royal à Montmorillon, 316.
Viaut, 226, 227, 235.
Vidal (Jehan), homme d'armes, 302.

Vidal (Loys), archer, 309.
— (Poton), homme d'armes, 304.
Viels, 182.
Vieriis (Willelmus de), 44.
Vigerius (Petrus), 135.
Vilana, filia G. de Valcolor, 73.
Vilers, 102; *Villiers-Couture*, c^on d'*Aunay*, *Charente-Inférieure*.
Villestes (les) 192; c^ne *de la Limouzinière*, c^on *de Saint-Philbert-de-Grandlieu*, *Loire-Inférieure*.
— (Johannes des), 192.
Villa Faniam (Ingelbertus de), 104.
Villa Martini, 105; *Villemartin*, c^ne *de Villemorin*.
Villa Maurini, 115; *Villemorin*, c^on d'*Aunay*, *Charente-Inférieure*.
Villa Nova, 84; *peut-être Brieuil-sur-Chizé*, c^on *de Brioux*, *Deux-Sèvres*.
— (Arnaudus de), 159.
Villarnoul (Mme de), 359; V. Mornay (Marthe de).
Villeblanche (le bâtard de), 243.
Villebresme (Jean de), secrétaire du régent, fils de Charles VI, 292, 293, 294, 295, 297.
Villequier l'aîné (de), 344.
Villeroy, secrétaire d'Etat, 338, 339, 344.

Vincentius, prior de Quinquenlavant, 178, 183.
— prior de Solanz, 167.
Viole (Jehan de la), archer, 308.
Viridunellus (Hilduinus), 60.
Vitalis, 119, 209.
— (Gaufridus), 182.
Vitraico (Willelmus de), 98.
Vitrarius (Girardus), 82.
Vitveona (Petrus de), 126.
Vivariis (ortus de), 135.
Vivencius, presbiter, 17.
Vivianus, subcantor S. Hilarii, 101.
— Rosel, 39.
Vivonne, 262 ; *Vienne*.
Volorto (Aimericus de), 21.
— (Leulfus de), 20, 21.
Vone (Hugo de), 40.
Voone (Guillelmus de), 40.
— (Normandus de), 40.
Voro (Gausfredus), 111.
Vousy (Antoine), receveur des tailles, 270.
— (Guillaume), 254.
Vulceginus (Fulcherius), 81.
Vulgra, al. Vulgrai (terra de), 105, 106 ; *Fougrey*, c^ne *de Villemorin*, c^on d'*Aunay*, *Charente-Inférieure*.
Vulturna (aqua quæ dicitur), 127 ; la Boutonne, rivière, affluent de la Charente.

W

Walcherius, 50.
Walnerius, 9.
Walterius, al. Gualterius, filius Bernerii monachi, 20.
— filius Gerorii, 19, 44, 45.
— filius W. de Valcolor, 62, 67.
— clericus, 48.
— Brunellus, 101.
— de Valcolor, 72.
Walterius, filius Leulfi, 20.

Warnerius, monachus S. Florentii, 20, 98.
Westminster (palais de), 291.
Wido, V. Guido.
Willelmus, V. Guillelmus.
Witbertus, 20.
Witburgis, al. Widburgis, uxor Gerorii, 19, 43.
Wittonus (Rotbertus), 82.

X

Xaincoins (Jean de), trésorier général, 256.

Xrisptianus, prior de Mies, 172, 174.

Y

Ymbernac (Jean d'), à Niort, 293.

Ymbertus Buterius (frater), templarius, 162.

Z

Zélande (la), 331, 333.

TABLE DES MATIÈRES

CONTENUES DANS CE VOLUME.

Pages.

Liste des membres de la Société des Archives historiques du Poitou.   v

I. Chartes poitevines de l'abbaye de Saint-Florent, près Saumur, publiées par M. Marchegay. . .   1

II. Cartulaire de Coudrie : par M. de la Boutetière. . .   149

III. Procès des frères Plusqualec : par M. Delayant. . .   217

IV. Mémoires présentés au roi Charles VII par les délégués de la ville de Poitiers, pour le détourner d'établir la gabelle en Poitou et en Saintonge : par M. Ledain.   253

V.	Miscellanées : par MM. Bardonnet, Beauchet-Filleau, de la Boutetière, Delayant, Fillon et Lièvre. . .	285
VI.	Note rectifiant l'interprétation de l'inscription de Gunter.	362
	Table générale des noms de personnes et de lieux. .	363

Poitiers. — Typographie de Henri OUDIN, rue de l'Éperon, 4.